本书获长春师范大学学术著作出版基金资助

全国高等院校古籍整理研究工作委员会直接资助项目"《辨音纂要》整理与研究"（1730）研究成果

国家社科基金项目"孤抄本《辨音纂要》音系叠置与明代官话语音研究"（14BYY098）、国家社科基金重大项目"东亚珍藏明清汉语文献发掘与研究"（12&ZD178）阶段性成果

孤抄本《辨音纂要》正读音系考

邱宏香 著

中国社会科学出版社

图书在版编目(CIP)数据

孤抄本《辨音纂要》正读音系考/邸宏香著. —北京：中国社会科学出版社，2019.6
ISBN 978-7-5203-4388-6

Ⅰ.①孤… Ⅱ.①邸… Ⅲ.①汉语—语音—研究 Ⅳ.①H11

中国版本图书馆 CIP 数据核字(2019)第 088728 号

出 版 人	赵剑英
责任编辑	陈肖静
责任校对	韩海超
责任印制	戴 宽

出　　版	中国社会科学出版社
社　　址	北京鼓楼西大街甲 158 号
邮　　编	100720
网　　址	http://www.csspw.cn
发 行 部	010-84083685
门 市 部	010-84029450
经　　销	新华书店及其他书店

印　　刷	北京明恒达印务有限公司
装　　订	廊坊市广阳区广增装订厂
版　　次	2019 年 6 月第 1 版
印　　次	2019 年 6 月第 1 次印刷

开　　本	710×1000　1/16
印　　张	29.75
插　　页	2
字　　数	457 千字
定　　价	118.00 元

凡购买中国社会科学出版社图书，如有质量问题请与本社营销中心联系调换
电话：010-84083683
版权所有　侵权必究

目　　录

序 1

第一章　《辨音纂要》概述 1

第一节　《辨音纂要》版本、作者、成书及体例 2
一　《辨音纂要》版本 2
二　《辨音纂要》作者 4
三　《辨音纂要》成书 6
四　《辨音纂要》体例 6

第二节　《辨音纂要》序及其相关问题 8
一　《辨音纂要·序》 8
二　《七十五字分属五音图》 11
三　《黄锺七十五音应节候说》 12
四　三十六字母和《重复交互音》 15

第三节　《辨音纂要》研究现状及价值 16
一　研究现状 16
二　研究价值 17

第二章　《辨音纂要》正读声母 19
一　唇音 20

二　舌音 50
　　三　齿音 60
　　四　牙音 91
　　五　喉音 96
　　六　来母和日母 110

第三章　《辨音纂要》正读韵母 114
　第一节　阳声韵 114
　　一　通摄 114
　　二　江摄和宕摄 126
　　三　曾摄和梗摄 131
　　四　臻摄 157
　　五　山摄 164
　　六　深摄 188
　　七　咸摄 189
　第二节　阴声韵 200
　　一　遇摄 200
　　二　效摄 214
　　三　流摄 219
　　四　果摄 222
　　五　假摄 227
　　六　止摄 229
　　七　蟹摄 253

第四章　《辨音纂要》正读声调 282
　第一节　《辨音纂要》正读舒声 282
　　一　平声是否分阴阳 282
　　二　平声与上去互注 287
　　三　浊上是否变去 301
　第二节　《辨音纂要》正读入声 313

一　入声与入声互注 ································· 314
　　二　入声与舒声互注 ································· 315

第五章　《辨音纂要》正读语音系统 ································· 319
第一节　声母 ································· 319
　　一　基本面貌 ································· 319
　　二　语音现象分析 ································· 324
第二节　韵母 ································· 330
　　一　基本面貌 ································· 330
　　二　语音现象分析 ································· 332
第三节　声调 ································· 333
　　一　基本面貌 ································· 333
　　二　语音现象分析 ································· 334

第六章　《辨音纂要》文献总论 ································· 336
第一节　《辨音纂要》表面音系 ································· 336
　　一　《辨音纂要》对声母的阐述 ································· 336
　　二　《辨音纂要》三十声母分析 ································· 364
　　三　《辨音纂要》韵母 ································· 371
　　四　《辨音纂要》声调 ································· 373
　　附录　《洪武正韵》声母研究概况 ································· 373
第二节　《辨音纂要》所引《广韵》 ································· 378
　　一　《辨音广韵》反切上字 ································· 378
　　二　《辨音广韵》反切上字与《广韵》反切上字对比 ································· 381
　　三　《辨音广韵》反切下字 ································· 384
　　四　《辨音广韵》反切下字与《广韵》反切下字对比 ································· 387
　　五　《辨音广韵》反切与《宋本广韵》反切对比 ································· 403
　　六　《辨音广韵》综论 ································· 403
第三节　《辨音纂要》所引《词韵》 ································· 406
　　一　《词韵》反切上字 ································· 406

3

  二 《词韵》反切上字与《中州音韵》反切上字对比·················408
  三 《词韵》反切下字·················412
  四 《词韵》反切下字与《中州音韵》反切下字对比·················415
  五 《词韵》综论·················419
 第四节 《辨音纂要》所引《中原雅音》·················422

第七章 余论·················448
参考文献·················451
附录1 《辨音纂要》书影·················459
附录2 《辨音纂要》序·················462
后记·················464

序

治汉语音韵学文献者，浅然不识《辨音纂要》之真面目者众矣，盖因流传不广，藏本无几之故也。20世纪90年代末期，一个偶然机会，我得知其抄本藏于东北师范大学图书馆古籍部，便求之于好友文献学家刘奉文先生，请他代为查检，奉文先生慨然应允。幸而得睹其书之真容，急切复制成册，藏之箧笥，视之为至宝。

有关《辨音纂要》各类研究信息，实在太少。我只得就文本内证而求知其真谛。遇到难解之结，就径直向宁继福先生求教，获益良多。如此，我们对它丰富之学术内容认识愈加清晰：它是明末韵书之珍贵抄本，以章黼《韵学集成》为框架，叠加多重音系，殊为考证当时中古音、官话音、《中原音韵》、《洪武正韵》等韵书难得之资料集。我虽然做了一点儿前期考订工作，比如就其版本、体例，以及对《中原雅音》韵目资料进行挖掘，但因为忙于其他工作，就很难深入下去。我又不想浪费这么宝贵的学术资源，就把全面而系统研究《辨音纂要》的学术任务交给了邸宏香同学，让她把《辨音纂要》作为自己的博士论文选题方向，期待她为研究《辨音纂要》而付出心力。

邸宏香同学现在已经成为教授，她可以称得上是合格的"女校书"。这十几年来，专心于《辨音纂要》，制成数据库，又与相关韵书加以比较，验之以南北官话方言，初步理出头绪，使得人们认识《辨音纂要》又向前跨进了一大步，这在《辨音纂要》学术史上还是第一次。

我认为，邸宏香同学研究《辨音纂要》之所以取得不小的成绩，首先

1

归功于运用了正确而有效的研究理论与方法。

比如沿袭高本汉的"时空投影模式"传统。高本汉的时空投影模式原本是以汉语上古音研究为对象而采纳的一种理论与方法。这个理论与方法以《切韵》为枢纽，下联方音，上推先秦古音，为汉语语音的历史音变勾勒了一条非常清晰的线索。受此影响，日本学者藤堂明保《中国语音韵论》（江南书院，1957）也予以充分运用，其第六章"上古汉语的投影法"，就是对高本汉时空投影模式的补充和修订。他有感于高本汉运用时空投影法，由中古汉语追溯，而复原周代的上古汉语音系的弊端，而进一步从上古的押韵法、经师音读、谐声音系等长期集积的材料中，挖掘上古方言的痕迹。

高本汉的时空投影模式是不是适用于汉语中古音、近代音亦或是叠加音系研究？邸宏香同学认为，也是适用的，尤其是像《辨音纂要》这样的韵书，其文献来源十分复杂，层层叠加，交错参伍，就不能简单地加以对待。

利用时空投影模式的益处在于，把极其复杂的韵书文本文献所涉及到的各类关系处理简单化，如抽丝剥茧，把各个历时层次，共时空间存续的语音现象，一步一步地，一根一根地，一层一层地抽剥出来，达到再现历史真实的目的。《辨音纂要》语音历时层次，共时空间存在的音类关系清楚了，就可以进行下一步的音值构拟，以及地质层剥离工作。

利用时空投影模式研究《辨音纂要》叠加音系不同于一般的传统历史比较语言学研究方法。历史比较语言学运用格里姆定律，建立共同语，推求方言语音对应关系，发现语言亲族关系，即追踪语言系谱。但人们已经意识到，这种理论与方法还是存在着一定的局限性的。日本学者小林好日《东北方言の言语地理学的解释》[《国语学诸问题》460—504页，岩波书店，昭和十六年（1941）八月]就说：西洋语言研究理论在十九世纪取得惊人的进步是不争的事实，但比较语言学所采用的研究理论与方法，既有长处也有短处。采用这个理论与方法以德意志国家最为显赫，从梵语与欧洲语言关系研究入手取得了显著的成绩。受其方法刺激，进而融入自然科学精神，细致分析语言形态，论述其构成。力求文献资料充足，通过比较事实，寻求对应关系。尽管如此，也还是免不了存在着历史与现实资料不够齐全的问题。由于各个时间段资料收集参差不齐，缺欠明显。其研究结果太抽象，对无限复杂的语言事实，却也无法论证，只能用宏观理论去比附。

用宏观理论去比附，就会使得研究结果距离现实太远，其解释力显得十分弱小，如此，为人们所诟病。

利用时空投影模式研究《辨音纂要》叠加音系则可以在实实在在的语音文献中捕捉到特别直观的语音层次与叠加信息，随机应变，以柔性的方法，使历史比较语言学理论焕发出了新的生机。再附加上方言地理学理论与方法，完善其研究模式，就意味着其解释能力大大增强了。利用方言地理学理论与方法可以把语音现象从一个个地点中捕捉到，在自然环境中缕析其起源。语音系统有了自己存在的地理条件，而明确了这个存在的地理条件，就能够弄明白语音系统发展与演变的历史线索。能否充分解释语音系统在空间的分布特征，则取决于能否把语音系统发生与削弱，乃至于死亡的时代定准。定准了时代，再按时代去构拟其形成状态。这种做法的意义在于，将方言地理学与时空投影模式做到有机结合，并使得方言地理学与时空投影模式增加更加实在的科学内涵。方言地理学与时空投影模式就像语言地质学一样，成为了语言层位学。语言层位学赋予了历史比较语言学及方言地理学科学的理论与方法意识。

现代学者利用时空投影模式与方言地理学研究汉语语音史，还应该借助于更加先进的科学语言研究手段，研究《辨音纂要》叠加音系也不例外。对《辨音纂要》不同性质的语音材料在数据库环境下加以录制，对所有数据均经过人工"《切韵》音韵地位标注"处理，由此，适用于数据库语音识别文献的提取。《辨音纂要》语音数据库的开发和建立，加上许多学者所研制的汉语方音数据库掺入，为进一步科学定性《辨音纂要》语音性质提供了可靠的第一手资料，文献与现实方音依据更加超强。

《辨音纂要》语音文献，蕴含着极其丰富的汉语语音研究内容，其学术课题可分为多项。由此，可以确立分三步走的策略：第一步，研究《辨音纂要》"正读"，即所谓正读性质，这是研究《辨音纂要》语音必须要做的。也是回答这样一个问题，即《辨音纂要》编制韵书的基本目的是什么，还可以弄清楚语音正音标准是什么。这也是最为基础的工作；第二步，研究《辨音纂要》"又音"的复合性质。明清之际学者们编制的汉字韵书与字书，除了沿袭传统的切韵系注音标记之外，还有意吸取明清官话与方音实际的俗读与又读，体现了不同于唐宋韵书与字书的保守性特点，这尤以《字汇》与《正字通》为代表。《字汇》与《正字通》俗读与又读文献不是偶然出现的，肯定与当时人们认识俗读与又读的语音观念相一致。所以，研究《辨音纂要》语音，从字音入手，辨识俗读与又读显得十分重要，也是解开《辨音纂要》语音叠加关系之谜的关键之所在。《辨音纂要》又音极其复杂，俗读、韵书字音、方音、讹读、异读混淆在一起，并不容易识别。通过比较，比如与不同类型文献、区域方音进行比较研究，确立这些又音的性质，对于进一步确立《辨音纂要》叠加音系性质奠定了基础；第三步，研究《辨音纂要》"引音"性质。《辨音纂要》所引《词韵》，涉及到《辨音纂要》与《中原音韵》一系韵书，包括《中原雅音》等极为密切的关系确认。毫无疑问，这对罗常培所拟《中原音韵》一系韵书谱系研究至关重要，蕴含着极为关键性的学术突破，也是前人论及不到的内容。

　　本书名为《〈辨音纂要〉"正读"音系考》，似是成为《辨音纂要》语音研究布局的第一步。我个人认为，此书已经达到了预期的学术目的，可以称之为"一锦之绣"之作，基本解决了有关于《辨音纂要》"正读"研究所需要解明的性质与音系等棘手问题，这便是邸宏香同学的重要贡献。谓予不信，请读其书，便可明了得此结论的真相！

　　《辨音纂要》正读性质与音系研究，还只是《辨音纂要》语音研究的一个良好的开端，更为艰难的，并需要精耕细作的一系列难题还在后面陆续跟进。由此，我想起来唐代诗人薛能《赠歌者》的两句诗："一字新声一颗珠，畤喉疑是击珊瑚。"如果把《〈辨音纂要〉"正读"音系考》比作"一字新声一颗珠"的话，我相信，邸宏香同学及其"新生代"还会有新的"一字新声一颗珠"竞相涌现，如此，就会带来汉语音韵学界的"字字新声，玑珠迸发"而发出连续不断之"击珊瑚"的美妙乐章效应。汉语音韵学界所追求之得"天地间之至文"，而潇洒一挥而就之壮观场面，还会远吗？

李无未

2019年2月6日于延吉

第一章 《辨音纂要》概述

　　《辨音纂要》流传不广，大概不曾刊行，经查阅，一些中外重要书目及善本目录，诸如：《四库全书总目》《古今图书集成》《千顷堂书目》《北京图书馆古籍善本书目》《香港中文大学图书馆古籍善本书录》《内阁文库汉籍分类目录》《奎章阁图书中国本综合目录》《静嘉堂文库汉籍分类目录》等书目，均未见收录，也未见明末清初的韵书提及。唯有三部书目收录了《辨音纂要》，它们是：上海古籍出版社出版，中国古籍善本书目编委会编辑的《中国古籍善本书目》（1985）、齐鲁书社出版，天津图书馆编著的《稿本中国古籍善本书目书名索引》（2003）、现藏于东北师范大学图书馆，东北师范大学图书馆编著的《东北师范大学图书馆藏古籍分类目录》（1986）。

　　《辨音纂要》是一部明代非常重要的韵书，作者不详。分上下两卷，一函四册，各以"元、亨、利、贞"命名。全书楷书形式书写，书写无格。《序》与《辨音连声总目》每页大字 8 列，正文部分每页大字 7 列。正文小字双列于每大字下，共 14 列，每列字数不定，约 21 字至 23 字之间。

　　《辨音纂要》正文分四声排列小韵，小韵按照五音依次排列，韵字下只有音注，没有释义。音注先列《广韵》反切及又音，再列《词韵》反切及又音与叶音，部分韵字加列《洪武正韵》《韵学集成》的反切。《辨音纂要》所引《广韵》反切有正读，有又读。正读只有一个，又读有时有几个，个别时候《广韵》缺。我们所说的"正读"即指《辨音纂要》所引《广韵》的正读音切。

本章分三节介绍《辨音纂要》的版本、作者、成书、体例、序言及相关问题。

第一节 《辨音纂要》版本、作者、成书及体例

一 《辨音纂要》版本

到目前为止，我们能见到的《辨音纂要》只有一种版本，即东北师范大学图书馆古籍部善本书库所藏韵书。《辨音纂要》的版本情况存有两说：稿本说和抄本说。

1. 稿本说

天津图书馆编著的《稿本中国古籍善本书目》共收録馆藏古籍善本书 4822 种，特别是明清宝卷的收录，其中多为明代及清初刻本，如：明万历十四年刻《销释归依弘扬觉愿中华妙道玄懊真经》，明刻本《销释大乘宝卷》等，均为《中国古籍善本书目》所未收。在经部小学类中收录了《辨音纂要》：

　　辨音纂要二卷　题明吉甫撰　稿本

其他语焉不详。

2. 抄本说

八十年代末，由中国古籍善本编委会编纂、出版了《中国古籍善本书目》，是我国现存古籍善本最为完整的书目，收录了全国 782 家图书馆、博物馆珍藏的古籍善本 6 万余种，13 万部。年代下限大致断至清代乾隆以及在此之后辛亥革命前有特殊价值的刻本、抄本、稿本、校本，都作为善本在收录之列。《辨音纂要》被收录于此，也体现出了它特殊的版本价值：

　　辨音纂要二卷　明天啟抄本

东北师范大学图书馆编著的《东北师范大学图书馆藏古籍分类目录》：

辨音纂要 2 卷 （明）吉甫录 明天启 2 年—4 年（1622—1624）
讫 吉甫
手抄本 4 册（1 函）

除上述两种书目所提及抄本《辨音纂要》外，李无未先生研究后认为，《辨音纂要》是孤抄本。[①]

这三部书目中著录的《辨音纂要》是同一部书，目前藏于东北师范大学图书馆。那么，《辨音纂要》究竟是稿本还是抄本？宁忌浮先生未提及是稿本还是抄本，但宁先生认为，它是明代孤本韵书。

中国古籍的版本类型与版本称谓是比较复杂的。从大的类型上，分为印本与写本。写本中又分为稿本、写本和抄本。李致忠先生认为古书版本称谓中运用稿本的概念大约有三种情况，一是指作者的手稿本，二是指清稿本，三是指修改稿本。但这三种情况多数情况下并不确切，容易造成混乱。国家图书馆在处理这个问题时，只用"稿本"一个概念，将作者亲笔书写、誊清、修改的情况，都包容在"稿本"概念里。

在古书版本著录或行文中，抄本的称谓经常运用，除写本、稿本之外，凡依据某种底本而再行传写者，均可以抄本名之[②]。《辨音纂要》序中出现"吉甫録"字样，而不是"吉甫著"或"吉甫撰"，这极有可能是吉甫在抄录原始的稿本。也就是说，在吉甫"录"此书之前，一定有稿本韵书。但现在我们尚未发现这个稿本，我们只是通过吉甫的抄录才得以见到这部韵书，也是我们今人的幸事。

从以上现象来看，吉甫很可能是抄录者，《辨音纂要》作者花费了近三年的时间编写此书，如果是亲自抄写又别无副本，就有可能是孤本，是研究这部韵书唯一的可见材料，其版本价值非同寻常，更显弥足珍贵。在没有其他证据和线索的情况下，我们认定此韵书是孤抄本韵书。

[①] 李无未：《明抄本〈辨音纂要〉初探》，《文献》2003 年第 1 期。
[②] 李致忠：《古书版本鉴定》，文物出版社 1997 年版，第 88—90 页。

二 《辨音纂要》作者

关于《辨音纂要》卷首《序》有"茂苑逸民吉甫錄"七字,"茂苑"即今苏州。

关于《辨音纂要》的作者,学术界有三种说法。宁忌浮先生在《汉语韵书史·明代卷》中认为《辨音纂要》无作者,称其作者为无名氏,他认为吉甫是抄录此书的人,不是编纂者[①]。李无未先生认为,作者是吉甫的可能性很大[②]。崔剑昆认为,《辨音纂要》的作者湮没无闻,难以考索,吉甫只是抄工[③]。

书中关于作者的信息有这样几处:1.《序》中提到"茂苑逸民吉甫錄";2. 贞册十七药入声第 9 页,两排"穿"母字中间,一上一下盖有两枚黑色印章,其中上面那枚刻有"集喈"二字,下面那枚刻有"臣朱桐印",此页为洒金纸;3. 贞册第二十二卷末,写着"天啟歲次壬戌季夏吉旦歷至甲子仲春書成"的字样,其下盖有"清潤齋"和"吉卜"两枚红色印章。

书中的印章很有可能是收藏者的印章。历代收藏家大都喜欢在他们收藏的书画上钤上几个印记,表示自己收藏之美,故历史上著名的书画作品,收藏的印章都很多。一般的印章应为红色,"集喈"章与"臣朱桐印"是黑色的,可能是后人阅读时加盖在上面的,用以证明自己对《辨音纂要》内容的理解、认识。"集喈"的意思是把大家的话集中起来,这可能寓意《辨音纂要》是一本集合众家观点的书。

吉甫是何许人也?我们通过《四库全书》全文检索发现,名为"吉甫"的人一共有3442条记录;《古今图书集成》共有777条记录……寻找"吉甫"有如大海捞针一般。我们又查寻了通过"字号、谥号、封号、姓名索引"对明代人物进行梳理的《明代传记丛刊》[④],共查出与"吉甫"相关的人物25人。其中,"姓氏"为"吉"的有15人,"字号"为"吉甫"的有10人,"别

[①] 宁忌浮:《汉语韵书史·明代卷》,上海人民出版社 2009 年版,第 96 页。
[②] 李无未:《明抄本〈辨音纂要〉初探》,《文献》2003 年第 1 期。
[③] 崔剑昆:《抄本〈辨音纂要〉所收〈词韵〉考》,硕士学位论文,吉林大学,2001 年,第 6 页。
[④] 周骏富:《明代传记丛刊》,明文书局,中华民国八十年十月初版。

名"没有为"吉甫"的。"甫",中国古代对男子的美称。段玉裁《说文解字注》:"甫者,男子美偁。某甫者,若言'尼甫'、'嘉甫'、'孔甫'。甫則非字,凡男子皆得稱之。"①古代男子称名、字、号为"甫"的非常多,故我们认为"吉甫"为名的可能性小,而为"字号"的可能性更大一些。我们看一下明代"字号"为"吉甫"的这些人:

表1-1 明代"字"为"吉甫"的人物表

	名	字	籍贯	生平
1	王榮	吉甫	榆林	崇禎十七年,為彰德衛藩城守參將,賊至,官民奔散,榮護趙王歸朝中途遇賊,力戰,被執。賊愛其驍勇,使偽制,將軍陳永福勸之降,不屈,与子師易俱死。
2	王之士	吉甫	鄒平	戊辰進士,歷官河間知府,里居,門外貿肆,有抉扃而覺者,實無所得也。
3	李佑	吉甫	贵州	嘉靖二十六年進士。歷官江西副使,邀賊瑞金有功。尋敗廣東賊吳志高、江西下歷賊賴清規等,皆資銀幣。進江西右參政。
4	周暉	吉甫	上元	弱冠為博士弟子,老而好學,為鄉里所重。博古洽聞,多識往事。年八十餘,撰《金陵舊事》二卷、《瑣事》十卷。焦弱侯稱其胸饒韞蓄,性好編綠。几格不虛,巾箱恒滿。吟詠自適,不求人知。晚年賦移居詩,通人皆屬和,自喜其"鶯啼催小飲,鶴步伴閒行。"其句法多類此也。
5	唐汝迪	吉甫	宣城	父甚卒,閱五月始生,生三歲,母亦捐。養兄汝茉甫三週耳,煢煢稱孤……有《嘉議》十五卷行于世。
6	陳敬純	吉甫	不詳	德清教論斌孫體魁碩,負膽氣,敢言事,好為淹博藻贍之詞,名聞四方。學者斂容請益,公益喜,自負,援證今古,千言俱下,令人應接不給。
7	華夏	吉甫	浙江定海	初,督學江右黎元寬讀其文,撫案曰:"志苦思堅,此不与俗靡矣!"困諸生,得例貢,未廷試。
8	喬允升	吉甫	河南洛陽	萬曆二十年進士。除太谷知縣,徵授御史,歷按宣、大、山西,遷順天府丞,移疾歸。天啟初,歷刑部左侍郎,三年進尚书,復移疾歸。崇禎二年,以清兵薄都城,獄囚破械出,下獄坐絞,以高年篤疾減死,戍邊。允升赴戍所,未幾死。
9	盧謙	吉甫	廬江	萬曆三十二年進士。授永豐知縣。擢御史,出為江西右參政,引疾歸。
10	豐應元	吉甫	鄞縣	道生之子,有《鳴皋集》。

---

① 段玉裁:《说文解字注》,上海古籍出版社1981年版,第128页。

从表面上看，明代的这10人与《辨音纂要》都没有直接的关系。其中有一个人值得我们注意，即秀才周晖。周晖的经历与《辨音纂要》中的吉甫比较接近，他好学不倦，博古洽闻，八十多岁时还成书十余卷。焦竑称其为"胸饶韫蓄"。周晖喜好编录，这一点与《辨音纂要》相合，但他是南京人，1546年人，如果他是《辨音纂要》的作者，那么成书时他也已经七十多岁了。常人七十多岁时可能很难有所作为，但周晖"年八十余，撰《金陵旧事》二卷、《琐事》十卷"，由此看来，他作《辨音纂要》不是没有这个可能的，抄录就更不是问题了。周晖有可能是从苏州移民到南京的。另外，《辨音纂要》书中抄录时有一些明显的错误及涂抹痕迹，还有重复之处，这不太像是年轻力壮之人抄写，很可能出自老年人之手。

　　吉甫能够"录"这部书，说明他与作者的关系非常密切。在"录"的过程当中，是否有改动的因素我们不得而知，但我们知道他为保存此韵书做出了重要贡献。"录"书的原因需要进一步考证，可能为保存韵书使之流传，也可能是这部书反映的时音与吉甫所居地的语音有吻合之处。这部韵书不仅具有保存音韵文献的价值，还有记录时音的功能，想来作者在语音方面颇有造诣。

　　目前在没有其他证据的情况下，我们无法断定吉甫就是《辨音纂要》的作者，但从"吉甫录"和综合分析来看，我们认为吉甫抄录此书比编纂此书的可能性大。

三　《辨音纂要》成书

　　据贞册第二十二卷末所记："天啟歲次壬戌季夏吉旦歷至甲子仲春书成"，天啟，1621年—1627年，是明朝皇帝明熹宗朱由校的年号。壬戌，即公元1622年。吉旦，农历每月初一。甲子，即公元1624年。仲春，春季的第二个月，即农历二月。据此可知，成书时间应该为1622年夏至1624年春之间，作者编写此书，花费了近三年的时间。

四　《辨音纂要》体例

　　《辨音纂要》总目连声排列小韵，次第井然，很像等韵图，是一部具有韵图性质的韵书。它只注音而不释义，上、下两卷共二十二个韵部。其中上卷分为十卷，下卷分为十二卷。每卷正文前分列各卷的《辨音连声总目》，并标注五音、五行、阴阳、清浊、七音、声母、助纽音、小韵首字、反切。《序》后效法章黼《并音连声韵学集成》在卷首列出"辨音纂要总目"，各卷韵目用字分别为：

上卷：

第一卷　東董送屋四聲　　第二卷　支紙寘三聲

第三卷　齊薺霽三聲　　　第四卷　魚語御三聲

第五卷　模姥暮三聲　　　第六卷　灰賄隊三聲

第七卷　皆解泰三聲　　　第八卷　真軫震質四聲

第九卷　寒旱翰曷四聲　　第十卷　山產諫轄四聲

下卷：

第十一卷　先銑霰屑四聲　第十二卷　蕭篠嘯三聲

第十三卷　爻巧效三聲　　第十四卷　歌哿箇三聲

第十五卷　麻馬禡三聲　　第十六卷　遮者蔗三聲

第十七卷　陽養漾藥四聲　第十八卷　庚梗敬陌四聲

第十九卷　尤有宥三聲　　第二十卷　侵寢沁緝四聲

第二十一卷　覃感勘合四聲　第二十二卷　鹽琰豔葉四聲

《目录》每卷中的各韵目代表字表明它与所属字独立成卷，并同属一个声调，这样可知《辨音纂要》有韵目七十六个。与章黼的《韵学集成》完全相同。每卷卷首也效法《韵学集成》作"辨音连声总目"，并用双排小字在声母上下分别标明五音、清浊、五行、发音部位、阴阳，隔一行即平上去入四声的韵字及反切，在平声字上方用小字注明助纽音。如：

辨音連聲總目一卷①　　東董送屋　四聲

角　清音 見 屬木　陰　齶音　經堅公古紅切　　䩩古孔切　　貢古送切　　穀古祿切

角　次清 溪 屬木　陰　齶音　輕牽空苦紅切　　孔康董切　　控若貢切　　酷枯沃切

角　濁音 羣 屬木　陽　齶音　勤虔窮渠宮切　　　　　　　共渠用切　　局渠玉切

角　次濁 疑 屬木　陽　齶音　迎妍顒魚容切　　　　　　　　　　　　玉魚欲切

---

① 注：原文竖版。

7

《辨音纂要》韵字下无释义，只有音注，分别是《广韵》反切、《词韵》反切与叶音，部分韵字加列《洪武正韵》、《韵学集成》的反切。这恰恰与韵书的名字相吻合，宁忌浮先生认为，《广韵》与《词韵》反切对举，就体现出本书"辨音"的意图，[①]"纂"有收集、汇集、搜集材料编书之意，"要"有精要、简明之意。只注音，不释义，也许正是这种精要的外在表现。

第二节 《辨音纂要》序及其相关问题

一 《辨音纂要·序》

《辨音纂要》开篇为《序》，注明"茇苑逸民吉甫録"。序中指明了"喉齿齶舌唇"五个发音部位而得出的五声"宫商角徵羽"，并进一步阐述了五音的发音方法，以及五音与律吕、阴阳五行、数、象等之间的关系，将律吕与音韵联系起来考虑，所谓"律和声"，即是此义。

关于五音：

《辨音纂要·序》中关于五音的介绍：

> 天以一元之氣生人，人之聲，即天之聲。聲由心生，心以物動，故形於聲。五聲之出於中也有漸，聲始出於喉，從丹田起直上出為宮，再出到齶聲平出為角，又再從舌斜降出為徵，又再出到齒為商，又降出到脣為羽，喉齶舌齒脣，乃人元氣也，出隨所到之處，而得宮商角徵羽之聲。

《辨音纂要·序》中还介绍了五音的清浊：

> 喉聲最濁，齶音次濁，齒音半清半濁，舌音次清，脣音極清。凡

[①] 宁忌浮：《汉语韵书史·明代卷》，上海人民出版社2009年版，第97页。

自下遠達者濁，脣舌近出者清，莫非聲氣之自然，不假安排，若歌聲，長者重濁而舒遲，短者輕清漂疾也。

沈括《夢溪筆談》中谈到了五音："今切韵之法，先類其字，各歸其母；脣音舌音各八，牙音喉音各四，齒音十，半齒半舌音二，凡三十六，分為五音，天下之聲，總於是矣。每聲復有四等，謂清，次清，濁，平也。……至於所分五音，法亦不一。如樂家所用，則隨律命之，本無定音，常以濁者為宮，稍清為商；最清為角，清濁不常為徵羽。切韵家則定以脣齒牙舌喉為宮、商、角、徵、羽。其間又有半徵、半商者，如'来''日'二字是也；皆不論清濁。"[1]

关于律吕：

宮商角徵羽者，五聲之名，生出先後之序也，君臣民物事者，五聲之實，貴賤清濁之次也，而律呂作樂之源，皆出（脫文，補字）於此。

人身自有陰陽之律，可以節五音之上下，天地之氣，出於土囊之口，鼓動而五聲出焉，人之氣出於肺口，鼓動而五聲出焉，人聲与天地之聲合，而律呂出焉。

关于五行：

《辨音纂要·序》中有很多关于五行的阐述，而且还引用朱熹的话，并阐述阴阳五行与五声、象、数的关系，如：

朱文公曰：音律只是氣，人聲亦是氣，故相關。又曰：樂聲是土木火金水，蓋天以陰陽五行化生萬物，人之氣，天之氣也。天以元氣分為五行，曰土木火金水也。數曰五八九七六也。人以元氣出為五聲，曰宮商角徵羽也。象曰君臣民事物也。土，五也，土為水火之所寄，金木之所資；宮，君也，宮之商角之平濁，徵羽之清揚，故數以五為天之中，聲以宮為音之長。

---

[1] 赵荫棠：《等韵源流》，商务印书馆1957年版，第53页。

然形有斂舒，數有多寡，聲有清濁，象有貴賤，分有萬殊，皆原於一氣，始於一，具於三，究於九，而中於五，總五八九七六，為數三十五，以十乘之，三百有五十，五為天中正陽，氣升而出為宮聲焉。宮，土五也，以五因五，二十五而倍為五十，則五升八而為商；商，金聲也，八者，三五之合也，以五因合，而倍之，為八十焉，由八升九而為角；角，木聲也，九者，四五之合也，以五因合，而倍之，為九十焉，陽氣自下而升，在時則自子而至巳，在卦則自復而至乾也，陽極而陰，陰降二為七為徵；徵者，火聲也，七者，二五之合也，以五因合，而倍之，為七十焉，又降一為六為羽；羽者，水聲也，六者，一五之合也，以五因合，而倍之，其數為六十，陽氣自上而降，在時則自午而至亥，在卦則自垢（脫文，后補字）而至坤也，樂生於人心，原於天道，日有十二辰，各有五行，而究於六十日，樂有十二律，由於五音，而究於六十調，理氣相涵，聲數相合，音律一道，周流不息，与河圖洛書卦候節氣，一一脗合。聲只五音，律有十二，應十二時也，不出五音之流行，故律雖十二，而每調只用七音，五音之外，加流宮流徵，又曰少宮少徵，其實一也。如黃鍾為宮，黃鍾生太簇為商，太簇生姑洗為角，皆隔一律，如此生去，皆是陽宮，孤陽不生，獨陰不成，故隔二生林鍾為徵，隔二生南呂為羽，即隔二律，聲遠不和，故設蕤賓為變徵，應鍾為變宮，是為七均，而成一調，凡旋相為宮，其相生之序皆如此，所謂律和聲也。

上述文字我们可以用图表鲜明概括：

表1-2　五音、五行、数、象统计表

五音	宮	商	角	徵	羽
发音部位	喉	齿	腭	舌	唇
发音方法	全浊	半清半浊	次浊	次清	全清
五行	土	金	木	火	水
数	5	7	8	9	6
象	君	臣	民	事	物

《辨音纂要》序文残缺，另有"七十五字分属五音图"、"黄锺七十五音应节候说"、"三十六字母"、"重复交互音"等项，下面将逐一进行介绍。

二 《七十五字分属五音图》

序中列有《七十五字分属五音图》，用图表的形式列出七十五个汉字，分别归属于宫商角徵羽五音，并分别阐明了"宫商角徵羽"这五音的来源；发音部位；发音方法；五行；五象及数量；并标明五音的长短、高下、清浊，每音下列出 15 个例字，总计 75 字。[①]

具体情况如下：

一宫：八十一；出于脾合口而通之，謂之宮；宮音，五聲之首，其行屬土，其象為君，其數八一，其聲極長下至濁；例字：因慧亂淵遐熙延約回獻豫諸杭嚚逸；

二徵：五十四；出於心而齒合吻開，謂之徵；徵音宮所生，其行屬火，其象為事，其數五十四，其聲次短次高次清；例字：諦度通裏典突敦寧陡墜退那真列忒；

三商：七十二；出於肺開口而吐之，謂之商；商音徵所生，其行屬金，其象為臣，其數七十二，其聲次長次下次濁；例字：精萃趨俟昭崇癡襌柴舛殊將刅心？；

四羽：四十八；出於脣而齒開吻聚，謂之羽；羽音商所生，其行屬水，其象為物，其數四十八，其聲極短極高極清；例字：闗品明粉扶方滂旁漂迷非墳房罔保；

五角：六十四；出於肝而張口湧吻，謂之角；角音羽所生，其行屬木，其象為民，其數六十四，其聲在長短高下清濁之間；例字：潔疑欽昂矯競坤健規奇愷喬嘉衢廣；

[①] 注：其实图中是 74 个例字，"商"音的例字为 14 个，最后那个位置是空的，笔者怀疑抄录的时候有脱文，少抄写一个例字。

三 《黄锺七十五音应节候说》

《黄锺七十五音应节候说》开篇就引用了京房的话，我们先来认识一下京房这个人。京房，（公元前 77 年—公元前 37 年），西汉律学家，易学"京氏学"的开创者，本姓李，字君明。京房最大的成就是提出了"京房六十律"。一律而生五音，十二律而为六十音。[①]

《黄锺七十五音应节候说》是这样表述的：

> 京房曰：十二律之變至於六十，猶六卦之變，至于六十四也。宓義作易，紀陽气之初，十一月子為黃鍾律，陽气始生於地下，陽漸冉，流散為息，陰氣漸轉而消；五月午為蕤賓律，陰氣始生於天上，陰漸冉，流散為息，陽氣轉收而消。然陰中含陽，陽中含陰，董子曰：四月建巳，純陽之極，薺麥枯，由陰殺也。十月建亥，純陰之極，薺麥始生，由陽升也。其若葶藶死於盛夏，欵冬華於嚴冬，水極陰而有溫泉，火至陽而有凉焰，天地間，惟此陰陽間雜，循環迭出。自其至變者觀之，無一息暫停，自其有常者攷之，每循序不易，故曰：一陰一陽之謂道。

这里的"十二律之變至於六十"，即是指"一律而生五音，十二律而为六十音。"而"六卦之變，至于六十四也。"可能存在讹误。《后汉书•律历志》、《隋书》卷四十九•列传第十四中京房自称："夫十二律之变至于六十，犹八卦之变至于六十四也。"故此处"六卦"应该为"八卦"之误写。即"猶八卦之變，至于六十四也。"八卦和六十四卦的区别在于：八卦的卦是三爻，六十四卦的卦是六爻。三爻的卦，能组成八个卦象。这三爻，代表"天、地、人"。这八个卦象，不足以模拟万事万物的变化，于是，把"天、地、人"的三爻，每一爻变成两爻，成为六爻，故八卦就变成了六十四卦。按数学方式计算：八卦，每个卦有三爻，是 2 的三次方的变化数量，所以

---

① 沈知白：《中国音乐史纲要》，上海文艺出版社 1982 年版，第 47 页。

有八个不同的卦。六十四卦，每个卦有六爻，是 2 的六次方的变化数量，所以有六十四个不同的卦。京房的意思是，十二律和六十律就好像八卦和六十四卦一样。宓羲即伏羲，这里用天体运行的阴阳变化来说明阴阳互济的道理，如：温泉，极阴中有点阳；凉焰：极阳中又有点阴。这是太极原理，即动态中的阴阳，阴阳都在动与变化中，而变化中两种势力是平衡的。作诗作乐是如此，论及音韵也是如此：

> 舉天下萬事萬化，誰能離此？人聲与氣化相通，尤其彰明較著者也，古聖人因人聲發而為詩，協之律呂為樂，其為詩詞也。音韵相為表裏，音者，宮商角徵羽也；韵者，東董凍篤之類也。

这里是说音韵间的关系也是阴阳变化的关系。具体论述如下：

> 天以五行化萬物，人以五音化萬聲，禮記曰：知聲而不知音，禽獸是也，蒼頡製字之諧聲，詩經用韵之叶音，皆轉用字之同音者，不獨用韵而已也。西域所傳三十六母及反切之學，上字通音，下字通韵，欲人由之，熟於音韵，竊因此究考，粗得其棨，又有感於楊子雲曰：聲生於日，莫得其故，會於棋譜中，見古人所傳七十五字，与節候相通，於是豁然契悟，以三十六字母相証，實相与表裏。兩相發明，因將古人七十五字以内音，每取二字調和，翻出母中所包括字，如父精母血，坎離交媾，結成一音，由此音，調出二卷平聲字，由此平聲，調出三卷上去入聲字，清屬陰，濁屬陽，迥然各別。

这里提及谐声谐音与语音变化的关系，转用字指变化，把自然规律的阴阳变化纳入到语音当中，涉及到《诗经》的叶音变化；还涉及三十六字母、反切与西域梵语语音分析理论；把三十六字母具体的语音分析纳入到本书当中来，即涉及到元音也涉及到辅音，声母与韵母结合才构成了语音，所以"如父精母血，坎离交媾，结成一音"；还强调了声调，也与阴阳有关系，平仄，平属于阴，仄属于阳；发音方法，清和浊，强调了研究区别。语音内部结构关系和构成要素的关系以及他们之间各自的特征和区别。认识语音要注意区别性，从哲学上给我们以启发，要注意语音要素各自的区别和变化，对我们认识本书涉及到的语音现象还是非常有意义的。

最后论及音韵，指明黄钟七十五音与节候是相对应的关系，七十五音、三十六字母、五音、五行、阴阳、正反，皆与气候相应。自然次序与四时相对应，节候对应五音，五音不出阴阳，不止阴阳五行、治国平天下、音韵当中也是这个道理。

> 萬字萬聲，皆不出此七十五音，而七十五音，又不出三十六字母，三十六字母又不出于五音，五音、五字盡天下之聲音，猶金木水火土之包涵萬事也。而五音又不出於陰陽，陰陽又本於黃鍾，逆而上之，愈簡而愈約；順而推之，愈賾而愈廣，與氣候一一相應。角為春音，人生於寅故先角起，由是夏而為徵，秋而為商，冬而為羽，土，寄。王於四季，故以宮終焉。有自然次序，与四時相協，由此通之，上而齊治均平，下而術數卜筮，皆由此而措之裕如矣，獨音韻也乎哉。

或因传抄时遗漏，或因装订时疏忽，此序不完整，后面脱漏的文字无从考查，但大体是说明声母和韵母的相配关系，由声母与韵母相配衍生出作者认识的语音结构，属于语音结构的二元结构论，即从汉字音节结构的构成特点看音节结构的内部组合关系。无论用阴阳都是对汉字音节结构相配关系的形象比喻，即汉字音节结构的两分法，声母和韵母两部分。由这两部分作为基础，看这两部分的结合，看基本音节结构的构成，七十五音，最基本的理论基础，这是主线。即《辨音纂要》的理论构成点。

五字五音衍生出三十六字母，用周易的理论来推衍，最基本的语音理论生成的构成基点是正确的，但附会阴阳对我们研究本书的语音并无太大意义。哲学上认识的本质特点是可取的，对我们认识语音有帮助。

四 三十六字母和《重复交互音》

《序》中介绍《辨音纂要》声母之前，先列宋人三十六字母，并注明七音，如下所示：

見溪群疑是齶音　　端透定泥舌頭音　　知徹澄娘舌上音

幫滂並明重脣音　　非敷奉微輕脣音　　精清從心邪齒頭音

照穿牀審禪正齒音　　影曉匣喻是喉音　　來半舌音　日半齒舌

关于齶音，齶即上腭，齶音其实是牙音，牙音就是舌根音，也就是舌面后音。古人之所以把它叫做牙音是因为他们觉得在发这些音时，由于舌根跟软腭接触，舌根紧靠着大牙，以为与大牙有关系，所以把它叫做牙音。①

然后以《重复交互音》为题，将三十六字母归并为三十字母，并说明归并原因：

> 尚論疑喻本一家，泥前孃後亦云賒。會同知照方為復，合併非敷定不差。既有牀兮澄可去，若存穿也徹休加。惟留三十為音母，免使相重混似麻。

这首诗对于我们认识其字母非常重要，由此可知，疑喻、泥娘、知照、非敷、牀澄、穿彻混而成一。由此《辨音纂要》的三十声母是：见溪群疑端透定泥帮滂并明敷奉微精清从心邪照穿牀审禅影晓匣来日。

何为重复交互音？即混合，有些声母与另一些声母相混，是混合的代名词。一个声母可能与若干音相混，产生重复交互的效应，说明它已经由宋人三十六字母开始简化，强调声母简化的特点。简化为三十字母。韵书中实际语音布局与此有很大差别，可见其认识的三十六字母与我们研究的结果并不是完全统一的，说明他的归纳没有贯彻到底，还是受旧的语音理论认识束缚和影响，强调简化，实际不然。

---

① 唐作藩：《音韵学教程》，北京大学出版社1991年版，第35页。

第三节 《辨音纂要》研究现状及价值

一 研究现状

《辨音纂要》这部韵书，既不见于《四库全书》《续四库》《四库存目》《四库未收书》，也不见于众多书目。目前它只见于东北师范大学图书馆，是弥足珍贵的韵书材料。

过去对其进行研究的学者很少，李无未先生仔细研读过《辨音纂要》，曾有多篇论文发表。1.《明抄本〈辨音纂要〉初探》[①]；2.《〈辨音纂要〉所传〈中原雅音〉》[②]；3.《〈词韵〉音系声调》[③]。

第一篇文章，介绍《辨音纂要》的体例和性质，《辨音纂要》所见《中原雅音》和《词韵》，以及《辨音纂要》所引的其他几种韵书。

学术界关于《中原雅音》韵目的看法也存在比较大的分歧，李无未先生对《中原雅音》有广泛研究，在第二篇文章中，他提出了一个很有价值的观点，即《中原雅音》韵目与《中原音韵》韵目相同，与《中原音韵》一样分韵十九部。

第三篇文章中对《词韵》声调进行了探究，提出《词韵》声调有阴平、阳平、上声、去声四个调类，它和《中原音韵》"平分阴阳"、"浊上归去"、"入派三声"基本一致，《词韵》与《中原音韵》声调有着比较明确的渊源关系。

李无未先生在其专著《日本汉语音韵学史》中谈及"日本学者对《中原音韵》及相关韵书的研究"中提到，在明抄本《辨音纂要》中发现《中原雅音》十九韵目资料，与《中原音韵》完全一样，更为直接证明了《中

[①] 李无未：《明抄本〈辨音纂要〉初探》，《文献》2003 年第 1 期。
[②] 李无未：《〈辨音纂要〉所传〈中原雅音〉》，《中国语言学报》2003 年第 11 期。
[③] 李无未：《〈词韵〉音系声调》，载《音史新论·庆祝邵荣芬先生八十寿辰学术论文集》，学苑出版社 2005 年版。

原音韵》与《中原雅音》的密切关系，由此转换思维方式，对《中原雅音》的体例问题重新作进一步的思考。①

宁忌浮先生《汉语韵书史·明代卷》，第二章第五节中专门介绍了《辨音纂要》。②耿振生先生在论证《〈中原音韵〉的原始著作权和它的基础方言问题》时提到《辨音纂要》。③王进安先生研究《韵学集成》时也提到《辨音纂要》。④崔剑昆的硕士论文曾经详细考辨过《词韵》。⑤

以上研究虽然很深入，但仍有很多缺憾，诸如对复杂音系特点的认识不够全面和深入，很多人研究都是就某一方面，对多重音系认识不够；和前代韵书关系的研究比较的不够；对音韵文献价值的挖掘也不够深入等。由于《辨音纂要》的流传范围不广，且许多重要的目录学著作均不见载，今天的音韵学者也极少有人提及，主要是从发现《中原雅音》的资料以及辑佚《词韵》方面入手，对《辨音纂要》本身内在结构及其复杂音系特点以及其所保存的音韵文献并未深入研究，故仍需要对其进行系统化深入研究。

二　研究价值

《辨音纂要》暗含了几部韵书，属于典型的多重音系叠加性质的韵书，在语言学及文献学方面都具有非常重要的价值。

首先，《辨音纂要》表面与《洪武正韵》框架一致，实际则不然，作者甚至并未按照《序》中介绍安排韵字，而是在实际操作中偷偷作了改变。这种多重音系叠加韵书对语音史及音韵学史意义重大。其次，作为孤抄本韵书，版本价值显赫。在保存音韵文献方面，《辨音纂要》功不可没。其所引《广韵》《词韵》《中原雅音》等文献是难得一见的汉语音韵学稀有韵书

---

① 李无未：《日本汉语音韵学史》，商务印书馆2011年版，第284页。
② 宁忌浮：《汉语韵书史·明代卷》，上海人民出版社2009年版，第96—100页。
③ 耿振生：《〈中原音韵〉的原始著作权和它的基础方言问题》，载《语言学论丛》第31辑，商务印书馆2005年版，第72—103页。
④ 王进安：《〈韵学集成〉研究》，上海三联书店2009年版，第287页。
⑤ 崔剑昆：《抄本〈辨音纂要〉所收〈词韵〉考》，硕士学位论文，吉林大学，2001年。

资源。

　　《辨音纂要》具有如此重要的地位和价值，我们有必要对其进行深入挖掘和研究。在摸清其基本体例和结构的基础上，以《辨音纂要》音系研究为主线，透过表面音系，深入到内部，摸清其深层音系；文献梳理为副线，诸如其所引《词韵》《中原雅音》等材料，全面系统对《辨音纂要》进行探究。在研究过程中探讨它的音系性质、与前代韵书的关系以及对后代韵书的影响，并适当与相关韵书进行比较。

　　运用多种研究方法互补的方式，主要采用反切比较法和数理统计法，结合文献校勘和考据法进行研究。对《辨音纂要》的研究，主要放在音系方面。采用反切比较法，主要针对《辨音纂要》中包含的《广韵》反切、其所引相关韵书的反切以及每个韵字中所包含的反切，将《辨音纂要》反切与中古韵书中的反切相比较，看中古到近代的语音变化。采用贯穿全文的统计法，主要通过数据统计来分析问题，如对韵字的统计；对声类、韵部、声调的统计；与其他韵书相同、相异数据的统计等，主要是为分析或归纳服务，简便又可行。采用文献剥离法将韵书中含《中原雅音》的材料剥离出来；运用文献校勘及考据方法，校勘韵书在传抄过程中的错误，这也是我们研究音韵文献的基础。

第二章 《辨音纂要》正读声母

从书名可以看出，辨别字音是《辨音纂要》的主要宗旨，且该书韵字选择精要，共收录 7909 条韵字。其中标注《广韵》反切正读音 7762 条，无《广韵》反切 147 条。具体情况见表 2-1。

表2-1　《辨音纂要》正读声母数量表

声母	有《广韵》反切	无《广韵》反切	合计
唇音	1119	23	1142
舌音	1207	24	1231
齿音	1908	48	1956
牙音	1422	27	1449
喉音	1451	16	1467
来母	532	7	539
日母	123	2	125
共计	7762	147	7909

下面我们对《辨音纂要》中标注《广韵》反切正读音的 7762 个韵字进行逐一探讨。

一 唇音

《辨音纂要》正读中记录唇音字1119个。下面，我们对唇音情况进行全面分析。

1. 唇音自注

帮母自注106例，滂母自注100例，並自注144例，明自注191例；非母自注23例，敷母自注49例，奉母自注81例，微母自注57例。

2. 唇音内部互注

（1）重唇音与轻唇音互注：

帮非96例，滂敷27例，並奉54例，明微89例。

随着时代的变迁，到《辨音纂要》时期，语音发展也经历了剧烈的变化，守温三十字母时，不分轻重唇；在《广韵》音系中，轻唇音尚未从重唇音中分化出来，但通过反切上字可以将唇音分为两类。到了宋人三十六字母，非敷奉微才从帮滂並明中分化出来。宋末轻重唇分化已经成为事实，《切韵指掌图》中已经分划得相当清晰。朱熹《诗集传》二十卷本和八卷本轻唇重唇的划分都十分清晰。在《中原音韵》和《洪武正韵》中，轻唇音已从重唇音中分化出来，而且轻唇音"非敷"在二书中均合流。

《皇极声音文字通》是赵㧑谦模仿邵雍《声音唱和图》而作，它包含了一个语音体系，其中声母方面就体现出轻唇音和重唇音互用的特点。[①]朱熹《仪礼经传通解》语音中，轻唇音与重唇音相混也十分突出，非母与帮母相混18例，敷母与滂母相混46例，奉母与明母相混22例，微母与明母相混50例。在《辨音纂要》正读中我们发现其唇音表现出较为强势的轻重唇相混，轻唇音与重唇音互注达到了266例，唇音内部互注共有364例，因此轻唇音和重唇音合用266次，相对于总数364次，比例达到了73.08%，这个数字表明《辨音纂要》正读唇音界限不清，存在大量轻重唇相混现象。

《辨音纂要》正读中轻重唇相混的原因，可能是古音的存留，韵书体现的是一套读书音系统，语音面貌会迟滞于口语音，作者想反映旧的读书

[①] 耿振生：《明清等韵学通论》，语文出版社1992年版，第240页。

音现象；也可能是受到了方言的影响，在今天的闽南音中，白话音重唇轻唇不分，有重唇而无轻唇，跟钱大昕所说的"古无轻唇音"相符合。

帮非互注 96 例：

悲，《辨音广韵》逋眉切，帮脂开三平止；《宋本广韵》府眉切，非脂开三平止。

陂，《辨音广韵》逋眉切，帮脂开三平止；《宋本广韵》彼為切，非支开三平止。

卑，《辨音广韵》逋眉切，帮脂开三平止；《宋本广韵》府移切，非支开三平止。

椑，《辨音广韵》逋眉切，帮脂开三平止；《宋本广韵》必移切，非支开三平止。

碑，《辨音广韵》逋眉切，帮脂开三平止；《宋本广韵》彼為切，非支开三平止。

羆，《辨音广韵》逋眉切，帮脂开三平止；《宋本广韵》彼為切，非支开三平止。

彼，《辨音广韵》補委切，帮纸合三上止；《宋本广韵》甫委切，非纸开三上止。

佊，《辨音广韵》補委切，帮纸合三上止；《宋本广韵》甫委切，非纸开三上止。

鄙，《辨音广韵》補委切，帮纸合三上止；《宋本广韵》方美切，非旨开三上止。

祕，《辨音广韵》兵媚切，帮至开三去止；《宋本广韵》兵媚切，非至开三去止。

秘，《辨音广韵》兵媚切，帮至开三去止；《宋本广韵》兵媚切，非至开三去止。

柲，《辨音广韵》兵媚切，帮至开三去止；《宋本广韵》兵媚切，非至开三去止。

賁，《辨音广韵》兵媚切，帮至开三去止；《宋本广韵》彼義切，非寘开三去止。

轡，《辨音广韵》兵媚切，帮至开三去止；《宋本广韵》兵媚切，非至

21

开三去止。

詖，《辨音广韵》兵媚切，帮至开三去止；《宋本广韵》彼义切，非寘开三去止。

比，《辨音广韵》補米切，帮荠开四上蟹；《宋本广韵》卑履切，非旨开三上止。

妣，《辨音广韵》補米切，帮荠开四上蟹；《宋本广韵》卑履切，非旨开三上止。

匕，《辨音广韵》補米切，帮荠开四上蟹；《宋本广韵》卑履切，非旨开三上止。

臂，《辨音广韵》必弊切，帮祭开三去蟹；《宋本广韵》卑义切，非寘开三去止。

畀，《辨音广韵》必弊切，帮祭开三去蟹；《宋本广韵》必至切，非至开三去止。

庇，《辨音广韵》必弊切，帮祭开三去蟹；《宋本广韵》必至切，非至开三去止。

蔽，《辨音广韵》必弊切，帮祭开三去蟹；《宋本广韵》必袂切，非祭开三去蟹。

宾，《辨音广韵》卑民切，帮真开三平臻；《宋本广韵》必邻切，非真开三平臻。

滨，《辨音广韵》卑民切，帮真开三平臻；《宋本广韵》必邻切，非真开三平臻。

镔，《辨音广韵》卑民切，帮真开三平臻；《宋本广韵》必邻切，非真开三平臻。

彬，《辨音广韵》卑民切，帮真开三平臻；《宋本广韵》府巾切，非真开三平臻。

斌，《辨音广韵》卑民切，帮真开三平臻；《宋本广韵》府巾切，非真开三平臻。

邠，《辨音广韵》卑民切，帮真开三平臻；《宋本广韵》府巾切，非真开三平臻。

豳，《辨音广韵》卑民切，帮真开三平臻；《宋本广韵》府巾切，非真开三平臻。

禀，《辨音广韵》必敏切，帮軫开三上臻；《宋本广韵》笔锦切，非寑开三上深。

擯，《辨音广韵》必刃切，帮震开三去臻；《宋本广韵》必刃切，非震开三去臻。

殯，《辨音广韵》必刃切，帮震开三去臻；《宋本广韵》必刃切，非震开三去臻。

鬢，《辨音广韵》必刃切，帮震开三去臻；《宋本广韵》必刃切，非震开三去臻。

必，《辨音广韵》壁吉切，帮质开三入臻；《宋本广韵》卑吉切，非质开三入臻。

笔，《辨音广韵》壁吉切，帮质开三入臻；《宋本广韵》鄙密切，非质开三入臻。

毕，《辨音广韵》壁吉切，帮质开三入臻；《宋本广韵》卑吉切，非质开三入臻。

篳，《辨音广韵》壁吉切，帮质开三入臻；《宋本广韵》卑吉切，非质开三入臻。

蹕，《辨音广韵》壁吉切，帮质开三入臻；《宋本广韵》卑吉切，非质开三入臻。

鞸，《辨音广韵》壁吉切，帮质开三入臻；《宋本广韵》卑吉切，非质开三入臻。

婢，《辨音广韵》壁吉切，帮质开三入臻；《宋本广韵》卑吉切，非质开三入臻。

扮，《辨音广韵》逋患切，帮谏合二去山；《宋本广韵》晡幻切，非襇开二去山。

鞭，《辨音广韵》卑眠切，帮先开四平山；《宋本广韵》卑连切，非仙开三平山。

編，《辨音广韵》卑眠切，帮先开四平山；《宋本广韵》卑连切，非仙开三平山。

编，《辨音广韵》卑眠切，帮先开四平山；《宋本广韵》卑连切，非仙开三平山。

揙，《辨音广韵》卑眠切，帮先开四平山；《宋本广韵》卑連切，非仙开三平山。

匾，《辨音广韵》補典切，帮銑开四上山；《宋本广韵》方典切，非銑开四上山。

褊，《辨音广韵》補典切，帮銑开四上山；《宋本广韵》方緬切，非獮开三上山。

惼，《辨音广韵》補典切，帮銑开四上山；《宋本广韵》方緬切，非獮开三上山。

贬，《辨音广韵》悲檢切，帮琰开三上咸；《宋本广韵》方斂切，非琰开三上咸。

徧，《辨音广韵》卑见切，帮霰开四去山；《宋本广韵》方见切，非霰开四去山。

遍，《辨音广韵》卑见切，帮霰开四去山；《宋本广韵》方见切，非霰开四去山。

變，《辨音广韵》卑见切，帮霰开四去山；《宋本广韵》彼眷切，非線开三去山。

鼊，《辨音广韵》必列切，帮薛开三入山；《宋本广韵》并列切，非薛开三入山。

鱉，《辨音广韵》必列切，帮薛开三入山；《宋本广韵》并列切，非薛开三入山。

蟞，《辨音广韵》必列切，帮薛开三入山；《宋本广韵》必列切，非薛开三入山。

虌，《辨音广韵》必列切，帮薛开三入山；《宋本广韵》必結切，非屑开四入山。

憋，《辨音广韵》必列切，帮薛开三入山；《宋本广韵》并列切，非薛开三入山。

扒，《辨音广韵》必列切，帮薛开三入山；《宋本广韵》方別切，非薛开三入山。

焱，《辨音广韵》卑遙切，帮宵开三平效；《宋本广韵》甫遥切，非宵开三平效。

飈，《辨音广韵》卑遥切，帮宵开三平效；《宋本广韵》卑遥切，非宵开三平效。

鏢，《辨音广韵》卑遥切，帮宵开三平效；《宋本广韵》甫嬌切，非宵开三平效。

臕，《辨音广韵》卑遥切，帮宵开三平效；《宋本广韵》甫嬌切，非宵开三平效。

瀌，《辨音广韵》卑遥切，帮宵开三平效；《宋本广韵》甫嬌切，非宵开三平效。

標，《辨音广韵》卑遥切，帮宵开三平效；《宋本广韵》甫遥切，非宵开三平效。

幖，《辨音广韵》卑遥切，帮宵开三平效；《宋本广韵》甫遥切，非宵开三平效。

杓，《辨音广韵》卑遥切，帮宵开三平效；《宋本广韵》甫遥切，非宵开三平效。

表，《辨音广韵》彼小切，帮小开三上效；《宋本广韵》陂矯切，非小开三上效。

縹，《辨音广韵》彼小切，帮小开三上效；《宋本广韵》方小切，非小开三上效。

嫖，《辨音广韵》彼小切，帮小开三上效；《宋本广韵》方小切，非小开三上效。

翲，《辨音广韵》彼小切，帮小开三上效；《宋本广韵》方小切，非小开三上效。

俵，《辨音广韵》悲廟切，帮笑开三去效；《宋本广韵》方廟切，非笑开三去效。

裱，《辨音广韵》悲廟切，帮笑开三去效；《宋本广韵》方廟切，非笑开三去效。

霸，《辨音广韵》必駕切，帮禡开二去假；《宋本广韵》必駕切，非禡开二去假。

灞，《辨音广韵》必駕切，帮禡开二去假；《宋本广韵》必駕切，非禡开二去假。

㗉，《辨音广韵》必駕切，帮禡开二去假；《宋本广韵》必駕切，非禡开二去假。

壩，《辨音广韵》必駕切，帮禡开二去假；《宋本广韵》必駕切，非禡开二去假。

靶，《辨音广韵》必駕切，帮禡开二去假；《宋本广韵》必駕切，非禡开二去假。

玽，《辨音广韵》必駕切，帮禡开二去假；《宋本广韵》必駕切，非禡开二去假。

垻，《辨音广韵》必駕切，帮禡开二去假；《宋本广韵》必駕切，非禡开二去假。

兵，《辨音广韵》補明切，帮庚开三平梗；《宋本广韵》甫明切，非庚开三平梗。

冰，《辨音广韵》補明切，帮庚开三平梗；《宋本广韵》筆陵切，非蒸开三平曾。

幷，《辨音广韵》補明切，帮庚开三平梗；《宋本广韵》府盈切，非清开三平梗。

丙，《辨音广韵》補郢切，帮静开三上梗；《宋本广韵》兵永切，非梗开三上梗。

炳，《辨音广韵》補郢切，帮静开三上梗；《宋本广韵》兵永切，非梗开三上梗。

邴，《辨音广韵》補郢切，帮静开三上梗；《宋本广韵》兵永切，非梗开三上梗。

秉，《辨音广韵》補郢切，帮静开三上梗；《宋本广韵》兵永切，非梗开三上梗。

倂，《辨音广韵》補郢切，帮静开三上梗；《宋本广韵》畀政切，非劲开三去梗。

餅，《辨音广韵》補郢切，帮静开三上梗；《宋本广韵》必郢切，非静开三上梗。

柄，《辨音广韵》陂病切，帮映开三去梗；《宋本广韵》陂病切，非映开三去梗。

摒，《辨音广韵》陂病切，帮映开三去梗；《宋本广韵》卑政切，非劲开三去梗。

壁，《辨音广韵》必歷切，帮錫开四入梗；《宋本广韵》必益切，非昔开三入梗。

躄，《辨音广韵》必歷切，帮錫开四入梗；《宋本广韵》必益切，非昔开三入梗。

逼，《辨音广韵》必歷切，帮錫开四入梗；《宋本广韵》彼侧切，非職开三入曾。

碧，《辨音广韵》必歷切，帮錫开四入梗；《宋本广韵》彼役切，非昔开三入梗。

彪，《辨音广韵》補尤切，帮尤开三平流；《宋本广韵》甫烋切，非幽开三平流。

不，《辨音广韵》逋没切，帮没合一入臻；《宋本广韵》分勿切，非物合三入臻。

滂敷互注 27 例：

鈹，《辨音广韵》鋪麋切，滂脂开三平止；《宋本广韵》敷羁切，敷支开三平止。

披，《辨音广韵》鋪麋切，滂脂开三平止；《宋本广韵》敷羁切，敷支开三平止。

秠，《辨音广韵》鋪麋切，滂脂开三平止；《宋本广韵》敷羁切，敷支开三平止。

帔，《辨音广韵》披祕切，滂至开三去止；《宋本广韵》披義切，敷寘开三去止。

坏，《辨音广韵》鋪杯切，滂灰合一平蟹；《宋本广韵》偏杯切，敷灰合一平蟹。

丕，《辨音广韵》鋪杯切，滂灰合一平蟹；《宋本广韵》敷悲切，敷脂开三平止。

胚，《辨音广韵》鋪杯切，滂灰合一平蟹；《宋本广韵》芳杯切，敷灰合一平蟹。

醅，《辨音广韵》鋪杯切，滂灰合一平蟹；《宋本广韵》芳杯切，敷灰合一平蟹。

品，《辨音广韵》丕敏切，滂軫开三上臻；《宋本广韵》丕飲切，敷寢开三上深。

篇，《辨音广韵》紕連切，滂仙开三平山；《宋本广韵》芳連切，敷仙开三平山。

翩，《辨音广韵》紕連切，滂仙开三平山；《宋本广韵》芳連切，敷仙开三平山。

偏，《辨音广韵》紕連切，滂仙开三平山；《宋本广韵》芳連切，敷仙开三平山。

扁，《辨音广韵》紕連切，滂仙开三平山；《宋本广韵》芳連切，敷仙开三平山。

漂，《辨音广韵》紕招切，滂宵开三平效；《宋本广韵》撫招切，敷宵开三平效。

嫖，《辨音广韵》紕招切，滂宵开三平效；《宋本广韵》撫招切，敷宵开三平效。

僄，《辨音广韵》紕招切，滂宵开三平效；《宋本广韵》撫招切，敷宵开三平效。

飄，《辨音广韵》紕招切，滂宵开三平效；《宋本广韵》撫招切，敷宵开三平效。

縹，《辨音广韵》普沼切，滂小开三上效；《宋本广韵》敷沼切，敷小开三上效。

醥，《辨音广韵》普沼切，滂小开三上效；《宋本广韵》敷沼切，敷小开三上效。

瞟，《辨音广韵》普沼切，滂小开三上效；《宋本广韵》敷沼切，敷小开三上效。

烹，《辨音广韵》普庚切，滂庚开二平梗；《宋本广韵》撫庚切，敷庚开二平梗。

澎，《辨音广韵》普庚切，滂庚开二平梗；《宋本广韵》撫庚切，敷庚开二平梗。

娉，《辨音广韵》披耕切，滂耕开二平梗；《宋本广韵》披經切，敷青开四平梗。

僻，《辨音广韵》匹亦切，滂昔开三入梗；《宋本广韵》芳辟切，敷昔开三入梗。

癖，《辨音广韵》匹亦切，滂昔开三入梗；《宋本广韵》芳辟切，敷昔开三入梗。

辟，《辨音广韵》匹亦切，滂昔开三入梗；《宋本广韵》芳辟切，敷昔开三入梗。

踣，《辨音广韵》芳故切，敷暮合一去遇；《宋本广韵》匹候切，滂候开一去流。

并奉互注 54 例：

皮，《辨音广韵》蒲縻切，并脂开三平止；《宋本广韵》符羁切，奉支开三平止。

疲，《辨音广韵》蒲縻切，并脂开三平止；《宋本广韵》符羁切，奉支开三平止。

被，《辨音广韵》平祕切，并至开三去止；《宋本广韵》平義切，奉寘开三去止。

髲，《辨音广韵》平祕切，并至开三去止；《宋本广韵》平義切，奉寘开三去止。

鼻，《辨音广韵》平祕切，并至开三去止；《宋本广韵》平秘切，奉至开三去止。

備，《辨音广韵》平祕切，并至开三去止；《宋本广韵》平秘切，奉至开三去止。

俻，《辨音广韵》平祕切，并至开三去止；《宋本广韵》平秘切，奉至开三去止。

避，《辨音广韵》毗意切，并志开三去止；《宋本广韵》毗義切，奉寘开三去止。

敝，《辨音广韵》毗意切，并志开三去止；《宋本广韵》毗祭切，奉祭开三去蟹。

弊，《辨音广韵》毗意切，并志开三去止；《宋本广韵》毗祭切，奉祭

29

开三去蟹。

敝，《辨音广韵》毗意切，並志开三去止；《宋本广韵》毗祭切，奉祭开三去蟹。

幣，《辨音广韵》毗意切，並志开三去止；《宋本广韵》毗祭切，奉祭开三去蟹。

鼻，《辨音广韵》毗意切，並志开三去止；《宋本广韵》毗至切，奉至开三去止。

婢，《辨音广韵》毗意切，並志开三去止；《宋本广韵》便俾切，奉纸开三上止。

庳，《辨音广韵》毗意切，並志开三去止；《宋本广韵》便俾切，奉纸开三上止。

毗，《辨音广韵》蒲迷切，並齐开四平蟹；《宋本广韵》房脂切，奉脂开三平脂。

貔，《辨音广韵》蒲迷切，並齐开四平蟹；《宋本广韵》房脂切，奉脂开三平脂。

琵，《辨音广韵》蒲迷切，並齐开四平蟹；《宋本广韵》房脂切，奉脂开三平脂。

枇，《辨音广韵》蒲迷切，並齐开四平蟹；《宋本广韵》房脂切，奉脂开三平脂。

脾，《辨音广韵》蒲迷切，並齐开四平蟹；《宋本广韵》符支切，奉支开三平止。

频，《辨音广韵》昆寅切，並真开三平臻；《宋本广韵》符真切，奉真开三平臻。

濒，《辨音广韵》昆寅切，並真开三平臻；《宋本广韵》符真切，奉真开三平臻。

嚬，《辨音广韵》昆寅切，並真开三平臻；《宋本广韵》符真切，奉真开三平臻。

蘋，《辨音广韵》昆寅切，並真开三平臻；《宋本广韵》符真切，奉真开三平臻。

颦，《辨音广韵》昆寅切，並真开三平臻；《宋本广韵》符真切，奉真开三平臻。

贫,《辨音广韵》毘寶切,並真开三平臻;《宋本广韵》符巾切,奉真开三平臻。

嬪,《辨音广韵》毘寶切,並真开三平臻;《宋本广韵》符真切,奉真开三平臻。

牝,《辨音广韵》婢忍切,並軫开三上臻;《宋本广韵》毗忍切,奉軫开三上臻。

臏,《辨音广韵》婢忍切,並軫开三上臻;《宋本广韵》毗忍切,奉軫开三上臻。

弼,《辨音广韵》薄密切,並質开三入臻;《宋本广韵》房密切,奉質开三入臻。

緶,《辨音广韵》蒲眠切,並先开四平山;《宋本广韵》房連切,奉先开三平山。

諞,《辨音广韵》婢兔切,並獮开三上山;《宋本广韵》符蹇切,奉獮开三上山。

便,《辨音广韵》毘面切,並線开三去山;《宋本广韵》婢面切,奉線开三去山。

卞,《辨音广韵》毘面切,並線开三去山;《宋本广韵》皮變切,奉線开三去山。

汴,《辨音广韵》毘面切,並線开三去山;《宋本广韵》皮變切,奉線开三去山。

忭,《辨音广韵》毘面切,並線开三去山;《宋本广韵》皮變切,奉線开三去山。

抃,《辨音广韵》毘面切,並線开三去山;《宋本广韵》皮變切,奉線开三去山。

拚,《辨音广韵》毘面切,並線开三去山;《宋本广韵》皮變切,奉線开三去山。

别,《辨音广韵》避列切,並薛开三入山;《宋本广韵》皮列切,奉薛开三入山。

瓢,《辨音广韵》毗招切,並宵开三平效;《宋本广韵》符霄切,奉宵开三平效。

薸，《辨音广韵》毗招切，並宵开三平效；《宋本广韵》符霄切，奉宵开三平效。

㯽，《辨音广韵》婢表切，並小开三上效；《宋本广韵》平表切，奉小开三上效。

票，《辨音广韵》毗召切，並笑开三去效；《宋本广韵》毗召切，奉笑开三去效。

平，《辨音广韵》蒲明切，並庚开三平梗；《宋本广韵》符兵切，奉庚开三平梗。

評，《辨音广韵》蒲明切，並庚开三平梗；《宋本广韵》符兵切，奉庚开三平梗。

枰，《辨音广韵》蒲明切，並庚开三平梗；《宋本广韵》符兵切，奉庚开三平梗。

憑，《辨音广韵》蒲明切，並庚开三平梗；《宋本广韵》扶冰切，奉蒸开三平曾。

凭，《辨音广韵》蒲明切，並庚开三平梗；《宋本广韵》扶冰切，奉蒸开三平曾。

病，《辨音广韵》皮命切，並映开三去梗；《宋本广韵》皮命切，奉映开三去梗。

甓，《辨音广韵》昆亦切，並昔开三入梗；《宋本广韵》扶歷切，奉錫开四入梗。

䴙，《辨音广韵》昆亦切，並昔开三入梗；《宋本广韵》房益切，奉昔开三入梗。

踾，《辨音广韵》昆亦切，並昔开三入梗；《宋本广韵》符逼切，奉職开三入曾。

愎，《辨音广韵》昆亦切，並昔开三入梗；《宋本广韵》符逼切，奉職开三入曾。

樸，《辨音广韵》步木切，並屋合一入通；《宋本广韵》房玉切，奉烛合三入通。

明微互注89例：

麋，《辨音广韵》忙悲切，明脂开三平止；《宋本广韵》武悲切，微脂开三平止。

縻，《辨音广韵》忙悲切，明脂开三平止；《宋本广韵》縻為切，微支开三平止。

麻，《辨音广韵》忙悲切，明脂开三平止；《宋本广韵》縻為切，微支开三平止。

醾，《辨音广韵》忙悲切，明脂开三平止；《宋本广韵》縻為切，微支开三平止。

靡，《辨音广韵》忙悲切，明脂开三平止；《宋本广韵》文彼切，微纸开三上止。

蘼，《辨音广韵》忙悲切，明脂开三平止；《宋本广韵》武悲切，微脂开三平止。

寐，《辨音广韵》彌祕切，明至开三去止；《宋本广韵》彌二切，微至开三去止。

獼，《辨音广韵》綿兮切，明齐开四平蟹；《宋本广韵》武移切，微支开三平止。

瀰，《辨音广韵》綿兮切，明齐开四平蟹；《宋本广韵》武移切，微支开三平止。

彌，《辨音广韵》綿兮切，明齐开四平蟹；《宋本广韵》武移切，微支开三平止。

弥，《辨音广韵》綿兮切，明齐开四平蟹；《宋本广韵》武移切，微支开三平止。

侎，《辨音广韵》莫禮切，明荠开四上蟹；《宋本广韵》綿婢切，微纸开三上止。

弭，《辨音广韵》莫禮切，明荠开四上蟹；《宋本广韵》綿婢切，微纸开三上止。

芈，《辨音广韵》莫禮切，明荠开四上蟹；《宋本广韵》綿婢切，微纸开三上止。

袂，《辨音广韵》彌蔽切，明祭开三去蟹；《宋本广韵》彌弊切，微祭开三去蟹。

眉，《辨音广韵》谟杯切，明灰合一平蟹；《宋本广韵》武悲切，微脂开三平止。

湄，《辨音广韵》谟杯切，明灰合一平蟹；《宋本广韵》武悲切，微脂开三平止。

楣，《辨音广韵》谟杯切，明灰合一平蟹；《宋本广韵》武悲切，微脂开三平止。

嵋，《辨音广韵》谟杯切，明灰合一平蟹；《宋本广韵》武悲切，微脂开三平止。

郿，《辨音广韵》谟杯切，明灰合一平蟹；《宋本广韵》武悲切，微脂开三平止。

美，《辨音广韵》莫贿切，明贿合一上蟹；《宋本广韵》無鄙切，微旨开三上止。

渼，《辨音广韵》莫贿切，明贿合一上蟹；《宋本广韵》無鄙切，微旨开三上止。

每，《辨音广韵》莫贿切，明贿合一上蟹；《宋本广韵》武罪切，微贿合一上蟹。

浼，《辨音广韵》莫贿切，明贿合一上蟹；《宋本广韵》武罪切，微贿合一上蟹。

魅，《辨音广韵》莫佩切，明队合一去蟹；《宋本广韵》明秘切，微至开三去止。

媚，《辨音广韵》莫佩切，明队合一去蟹；《宋本广韵》明秘切，微至开三去止。

民，《辨音广韵》弥邻切，明真开三平臻；《宋本广韵》彌鄰切，微真开三平臻。

珉，《辨音广韵》弥邻切，明真开三平臻；《宋本广韵》武巾切，微真开三平臻。

岷，《辨音广韵》弥邻切，明真开三平臻；《宋本广韵》武巾切，微真开三平臻。

缗，《辨音广韵》弥邻切，明真开三平臻；《宋本广韵》武巾切，微真开三平臻。

34

旻，《辨音广韵》彌鄰切，明真开三平臻；《宋本广韵》武巾切，微真开三平臻。

玟，《辨音广韵》彌鄰切，明真开三平臻；《宋本广韵》武巾切，微真开三平臻。

闽，《辨音广韵》彌鄰切，明真开三平臻；《宋本广韵》武巾切，微真开三平臻。

愍，《辨音广韵》弭盡切，明軫开三上臻；《宋本广韵》眉殞切，微軫开三上臻。

潣，《辨音广韵》弭盡切，明軫开三上臻；《宋本广韵》眉殞切，微軫开三上臻。

泯，《辨音广韵》弭盡切，明軫开三上臻；《宋本广韵》武盡切，微軫开三上臻。

悶，《辨音广韵》弭盡切，明軫开三上臻；《宋本广韵》眉殞切，微軫开三上臻。

憫，《辨音广韵》弭盡切，明軫开三上臻；《宋本广韵》眉殞切，微軫开三上臻。

敏，《辨音广韵》弭盡切，明軫开三上臻；《宋本广韵》眉殞切，微軫开三上臻。

黽，《辨音广韵》弭盡切，明軫开三上臻；《宋本广韵》武盡切，微軫开三上臻。

密，《辨音广韵》覓筆切，明質开三入臻；《宋本广韵》美筆切，微質开三入臻。

宓，《辨音广韵》覓筆切，明質开三入臻；《宋本广韵》美筆切，微質开三入臻。

蜜，《辨音广韵》覓筆切，明質开三入臻；《宋本广韵》彌畢切，微質开三入臻。

謐，《辨音广韵》覓筆切，明質开三入臻；《宋本广韵》彌畢切，微質开三入臻。

綿，《辨音广韵》莫堅切，明先开四平山；《宋本广韵》武延切，微仙开三平山。

35

棉，《辨音广韵》莫堅切，明先開四平山；《宋本广韵》武延切，微仙開三平山。

免，《辨音广韵》羑辨切，明獮開三上山；《宋本广韵》亡辨切，微獮開三上山。

俛，《辨音广韵》羑辨切，明獮開三上山；《宋本广韵》亡辨切，微獮開三上山。

挽，《辨音广韵》羑辨切，明獮開三上山；《宋本广韵》亡辨切，微獮開三上山。

娩，《辨音广韵》羑辨切，明獮開三上山；《宋本广韵》亡辨切，微獮開三上山。

勉，《辨音广韵》羑辨切，明獮開三上山；《宋本广韵》亡辨切，微獮開三上山。

冕，《辨音广韵》羑辨切，明獮開三上山；《宋本广韵》亡辨切，微獮開三上山。

湎，《辨音广韵》羑辨切，明獮開三上山；《宋本广韵》彌兗切，微獮開三上山。

愐，《辨音广韵》羑辨切，明獮開三上山；《宋本广韵》彌兗切，微獮開三上山。

緬，《辨音广韵》羑辨切，明獮開三上山；《宋本广韵》彌兗切，微獮開三上山。

眄，《辨音广韵》羑辨切，明獮開三上山；《宋本广韵》彌殄切，微銑開四上山。

沔，《辨音广韵》羑辨切，明獮開三上山；《宋本广韵》彌兗切，微獮開三上山。

面，《辨音广韵》莫見切，明霰開四去山；《宋本广韵》彌箭切，微線開三去山。

滅，《辨音广韵》彌列切，明薛開三入山；《宋本广韵》亡列切，微薛開三入山。

苗，《辨音广韵》眉鑣切，明宵開三平效；《宋本广韵》武瀌切，微宵開三平效。

36

媌，《辨音广韵》眉鑣切，明宵开三平效；《宋本广韵》武瀌切，微宵开三平效。

描，《辨音广韵》眉鑣切，明宵开三平效；《宋本广韵》武瀌切，微宵开三平效。

眇，《辨音广韵》弭沼切，明小开三上效；《宋本广韵》亡沼切，微小开三上效。

渺，《辨音广韵》弭沼切，明小开三上效；《宋本广韵》亡沼切，微小开三上效。

杪，《辨音广韵》弭沼切，明小开三上效；《宋本广韵》亡沼切，微小开三上效。

秒，《辨音广韵》弭沼切，明小开三上效；《宋本广韵》亡沼切，微小开三上效。

淼，《辨音广韵》弭沼切，明小开三上效；《宋本广韵》亡沼切，微小开三上效。

藐，《辨音广韵》弭沼切，明小开三上效；《宋本广韵》亡沼切，微小开三上效。

妙，《辨音广韵》彌笑切，明笑开三去效；《宋本广韵》彌笑切，微笑开三去效。

廟，《辨音广韵》彌笑切，明笑开三去效；《宋本广韵》眉召切，微笑开三去效。

麼，《辨音广韵》眉波切，明戈合一平果；《宋本广韵》眉波切，微戈合一平果。

懡，《辨音广韵》忙果切，明果合一上果；《宋本广韵》亡果切，微果合一上果。

乜，《辨音广韵》彌也切，明马开三上假；《宋本广韵》彌也切，微马开三上假。

盲，《辨音广韵》眉庚切，明庚开二平梗；《宋本广韵》武庚切，微庚开二平梗。

䖟，《辨音广韵》眉庚切，明庚开二平梗；《宋本广韵》武庚切，微庚开二平梗。

37

明，《辨音广韵》眉兵切，明庚开三平梗；《宋本广韵》武兵切，微庚开三平梗。

盟，《辨音广韵》眉兵切，明庚开三平梗；《宋本广韵》武兵切，微庚开三平梗。

鹏，《辨音广韵》眉兵切，明庚开三平梗；《宋本广韵》武兵切，微庚开三平梗。

鸣，《辨音广韵》眉兵切，明庚开三平梗；《宋本广韵》武兵切，微庚开三平梗。

名，《辨音广韵》眉兵切，明庚开三平梗；《宋本广韵》武并切，微清开三平梗。

洺，《辨音广韵》眉兵切，明庚开三平梗；《宋本广韵》武并切，微清开三平梗。

皿，《辨音广韵》莫郢切，明静开三上梗；《宋本广韵》武永切，微梗开三上梗。

命，《辨音广韵》眉病切，明映开三去梗；《宋本广韵》眉病切，微映开三去梗。

谬，《辨音广韵》靡幼切，明幼开三去流；《宋本广韵》靡幼切，微幼开三去流。

鹜，《辨音广韵》莫卜切，明屋合一入通；《宋本广韵》亡遇切，微遇合三去遇。

曼，《辨音广韵》莫半切，明换合一去山；《宋本广韵》无贩切，微愿合三去山。

鉦，《辨音广韵》謨郎切，明唐开一平宕；《宋本广韵》武方切，微阳合三平宕。

瞀，《辨音广韵》亡暮切，微暮合一去遇；《宋本广韵》莫候切，明候开一去流。

構，《辨音广韵》武煩切，微元合三平山；《宋本广韵》母官切，明桓合一平山。

（2）浊音清化：

帮并6例，滂并3例，非并1例，帮奉5例，滂奉3例，非奉1例，奉敷3例。

唇音浊音清化共计22例。我们先来看並母，並母自注144例，清化10例，清化数据占自注的6.94%；再来看奉母，奉母自注81例，清化12例，清化数据占自注的14.81%。並母和奉母自注合计225例，清化合计22例，占总数的9.78%。

从统计数字上来看，唇音的浊音並、奉尚未清化。而且轻唇音与重唇音的浊音清化有很大差距，从语音发展的平衡性来看，轻重唇的浊音清化应该保持平稳的态势，但轻唇音的清化比例大于重唇音两余倍，为什么会出现这种现象？从唇音前面的数据中，我们可以看到，《辨音纂要》正读中出现了大量轻重唇相混的现象，由此我们认为，在作者所依据的音系中，重唇音浊音还保留着很强的走势，清化迹象不明显，而由于北方音的渗透，轻唇音的浊音变化比较明显，在北方音中读为轻唇音的，已经在其音系中率先发生了变化。具体情况如下：

帮並互注6例：

唪，《辨音广韵》邊孔切，帮董合一上通；《宋本广韵》蒲蠓切，並董合一上通。

茇，《辨音广韵》北末切，帮末合一入山；《宋本广韵》蒲撥切，並末合一入山。

蓬，《辨音广韵》蒲红切，並東合一平通；《宋本广韵》邊孔切，帮董合一上通。

牲，《辨音广韵》部比切，並旨开三上止；《宋本广韵》邊兮切，帮齐开四平蟹。

迸，《辨音广韵》比孟切，並映开二去梗；《宋本广韵》北諍切，帮諍开二去梗。

赸，《辨音广韵》比孟切，並映开二去梗；《宋本广韵》北孟切，帮映开二去梗。

滂並互注3例：

圮，《辨音广韵》普弭切，滂纸开三上止；《宋本广韵》並鄙切，並旨开三上止。

蹁，《辨音广韵》紕连切，滂仙开三平山；《宋本广韵》部田切，並先开四平山。

濞，《辨音广韵》毗意切，並志开三去止；《宋本广韵》匹備切，滂至开三去止。

非並互注1例：

莆，《辨音广韵》薄胡切，並模合一平遇；《宋本广韵》方矩切，非虞合三上遇。

帮奉互注5例：

苾，《辨音广韵》必弊切，帮祭开三去蟹；《宋本广韵》房脂切，奉脂开三平止。

辩，《辨音广韵》卑见切，帮霰开四去山；《宋本广韵》符蹇切，奉獮开三上山。

骠，《辨音广韵》悲廟切，帮笑开三去效；《宋本广韵》毗召切，奉笑开三去效。

比，《辨音广韵》必勒切，帮德开一入曾；《宋本广韵》毗至切，奉至开三去止。

蹦，《辨音广韵》必歷切，帮錫开四入梗；《宋本广韵》房益切，奉昔开三入梗。

滂奉互注3例：

痞，《辨音广韵》匹靡切，滂纸开三上止；《宋本广韵》符鄙切，奉旨开三上止。

邳，《辨音广韵》鋪杯切，滂灰合一平蟹；《宋本广韵》符悲切，奉脂开三平止。

鳔，《辨音广韵》普沼切，滂小开三上效；《宋本广韵》符少切，奉小开三上效。

非奉互注1例：

伏，《辨音广韵》方六切，非屋合三入通；《宋本广韵》房六切，奉屋合三入通。

奉敷互注3例：

肪，《辨音广韵》敷房切，敷阳合三平宕；《宋本广韵》符方切，奉阳合三平宕。

柩,《辨音广韵》芳無切,敷虞合三平遇;《宋本广韵》縛謀切,奉尤开三平流。

忿,《辨音广韵》房吻切,奉吻合三上臻;《宋本广韵》敷粉切,敷吻合三上臻。

轻唇音的变化最为明显的是非敷的合流,下面我们来看非敷奉的具体情况。

（3）非敷奉：

非敷 68 例,非奉 1 例,奉敷 3 例。

非母自注 23 例,敷母自注 49 例,奉母自注 81 例。其中非敷互注达到了 68 例,非敷互注数量远远超过非母、敷母自注的数量。非敷自注为 72 例,非敷互注占自注总数的 94.4%,显而易见,非敷两母已经合二为一,这与作者在前面提到的观点是相一致的,作者在《重复交互音》中明确说明:"合并非敷定不差",在这里得到了充分体现。奉母与非敷合用只有 4 例,占自注的 4.94%,从数字上看是不能把非敷奉归为一类的,这种现象说明,在作者的观念中,奉母还保持着独立,从上文浊音清化情况来看,作者力求清晰地反映出全浊音,但是受北方音的影响,轻唇音中出现比较明显的清化趋势,也正是北方音的影响,才有了 4 例奉母与非敷的合用。所以,《辨音纂要》正读中体现出了非敷合一,奉母仍然保持独立的语音现象。

非敷奉合一,早在宋代就出现了,冯蒸先生在研究《尔雅音图》时发现,非敷奉三母互注共18例,合流的结果是敷奉二母都读同唇齿清擦音f即非母。[1]这是目前所见记载非敷奉三母合流最早的一项音韵资料。

非敷奉合一在《九经直音》中也有很好的体现,[2]奉母与非敷互注 39 次,占自注的 14.34%,说明奉母已经清化与非敷合并。非母与敷母合用竟达 83 次,混用的次数远远超过了独用次数,这说明非敷已经合流。故《九经直音》最明显的是直音部分的轻唇音声母非敷奉合一。

在《中原音韵》音系,中古音系的轻唇音"非敷"不分,"非敷奉"也

---

[1] 冯蒸:《〈尔雅音图〉音注所反映的宋初非敷奉三母合流》,《云梦学刊》1994 年第 4 期。

[2] 李无未、李红:《宋元吉安方音研究》,中华书局 2008 年版,第 36 页。

混并，微母字基本上保持独立；在《洪武正韵》中，轻唇音非敷两母已经完全合并，虽然部分奉母与非敷合并，但奉母仍是相对独立的一类。①

李新魁先生认为，三十六字母中的敷母，在元代已并入非母，《中原音韵》中非、敷、奉母已经合一，稍后的《洪武正韵》也不保存敷母，现代的吴方言敷母字也混入非母读同[f]。②

《现代吴语研究·声母表》第一表 22 页显示，在现代吴方言中非敷已经合并。《辨音纂要》正读音系中非敷合一，奉母仍然保持独立，这恰恰体现出了现代吴方言的特点。具体情况如下：

非敷互注 68 例：

豐，《辨音广韵》方中切，非東合三平通；《宋本广韵》敷隆切，敷東合三平通。

鄷，《辨音广韵》方中切，非東合三平通；《宋本广韵》敷隆切，敷東合三平通。

灃，《辨音广韵》方中切，非東合三平通；《宋本广韵》敷隆切，敷東合三平通。

丰，《辨音广韵》方中切，非東合三平通；《宋本广韵》敷容切，敷鍾合三平通。

烽，《辨音广韵》方中切，非東合三平通；《宋本广韵》敷容切，敷鍾合三平通。

夆，《辨音广韵》方中切，非東合三平通；《宋本广韵》敷容切，敷鍾合三平通。

鋒，《辨音广韵》方中切，非東合三平通；《宋本广韵》敷容切，敷鍾合三平通。

峰，《辨音广韵》方中切，非東合三平通；《宋本广韵》敷容切，敷鍾合三平通。

蜂，《辨音广韵》方中切，非東合三平通；《宋本广韵》敷容切，敷鍾合三平通。

---

① 童琴：《〈中原音韵〉与〈洪武正韵〉比较研究》，博士学位论文，华中科技大学，2009 年，第 137 页。

② 李新魁：《李新魁语言学论集》，中华书局 1994 年版，第 210 页。

第二章 《辨音纂要》正读声母

烽，《辨音广韵》方中切，非東合三平通；《宋本广韵》敷容切，敷鍾合三平通。

捧，《辨音广韵》方孔切，非董合一上通；《宋本广韵》敷奉切，敷腫合三上通。

諷，《辨音广韵》撫鳳切，敷送合三去通；《宋本广韵》方鳳切，非送合三去通。

葑，《辨音广韵》撫鳳切，敷送合三去通；《宋本广韵》方用切，非用合三去通。

扉，《辨音广韵》芳微切，敷微合三平止；《宋本广韵》甫微切，非微合三平止。

菲，《辨音广韵》芳微切，敷微合三平止；《宋本广韵》甫微切，非微合三平止。

騑，《辨音广韵》芳微切，敷微合三平止；《宋本广韵》甫微切，非微合三平止。

緋，《辨音广韵》芳微切，敷微合三平止；《宋本广韵》甫微切，非微合三平止。

誹，《辨音广韵》芳微切，敷微合三平止；《宋本广韵》甫微切，非微合三平止。

蜚，《辨音广韵》芳微切，敷微合三平止；《宋本广韵》甫微切，非微合三平止。

非，《辨音广韵》芳微切，敷微合三平止；《宋本广韵》甫微切，非微合三平止。

飛，《辨音广韵》芳微切，敷微合三平止；《宋本广韵》甫微切，非微合三平止。

棐，《辨音广韵》敷尾切，敷尾合三上止；《宋本广韵》府尾切，非尾合三上止。

篚，《辨音广韵》敷尾切，敷尾合三上止；《宋本广韵》府尾切，非尾合三上止。

榧，《辨音广韵》敷尾切，敷尾合三上止；《宋本广韵》府尾切，非尾合三上止。

匪，《辨音广韵》敷尾切，敷尾合三上止；《宋本广韵》府尾切，非尾合三上止。

沸，《辨音广韵》芳未切，敷未合三去止；《宋本广韵》方味切，非未合三去止。

茀，《辨音广韵》芳未切，敷未合三去止；《宋本广韵》方味切，非未合三去止。

狒，《辨音广韵》芳未切，敷未合三去止；《宋本广韵》方味切，非未合三去止。

芾，《辨音广韵》芳未切，敷未合三去止；《宋本广韵》方味切，非未合三去止。

廢，《辨音广韵》芳未切，敷未合三去止；《宋本广韵》方肺切，非廢合三去蟹。

癈，《辨音广韵》芳未切，敷未合三去止；《宋本广韵》方肺切，非廢合三去蟹。

䥫，《辨音广韵》芳未切，敷未合三去止；《宋本广韵》方肺切，非廢合三去蟹。

夫，《辨音广韵》芳无切，敷虞合三平遇；《宋本广韵》甫无切，非虞合三平遇。

鈇，《辨音广韵》芳无切，敷虞合三平遇；《宋本广韵》甫无切，非虞合三平遇。

趺，《辨音广韵》芳无切，敷虞合三平遇；《宋本广韵》甫无切，非虞合三平遇。

玞，《辨音广韵》芳无切，敷虞合三平遇；《宋本广韵》甫无切，非虞合三平遇。

秩，《辨音广韵》芳无切，敷虞合三平遇；《宋本广韵》甫无切，非虞合三平遇。

膚，《辨音广韵》芳无切，敷虞合三平遇；《宋本广韵》甫无切，非虞合三平遇。

跗，《辨音广韵》芳无切，敷虞合三平遇；《宋本广韵》甫无切，非虞合三平遇。

府，《辨音广韵》斐古切，敷姥合一上遇；《宋本广韵》方矩切，非麌合三上遇。

腑，《辨音广韵》斐古切，敷姥合一上遇；《宋本广韵》方矩切，非麌合三上遇。

俯，《辨音广韵》斐古切，敷姥合一上遇；《宋本广韵》方矩切，非麌合三上遇。

拊，《辨音广韵》斐古切，敷姥合一上遇；《宋本广韵》匪父切，非麌合三上遇。

頫，《辨音广韵》斐古切，敷姥合一上遇；《宋本广韵》方矩切，非麌合三上遇。

斧，《辨音广韵》斐古切，敷姥合一上遇；《宋本广韵》方矩切，非麌合三上遇。

甫，《辨音广韵》斐古切，敷姥合一上遇；《宋本广韵》方矩切，非麌合三上遇。

黼，《辨音广韵》斐古切，敷姥合一上遇；《宋本广韵》方矩切，非麌合三上遇。

脯，《辨音广韵》斐古切，敷姥合一上遇；《宋本广韵》方矩切，非麌合三上遇。

簠，《辨音广韵》斐古切，敷姥合一上遇；《宋本广韵》方矩切，非麌合三上遇。

付，《辨音广韵》芳故切，敷暮合一去遇；《宋本广韵》方遇切，非遇合三去遇。

傅，《辨音广韵》芳故切，敷暮合一去遇；《宋本广韵》方遇切，非遇合三去遇。

富，《辨音广韵》芳故切，敷暮合一去遇；《宋本广韵》方副切，非宥开三去流。

赋，《辨音广韵》芳故切，敷暮合一去遇；《宋本广韵》方遇切，非遇合三去遇。

分，《辨音广韵》敷文切，敷文合三平臻；《宋本广韵》府文切，非文合三平臻。

馩，《辨音广韵》敷文切，敷文合三平臻；《宋本广韵》府文切，非文合三平臻。

弗，《辨音广韵》敷物切，敷物合三入臻；《宋本广韵》分勿切，非物合三入臻。

髴，《辨音广韵》敷物切，敷物合三入臻；《宋本广韵》分勿切，非物合三入臻。

紼，《辨音广韵》敷物切，敷物合三入臻；《宋本广韵》分勿切，非物合三入臻。

韨，《辨音广韵》敷物切，敷物合三入臻；《宋本广韵》分勿切，非物合三入臻。

黻，《辨音广韵》敷物切，敷物合三入臻；《宋本广韵》分勿切，非物合三入臻。

籓，《辨音广韵》孚艰切，敷山开二平山；《宋本广韵》甫烦切，非元合三平山。

方，《辨音广韵》敷房切，敷阳合三平宕；《宋本广韵》府良切，非阳合三平宕。

枋，《辨音广韵》敷房切，敷阳合三平宕；《宋本广韵》府良切，非阳合三平宕。

祊，《辨音广韵》敷房切，敷阳合三平宕；《宋本广韵》分房切，非阳合三平宕。

坊，《辨音广韵》敷房切，敷阳合三平宕；《宋本广韵》府良切，非阳合三平宕。

昉，《辨音广韵》妃两切，敷养开三上宕；《宋本广韵》分网切，非养合三上宕。

放，《辨音广韵》敷亮切，敷漾开三去宕；《宋本广韵》甫妄切，非漾合三去宕。

舫，《辨音广韵》敷亮切，敷漾开三去宕；《宋本广韵》甫妄切，非漾合三去宕。

非奉互注 1 例：

伏，《辨音广韵》方六切，非屋合三入通；《宋本广韵》房六切，奉屋合三入通。

奉敷互注 3 例：

肪，《辨音广韵》敷房切，敷阳合三平宕；《宋本广韵》符方切，奉阳合三平宕。

柎，《辨音广韵》芳无切，敷虞合三平遇；《宋本广韵》縛謀切，奉尤开三平流。

忿，《辨音广韵》房吻切，奉吻合三上臻；《宋本广韵》敷粉切，敷吻合三上臻。

3. 唇音内部互注的特殊现象

（1）全清与次清相混情况：

帮滂互注 7 例：

帮滂互注中有 4 例，完全为帮滂互注，如下：

怖，《辨音广韵》博故切，帮暮合一去遇；《宋本广韵》普故切，滂暮合一去遇。

誧，《辨音广韵》滂謨切，滂模合一平遇；《宋本广韵》博孤切，帮模合一平遇。

幅，《辨音广韵》必歷切，帮锡开四入梗；《宋本广韵》芳逼切，滂職开三入曾。

秕，《辨音广韵》匹靡切，滂纸开三上止；《宋本广韵》卑履切，帮旨开三上止。

另有 3 例，如下：

膊，《辨音广韵》伯各切，帮铎开一入宕；《宋本广韵》匹各切，滂铎开一入宕。

按：[《集韵》伯各切，入铎，帮。][《广韵》匹各切，入铎，滂。]按《集韵》音来看，则不属全清次清混注，不宜作为音变考虑。

萹，《辨音广韵》紕連切，滂仙开三平山；《宋本广韵》布玄切，帮先开四平山。

按：[《广韵》布玄切，平先，帮。][《广韵》芳連切，平仙，滂。][《广韵》方典切，上铣，帮。]，按《广韵》又音来看，此例则不属于全清次清混注，不宜作为音变考虑。

47

孤抄本《辨音纂要》正读音系考

摽，《辨音广韵》卑遥切，帮宵开三平效；《宋本广韵》抚招切，滂宵开三平效。

按：[《集韵》卑遥切，平宵，帮。][《广韵》抚招切，平宵，滂。] 此例按《集韵》音来看，则不属全清次清混注，不宜作为音变考虑。

从上述分析来看，这三例可能是因为经典旧音的留存，或者方音的影响，而与宋本《广韵》有所不同。因《辨音纂要》正读中存在大量全清次清相混情况，同时我们主要以宋本《广韵》为参照系，仍将其列为音变例。

（2）其他唇音内部互注：

微敷互注1例：

娩，《辨音广韵》無販切，微願合三去山；《宋本广韵》芳万切，敷願合三去山。

微敷互注应该是方音现象。我们先来看奉微合流。在现代吴语中由于微母的文白异读所致，奉微合流的微母只限于文读，赵元任《现代吴语研究》22页有关于吴语方言中奉微合流的例证和方言点。

"凡烦繁矾犯"皆奉母字，在苏州方言中读"v"。[①] 上文提到《辨音纂要》正读中非敷合一，奉母虽然保持独立，但奉敷互注3例，古奉母字目前还有读如微母的现象，那么古敷母字也应该有读如微母的现象，此处微敷互注就属于这种现象。

冯蒸先生在《<尔雅音图>音注所反映的宋初非敷奉三母合流》中提及的"口音化"这一概念，日本和台湾学者称之为"去鼻音化"。[②] 即：中古时期的鼻音声母有明 m-、泥 n-、娘 n-、疑 ŋ-、微 ɱ-和日 ȵ-六种，后来在不同的方言中发生了口音化的音变，其中微、日二母的口音化范围较广，似乎遍及大部分方言，而且看来产生的时代也最早，而其余四个鼻音声母的口音化看起来产生得较晚，而且主要见于西北方言和闽方言。微、日二母的口音化结果是变成了浊擦音，另外的四个鼻音声母的口音化结果是变成了同一发音部位的浊塞擦音：明母 m->mb->b-，泥母 n->nd->d-，娘母

---

① 北京大学中国语言文学系语言学教研室编：《汉语方音字汇》，文字改革出版社1989年版，第224页。

② 冯蒸：《<尔雅音图>音注所反映的宋初非敷奉三母合流》，《云梦学刊》1994年第4期。

n->nd->d-，疑母 ŋ->ŋg->g-，微母ɱ->ɱv->v->u-，日母ȵ->ȵʐ->ʐ->ʑ。其中，微母在口音化的 v-阶段时，就可能与奉母发生混注。微母与奉、敷的混同是方言现象。

《韵法直图》音系带有吴音特点，在实际归字中非、敷分得不清楚，敷、奉、微也有相混之处。① 《辨音纂要》正读中微敷互注1例，是作者方音现象的流露。

4．微母小结

《辨音纂要》正读中微母共收韵字 63 例，其中微母自注 57 例；明母共收韵字 278 例，其中明母自注 191 例。明母与微母互注达 89 例，明微互注的数量比微自注的数量还要多，占明母自注的 46.6%，占明微自注总数 248 例的 35.89%，无论从哪个角度来统计，都可以认定《辨音纂要》正读中明微不分。

《尔雅音图》的微母音注也有这样的情况，微母自注 11 例，明微互注 5 例。冯蒸先生是这样解释的：首先，它说明微母的分化较其他三个轻唇声母的分化为晚，唐代颜师古的音系中就是轻重唇音已经分化，但明微不分。《音图》的 5 条明微不分例说明毋昭裔的音系中有少量的微母字尚未从明母中分化出来。其次，微母分化的这种不平衡姿态，即多数已经分化，少数未分化的情况从历史语言学中词汇扩散论的角度来看是一种完全正常的情况，多数微母自注是其主流，少数明微不分是其音变残留。②

其他韵书中也有明微不分的现象，《九经直音》中明微有 8 次混用现象，李无未、李红认为这与现今的吉安方音是一致的。③《韵史》中明微混注 18 例，韩祎认为是历史语音的遗留，明微混注体现出守旧色彩。

《辨音纂要》正读中明微互注 89 例，是一种典型的方音现象。在现代吴语中，这种现象尤为突出。古日母、微母文白异读现象是吴方言重要语音特点之一。④在吴语中，微母大致白读是 m（明母读法），文读是 v（奉母

---

① 耿振生：《明清等韵学通论》，语文出版社 1992 年版，第 241 页。
② 冯蒸：《〈尔雅音图〉音注所反映的宋初非敷奉三母合流——兼论〈音图〉微母的演化》，《云梦学刊》1994 年第 4 期。
③ 李无未、李红：《宋元吉安方音研究》，中华书局 2008 年版，第 36 页。
④ 詹伯慧：《现代汉语方言》，湖北教育出版社 1985 年版，第 115 页。

读法）。①

这种明微不分在现代吴方言中也可以找到证据，《汉语方音字汇》75 页，微母字"弥"、157 页"眉"、"美"、"每"，在现代苏州方言中皆读如 m。可见，微母字在现代苏州方言中读如明母。

唇音小结：

侯精一先生提到，现代吴语的语音系统，其基本面貌至迟在宋元之际已经形成。元人陶宗仪所著《南村辍耕录》里面记有《射字法》一则，介绍一种语音游戏。据李新魁氏的考证，《射字法》反映的声类系统，是陶宗仪所记当时吴郡士民的吴音。并将考订结果与《中原音韵》的声类进行比较，可以明确看出当时吴语的声母系统及跟当时中原共同语的差异。②其中《辍耕录·射字法》的唇音情况如下：

兵 p　傍 p'　平 b　明 m　非 f　逢 v

可见，从《辍耕录·射字法》中可以窥见元代吴语的唇音，可归纳为"帮滂并明非奉"六母，《辨音纂要》正读中唇音也体现出这种状态。

综上所述，《辨音纂要》正读唇音基本保留着全浊音。从整体来看，帮、滂、并、明独立，但明微不分，非敷合一，奉母独立。虽然存在大量轻重唇相混现象，但经全面考察并结合作者自述，我们将唇音拟为帮、滂、并、明，非、奉六个声母。

二　舌音

《辨音纂要》正读中记录舌音字 1207 个。下面，我们对舌音情况进行全面分析。

（一）舌头音

1. 自注

端母自注 201 例，透母自注 156 例，定母自注 313 例，泥母自注 84 例。

---

① 刘云凯：《历史上的禅日合流与奉微合流两项非官话音变小考》，《汉字文化》1989 年第 3 期。
② 侯精一：《现代汉语方言概论》，上海教育出版社 2002 年版，第 71 页。

2．浊音清化

端定 2 例，透定 14 例。

舌头音定母清化 16 例，定母自注 314 例，清化数据占自注的 5.09%。从统计数字上来看，舌头音的浊音定母尚未达到音变指数，仍然独立存在。从定母现有的清化例来看，全浊定母的清化进入次清透母的比例是进入全清端母的 7 倍，这体现了鲜明的南方方言特点。

这种定母清化为透母的现象在朱子语音中非常突出，舌头音反切音注在浊音清化中体现得较为独特，端母和定母互注只有 2 例，透母和定母互注竟高达 18 例。①马丹考证，在八卷本《诗集传》中，端定互叶 3 次，透定互叶 4 次。②王宝珍统计，在二十卷本《诗集传》中定端互叶 13 例，定透互叶 10 例。王力先生对透定互叶举出两例："溥"，徒端反，叶土衮反（《野有蔓草》）；"蛇"，叶土何反（《斯干》）。

与吴语有相似之处的通泰方言也如此，韩祎考证，受通泰方言影响，清代何萱的《韵史》中端定互注 19 次，透定互注 593 次，定母字很明显已经清化了，清化后的去向是大部分读为送气音透母，一小部分读为端母。③

吴语的浊类声纽的发音最特别，在大多数地方这些字都用一个带音的气流就是（弯头 h）音。④

闽语中也是如此，李如龙先生在研究闽语时发现，属于古并定澄从崇群等声母的字约有四分之一在今闽方言多数点读为送气清音。他列举口语中比较常用的四十个字的读音，在福建境内有代表性的六个点列表对照，得出结论：四十个字中，各点都读送气音的占三十三字，个别点读不送气的只有七个，可见各点读音的一致性不是偶合。⑤罗杰瑞（1995）指出"中古全浊声母在闽语中的读音很特别"，以古[d]为例，"闽语古[d]声母的今读主要是[t、tʰ]的送气与否的不同"，但"看不出分化的条件"。⑥朱熹叶

---

① 李红：《朱熹〈仪礼经传通解〉语音研究》，厦门大学出版社 2011 年版，第 29 页。
② 马丹：《〈诗集传〉八卷本音系研究》，硕士学位论文，河北师范大学，2009 年，第 12 页。
③ 韩祎：《何萱〈韵史〉音韵研究》，博士学位论文，首都师范大学，2011 年，第 75 页。
④ 赵元任：《现代吴语研究》，科学出版社 1956 年版，第 27 页。
⑤ 李如龙：《中古全浊声母闽方言今读的分析》，《语言研究》1985 年第 1 期。
⑥ [美]罗杰瑞：《汉语概说》，张惠英译，语文出版社 1995 年版，第 200—202 页。

音中反映闽语声母的全浊清化，清化后读不送气音的压倒多数，这是跟现代闽音完全相对应的。①

不光是吴语和闽语，赣语也如此，体现出吉安方音的《九经直音》中，定母自注 492 次，与端、透互注分别是 35 次和 50 次，透定混用达 50 次比端定混用的 35 次还高。②

在北方音中，全浊声母清化进入全清，而《辨音纂要》正读中却是大部分进入了次清透母。具体情况如下：

端定互注 2 例：

締，《辨音广韵》丁计切，端霁开四去蟹；《宋本广韵》特计切，定霁开四去蟹。

断，《辨音广韵》杜玩切，定换合一去山；《宋本广韵》丁貫切，端换合一去山。

透定互注 14 例：

駘，《辨音广韵》土来切，透咍开一平蟹；《宋本广韵》徒哀切，定咍开一平蟹。

啍，《辨音广韵》他昆切，透魂合一平臻；《宋本广韵》徒渾切，定魂合一平臻。

跳，《辨音广韵》他弔切，透啸开四去效；《宋本广韵》徒聊切，定萧开四平效。

詑，《辨音广韵》湯何切，透歌开一平果；《宋本广韵》徒河切，定歌开一平果。

袉，《辨音广韵》吐可切，透哿开一上果；《宋本广韵》徒可切，定哿开一上果。

垛，《辨音广韵》吐可切，透哿开一上果；《宋本广韵》徒果切，定果合一上果。

踢，《辨音广韵》他郎切，透唐开一平宕；《宋本广韵》徒郎切，定唐开一平宕。

膛，《辨音广韵》他郎切，透唐开一平宕；《宋本广韵》徒郎切，定唐

---

① 刘晓南：《朱熹诗经楚辞叶音中的闽音声母》，《方言》2002 年第 4 期。
② 李无未、李红：《宋元吉安方音研究》，中华书局 2008 年版，第 43 页。

开一平宕。

瑇，《辨音广韵》度耐切，定代开一去蟹；《宋本广韵》他代切，透代开一去蟹。

蓧，《辨音广韵》杜弔切，定啸开四去效；《宋本广韵》吐彫切，透萧开四平效。

盪，《辨音广韵》徒浪切，定宕开一去宕；《宋本广韵》他浪切，透宕开一去宕。

頲，《辨音广韵》徒鼎切，定迥开四上梗；《宋本广韵》他鼎切，透迥开四上梗。

榙，《辨音广韵》逹合切，定合开一入咸；《宋本广韵》他合切，透合开一入咸。

踏，《辨音广韵》逹合切，定合开一入咸；《宋本广韵》他合切，透合开一入咸。

3. 全清与次清

端透互注4例：

有2例，完全为端透互注：

芋，《辨音广韵》都領切，端静开三上梗；《宋本广韵》他鼎切，透迥开四上梗。

玵，《辨音广韵》都含切，端覃开一平咸；《宋本广韵》他酣切，透谈开一平咸。

另外有2例，如下：

搭，《辨音广韵》得合切，端合开一入咸；《宋本广韵》吐盍切，透盍开一入咸。

按：[《广韵》吐盍切，入盍，透。] [《集韵》德合切，入合，端。] 此字若按《集韵》音来看，则不属全清次清混注，不宜作音变考虑。

跕，《辨音广韵》丁協切，端帖开四入咸；《宋本广韵》他協切，透帖开四入咸。

按：[《广韵》他協切，入帖，透。] [《广韵》丁愜切，入帖，端。] 若按又音来看，此例也不属于全清次清混注，但根据韵字所在位置，此例读音应该是"他協切，入帖，透"，故属于全清与次清相混，应该作为音变现象考虑。

（二）舌上音

1. 自注

知母自注 50 例，彻母自注 45 例，澄母自注 138 例，娘母自注 25 例。

2. 浊音清化

舌上音澄母清化 5 例，透澄互注 1 例，澄母自注 138 例，清化数据占自注的 4.35%。从统计数字上来看，舌上音的浊音尚未达到音变指数，仍然独立存在。具体情况如下：

知澄互注 5 例：

駐，《辨音广韵》治據切，澄御合三去遇；《宋本广韵》中句切，知遇合三去遇。

著，《辨音广韵》直畧切，澄藥开三入宕；《宋本广韵》张略切，知藥开三入宕。

蠋，《辨音广韵》知六切，知屋合三入通；《宋本广韵》直録切，澄烛合三入通。

緻，《辨音广韵》知意切，知志开三去止；《宋本广韵》直利切，澄至开三去止。

柱，《辨音广韵》陟慮切，知御合三去遇；《宋本广韵》直主切，澄麌合三上遇。

透澄互注 1 例：

朾，《辨音广韵》他經切，透青开四平梗；《宋本广韵》宅耕切，澄耕开二平梗。

3. 泥娘不分

娘母自注 25 例，泥母自注 85 例，泥娘互注 31 例，泥娘互注的数量比娘母自注的数量还要多，占泥母自注的 36.47%，泥母与娘母自注共 110 例，泥娘互注占自注总数的 28.18%，无论从哪个角度来统计，都可以认定《辨音纂要》正读中泥娘不分。具体情况如下：

泥娘互注 31 例：

瞜，《辨音广韵》奴宗切，泥冬合一平通；《宋本广韵》女江切，娘江开二平江。

齉，《辨音广韵》奴涷切，泥送合一去通；《宋本广韵》女江切，娘江开二平江。

呢，《辨音广韵》年题切，泥齐开四平蟹；《宋本广韵》女夷切，娘脂开三平脂。

尼，《辨音广韵》年题切，泥齐开四平蟹；《宋本广韵》女夷切，娘脂开三平脂。

旎，《辨音广韵》乃禮切，泥荠开四上蟹；《宋本广韵》女氏切，娘纸开三上止。

腻，《辨音广韵》乃计切，泥霁开四去蟹；《宋本广韵》女利切，娘至开三去止。

肭，《辨音广韵》奴骨切，泥没合一入臻；《宋本广韵》女滑切，娘黠合二入山。

赧，《辨音广韵》乃版切，泥潸开二上山；《宋本广韵》奴板切，娘潸开二上山。

趁，《辨音广韵》乃殄切，泥铣开四上山；《宋本广韵》尼展切，娘獮开三上山。

碾，《辨音广韵》乃殄切，泥铣开四上山；《宋本广韵》女箭切，娘線开三去山。

搦，《辨音广韵》奴各切，泥铎开一入宕；《宋本广韵》女角切，娘覺开二入江。

儜，《辨音广韵》奴登切，泥登开一平曾；《宋本广韵》女耕切，娘耕开二平梗。

獰，《辨音广韵》奴登切，泥登开一平曾；《宋本广韵》乃庚切，娘庚开二平梗。

諵，《辨音广韵》那含切，泥覃开一平咸；《宋本广韵》女咸切，娘咸开二平咸。

喃，《辨音广韵》那含切，泥覃开一平咸；《宋本广韵》女咸切，娘咸开二平咸。

醲，《辨音广韵》女容切，娘鍾合三平通；《宋本广韵》女容切，泥鍾合三平通。

女，《辨音广韵》尼吕切，娘語合三上遇；《宋本广韵》尼吕切，泥語合三上遇。

籹，《辨音广韵》尼吕切，娘語合三上遇；《宋本广韵》尼吕切，泥語合三上遇。

奈，《辨音广韵》尼帶切，娘泰开一去蟹；《宋本广韵》奴帶切，泥泰开一去蟹。

柰，《辨音广韵》尼帶切，娘泰开一去蟹；《宋本广韵》奴帶切，泥泰开一去蟹。

耐，《辨音广韵》尼帶切，娘泰开一去蟹；《宋本广韵》奴代切，泥代开一去蟹。

鼐，《辨音广韵》尼帶切，娘泰开一去蟹；《宋本广韵》奴代切，泥代开一去蟹。

裊，《辨音广韵》尼了切，娘篠开四上效；《宋本广韵》奴鳥切，泥篠开四上效。

嬝，《辨音广韵》尼了切，娘篠开四上效；《宋本广韵》奴鳥切，泥篠开四上效。

嬲，《辨音广韵》尼了切，娘篠开四上效；《宋本广韵》奴鳥切，泥篠开四上效。

嫋，《辨音广韵》尼了切，娘篠开四上效；《宋本广韵》奴鳥切，泥篠开四上效。

恼，《辨音广韵》尼交切，娘肴开二平效；《宋本广韵》女交切，泥肴开二平效。

淖，《辨音广韵》尼交切，娘肴开二平效；《宋本广韵》女交切，泥肴开二平效。

誽，《辨音广韵》女加切，娘麻开二平假；《宋本广韵》女加切，泥麻开二平假。

溺，《辨音广韵》女力切，娘職开三入曾；《宋本广韵》奴歷切，泥錫开四入梗。

忸，《辨音广韵》女九切，娘有开三上流；《宋本广韵》女六切，泥屋合三入通。

第二章 《辨音纂要》正读声母

4. 全清与次清

知彻互注1例：

咤，《辨音广韵》丑亞切，彻禡开二去假；《宋本广韵》陟駕切，知禡开二去假。

按：咤字有三音，[《广韵》陟駕切，去禡，知。][《广韵》陟加切，平麻，知。][《字彙》丑亞切]另外，"咤"通"詫"，詫，[《广韵》丑亞切，去禡，彻。]若按《字彙》音考虑，此例属于彻母自注例，不宜作音变考虑。

5. 舌头与舌上

端组和知组相混5例，其中，端知1例，透彻1例，端澄1例，泥知2例。

端组和知组相混并不是孤立存在的，在现代吉安方音中，这种端知混用现象依然存在。《九经直音》中端知混用13次，透彻混用4次，端组和知组混用达27次，李无未、李红认为这与《九经直音》的直音来源有关，也体现了作者方言中的古音遗存。① 清代学者钱大昕指出，"古无舌头舌上之分。知彻澄三母以今音读之，与照穿床无别也。求之古者，则与端透定无别……"（钱大昕《十驾斋养新录》卷五"舌音类隔之说不可信"）这种端知类隔互注可能就是这种现象的遗留。

"猪竹桌着~衣~棋"等知组字闽语白读同端组，南部吴语的不少地方也有此音韵现象。如处衢片"猪竹桌着"等字读为 t 声母，"虫肠长沉"等字读为 d 声母。这是闽语对南部吴语的影响。② 尽管《辨音纂要》正读中端知相混数量极少，但这也体现了作者方言中的古音留存。具体情况如下：

端知互注1例：

爹，《辨音广韵》丁邪切，端麻开三平假；《宋本广韵》陟邪切，知麻开三平假。

按：爹有两个读音，[《广韵》徒可切，上哿，定。][《广韵》陟邪切，平麻，知。]

经陈燕考证，"徒可切"是"爹"最早的读音，源自北方，今天北方言还称爹作"大"；"陟邪切"始见于《广韵》，是知母麻韵三等字，但打开

---

① 李无未、李红：《宋元吉安方音研究》，中华书局2008年版，第43页。
② 侯精一：《现代汉语方言概论》，上海教育出版社2002年版，第81页。

《韵镜》，我们会发现"陟邪切"应在的韵图地位是空围，却在麻韵四等赫然列着"爹"字，据韵图规定这应该是假四等。作者的意图是"爹"是端母字，利用韵图来修正反切。用"陟"作端母反切上字是端知尚未分化的历史遗存，而《韵镜》将"爹"明确地置于端母位置，表明端知已经分化。①反切中出现的以"知"切"端"的现象，在音韵学上叫"端知类隔"，是语音分化的结果。

王力先生认为，这是知母古音的残留。闽方言（闽北，闽南）仍旧保留着知彻的古读 t 和 t '。②在现代汉语方言，如吴语、湘语、客家语、闽语等，陟邪切的声母都是[t]，可以说"爹"的声母一直是端母。《汉语方音字汇》43 页，列"爹"字，中古音为"知麻开三平假"，在现代苏州音中读[t]。《辨音纂要》正读在十六遮平声端母列"爹"字，体现出了作者方言中的古音留存。

端澄互注 1 例：

搥，《辨音广韵》直追切，澄脂合三平止；《宋本广韵》都回切，端灰合一平蟹。

泥知互注 2 例：

輾，《辨音广韵》乃殄切，泥铣开四上山；《宋本广韵》知演切，知獮开三上山。

按：[《广韵》知演切，上獮，知。][《广韵》女箭切，去线，娘。][《集韵》尼展切，上獮，娘。]此例在《辨》十一铣上声，按《集韵》音，则属于泥娘互注例，不宜作音变考虑。

蹍，《辨音广韵》乃殄切，泥铣开四上山；《宋本广韵》知辇切，知獮开三上山。

按：[《集韵》知辇切，上獮，知。][《集韵》尼展切，上獮，泥。]此例按《集韵》音，则属于泥母自注，不宜作音变考虑。

（三）舌音与其他组声母互注

舌音与其他组声母互注共计 5 例，包括知见 1 例，彻来 1 例，端疑 1 例，端喻四 1 例，透禅 1 例，定来 1 例。具体情况如下：

---

① 陈燕：《"爹"字二音考》，《辞书研究》2003 年第 3 期。
② 王力：《汉语史稿》，中华书局 1980 年版，第 116 页。

知见互注1例：

猘，《辨音广韵》知意切，知志开三去止；《宋本广韵》居例切，见祭开三去蟹。

按：[《广韵》居例切，去祭，见。][《集韵》征例切，去祭，章。]此例若按《集韵》音，则属于知章互注例。

端喻四互注1例：

檐，《辨音广韵》都监切，端衔开二平咸；《宋本广韵》余盐切，以盐开三平咸。

按：[《广韵》余廉切，平盐，以。][《集韵》都滥切，去阚，端。]此例若按《集韵》音，则属于端母自注例，不宜作音变考虑。

透禅互注1例：

焞，《辨音广韵》他昆切，透魂合一平臻；《宋本广韵》常伦切，禅谆合三平臻。

按：焞有三音，[《广韵》常伦切，平谆，禅。][《集韵》他昆切，平魂，透。][《集韵》通回切，平灰，透。]若按《集韵》音考虑，此例属于透母自注例，不宜作为音变考虑。

端疑互注1例：

歹，《辨音广韵》多乃切，端海开一上蟹；《宋本广韵》五割切，疑曷入。(è)

按：歹(dǎi)，《广韵》无音；歹(è)，《广韵》五割切，是"歺"的古字。故此字不宜作为音变考虑。

彻来互注1例：

縭，《辨音广韵》抽知切，彻支开三平止；《宋本广韵》吕支切，来支开三平止。

按：《广韵》吕支切《集韵》《韵会》邻知切，并音离。又《正韵》抽知切，音摘。按《正韵》音来看，此字不宜作为音变考虑。

定来互注1例：

渗，《辨音广韵》徒典切，定铣开四上山；《宋本广韵》郎计切，来霁开四去蟹。

按：渗，《唐韵》《集韵》《韵会》郎计切，《正韵》力霁切，并音丽。

又《集韵》《韵会》《正韵》并徒典切,音殄。陵乱也。故此字不宜作为音变考虑。

舌音小结:

综上所述,《辨音纂要》正读舌音基本保留着全浊音,最突出的特点是定母清化为透母比例大,有少量方音混杂。从整体上来看,端、透、定、知、彻独立,泥娘不分。因此舌音可拟为端、透、定、泥、知、彻、澄七个声母。

三 齿音

《辨音纂要》正读中记录齿音字 1908 个。下面,我们对齿音情况进行全面分析。

(一) 齿头音

1. 自注

精母自注 237 例,清母自注 182 例,从母自注 151 例,心母自注 339 例,邪母自注 85 例。

2. 浊音清化

精从 11 例,清从 4 例,心邪 1 例。

齿头音浊音清化共计 16 例。从母自注 151 例,清化 15 例,清化数据占自注的 9.93%;邪母自注 85 例,清化 1 例,清化数据占自注的 1.18%。从母和邪母自注合计 236 例,清化合计 16 例,占总数的 6.78%。可见,精组的浊音清化以同部位不送气清音为主,少部分转为送气清音,浊音清化现象仍有存在。

宋代就有这种情况,闽人郑昂对杜甫诗做的音注中,有从母与清母混注例,"辑,音七"。心母与邪母相混,许世瑛例,"鰂",为邪母字,朱子注音叙叶音渭,为心母。《朱子语音》中也有类似的现象,从母与精母互注 29 例,从母与清母互注 10 例,邪母与精母互注 1 例,邪母与心母互注 3 例。[①]

---

① 李红:《朱熹〈仪礼经传通解〉语音研究》,厦门大学出版社 2011 年版,第 37 页。

《辨音纂要》正读所表现的南方读书音，是有承继和发展的，更早年代的读书音也有遗存。王力先生认为朱熹反切中，从母仄声字清化后并入精母，平声字清化后并入清母，邪母清化为心母。而《辨音纂要》正读中精组声母的变化似乎更为复杂一些，但数目很少，不能作为音变考虑。闽语初成的时候有一个源流是来自吴语的，后来由于浙南与闽东北地界相连，彼此音也不乏交往，因而也有接触关系，既有共同来源，也有相互渗透，所以呈现出共同的语音特点。

精从互注 11 例：

渍，《辨音广韵》资四切，精至开三去止；《宋本广韵》疾智切，從眞开三去止。

觜，《辨音广韵》资四切，精至开三去止；《宋本广韵》疾智切，從眞开三去止。

胔，《辨音广韵》资四切，精至开三去止；《宋本广韵》疾智切，從眞开三去止。

眥，《辨音广韵》资四切，精至开三去止；《宋本广韵》疾智切，從眞开三去止。

咀，《辨音广韵》再吕切，精语合三上遇；《宋本广韵》慈吕切，從语合三上遇。

鐏，《辨音广韵》作管切，精缓合一上山；《宋本广韵》徂闷切，從慁合一去臻。

蠽，《辨音广韵》子结切，精屑开四入山；《宋本广韵》昨结切，從屑开四入山。

噍，《辨音广韵》子肖切，精笑开三去效；《宋本广韵》才笑切，從笑开三去效。

繒，《辨音广韵》咨登切，精登开一平曾；《宋本广韵》疾陵切，從蒸开三平曾。

渐，《辨音广韵》子念切，精桥开四去咸；《宋本广韵》慈染切，從琰开三上咸。

嫸，《辨音广韵》才先切，從先开四平山；《宋本广韵》即浅切，精獼开三上山。

61

清从互注 4 例：

嵯，《辨音广韵》倉何切，清歌开一平果；《宋本广韵》昨何切，從歌开一平果。

婧，《辨音广韵》七正切，清劲开三去梗；《宋本广韵》疾政切，從劲开三去梗。

脞，《辨音广韵》徂果切，從果合一上果；《宋本广韵》倉果切，清果合一上果。

艳，《辨音广韵》疾正切，從劲开三去梗；《宋本广韵》千定切，清径开四去梗。

心邪互注 1 例：

松，《辨音广韵》息中切，心東合三平通；《宋本广韵》详容切，邪鍾合三平通。

3. 全清与次清

精清互注 13 例：

有 10 例，完全为精清互注：

赼，《辨音广韵》津私切，精脂开三平止；《宋本广韵》取私切，清脂开三平止。

苴，《辨音广韵》子余切，精鱼合三平遇；《宋本广韵》七余切，清鱼合三平遇。

狙，《辨音广韵》子余切，精鱼合三平遇；《宋本广韵》七余切，清鱼合三平遇。

雎，《辨音广韵》子余切，精鱼合三平遇；《宋本广韵》七余切，清鱼合三平遇。

懆，《辨音广韵》则到切，精号开一去效；《宋本广韵》采老切，清晧开一上效。

磧，《辨音广韵》资息切，精昔开三入梗；《宋本广韵》七迹切，清昔开三入梗。

駸，《辨音广韵》咨林切，精侵开三平深；《宋本广韵》七林切，清侵开三平深。

祲，《辨音广韵》咨林切，精侵开三平深；《宋本广韵》七林切，清侵开三平深。

鏃,《辨音广韵》千木切,清屋合一入通;《宋本广韵》作木切,精屋合一入通。

祲,《辨音广韵》七林切,清侵开三平深;《宋本广韵》子鸩切,精沁开三去深。

还有3例,如下:

趄,《辨音广韵》子余切,精鱼合三平遇;《宋本广韵》七余切,清鱼合三平遇。

按:[《广韵》七余切,平鱼,清。][《篇海》子余切]此例若《篇海》音注来看,刚属于精自注例。

葼,《辨音广韵》仓红切,清东合一平通;《宋本广韵》作孔切,精董合一上通。

按:[《集韵》七恭切,平钟,清。]

㔌,《辨音广韵》千候切,清候开一去流;《宋本广韵》则候切,精侯开一去流。

按:[《集韵》千候切,去候,清。]

这2例若按《集韵》音,则属于清母自注,不做音变考虑,按《广韵》音则属于全清与次清相混。

4. 其他内部互注

精心2例,从邪1例。

精心互注2例:

晬,《辨音广韵》须锐切,心祭合三去蟹;《宋本广韵》子对切,精队合一去蟹。

孅,《辨音广韵》思廉切,心盐开三平咸;《宋本广韵》子廉切,精盐开三平咸。

精母与心母互注反映出《辨音纂要》正读的存古特征。中古精母的来源很多,ʔs 就是其中的一个,即心母s带喉冠音ʔ,演化为精母。

从邪互注1例:

賮,《辨音广韵》齐进切,从震开三去臻;《宋本广韵》徐刃切,邪震开三去臻。

63

从邪相混是明代吴语的显著特点，反映出吴语特点的明代韵书和韵图中就有这种语音现象。宁忌浮先生在《〈并音连声字学集要〉所反映的语音现象》中列举了《字学集要》中大量从、邪合并的例子。[①]《皇极声音文字通》中从、邪互用。[②]《幼学切音便读》是郦珩《切音捷诀》一书所附的等韵图，其音系是归并《捷诀》而成，比《捷诀》更接近于吴方言实际语音，其声母表现出从、邪合一的特点。[③]

《辨音纂要》正读中从、邪相混现象仅此 1 例，故仍参中古系统别为两类，这是作者时音的流露。赵元任《现代吴语研究》26 页第一表 5 中有关于吴语方言从、邪合流的例证和方言点。

（二）正齿音

1. 照二组

（1）自注：

庄母自注 66 例，初母自注 57 例，崇母自注 51 例，生母自注 127 例。

（2）浊音清化

庄崇 1 例，初崇 3 例。

照二组的浊音清化和端组的相似，崇母自注 51 例，清化 4 例，清化数据占自注的 7.84%，是比较明显地全浊清化为次清的多一些，从统计数字上看，照二组仍然保留着浊音声母。具体情况如下：

庄崇互注 1 例：

齟，《辨音广韵》壯所切，莊語合三上遇；《宋本广韵》牀吕切，崇語合三上遇。

初崇互注 3 例：

鑱，《辨音广韵》初衘切，初衘开二平咸；《宋本广韵》鋤衘切，崇衘开二平咸。

剿，《辨音广韵》初衘切，初衘开二平咸；《宋本广韵》鋤衘切，崇衘开二平咸。

嶄，《辨音广韵》初衘切，初衘开二平咸；《宋本广韵》鋤衘

[①] 宁忌浮：《汉语韵书史·明代卷》，上海人民出版社 2009 年版，第 318 页。
[②] 耿振生：《明清等韵学通论》，语文出版社 1992 年版，第 240 页。
[③] 同上书，第 245 页。

开二平咸。

（3）全清与次清

庄初2例，生初2例。

庄初互注2例：

錣，《辨音广韵》侧洽切，莊洽开二入咸；《宋本广韵》楚洽切，初洽开二入咸。

挿，《辨音广韵》侧洽切，莊洽开二入咸；《宋本广韵》楚洽切，初洽开二入咸。

生初互注2例：

㿹，《辨音广韵》楚簡切，初産开二上山；《宋本广韵》所簡切，生産开二上山。

産，《辨音广韵》楚簡切，初産开二上山；《宋本广韵》所簡切，生産开二上山。

以上4例，完全为全清与次清互注。

2. 照三组

（1）自注：

章母自注105例，昌母自注58例，禅母自注93例，书母自注113例，船母自注17例。

（2）浊音清化

禅昌1例，禅书1例。

禅母自注93例，清化2例，清化数据占自注的2.15%，从统计数字上来看，照三组的浊音声母依然存在。具体情况如下：

禅昌互注1例：

禇，《辨音广韵》蜀庸切，禪鍾合三平通；《宋本广韵》昌容切，昌鍾合三平通。

禅书互注1例：

淑，《辨音广韵》式竹切，書屋合三入通；《宋本广韵》殊六切，禪屋合三入通。

（3）全清与次清

昌书互注1例：

俶，《辨音广韵》式竹切，書屋合三入通；《宋本广韵》昌六切，昌屋合三入通。

（4）船母和禅母

船母自注 17 例，禅母自注 93 例，船母与禅母互注 25 例，从统计数字上来看，船母与禅母互注的数量远远大于船母自注的数量。可见，《辨音纂要》正读的声母中船禅不分。

李新魁先生认为船禅从古到今都不是两类，《切韵》之所以分之为二，根据的是隋代金陵雅音，它保存晋代以前的洛阳古读，把本同一类的船禅母或读为[dʑ]或读为较古的形式[ɖ]。但隋唐的中原共同语是不分船禅的。《切韵》虽将两母分立，但又露出许多混同的痕迹来。中古的其它材料也显示了船禅不分。《守温韵学残卷》也只有禅母而无船母，也可以说是船禅不分，其它字书如《经典释文》、原本《玉篇》也不分船禅。但是寻仲臣先生认为："当汉代出现章系（照系三等）之后，船禅二母发展演变大致分三个阶段：单一船母阶段，船禅分立阶段，船禅合流为单一禅母阶段。"[①]东汉许慎的《说文》问世时章系已经出现，船禅二母已经基本分立。隋代陆法言《切韵》音系形成直到《广韵》船禅二分亦十分明显，《经典释文》中船禅分立，体现了船母从一开始出现就是一个很不稳定的声母，始终是处在向禅母的过渡之中。通过寻仲臣的分析，不难看出，从东汉《说文》问世到《经典释文》、《切韵》包括《广韵》，在汉语声母系统章系中的船禅二母已经由单一船母完全进入了船禅二母分立的阶段了。到 1039《集韵》成书的年代，船禅二母就完全合为单一的禅母了，《切韵指掌图》两母混列也甚多。

无论各家说法如何，《辨音纂要》正读的船禅两母不分是事实，这也是南方方音特点的体现。《经典释文》中的刘昌宗音也体现出船禅不分。颜之推批评刘昌宗"读乘若承"，同时还指出"南人"读音"以石为射"、"以是为舐"，即谓当时南方读音中有船、禅不分的情况。按王三"石，常尺反"（禅昔）、"射，食亦反"（船昔）；"是，承纸反"（禅纸）、"舐，食纸反"（船纸），船、禅两类分别较然。刘昌宗音船禅不分跟当时的南音一致。[②]

---

① 寻仲臣：《论中古船禅二母的分合演变》，《古汉语研究》1994 年第 2 期。
② 盘晓愚：《〈经典释文〉中刘昌宗反切声类考》，《贵州大学学报》1999 年第 2 期。

顾野王是吴人，一般认为《玉篇》所代表的是南音，原本《玉篇》中船禅混而不分，现存宋本《玉篇》的船禅仍大量相混，可见当时的吴方言船禅不分；作《博雅音》的曹宪是隋代江都人（今天的扬州），他的家乡也属于吴语区域，他注《博雅》的读音也是船、禅不分，如：抒，侍与反、杼，常与反等；与曹宪同乡的陈隋间的天台和尚智骞，他作《楚辞音》也不分船禅，如：乘，时升反、剩，示检反等；作《文选音决》的公孙罗也是曹宪的同乡，《文选音决》中船禅不分也特别明显，如：射，时夜反、赎，时烛反等。上面提到的各项材料，顾野王、曹宪、智骞、公孙罗等人的乡音都是船禅不分，这反映了隋唐时期苏州和扬州等吴语区域的一个语音特点。①

王力先生在《〈经典释文〉反切考》一文中，认为船禅是混用的，从《辨音纂要》音注上看，船禅混注 25 例，相对于禅自注 93 例，已超过音变指数，可证王力与李新魁的观点。

船禅不分也是方音的体现，《幼学切音便读》是郦珩《切音捷诀》一书所附的等韵图，它的音系是归并《捷诀》而成，比《捷诀》更接近于吴方言实际语音，其声母体现出床、禅、日合一现象。②《辨音纂要》正读中这种船禅不分在现今的吴方言中也可以找到证据。《汉语方音字汇》：120 页禅母字"熟"、船母字"赎"、121 页禅母字"属蜀"、336 页禅母字"承成城诚"、337 页船母字"剩"，在苏州方音中都读"z"，可见在现代吴方言中船禅不分。

船禅互注 25 例，具体情况如下：

孰，《辨音广韵》神六切，船屋合三入通；《宋本广韵》殊六切，禅屋合三入通。

熟，《辨音广韵》神六切，船屋合三入通；《宋本广韵》殊六切，禅屋合三入通。

塾，《辨音广韵》神六切，船屋合三入通；《宋本广韵》殊六切，禅屋合三入通。

蜀，《辨音广韵》神六切，船屋合三入通；《宋本广韵》市玉切，禅烛

---

① 李新魁：《李新魁语言学论集》，中华书局 1994 年版，第 22 页。
② 耿振生：《明清等韵学通论》，语文出版社 1992 年版，第 245 页。

合三入通。

屬，《辨音广韵》神六切，船屋合三入通；《宋本广韵》市玉切，禅烛合三入通。

邵，《辨音广韵》實召切，船笑开三去效；《宋本广韵》寔照切，禅笑开三去效。

紹，《辨音广韵》實召切，船笑开三去效；《宋本广韵》市沼切，禅小开三上效。

劭，《辨音广韵》實召切，船笑开三去效；《宋本广韵》寔照切，禅笑开三去效。

成，《辨音广韵》神陵切，船蒸开三平曾；《宋本广韵》是征切，禅清开三平梗。

城，《辨音广韵》神陵切，船蒸开三平曾；《宋本广韵》是征切，禅清开三平梗。

誠，《辨音广韵》神陵切，船蒸开三平曾；《宋本广韵》是征切，禅清开三平梗。

郕，《辨音广韵》神陵切，船蒸开三平曾；《宋本广韵》是征切，禅清开三平梗。

陚，《辨音广韵》神陵切，船蒸开三平曾；《宋本广韵》時征切，禅清开三平梗。

丞，《辨音广韵》神陵切，船蒸开三平曾；《宋本广韵》署陵切，禪蒸开三平曾。

承，《辨音广韵》神陵切，船蒸开三平曾；《宋本广韵》署陵切，禪蒸开三平曾。

諡，《辨音广韵》時至切，禅至开三去止；《宋本广韵》神至切，船至开三去止。

示，《辨音广韵》時至切，禅至开三去止；《宋本广韵》神至切，船至开三去止。

神，《辨音广韵》丞真切，禅真开三平臻；《宋本广韵》食鄰切，船真开三平臻。

脣，《辨音广韵》殊倫切，禅諄合三平臻；《宋本广韵》食倫切，船諄合三平臻。

吮，《辨音广韵》竖允切，禅準合三上臻；《宋本广韵》食尹切，船準合三上臻。

蛇，《辨音广韵》石遮切，禅麻开三平假；《宋本广韵》食遮切，船麻开三平假。

剩，《辨音广韵》時正切，禅劲开三去梗；《宋本广韵》實證切，船證开三去曾。

賸，《辨音广韵》時正切，禅劲开三去梗；《宋本广韵》實證切，船證开三去曾。

食，《辨音广韵》裳隻切，禅昔开三入梗；《宋本广韵》乘力切，船職开三入曾。

蝕，《辨音广韵》裳隻切，禅昔开三入梗；《宋本广韵》乘力切，船職开三入曾。

（三）精组与照二组互注

精组与庄组互注共 14 例，其中，精庄 2 例，从崇 1 例，清初 1 例，精崇 1 例，清生 1 例，清庄 1 例，邪崇 1 例，心崇 1 例，心初 1 例，心生 4 例。

精庄上古来源是一样的，在上古音系中，庄初崇山接近精清从，章昌船书禅接近端透定。任铭善先生指出："照一是来源于上古音的精系，而照二是来源于上古音的端（知）系。"黄典诚认为"福建邵武和长汀精章有别，庄精不分。普通话中也有若干庄组字至今还读为 z、c、s。例入：阻、所、辐、邹、搜、骤、涩、瑟、侧、测、色、责、策、缩。这些都是庄出于精的残迹。"

据路建彩考证，在《韵学大成》里，庄三组与精组表现出了密切关系，主要是庄三组字读同精组字。[①]

《辨音纂要》正读中体现出了非常明显地精组只和照二发生关系，没有与照三和知组混用，这是方音现象的体现。马君花在对胡三省《资治通鉴音注》音系的考察中发现，胡注中同样存在知庄章三组声母与精组声母

[①] 路建彩：《〈元声韵学大成〉与明代吴语》，硕士学位论文，山东师范大学，2000 年，第 20 页。

的混注现象，并认为这种现象是吴语的特征。《辨音纂要》正读中有14例精组与庄组相混的现象，也是作者方音的流露，我们来看方音的证据。《汉语方音字汇》148页庄母"斋"字、146页精母"栽"字，苏州音皆读"ʦ"。可见，在今天的吴方言中，精庄相混的现象依然存在。

精组与庄组互注的具体情况如下：

精庄互注2例：

齋，《辨音广韵》津私切，精脂开三平止；《宋本广韵》侧皆切，莊皆开二平蟹。

滓，《辨音广韵》祖似切，精止开三上止；《宋本广韵》阻史切，莊止开三上止。

从崇互注1例：

慙，《辨音广韵》鉏咸切，崇咸开二平咸；《宋本广韵》昨甘切，從談开一平咸。

清初互注1例：

瀙，《辨音广韵》初觐切，初震开三去臻；《宋本广韵》七遴切，清震开三去臻。

精崇互注1例：

鯫，《辨音广韵》將侯切，精侯开一平流；《宋本广韵》仕垢切，崇厚开一上流。

清生互注1例：

榱，《辨音广韵》倉回切，清灰合一平蟹；《宋本广韵》所追切，生脂合三平止。

清庄互注1例：

跧，《辨音广韵》且缘切，清仙合三平山；《宋本广韵》莊緣切，莊仙合二平山。

邪崇互注1例：

涘，《辨音广韵》詳子切，邪止开三上止；《宋本广韵》牀史切，崇止开三上止。

心崇互注1例：

俟，《辨音广韵》息渍切，心寘开三去止；《宋本广韵》牀史切，崇止开三上止。

心初互注1例：

飔，《辨音广韵》相咨切，心脂开三平止；《宋本广韵》楚持切，初之开三平止。

心生互注4例：

珊，《辨音广韵》師奻切，生删开二平山；《宋本广韵》苏干切，心寒开一平山。

谡，《辨音广韵》苏谷切，心屋合一入通；《宋本广韵》所六切，生屋合三入通。

葰，《辨音广韵》想里切，心止开三上止；《宋本广韵》所綺切，生纸开三上止。

屣，《辨音广韵》想里切，心止开三上止；《宋本广韵》所綺切，生纸开三上止。

（四）知组、照二组、照三组互注

1．知组与照二组互注

知组与庄组互注共计43例，其中知庄互注18例，彻初互注15例，崇澄互注9例，澄生互注1例。

知组与庄组互注具体情况如下：

知庄互注18例：

茝，《辨音广韵》侧氏切，莊纸开三上止；《宋本广韵》豬几切，知旨开三上止。

㮿，《辨音广韵》莊皆切，莊皆开二平蟹；《宋本广韵》卓皆切，知皆开二平蟹。

夅，《辨音广韵》莊加切，莊麻开二平假；《宋本广韵》陟加切，知麻开二平假。

椿，《辨音广韵》侧霜切，莊陽开三平宕；《宋本广韵》都江切，知江开二平江。

戆，《辨音广韵》侧況切，莊漾合三去宕；《宋本广韵》陟降切，知绛开二去江。

戆，《辨音广韵》侧況切，莊漾合三去宕；《宋本广韵》陟降切，知绛开二去江。

窒，《辨音广韵》甾耕切，莊耕开二平梗；《宋本广韵》中莖切，知耕开二平梗。

幀，《辨音广韵》侧迸切，莊静开二去梗；《宋本广韵》猪孟切，知映开二去梗。

謫，《辨音广韵》侧格切，莊陌开二入梗；《宋本广韵》陟革切，知麥开二入梗。

摘，《辨音广韵》侧格切，莊陌开二入梗；《宋本广韵》陟革切，知麥开二入梗。

舴，《辨音广韵》侧格切，莊陌开二入梗；《宋本广韵》陟格切，知陌开二入梗。

詀，《辨音广韵》侧咸切，莊咸开二平咸；《宋本广韵》竹咸切，知咸开二平咸。

站，《辨音广韵》莊陷切，莊陷开二去咸；《宋本广韵》陟陷切，知陷开二去咸。

䉶，《辨音广韵》知人切，知真开三平臻；《宋本广韵》侧鄰切，莊真开三平臻。

抓，《辨音广韵》陟交切，知肴开二平效；《宋本广韵》侧交切，莊肴开二平效。

㩍，《辨音广韵》陟交切，知肴开二平效；《宋本广韵》侧交切，莊肴开二平效。

䎺，《辨音广韵》陟交切，知肴开二平效；《宋本广韵》侧交切，莊肴开二平效。

捉，《辨音广韵》竹角切，知覺开二入江；《宋本广韵》侧角切，莊覺开二入江。

彻初互注 15 例：

搋，《辨音广韵》初皆切，初皆开二平蟹；《宋本广韵》丑皆切，徹皆开二平蟹。

蠆，《辨音广韵》楚懈切，初卦开二去蟹；《宋本广韵》丑犗切，徹夬开二去蟹。

第二章 《辨音纂要》正读声母

靚，《辨音广韵》楚浪切，初宕开一去宕；《宋本广韵》丑绛切，徹绛开二去江。

戳，《辨音广韵》测角切，初覺开二入江；《宋本广韵》敕角切，徹覺开二入江。

汊，《辨音广韵》丑亞切，徹禡开二去假；《宋本广韵》楚嫁切，初禡开二去假。

鎗，《辨音广韵》抽庚切，徹庚开二平梗；《宋本广韵》楚耕切，初耕开二平梗。

棦，《辨音广韵》抽庚切，徹庚开二平梗；《宋本广韵》楚耕切，初耕开二平梗。

琤，《辨音广韵》抽庚切，徹庚开二平梗；《宋本广韵》楚耕切，初耕开二平梗。

鐺，《辨音广韵》抽庚切，徹庚开二平梗；《宋本广韵》楚庚切，初庚开二平梗。

鎗，《辨音广韵》抽庚切，徹庚开二平梗；《宋本广韵》楚庚切，初庚开二平梗。

策，《辨音广韵》恥格切，徹陌开二入梗；《宋本广韵》楚革切，初麥开二入梗。

测，《辨音广韵》恥格切，徹陌开二入梗；《宋本广韵》初力切，初職开三入曾。

恻，《辨音广韵》恥格切，徹陌开二入梗；《宋本广韵》初力切，初職开三入曾。

册，《辨音广韵》恥格切，徹陌开二入梗；《宋本广韵》楚革切，初麥开二入梗。

栅，《辨音广韵》恥格切，徹陌开二入梗；《宋本广韵》楚革切，初麥开二入梗。

崇澄互注9例：

廌，《辨音广韵》鉏買切，崇蟹开二上蟹；《宋本广韵》池爾切，澄纸开三上止。

豸，《辨音广韵》助邁切，崇夬开二去蟹；《宋本广韵》池爾切，澄纸

73

开三上止。

綻，《辨音广韵》助諫切，崇諫开二去山；《宋本广韵》丈莧切，澄襇开二去山。

組，《辨音广韵》助諫切，崇諫开二去山；《宋本广韵》丈莧切，澄襇开二去山。

茶，《辨音广韵》鋤加切，崇麻开二平假；《宋本广韵》宅加切，澄麻开二平假。

幢，《辨音广韵》鋤莊切，崇陽开三平宕；《宋本广韵》宅江切，澄江开二平江。

噇，《辨音广韵》鋤莊切，崇陽开三平宕；《宋本广韵》宅江切，澄江开二平江。

浞，《辨音广韵》直角切，澄覺开二入江；《宋本广韵》士角切，崇覺开二入江。

崢，《辨音广韵》除庚切，澄庚开二平梗；《宋本广韵》士耕切，崇耕开二平梗。

澄生互注 1 例：

煠，《辨音广韵》直甲切，澄狎开二入咸；《宋本广韵》山洽切，生洽开二入咸。

2. 知组与照三组互注

知组与章组混注共计 172 例，其中尤以知章互注较为明显，包括知章 106 例，昌徹 45 例，澄昌 4 例，澄禅 12 例，澄船 2 例，澄章 1 例，书澄 2 例。

《辨音纂要》正读中知组与章组互注共计 172 例，知组和庄组互注 43 例，《辨音纂要》正读音注表现出来的是知组已经与照三和照二组合流，而且与照三组的合流更为明显。这种现象在《九经直音》中也是如此，《九经直音》直音部分知组和章组混用计 153 次，知组和庄组合并计 27 次，与《九经直音》同时代的《番汉合时掌中珠》中也明显地反映出知章庄合流的迹象。

知组与章组混注具体情况如下：

胝，《辨音广韵》旨詩切，章之开三平止；《宋本广韵》丁尼切，知脂开三平止。

躓,《辨音广韵》支侍切,章志开三去止;《宋本广韵》陟利切,知至开三去止。

豬,《辨音广韵》專於切,章鱼合三平遇;《宋本广韵》陟鱼切,知鱼合三平遇。

瀦,《辨音广韵》專於切,章鱼合三平遇;《宋本广韵》陟鱼切,知鱼合三平遇。

株,《辨音广韵》專於切,章鱼合三平遇;《宋本广韵》陟輸切,知虞合三平遇。

誅,《辨音广韵》專於切,章鱼合三平遇;《宋本广韵》陟輸切,知虞合三平遇。

蛛,《辨音广韵》專於切,章鱼合三平遇;《宋本广韵》陟輸切,知虞合三平遇。

邾,《辨音广韵》專於切,章鱼合三平遇;《宋本广韵》陟輸切,知虞合三平遇。

袾,《辨音广韵》專於切,章鱼合三平遇;《宋本广韵》陟輸切,知虞合三平遇。

拄,《辨音广韵》腫庾切,章麌合三上遇;《宋本广韵》知庾切,知麌合三上遇。

貯,《辨音广韵》腫庾切,章麌合三上遇;《宋本广韵》丁吕切,知語合三上遇。

竚,《辨音广韵》腫庾切,章麌合三上遇;《宋本广韵》丁吕切,知語合三上遇。

追,《辨音广韵》朱惟切,章脂合三平止;《宋本广韵》陟佳切,知脂合三平止。

迍,《辨音广韵》朱倫切,章諄合三平臻;《宋本广韵》陟綸切,知諄合三平臻。

厔,《辨音广韵》職日切,章質开三入臻;《宋本广韵》陟栗切,知質开三入臻。

窒,《辨音广韵》職日切,章質开三入臻;《宋本广韵》陟栗切,知質开三入臻。

鱣，《辨音广韵》諸延切，章仙开三平山；《宋本广韵》張連切，知仙开三平山。

邅，《辨音广韵》諸延切，章仙开三平山；《宋本广韵》張連切，知仙开三平山。

轉，《辨音广韵》止兗切，章獮合三上山；《宋本广韵》陟兗切，知獮合三上山。

輟，《辨音广韵》朱劣切，章薛合三入山；《宋本广韵》陟劣切，知薛合三入山。

樝，《辨音广韵》職瓜切，章麻合二平假；《宋本广韵》陟瓜切，知麻合二平假。

摣，《辨音广韵》職瓜切，章麻合二平假；《宋本广韵》陟瓜切，知麻合二平假。

徵，《辨音广韵》諸盈切，章清开三平梗；《宋本广韵》陟陵切，知蒸开三平曾。

癥，《辨音广韵》諸盈切，章清开三平梗；《宋本广韵》陟陵切，知蒸开三平曾。

貞，《辨音广韵》諸盈切，章清开三平梗；《宋本广韵》陟盈切，知清开三平梗。

楨，《辨音广韵》諸盈切，章清开三平梗；《宋本广韵》陟盈切，知清开三平梗。

禎，《辨音广韵》諸盈切，章清开三平梗；《宋本广韵》陟盈切，知清开三平梗。

輈，《辨音广韵》職流切，章尤开三平流；《宋本广韵》張流切，知尤开三平流。

肘，《辨音广韵》止酉切，章有开三上流；《宋本广韵》陟柳切，知有开三上流。

疛，《辨音广韵》止酉切，章有开三上流；《宋本广韵》陟柳切，知有开三上流。

晝，《辨音广韵》職救切，章宥开三去流；《宋本广韵》陟救切，知宥开三去流。

砧，《辨音广韵》諸深切，章侵开三平深；《宋本广韵》知林切，知侵开三平深。

霑，《辨音广韵》之廉切，章盐开三平咸；《宋本广韵》張廉切，知盐开三平咸。

沾，《辨音广韵》之廉切，章盐开三平咸；《宋本广韵》張廉切，知盐开三平咸。

輒，《辨音广韵》質涉切，章叶开三入咸；《宋本广韵》陟葉切，知叶开三入咸。

終，《辨音广韵》陟隆切，知东合三平通；《宋本广韵》職戎切，章东合三平通。

鐘，《辨音广韵》陟隆切，知东合三平通；《宋本广韵》職容切，章鍾合三平通。

鍾，《辨音广韵》陟隆切，知东合三平通；《宋本广韵》職容切，章鍾合三平通。

螽，《辨音广韵》陟隆切，知东合三平通；《宋本广韵》職戎切，章东合三平通。

腫，《辨音广韵》知隴切，知肿合三上通；《宋本广韵》之隴切，章肿合三上通。

踵，《辨音广韵》知隴切，知肿合三上通；《宋本广韵》之隴切，章肿合三上通。

眾，《辨音广韵》知仲切，知送合三去通；《宋本广韵》之仲切，章送合三去通。

種，《辨音广韵》知仲切，知送合三去通；《宋本广韵》之用切，章用合三去通。

囑，《辨音广韵》知六切，知屋合三入通；《宋本广韵》之欲切，章烛合三入通。

燭，《辨音广韵》知六切，知屋合三入通；《宋本广韵》之欲切，章烛合三入通。

祝，《辨音广韵》知六切，知屋合三入通；《宋本广韵》之六切，章屋合三入通。

粥，《辨音广韵》知六切，知屋合三入通；《宋本广韵》之六切，章屋合三入通。

鬻，《辨音广韵》知六切，知屋合三入通；《宋本广韵》之六切，章屋合三入通。

制，《辨音广韵》知意切，知志开三去止；《宋本广韵》征例切，章祭开三去蟹。

製，《辨音广韵》知意切，知志开三去止；《宋本广韵》征例切，章祭开三去蟹。

註，《辨音广韵》陟慮切，知御合三去遇；《宋本广韵》之戍切，章遇合三去遇。

蛀，《辨音广韵》陟慮切，知御合三去遇；《宋本广韵》之戍切，章遇合三去遇。

注，《辨音广韵》陟慮切，知御合三去遇；《宋本广韵》之戍切，章遇合三去遇。

炷，《辨音广韵》陟慮切，知御合三去遇；《宋本广韵》之戍切，章遇合三去遇。

翥，《辨音广韵》陟慮切，知御合三去遇；《宋本广韵》章恕切，章御合三去遇。

鑄，《辨音广韵》陟慮切，知御合三去遇；《宋本广韵》之戍切，章遇合三去遇。

舞，《辨音广韵》陟慮切，知御合三去遇；《宋本广韵》之戍切，章遇合三去遇。

澍，《辨音广韵》陟慮切，知御合三去遇；《宋本广韵》之戍切，章遇合三去遇。

惴，《辨音广韵》知瑞切，知寘合三去止；《宋本广韵》之睡切，章寘合三去止。

贅，《辨音广韵》知瑞切，知寘合三去止；《宋本广韵》之芮切，章祭合三去蟹。

真，《辨音广韵》知人切，知真开三平臻；《宋本广韵》職鄰切，章真开三平臻。

唇，《辨音广韵》知人切，知真开三平臻；《宋本广韵》職鄰切，章真开三平臻。

準，《辨音广韵》知允切，知準合三上臻；《宋本广韵》之尹切，章準合三上臻。

准，《辨音广韵》知允切，知準合三上臻；《宋本广韵》之尹切，章準合三上臻。

震，《辨音广韵》知刃切，知震开三去臻；《宋本广韵》章刃切，章震开三去臻。

賑，《辨音广韵》知刃切，知震开三去臻；《宋本广韵》章刃切，章震开三去臻。

振，《辨音广韵》知刃切，知震开三去臻；《宋本广韵》章刃切，章震开三去臻。

戰，《辨音广韵》知膳切，知線开三去山；《宋本广韵》之膳切，章線开三去山。

顫，《辨音广韵》知膳切，知線开三去山；《宋本广韵》之膳切，章線开三去山。

浙，《辨音广韵》知列切，知薛开三入山；《宋本广韵》旨热切，章薛开三入山。

折，《辨音广韵》知列切，知薛开三入山；《宋本广韵》旨热切，章薛开三入山。

昭，《辨音广韵》知遙切，知宵开三平效；《宋本广韵》止遥切，章宵开三平效。

招，《辨音广韵》知遙切，知宵开三平效；《宋本广韵》止遥切，章宵开三平效。

釗，《辨音广韵》知遙切，知宵开三平效；《宋本广韵》止遥切，章宵开三平效。

沼，《辨音广韵》知少切，知小开三上效；《宋本广韵》之少切，章小开三上效。

照，《辨音广韵》知笑切，知笑开三去效；《宋本广韵》之少切，章笑开三去效。

诏,《辨音广韵》知笑切,知笑开三去效;《宋本广韵》之少切,章笑开三去效。

遮,《辨音广韵》知奢切,知麻开三平假;《宋本广韵》正奢切,章麻开三平假。

蔗,《辨音广韵》知夜切,知禡开三去假;《宋本广韵》之夜切,章禡开三去假。

鹧,《辨音广韵》知夜切,知禡开三去假;《宋本广韵》之夜切,章禡开三去假。

柘,《辨音广韵》知夜切,知禡开三去假;《宋本广韵》之夜切,章禡开三去假。

章,《辨音广韵》知良切,知阳开三平宕;《宋本广韵》诸良切,章阳开三平宕。

彰,《辨音广韵》知良切,知阳开三平宕;《宋本广韵》诸良切,章阳开三平宕。

嫜,《辨音广韵》知良切,知阳开三平宕;《宋本广韵》诸良切,章阳开三平宕。

璋,《辨音广韵》知良切,知阳开三平宕;《宋本广韵》诸良切,章阳开三平宕。

漳,《辨音广韵》知良切,知阳开三平宕;《宋本广韵》诸良切,章阳开三平宕。

樟,《辨音广韵》知良切,知阳开三平宕;《宋本广韵》诸良切,章阳开三平宕。

獐,《辨音广韵》知良切,知阳开三平宕;《宋本广韵》诸良切,章阳开三平宕。

麞,《辨音广韵》知良切,知阳开三平宕;《宋本广韵》诸良切,章阳开三平宕。

鄣,《辨音广韵》知良切,知阳开三平宕;《宋本广韵》诸良切,章阳开三平宕。

障,《辨音广韵》知亮切,知漾开三去宕;《宋本广韵》之亮切,章漾开三去宕。

嶂，《辨音广韵》知亮切，知漾开三去宕；《宋本广韵》之亮切，章漾开三去宕。

嶂，《辨音广韵》知亮切，知漾开三去宕；《宋本广韵》之亮切，章漾开三去宕。

整，《辨音广韵》知郢切，知静开三上梗；《宋本广韵》之郢切，章静开三上梗。

拯，《辨音广韵》知郢切，知静开三上梗；《宋本广韵》蒸上切，章拯开三上曾。

正，《辨音广韵》知盛切，知劲开三去梗；《宋本广韵》之盛切，章劲开三去梗。

政，《辨音广韵》知盛切，知劲开三去梗；《宋本广韵》之盛切，章劲开三去梗。

証，《辨音广韵》知盛切，知劲开三去梗；《宋本广韵》之盛切，章劲开三去梗。

證，《辨音广韵》知盛切，知劲开三去梗；《宋本广韵》諸應切，章證开三去曾。

隻，《辨音广韵》知石切，知昔开三入梗；《宋本广韵》之石切，章昔开三入梗。

跖，《辨音广韵》知石切，知昔开三入梗；《宋本广韵》之石切，章昔开三入梗。

職，《辨音广韵》知石切，知昔开三入梗；《宋本广韵》之翼切，章職开三入曾。

織，《辨音广韵》知石切，知昔开三入梗；《宋本广韵》之翼切，章職开三入曾。

炙，《辨音广韵》知石切，知昔开三入梗；《宋本广韵》之石切，章昔开三入梗。

蹠，《辨音广韵》知石切，知昔开三入梗；《宋本广韵》之石切，章昔开三入梗。

摭，《辨音广韵》知石切，知昔开三入梗；《宋本广韵》之石切，章昔开三入梗。

昌彻互注 45 例：

忡，《辨音广韵》昌中切，昌東合三平通；《宋本广韵》敕中切，徹東合三平通。

畜，《辨音广韵》昌六切，昌屋合三入通；《宋本广韵》丑六切，徹屋合三入通。

蓫，《辨音广韵》昌六切，昌屋合三入通；《宋本广韵》丑六切，徹屋合三入通。

恥，《辨音广韵》尺里切，昌紙开三上止；《宋本广韵》敕里切，徹止开三上止。

祉，《辨音广韵》尺里切，昌紙开三上止；《宋本广韵》敕里切，徹止开三上止。

楮，《辨音广韵》敞昌切，昌語合三上遇；《宋本广韵》丑吕切，徹語合三上遇。

褚，《辨音广韵》敞昌切，昌語合三上遇；《宋本广韵》丑吕切，徹語合三上遇。

椿，《辨音广韵》樞倫切，昌諄合三平臻；《宋本广韵》丑倫切，徹諄合三平臻。

輴，《辨音广韵》樞倫切，昌諄合三平臻；《宋本广韵》丑倫切，徹諄合三平臻。

咥，《辨音广韵》尺栗切，昌質开三入臻；《宋本广韵》丑栗切，徹質开三入臻。

黜，《辨音广韵》尺律切，昌術合三入臻；《宋本广韵》丑律切，徹術合三入臻。

怵，《辨音广韵》尺律切，昌術合三入臻；《宋本广韵》丑律切，徹術合三入臻。

蕆，《辨音广韵》侈善切，昌獮开三上山；《宋本广韵》丑善切，徹獮开三上山。

超，《辨音广韵》蚩招切，昌宵开三平效；《宋本广韵》敕宵切，徹宵开三平效。

第二章 《辨音纂要》正读声母

妊，《辨音广韵》齿下切，昌马开二上假；《宋本广韵》丑下切，徹馬开二上假。

偿，《辨音广韵》侈良切，昌陽开三平宕；《宋本广韵》褚羊切，徹陽开三平宕。

昶，《辨音广韵》昌两切，昌養开三上宕；《宋本广韵》丑两切，徹養开三上宕。

鋹，《辨音广韵》昌两切，昌養开三上宕；《宋本广韵》丑两切，徹養开三上宕。

暢，《辨音广韵》尺亮切，昌漾开三去宕；《宋本广韵》丑亮切，徹漾开三去宕。

玚，《辨音广韵》尺亮切，昌漾开三去宕；《宋本广韵》丑亮切，徹漾开三去宕。

悵，《辨音广韵》尺亮切，昌漾开三去宕；《宋本广韵》丑亮切，徹漾开三去宕。

韔，《辨音广韵》尺亮切，昌漾开三去宕；《宋本广韵》丑亮切，徹漾开三去宕。

勅，《辨音广韵》昌石切，昌昔开三入梗；《宋本广韵》蓄力切，徹職开三入曾。

杽，《辨音广韵》齿九切，昌有开三上流；《宋本广韵》敕久切，徹有开三上流。

丑，《辨音广韵》齿九切，昌有开三上流；《宋本广韵》敕久切，徹有开三上流。

杻，《辨音广韵》齿九切，昌有开三上流；《宋本广韵》敕久切，徹有开三上流。

覘，《辨音广韵》蚩占切，昌鹽开三平咸；《宋本广韵》丑廉切，徹鹽开三平咸。

喠，《辨音广韵》丑勇切，徹腫合三上通；《宋本广韵》充隴切，昌腫合三上通。

銃，《辨音广韵》丑用切，徹用合三去通；《宋本广韵》充仲切，昌送合三去通。

83

鴟，《辨音广韵》抽知切，徹支开三平止；《宋本广韵》處脂切，昌脂开三平止。

蚩，《辨音广韵》抽知切，徹支开三平止；《宋本广韵》赤之切，昌之开三平止。

娼，《辨音广韵》抽知切，徹支开三平止；《宋本广韵》赤之切，昌之开三平止。

嗤，《辨音广韵》抽知切，徹支开三平止；《宋本广韵》赤之切，昌之开三平止。

瞝，《辨音广韵》抽知切，徹支开三平止；《宋本广韵》赤之切，昌之开三平止。

眵，《辨音广韵》抽知切，徹支开三平止；《宋本广韵》叱支切，昌支开三平止。

熾，《辨音广韵》丑吏切，徹志开三去止；《宋本广韵》昌志切，昌志开三去止。

幟，《辨音广韵》丑吏切，徹志开三去止；《宋本广韵》昌志切，昌志开三去止。

樞，《辨音广韵》抽居切，徹鱼合三平遇；《宋本广韵》昌朱切，昌虞合三平遇。

姝，《辨音广韵》抽居切，徹鱼合三平遇；《宋本广韵》昌朱切，昌虞合三平遇。

燀，《辨音广韵》抽延切，徹仙开三平山；《宋本广韵》昌善切，昌獮开三上山。

掣，《辨音广韵》敕列切，徹薛开三入山；《宋本广韵》昌列切，昌薛开三入山。

僜，《辨音广韵》丑成切，徹清开三平梗；《宋本广韵》處陵切，昌蒸开三平曾。

稱，《辨音广韵》丑成切，徹清开三平梗；《宋本广韵》處陵切，昌蒸开三平曾。

秤，《辨音广韵》丑正切，徹劲开三去梗；《宋本广韵》昌孕切，昌證开三去曾。

瀋，《辨音广韵》丑錦切，徹寢開三上深；《宋本广韵》昌枕切，昌寢開三上深。

澄昌互注 4 例：

犨，《辨音广韵》除留切，澄尤開三平流；《宋本广韵》赤周切，昌尤開三平流。

冲，《辨音广韵》昌中切，昌東合三平通；《宋本广韵》直弓切，澄東合三平通。

种，《辨音广韵》昌中切，昌東合三平通；《宋本广韵》直弓切，澄東合三平通。

翀，《辨音广韵》昌中切，昌東合三平通；《宋本广韵》直弓切，澄東合三平通。

澄禅互注 12 例：

蜍，《辨音广韵》長魚切，澄魚合三平遇；《宋本广韵》署魚切，禅魚合三平遇。

椎，《辨音广韵》直追切，澄脂合三平止；《宋本广韵》是為切，禅支合三平止。

垂，《辨音广韵》直追切，澄脂合三平止；《宋本广韵》是為切，禅支合三平止。

臣，《辨音广韵》池鄰切，澄真開三平臻；《宋本广韵》植鄰切，禅真開三平臻。

常，《辨音广韵》陳羊切，澄陽開三平宕；《宋本广韵》市羊切，禅陽開三平宕。

裳，《辨音广韵》陳羊切，澄陽開三平宕；《宋本广韵》市羊切，禅陽開三平宕。

嘗，《辨音广韵》陳羊切，澄陽開三平宕；《宋本广韵》市羊切，禅陽開三平宕。

噇，《辨音广韵》陳羊切，澄陽開三平宕；《宋本广韵》市羊切，禅陽開三平宕。

鱨，《辨音广韵》陳羊切，澄陽開三平宕；《宋本广韵》市羊切，禅陽開三平宕。

償，《辨音广韵》陳羊切，澄陽開三平宕；《宋本广韵》市羊切，禪陽開三平宕。

徜，《辨音广韵》陳羊切，澄陽開三平宕；《宋本广韵》市羊切，禪陽開三平宕。

酬，《辨音广韵》除留切，澄尤開三平流；《宋本广韵》市流切，禪尤開三平流。

澄船互注2例：

船，《辨音广韵》重圓切，澄仙合三平山；《宋本广韵》食川切，船仙合三平山。

塍，《辨音广韵》直征切，澄清開三平梗；《宋本广韵》食陵切，船蒸開三平曾。

章澄互注1例：

紵，《辨音广韵》腫庾切，章虞合三上遇；《宋本广韵》直呂切，澄語合三上遇。

书澄互注2例：

杼，《辨音广韵》賞呂切，書語合三上遇；《宋本广韵》直呂切，澄語合三上遇。

塲，《辨音广韵》仲良切，澄陽開三平宕；《宋本广韵》式羊切，書陽開三平宕。

3. 照二组与照三组互注

庄组与章组互注共计42例，其中庄章互注21例，禅崇互注4例，书生互注13例，初昌互注2例，初书互注1例，章崇互注1例。

从《辨音纂要》正读的音注材料我们可以看出，照二与照三出现合流现象。据周祖谟先生研究，在邵雍语音中章组就与庄组混同。

庄组与章组互注具体情况如下：

庄章互注21例：

紙，《辨音广韵》側氏切，莊紙開三上止；《宋本广韵》諸氏切，章紙開三上止。

砥，《辨音广韵》側氏切，莊紙開三上止；《宋本广韵》諸氏切，章紙開三上止。

止，《辨音广韵》侧氏切，莊纸开三上止；《宋本广韵》諸市切，章止开三上止。

址，《辨音广韵》侧氏切，莊纸开三上止；《宋本广韵》諸市切，章止开三上止。

沚，《辨音广韵》侧氏切，莊纸开三上止；《宋本广韵》諸市切，章止开三上止。

趾，《辨音广韵》侧氏切，莊纸开三上止；《宋本广韵》諸市切，章止开三上止。

阯，《辨音广韵》侧氏切，莊纸开三上止；《宋本广韵》諸市切，章止开三上止。

旨，《辨音广韵》侧氏切，莊纸开三上止；《宋本广韵》職雉切，章旨开三上止。

指，《辨音广韵》侧氏切，莊纸开三上止；《宋本广韵》職雉切，章旨开三上止。

咫，《辨音广韵》侧氏切，莊纸开三上止；《宋本广韵》諸氏切，章纸开三上止。

軹，《辨音广韵》侧氏切，莊纸开三上止；《宋本广韵》諸氏切，章纸开三上止。

枳，《辨音广韵》侧氏切，莊纸开三上止；《宋本广韵》諸氏切，章纸开三上止。

菑，《辨音广韵》旨詩切，章之开三平止；《宋本广韵》側持切，莊之开三平止。

榴，《辨音广韵》旨詩切，章之开三平止；《宋本广韵》側持切，莊之开三平止。

緇，《辨音广韵》旨詩切，章之开三平止；《宋本广韵》側持切，莊之开三平止。

輜，《辨音广韵》旨詩切，章之开三平止；《宋本广韵》側持切，莊之开三平止。

淄，《辨音广韵》旨詩切，章之开三平止；《宋本广韵》側持切，莊之开三平止。

87

鯔，《辨音广韵》旨詩切，章之開三平止；《宋本广韵》側持切，莊之開三平止。

錙，《辨音广韵》旨詩切，章之開三平止；《宋本广韵》側持切，莊之開三平止。

鬆，《辨音广韵》職瓜切，章麻合二平假；《宋本广韵》莊華切，莊麻合二平假。

叱，《辨音广韵》莊加切，莊麻開二平假；《宋本广韵》昌栗切，昌質入。

禅崇互注 4 例：

士，《辨音广韵》時至切，禪至開三去止；《宋本广韵》鉏里切，崇止開三上止。

仕，《辨音广韵》時至切，禪至開三去止；《宋本广韵》鉏里切，崇止開三上止。

柿，《辨音广韵》時至切，禪至開三去止；《宋本广韵》鉏里切，崇止開三上止。

事，《辨音广韵》時至切，禪至開三去止；《宋本广韵》鉏吏切，崇志開三去止。

书生互注 13 例：

史，《辨音广韵》詩止切，書止開三上止；《宋本广韵》疎止切，生止開三上止。

駛，《辨音广韵》詩止切，書止開三上止；《宋本广韵》疎止切，生止開三上止。

使，《辨音广韵》詩止切，書止開三上止；《宋本广韵》疎止切，生止開三上止。

毹，《辨音广韵》商居切，書魚合三平遇；《宋本广韵》山芻切，生虞合三平遇。

毹，《辨音广韵》商居切，書魚合三平遇；《宋本广韵》山芻切，生虞合三平遇。

詩，《辨音广韵》莘之切，生之開三平止；《宋本广韵》書之切，書之開三平止。

尸，《辨音广韵》莘之切，生之开三平止；《宋本广韵》式脂切，書脂开三平止。

鳲，《辨音广韵》莘之切，生之开三平止；《宋本广韵》式脂切，書脂开三平止。

屍，《辨音广韵》莘之切，生之开三平止；《宋本广韵》式脂切，書脂开三平止。

蓍，《辨音广韵》莘之切，生之开三平止；《宋本广韵》式脂切，書脂开三平止。

施，《辨音广韵》莘之切，生之开三平止；《宋本广韵》式支切，書支开三平止。

帨，《辨音广韵》所類切，生至合三去止；《宋本广韵》舒芮切，書祭合三去蟹。

首，《辨音广韵》所九切，生有开三上流；《宋本广韵》書九切，書有开三上流。

初昌互注 2 例：

齒，《辨音广韵》初止切，初止开三上止；《宋本广韵》昌里切，昌止开三上止。

毳，《辨音广韵》蚩瑞切，昌寘合三去止；《宋本广韵》楚稅切，初祭合三去蟹。

初书互注 1 例：

翅，《辨音广韵》初至切，初至开三去止；《宋本广韵》施智切，書寘开三去止。

章崇互注 1 例：

汈，《辨音广韵》職畧切，章藥开三入宕；《宋本广韵》士角切，崇覺开二入江。

小结：

王力先生在《汉语史稿》中论证了三组声母的合流情况："正齿音和舌上音发展情况是这样：首先是章昌船书并入了庄初崇山(即守温三十六字母

89

的照穿床审），后来知彻澄由破裂音变为破裂摩擦之后，也并入庄初崇。"[①]吴棫《韵补》中，知章互注10例，彻昌互注4例，彻初互注2例，知昌互注1例。《卢宗迈切韵法》有"知照合一"图。据鲁国尧先生研究，从卢图还可寻绎出"庄章先合，再与知合，初昌先合，再与彻合"的轨迹。南宋的《九经直音》里也鲜明地表现出照二与照三合流，但在《辨音纂要》正读中，知章庄合流却反映出另一种现象，就是知组与章组的结合更为密切，与庄组的结合相对就要疏远。

在《洪武正韵》中，知组、庄组、章组也合流了。据高龙奎考证，知二组与庄二组关系密切，而知三组则与章组完全合并，庄三组处于两者之间。[②]这与《辨音纂要》正读中知组与章组的关系比知组与庄组的关系要密切得多相一致。

李行杰先生在《知庄章流变考论》中提到，知庄章三系从三分到二分，完成于元代，从二分到合一，完成于明末清初，与此同时，在不少方音中，依然存在着两分现象。[③]明末韵书《辨音纂要》，知庄章已经合流，具体是这样体现的，知章是非常明显的合流，一部分庄组字与知章合流，另一部分庄组字混入了精组。

（五）齿音与其他声母互注

清定互注1例：

邨，《辨音广韵》倉尊切，清魂合一平臻；《宋本广韵》徒渾切，定魂合一平臻。

按：同"村"，村：[《广韵》此尊切，平魂，清。]从通假方面来看，此例不宜做音变考虑。

书透互注1例：

蛻，《辨音广韵》輸芮切，書祭合三去蟹；《宋本广韵》他外切，透泰合一去蟹。

按：[《广韵》他外切，去泰，透。][《广韵》湯臥切，去過，透。][《广

---

① 王力：《汉语史稿》，中华书局1980年版，第116页。
② 高龙奎：《〈洪武正韵〉及相关韵书研究》，博士学位论文，苏州大学，2007年，第25页。
③ 李行杰：《知庄章流变考论》，《青岛师专学报》1994年第2期。

韵》舒芮切,去祭,书。][《广韵》弋雪切,入薛,以。]此例若按《广韵》又音来看,则属于书母自注例,不宜做音变考虑。

昌晓互注1例:

喙,《辨音广韵》蚩瑞切,昌寘合三去止;《宋本广韵》許穢切,晓廢合三去蟹。

按:喙,《唐韵》《集韵》《韵会》并许秽切,音顪。又《集韵》《韵会》并充芮切,音毳。充,[《广韵》昌终切,平东,昌。]若按又音来看,此例不宜做音变考虑。

端组与章组互注2例:

昌定互注1例:

艟,《辨音广韵》徒红切,定東合一平通;《宋本广韵》尺容切,昌鍾合三平通。

章定互注1例:

笔,《辨音广韵》朱倫切,章諄合三平臻;《宋本广韵》徒損切,定混合一上臻。

齿音小结:

综上所述,《辨音纂要》正读齿音比较复杂,保留全浊音,精清从心邪基本存在,知章庄合流,同时还体现出一些吴方音的特点,例如船禅不分、少量精庄不分、浊音清化在派入全清的同时,派入次清。因此齿音可以拟为精、清、从、心、邪、照、穿、审、船(禅、崇)。

四 牙音

《辨音纂要》正读中记录牙音字1422个。下面,我们对牙音情况进行全面分析。

1. 自注

见母自注668例,溪母自注294例,羣母自注190例,疑母自注243例。

2. 全浊清化

见羣5例,溪羣4例。

牙音群母全浊清化只有9例，群母自注189例，清化比例为4.76%，从统计数字上来看，牙音的浊音羣母尚未清化。这9例清化中，有5例为见群互注，4例为溪群互注，可见已发生的清化分两条路线同时进行，派入全清的同时也派入次清。群母与溪母互注，亦是缘于古並定澄从崇群等声母的字在今闽方言多数点读为送气清音，属于比较一致的现象。具体情况如下：

见羣互注5例：

跂，《辨音广韵》坚溪切，见齐开四平蟹；《宋本广韵》渠之切，羣之开三平止。

拐，《辨音广韵》古買切，见蟹开二上蟹；《宋本广韵》求蟹切，羣蟹合二上蟹。

瑾，《辨音广韵》居忍切，见轸开三上臻；《宋本广韵》渠遴切，羣震开三去臻。

獗，《辨音广韵》渠勿切，羣物合三入臻；《宋本广韵》纪劣切，见薛合三入山。

赶，《辨音广韵》渠焉切，羣仙开三平山；《宋本广韵》古覽切，见敢开一上咸。

溪羣互注3例：

圈，《辨音广韵》驅圓切，溪仙合三平山；《宋本广韵》渠篆切，羣獮合三上山。

齲，《辨音广韵》臼許切，羣語合三上遇；《宋本广韵》驅雨切，溪麌合三上遇。

蹺，《辨音广韵》祈堯切，羣萧开四平效；《宋本广韵》去謠切，溪宵开三平效。

3. 全清与次清

见溪互注5例：

牙音内部有互注，多为见母和溪母相混，这种现象在很多方言中都存在。南宋的《九经直音》中也出现了这类语音现象。李无未、李红考察《宋元吉安方音》时发现，《九经直音》中见母和溪母混用达48次。《辨音纂要》正读中见溪混用情况如下：

硲，《辨音广韵》古禄切，见屋合一入通；《宋本广韵》绮戟切，溪陌开三入梗。

槁，《辨音广韵》古老切，见晧开一上效；《宋本广韵》苦浩切，溪晧开一上效。

詬，《辨音广韵》居候切，见候开一去流；《宋本广韵》苦候切，溪候开一去流。

按：《辨音纂要》书中"詬"为多音字，贞本卷十九有韵上声有"詬，举后切"，《广韵》古厚切，上厚见，同为见母；十九宥韵去声有"詬，居候切"，《广韵》苦候切，溪候去，此处为见溪混用。

敧，《辨音广韵》牵奚切，溪齐开四平蟹；《宋本广韵》居宜切，见支开三平止。

恝，《辨音广韵》居拜切，见怪开二去蟹；《宋本广韵》詰计切，溪霁去。

4. 内部互注

见疑 1 例，溪疑 1 例。

见疑互注 1 例：

徺，《辨音广韵》坚尧切，见萧开四平效；《宋本广韵》五聊切，疑萧开四平效。

按：[《集韵》吉了切，上筱，见。][《广韵》五聊切，平萧，疑。]此例若采用《集韵》音，则属于见母自注例，不宜做音变考虑。

溪疑互注 1 例：

齫，《辨音广韵》苦本切，溪混合一上臻；《宋本广韵》鱼吻切，疑吻合三上臻。

按：《类篇·卷六》有"齫齳"，注曰："牛吻切，《说文》无齿也，或作齫，

齫，又苦本切。"《康熙字典》：齫，《广韵》《韵会》《正韵》并苦本切。苦，[《广韵》康杜切，上姥，溪。][《广韵》苦故切，去暮，溪。]故此例属于溪母自注例，不宜作为音变考虑。

见母内部互注主要体现为疑母与见组其他声母相混现象，这是吴语和闽语受客赣系方言所影响，数量不多。在沿山闽方言中，有一些见母字的

读音非常特殊，例如"狗"，《广韵》古厚切，上厚，见；在建瓯和永安方言中，脱落了声母[k]，分别读为[e]、[O]。《彙集雅俗通十五音》中，"牛"《广韵》语求切，平尤，疑；文读声为语，韵为艍，读为[gu]，白读声为柳，韵为牛，读为[niua]。亦可证在闽方言中，疑母与见组其它声母相注的现象。①

5. 牙音与其他声母互注

牙音与其他声母互注共有7例特殊现象，即：见章1例，见来2例，溪影2例，见影1例，疑泥1例。

经考证，有5例属于自注现象，详情如下：

见章互注1例：

甄，《辨音广韵》經天切，见先开四平山；《宋本广韵》職鄰切，章真开三平臻。

按：[《广韵》職鄰切，平真，章。][《广韵》居延切，平仙，见。]此例采用《广韵》又音，属于见母自注例，不宜作为音变考虑。

见来互注2例：

撿，《辨音广韵》居奄切，见琰开三上咸；《宋本广韵》良冉切，来琰开三上咸。

按：[《集韵》居奄切，上琰，见。][《广韵》良冉切，上琰，来。]此例采用《集韵》音，属于见母自注例，不宜作为音变考虑。

臉，《辨音广韵》居奄切，见琰开三上咸；《宋本广韵》力减切，来豏开二上咸。

按：[《广韵》力减切，上豏，来。][《广韵》七廉切，平鹽，清。]臉字，《广韵》音两读。同时又是一个通假字，"臉"同"瞼"，眼瞼。瞼：[《广韵》居奄切，上琰，见。]南朝梁武帝《代苏属国妇》诗："帛上看未終，臉下淚如絲。"唐白居易《吴宫辞》："淡紅花帔淺檀蛾，睡臉初開似剪波。"後蜀阎选《虞美人》词："粉融紅膩蓮房綻，臉動雙波慢。"瞼：[《广韵》居奄切，上琰，见。]若按通假来看，此例应该属于见母自注例。

溪影互注2例：

---

① 李红：《朱熹〈仪礼经传通解〉语音研究》，厦门大学出版社2011年版，第35页。

第二章 《辨音纂要》正读声母

瘂，《辨音广韵》克盍切，溪盍开一入咸；《宋本广韵》安盍切，影盍开一入咸。

按：[《集韵》克盍切，入盍，溪。]此例采用《集韵》音，属于溪母自注例，不宜作为音变考虑。

搕，《辨音广韵》克盍切，溪盍开一入咸；《宋本广韵》乌合切，影合开一入咸。

按：[《广韵》乌合切，入合，影。][《集韵》克盍切，入盍，溪。]此例采用《集韵》音，属于溪母自注例，不宜作为音变考虑。

另外 2 例，可能与方音有关，详情如下：

见影互注 1 例：

娟，《辨音广韵》圭渊切，见先合四平山；《宋本广韵》於缘切，影仙合三平山。

按：《经典释文·卷九》"娟"注有："於全反，又於兗反，李又乌犬乌玄二反，或巨兗反。"巨，[《广韵》其吕切，上语，羣。]故此例属于见群互注例。

疑泥互注 1 例：

揑，《辨音广韵》魚列切，疑薛开三入山；《宋本广韵》奴结切，泥屑开四入山。

按：疑泥互注是个方音现象，吴方言中就有这种现象。《字学集要》中疑、泥混同。① 《声韵会通》疑多与泥合、《皇极声音文字通》中泥母和疑母互用。② 《辨音纂要》正读中虽然只有 1 例疑泥互注现象，但也是作者方音的自然流露。

小结：

综上所述，《辨音纂要》正读牙音基本保留着全浊音，结构完整，并有少量方音混杂。因此牙音可拟为见、溪、群、疑四个声母。

---

① 宁忌浮：《汉语韵书史·明代卷》，上海人民出版社 2009 年版，第 320 页。
② 耿振生：《明清等韵学通论》，语文出版社 1992 年版，第 240 页。

五 喉音

《辨音纂要》正读中记录喉音字1451个。下面，我们对喉音情况进行全面分析。

1. 自注

影母自注398例，晓母自注276例，匣母自注363例，喻三（云母）自注77例，喻四（以母）自注206例。

2. 浊音清化

影匣7例，晓匣10例。

喉音匣母清化17例，匣母自注363例，清化数据占自注的4.68%。从统计数字上来看，喉音的浊音匣母尚未清化。具体情况如下：

影匣互注7例：

曷，《辨音广韵》何葛切，影曷开一入山；《宋本广韵》胡葛切，匣曷开一入山。

褐，《辨音广韵》何葛切，影曷开一入山；《宋本广韵》胡葛切，匣曷开一入山。

鞨，《辨音广韵》何葛切，影曷开一入山；《宋本广韵》胡葛切，匣曷开一入山。

湫，《辨音广韵》伊鸟切，影篠开四上效；《宋本广韵》胡了切，匣篠开四上效。

晶，《辨音广韵》伊鸟切，影篠开四上效；《宋本广韵》胡了切，匣篠开四上效。

恚，《辨音广韵》胡桂切，匣霁合四去蟹；《宋本广韵》於避切，影寘合三去止。

娃，《辨音广韵》胡桂切，匣霁合四去蟹；《宋本广韵》乌携切，影齐合四平蟹。

晓匣互注10例：

晌，《辨音广韵》許眩切，晓霰合四去山；《宋本广韵》黄练切，匣霰合四去山。

詨，《辨音广韵》虚交切，晓肴开二平效；《宋本广韵》胡教切，匣效开二去效。

鰕，《辨音广韵》虚加切，晓麻开二平假；《宋本广韵》胡加切，匣麻开二平假。

諱，《辨音广韵》許更切，晓映开二去梗；《宋本广韵》下孟切，匣映开二去梗。

煦，《辨音广韵》許候切，晓候开一去流；《宋本广韵》胡遘切，匣候开一去流。

諴，《辨音广韵》許鑑切，晓鑑开二去咸；《宋本广韵》下瞰切，匣闞开一去咸。

嘒，《辨音广韵》胡桂切，匣霁合四去蟹；《宋本广韵》呼惠切，晓霁合四去蟹。

蜆，《辨音广韵》胡典切，匣铣开四上山；《宋本广韵》呼典切，晓铣开四上山。

華，《辨音广韵》胡瓜切，匣麻合二平假；《宋本广韵》呼瓜切，晓麻合二平假。

搣，《辨音广韵》胡麥切，匣麥开二入梗；《宋本广韵》呼麥切，晓麥合二入梗。

3．内部互注

（1）喻三、喻四互注：

中古的韵图将喻母字分别排列在三等和四等的位置。因此有喻三（云类）和喻四（以类）之分。云类和以类之间有比较明显的区别，韵图将它们分为两类，一是表明这两类之间，声母在读音上不完全相同，二是表明这两类的来源不一样。而喻三与喻四混，在宋代通语中已经成立。北宋的《尔雅音图》（冯蒸，1997）、天息灾译音(张福平，1996)和施护译音(储泰松，1996)，都是云以不分。周祖谟《宋代汴洛语音考》说，《声音唱和图》中"喻母一类之爻字《广韵》何交切，属匣母，邵氏列入喻母，与今日北方读爻如遥正同。喻母三等之王字本为匣母之细音，与四等之寅字[j]有别，至唐代渐读为一类，沿及宋代皆变为无声母之一类矣。"南唐朱翱反切、亦喻三喻四混用。宋代吴棫《韵补》以以注云3个小韵，以云注以6个小韵，

"喻三、喻四互切比例很高，可见已经混并。"表现吉安方音的《九经直音》里，喻三和喻四亦混用。

《辨音纂要》正读中喻三（云母）自注77例，喻四（以母）自注206例，喻三、喻四互注82例，互注远远大于喻三自注的比例，互注占喻四自注的39.8%，可见，在《辨音纂要》正读中，喻三喻四已经合流。具体情况如下：

喻三、喻四互注82例：

矣，《辨音广韵》養里切，以止开三上止；《宋本广韵》于纪切，云止开三上止。

羽，《辨音广韵》弋渚切，以語合三上遇；《宋本广韵》王矩切，云麌合三上遇。

禹，《辨音广韵》弋渚切，以語合三上遇；《宋本广韵》王矩切，云麌合三上遇。

宇，《辨音广韵》弋渚切，以語合三上遇；《宋本广韵》王矩切，云麌合三上遇。

雨，《辨音广韵》弋渚切，以語合三上遇；《宋本广韵》王矩切，云麌合三上遇。

芋，《辨音广韵》羊茹切，以魚合三平遇；《宋本广韵》王遇切，云遇合三去遇。

越，《辨音广韵》弋雪切，以薛合三入山；《宋本广韵》王伐切，云月合三入山。

鉞，《辨音广韵》弋雪切，以薛合三入山；《宋本广韵》王伐切，云月合三入山。

蠘，《辨音广韵》弋雪切，以薛合三入山；《宋本广韵》王伐切，云月合三入山。

樾，《辨音广韵》弋雪切，以薛合三入山；《宋本广韵》王伐切，云月合三入山。

曰，《辨音广韵》弋雪切，以薛合三入山；《宋本广韵》王伐切，云月合三入山。

蚎，《辨音广韵》弋雪切，以薛合三入山；《宋本广韵》王伐切，云月合三入山。

粤，《辨音广韵》弋雪切，以薛合三入山；《宋本广韵》王伐切，云月合三入山。

炎，《辨音广韵》移廉切，以盐开三平咸；《宋本广韵》于廉切，云鹽开三平咸。

余，《辨音广韵》雲俱切，云遇合三去遇；《宋本广韵》以諸切，以魚合三平遇。

餘，《辨音广韵》雲俱切，云遇合三去遇；《宋本广韵》以諸切，以魚合三平遇。

畲，《辨音广韵》雲俱切，云遇合三去遇；《宋本广韵》以諸切，以魚合三平遇。

予，《辨音广韵》雲俱切，云遇合三去遇；《宋本广韵》以諸切，以魚合三平遇。

妤，《辨音广韵》雲俱切，云遇合三去遇；《宋本广韵》以諸切，以魚合三平遇。

璵，《辨音广韵》雲俱切，云遇合三去遇；《宋本广韵》以諸切，以魚合三平遇。

旟，《辨音广韵》雲俱切，云遇合三去遇；《宋本广韵》以諸切，以魚合三平遇。

歟，《辨音广韵》雲俱切，云遇合三去遇；《宋本广韵》以諸切，以魚合三平遇。

與，《辨音广韵》雲俱切，云遇合三去遇；《宋本广韵》以諸切，以魚合三平遇。

舁，《辨音广韵》雲俱切，云遇合三去遇；《宋本广韵》以諸切，以魚合三平遇。

俞，《辨音广韵》雲俱切，云遇合三去遇；《宋本广韵》羊朱切，以虞合三平遇。

逾，《辨音广韵》雲俱切，云遇合三去遇；《宋本广韵》羊朱切，以虞合三平遇。

踰，《辨音广韵》雲俱切，云遇合三去遇；《宋本广韵》羊朱切，以虞合三平遇。

瑜，《辨音广韵》雲俱切，云遇合三去遇；《宋本广韵》羊朱切，以虞合三平遇。

渝，《辨音广韵》雲俱切，云遇合三去遇；《宋本广韵》羊朱切，以虞合三平遇。

觎，《辨音广韵》雲俱切，云遇合三去遇；《宋本广韵》羊朱切，以虞合三平遇。

榆，《辨音广韵》雲俱切，云遇合三去遇；《宋本广韵》羊朱切，以虞合三平遇。

愉，《辨音广韵》雲俱切，云遇合三去遇；《宋本广韵》羊朱切，以虞合三平遇。

褕，《辨音广韵》雲俱切，云遇合三去遇；《宋本广韵》羊朱切，以虞合三平遇。

歈，《辨音广韵》雲俱切，云遇合三去遇；《宋本广韵》羊朱切，以虞合三平遇。

窬，《辨音广韵》雲俱切，云遇合三去遇；《宋本广韵》羊朱切，以虞合三平遇。

瘉，《辨音广韵》雲俱切，云遇合三去遇；《宋本广韵》以主切，以虞合三上遇。

曳，《辨音广韵》雲俱切，云遇合三去遇；《宋本广韵》羊朱切，以虞合三平遇。

萸，《辨音广韵》雲俱切，云遇合三去遇；《宋本广韵》羊朱切，以虞合三平遇。

悇，《辨音广韵》雲俱切，云遇合三去遇；《宋本广韵》羊朱切，以虞合三平遇。

腴，《辨音广韵》雲俱切，云遇合三去遇；《宋本广韵》羊朱切，以虞合三平遇。

諛，《辨音广韵》雲俱切，云遇合三去遇；《宋本广韵》羊朱切，以虞合三平遇。

唯，《辨音广韵》于鬼切，云尾合三上止；《宋本广韵》以水切，以旨合三上止。

叡，《辨音广韵》于位切，云至合三去止；《宋本广韵》以芮切，以祭合三去蟹。

匀，《辨音广韵》于分切，云文合三平臻；《宋本广韵》羊倫切，以諄合三平臻。

允，《辨音广韵》羽敏切，云軫合三上臻；《宋本广韵》余準切，以準合三上臻。

狁，《辨音广韵》羽敏切，云軫合三上臻；《宋本广韵》余準切，以準合三上臻。

鈗，《辨音广韵》羽敏切，云軫合三上臻；《宋本广韵》庾準切，以準合三上臻。

捐，《辨音广韵》于權切，云仙合三平山；《宋本广韵》与專切，以仙合三平山。

緣，《辨音广韵》于權切，云仙合三平山；《宋本广韵》与專切，以仙合三平山。

鳶，《辨音广韵》于權切，云仙合三平山；《宋本广韵》与專切，以仙合三平山。

耶，《辨音广韵》于遮切，云麻开三平假；《宋本广韵》以遮切，以麻开三平假。

椰，《辨音广韵》于遮切，云麻开三平假；《宋本广韵》以遮切，以麻开三平假。

鋣，《辨音广韵》于遮切，云麻开三平假；《宋本广韵》以遮切，以麻开三平假。

爺，《辨音广韵》于遮切，云麻开三平假；《宋本广韵》以遮切，以麻开三平假。

琊，《辨音广韵》于遮切，云麻开三平假；《宋本广韵》余遮切，以麻开三平假。

營，《辨音广韵》于平切，云庚开三平梗；《宋本广韵》余傾切，以清合三平梗。

塋，《辨音广韵》于平切，云庚开三平梗；《宋本广韵》余傾切，以清合三平梗。

逌，《辨音广韵》于求切，云尤开三平流；《宋本广韵》以周切，以尤开三平流。

遊，《辨音广韵》于求切，云尤开三平流；《宋本广韵》以周切，以尤开三平流。

蝣，《辨音广韵》于求切，云尤开三平流；《宋本广韵》以周切，以尤开三平流。

游，《辨音广韵》于求切，云尤开三平流；《宋本广韵》以周切，以尤开三平流。

油，《辨音广韵》于求切，云尤开三平流；《宋本广韵》以周切，以尤开三平流。

蚰，《辨音广韵》于求切，云尤开三平流；《宋本广韵》以周切，以尤开三平流。

由，《辨音广韵》于求切，云尤开三平流；《宋本广韵》以周切，以尤开三平流。

蕕，《辨音广韵》于求切，云尤开三平流；《宋本广韵》以周切，以尤开三平流。

猷，《辨音广韵》于求切，云尤开三平流；《宋本广韵》以周切，以尤开三平流。

楢，《辨音广韵》于求切，云尤开三平流；《宋本广韵》以周切，以尤开三平流。

槱，《辨音广韵》于求切，云尤开三平流；《宋本广韵》与久切，以有开三上流。

輶，《辨音广韵》于求切，云尤开三平流；《宋本广韵》以周切，以尤开三平流。

猶，《辨音广韵》于求切，云尤开三平流；《宋本广韵》以周切，以尤开三平流。

㾞，《辨音广韵》于求切，云尤开三平流；《宋本广韵》以周切，以尤开三平流。

繇，《辨音广韵》于求切，云尤开三平流；《宋本广韵》以周切，以尤开三平流。

藱，《辨音广韵》于求切，云尤开三平流；《宋本广韵》以周切，以尤开三平流。

㺞，《辨音广韵》于求切，云尤开三平流；《宋本广韵》以沼切，以小开三上效。

酉，《辨音广韵》云九切，云有开三上流；《宋本广韵》与久切，以有开三上流。

牖，《辨音广韵》云九切，云有开三上流；《宋本广韵》与久切，以有开三上流。

羑，《辨音广韵》云九切，云有开三上流；《宋本广韵》与久切，以有开三上流。

诱，《辨音广韵》云九切，云有开三上流；《宋本广韵》与久切，以有开三上流。

莠，《辨音广韵》云九切，云有开三上流；《宋本广韵》与久切，以有开三上流。

卣，《辨音广韵》云九切，云有开三上流；《宋本广韵》与久切，以有开三上流。

狖，《辨音广韵》爰救切，云宥开三去流；《宋本广韵》余救切，以宥开三去流。

柚，《辨音广韵》爰救切，云宥开三去流；《宋本广韵》余救切，以宥开三去流。

（2）影母与喻三、喻四互注：

影母与喻三、喻四互注共计 4 例，即：影喻三（云）2 例，影喻四（以）2 例。从数据上看，影母与喻母互注太少，仅以此为依据，影喻则还处于分立状态。具体情况如下：

影喻三（云）互注 2 例：

怨，《辨音广韵》迂绢切，云线合三去山；《宋本广韵》於願切，影願合三去山。

箮，《辨音广韵》迂绢切，云线合三去山；《宋本广韵》縈绢切，影霰去。

103

影喻四（以）互注2例：

攸，《辨音广韵》於尤切，影尤开三平流；《宋本广韵》以周切，以尤开三平流。

悠，《辨音广韵》於尤切，影尤开三平流；《宋本广韵》以周切，以尤开三平流。

耿振生先生考证后提出，在《声韵会通》和《荆音韵汇》中，有少量喻母上声字归入影母，有少量疑母字合并入匣喻母。其他各书均无此现象。①在《辨音纂要》正读中体现出的是影母与喻三喻四的少量互注。

（3）影与其他喉音互注：

古晓匣是舌根摩擦音（浅喉音），影喻是（深）喉音，现在吴语把这类字的开口大都读成深喉音。②这说明晓匣与影喻在上古发音部位比较接近，因此，在现代吴方言中，这两组声母的读音音感相近。也正是因为这样的原因，在审音能力差的时候，常把这两组声母的读音相混。另外，这两组声母也经常出现在文白异读中。《辨音纂要》正读中影母与其他喉音互注共计18例，包括：晓喻三（云）2例，晓喻四（以）1例，疑喻四（以）5例，影晓1例，匣喻三（云）9例。具体情况如下：

晓喻三（云）互注2例：

鸮，《辨音广韵》呼驕切，晓宵开三平效；《宋本广韵》于嬌切，云宵开三平效。

閾，《辨音广韵》越逼切，云職开三入曾；《宋本广韵》况逼切，晓職合三入曾。

按：[《广韵》况逼切，入職，晓。] [《集韵》越逼切，入職，云。] 此例若按《集韵》音，则属于喻三互注例，不宜作为音变例考虑。

晓喻四（以）互注1例：

狘，《辨音广韵》弋雪切，以薛合三入山；《宋本广韵》許月切，晓月合三入山。

疑喻四（以）互注5例：

義，《辨音广韵》以智切，以寘开三去止；《宋本广韵》宜寄切，疑寘

---

① 耿振生：《明清等韵学通论》，语文出版社1992年版，第155页。
② 赵元任：《现代吴语研究》，科学出版社1956年版，第31页。

开三去止。

議，《辨音广韵》以智切，以寘开三去止；《宋本广韵》宜寄切，疑寘开三去止。

堯，《辨音广韵》餘招切，以宵开三平效；《宋本广韵》五聊切，疑萧开四平效。

嶢，《辨音广韵》餘招切，以宵开三平效；《宋本广韵》五聊切，疑萧开四平效。

迎，《辨音广韵》餘輕切，以清开三平梗；《宋本广韵》語京切，疑庚开三平梗。

影晓互注 1 例：

歪，《辨音广韵》乌乖切，影皆合二平蟹；《宋本广韵》火媧切，晓佳合二平蟹。

按：《字彙》乌乖切，乌：[《广韵》哀都切，平模，影。]若采用《字彙》音，则此例属于影母自注例，不宜作为音变考虑。

匣喻三（云）互注 9 例：

雄，《辨音广韵》胡容切，匣鍾合三平通；《宋本广韵》羽弓切，云東合三平通。

垣，《辨音广韵》胡官切，匣桓合一平山；《宋本广韵》雨元切，云元合三平山。

諧，《辨音广韵》雄皆切，云皆开二平蟹；《宋本广韵》户皆切，匣皆开二平蟹。

骸，《辨音广韵》雄皆切，云皆开二平蟹；《宋本广韵》户皆切，匣皆开二平蟹。

鞋，《辨音广韵》雄皆切，云皆开二平蟹；《宋本广韵》户佳切，匣佳开二平蟹。

鮭，《辨音广韵》雄皆切，云皆开二平蟹；《宋本广韵》户佳切，匣佳开二平蟹。

螢，《辨音广韵》于平切，云庚开三平梗；《宋本广韵》户扃切，匣青合四平梗。

熒，《辨音广韵》于平切，云庚开三平梗；《宋本广韵》户扃切，匣青合四平梗。

榮，《辨音广韵》于平切，云庚开三平梗；《宋本广韵》户肩切，匣青合四平梗。

王力先生考证，在朱翱反切中，匣母与喻三、喻四合流，并认为这种现象与现代吴语相符合，是方言现象。①宁忌浮先生也有同样的观点，他认为匣母与喻母混同，是明代吴语的特征。②在带有吴语特点的一些韵书中都表现出这种语音现象。《字学集要》、《声韵会通》和《韵要粗释》就是这样。

昆山人王应电的主要著述有三种，其中，《同文备考》八卷是文字训诂书，《声韵会通》一卷、《韵要粗释》二卷为音韵书，成书于嘉靖十九年（1540年）。昆山即今天的江苏昆山，是操吴方言生活的人，作品中自然会带有吴方言语音特点。《声韵会通》由《声韵会通述义》（简称《述义》）和《声韵会通图》（简称《会通图》组成。）王应电在《述义》卷末题写："嘉靖庚子春三月朔吴人王应电述。"王应电的韵书满纸吴音，与今天苏州方音比较，多有相合或一致。经宁忌浮先生考证，《韵要粗释》中，匣、喻合并成月母。③

宁忌浮先生在《〈并音连声字学集要〉所反映的语音现象》中也列举了《字学集要》中大量匣、喻合并的例子。④在《声韵会通》中，有少量疑母字合并入匣喻母，匣喻疑（少）合为月母。耿振生先生详细研究过《声韵会通》，他认为《声韵会通》在表现吴方言特点上做得很彻底，完全按照实际读音来区别音类，不受古韵、官韵的约束。⑤

在一些等韵图中也有这种现象，经耿振生先生考证，《皇极声音文字通》中匣母和喻母互用、《幼学切音便读》中匣、喻合一。《幼学切音便读》是郦珩《切音捷诀》一书所附的等韵图，其音系是归并《捷诀》而成，比《捷诀》更接近于吴方言实际语音。⑥

《辨音纂要》正读中匣母自注 362 例，喻三（云母）自注 77 例，匣喻

---

① 王力：《汉语语音史》，中国社会科学出版社 1985 年版，第 233 页。
② 宁忌浮：《汉语韵书史·明代卷》，上海人民出版社 2009 年版，第 503 页。
③ 同上书，第 309 页。
④ 同上书，第 319 页。
⑤ 耿振生：《明清等韵学通论》，语文出版社 1992 年版，第 202 页。
⑥ 同上书，第 245 页。

(三) 互注 9 例, 匣喻互注占喻三自注的 11.69%, 从统计数字上来看,《辨音纂要》正读中匣喻尚未合一, 但这 9 例互注现象体现了吴方言的特点。

4. 喉音与其他声母互注

(1) 喉音与牙音互注

《辨音纂要》正读中喉音与牙音互注共计 15 例, 包括晓见 5 例, 见匣 7 例, 溪匣 1 例, 溪晓 2 例。

牙音与喉音互注是古音的留存, 在今吴方言及其他南方方言中尚大量存在。《九经直音》直音部分的声母中有一个特别的现象, 就是牙音字和喉音字的混用。

朱子语音中也有这种现象:《仪礼经传通解》中牙音与喉音相混 23 例; 晓匣与见溪互注在《诗集传》中也有例: "雄,《广韵》羽弓切, 叶故陵反"; "諴,《广韵》古获切, 朱子古获反, 叶况璧反"; "皓,《广韵》胡老切, 朱子古老反, 叶胡暴反"; "阕,《广韵》苦穴切, 朱子古穴反叶胡桂反"; "姱,《广韵》苦瓜切, 叶音户"。

《辨音纂要》正读中喉音与牙音互注情况如下:

晓见互注 5 例:

赽,《辨音广韵》休筆切, 晓質开三入臻;《宋本广韵》计聿切, 见術合三入臻。

譞,《辨音广韵》許眩切, 晓霰合四去山;《宋本广韵》古縣切, 见霰合四去山。

驍,《辨音广韵》呼驕切, 晓宵开三平效;《宋本广韵》古堯切, 见萧开四平效。

梟,《辨音广韵》呼驕切, 晓宵开三平效;《宋本广韵》古堯切, 见萧开四平效。

獝,《辨音广韵》厥筆切, 见質开三入臻;《宋本广韵》況必切, 晓質合三入臻。

见匣互注 7 例:

瞶,《辨音广韵》胡對切, 匣隊合一去蟹;《宋本广韵》居胃切, 见未合三去止。

豢,《辨音广韵》胡慣切, 匣諫合二去山;《宋本广韵》居願切, 见願合三去山。

乱，《辨音广韵》胡工切，匣東合一平通；《宋本广韵》古雙切，见江开二平江。

按：《宋本广韵》古雙切、《正韵》胡工切，若按《正韵》音，此例属于匣母自注例，不宜作音变考虑。

係，《辨音广韵》胡计切，匣霁开四去蟹；《宋本广韵》古诣切，见霁开四去蟹。

按：[《广韵》古诣切，去霁，见。][《集韵》胡计切，去霁，匣。]若采用《集韵》音，则此例为匣自注，不宜作为音变考虑。

瞷，《辨音广韵》居晏切，见谏开二去山；《宋本广韵》户閒切，匣山开二平山。

按：同"瞯"，瞯：[《广韵》户閒切，平山，匣。][《集韵》居莧切，去襉，见。]若按异体字的《集韵》音来看，此例属于见母自注例，不宜作音变考虑。

矼，《辨音广韵》居郎切，见唐开一平宕；《宋本广韵》下江切，匣江开二平江。

按：[《广韵》下江切，平江，匣。]亦作"䃘"。䃘：[《集韵》居郎切，平唐，见。]若采用异体字的《集韵》音，此字属于见母自注例，不宜作音变考虑。

械，《辨音广韵》古衡切，见衡开二平咸；《宋本广韵》胡讒切，匣咸开二平咸。

按：[《广韵》胡讒切，平咸，匣。][《集韵》居咸切，平咸，见。]此例若采用《集韵》音，则属于见母自注例，不宜作音变考虑。

溪匣互注1例：

楛，《辨音广韵》孔五切，溪姥合一上遇；《宋本广韵》侯古切，匣姥合一上遇。

按：[《广韵》侯古切，上姥，匣。][《字彙》孔五切]。孔：[《广韵》康董切，上董，溪。]若采用《字彙》音，则此例属于溪母自注例，不宜作音变考虑。

溪晓互注2例：

恗，《辨音广韵》空胡切，溪模合一平遇；《宋本广韵》荒乌切，晓模合一平遇。

按：[《广韵》荒乌切，平模，晓。][《集韵》枯瓜切，平麻，溪。]若采用《集韵》音，此例则属于溪母自注例，不宜作音变考虑。

哓，《辨音广韵》口教切，溪号开一去效；《宋本广韵》許幺切，晓萧开四平效。

按：在《辨音纂要》中出现两次，十二萧平声中的"哓"，《辨音广韵》呼骄切，属于晓母自注例；此例为十三效去声中的"哓"，可见在当时此字有平去两读，到现在只有平声一读。

（2）其他：

从喻三（云）互注1例：

蝤，《辨音广韵》于求切，云尤开三平流；《宋本广韵》自秋切，从尤开三平流。

按：[《广韵》自秋切，平尤，从。][《广韵》即由切，平尤，精。][《集韵》夷周切，平尤，以。]这里我们采用《集韵》音，则此例归喻三与喻四互注例，不宜作为音变考虑。

端喻四（以）互注1例：

抁，《辨音广韵》以绍切，以小开三上效；《宋本广韵》都感切，端感开一上咸。

按：[《广韵》都感切，上感，端。][《广韵》以主切，上麌，以。][《广韵》以周切，平尤，以。]若采用《广韵》又音，则此例属于喻四（以）自注例，不宜作为音变考虑。

微喻四互注3例：

惟，《辨音广韵》无非切，微微合三平止；《宋本广韵》以追切，以脂合三平止。

潍，《辨音广韵》无非切，微微合三平止；《宋本广韵》以追切，以脂合三平止。

维，《辨音广韵》无非切，微微合三平止；《宋本广韵》以追切，以脂合三平止。

微以互注是非常明显的南方方音现象。《汉语方音字汇》170页："维、唯"

皆"以"母，与"惟潍"音韵地位相同，在苏州方言中读"v"，可见，"惟潍维"在现代苏州方言中读如微母。所以，这 3 例微以互注正体现出苏州方音特点。

书喻三互注 4 例：

爗，《辨音广韵》失涉切，書葉开三入咸；《宋本广韵》筠辄切，云葉开三入咸。

曅，《辨音广韵》失涉切，書葉开三入咸；《宋本广韵》筠辄切，云葉开三入咸。

爆，《辨音广韵》失涉切，書葉开三入咸；《宋本广韵》筠辄切，云葉开三入咸。

鰪，《辨音广韵》失涉切，書葉开三入咸；《宋本广韵》筠辄切，云葉开三入咸。

书与喻三互注是从《经典释文》中继承下来的，有旧读书音的沿袭，在宋代的福建读书音中，这种现象极多。《仪礼经传通解》所体现出的齿音与影喻互注现象，范围较现代方言扩大很多，影云以都有与齿音相混的现象，齿音中精庄章也全部有混同例。闽方言的声母，不论文读还是白读，都更多地保留了上古声母的格局，白读中上古音的痕迹更多。文读音中有中古音的影响，也有近代音的变化，但总的说是保守的。我们这里出现这种现象可能是受传统读书音的影响。

小结：

综上分析，《辨音纂要》正读喉音的全浊声母匣母尚未清化，但有少量方音混杂。因此喉音可拟为影、晓、匣、喻四个声母。

六　来母和日母

《辨音纂要》正读中记录来母字 532 个，日母字 123 个。下面，我们对来母和日母字情况进行全面分析。

1. 自注

来母自注 528 例，日母自注 119 例。

2. 其他

（1）来母与其他母互注：

来崇 1 例，来羣 1 例，来晓 2 例。

来母与其他声母互注共计 4 例，来母自注 528 例，互注占自注的 0.8%，从数字统计上显而易见，来母仍然保持独立。具体情况如下：

来崇互注 1 例：

嫠，《辨音广韵》鄰溪切，来齐开四平蟹；《宋本广韵》俟甾切，崇之开三平止。

按：有《广韵》和《集韵》两音，[《广韵》俟甾切，平之，崇。][《集韵》汤来切，平咍，透。]《经典释文·卷十九》"嫠"注为："一音力之反，本或作釐。"力，[《广韵》林直切，入職，来。]此例属于来母自注例，不宜作为音变考虑。

来羣互注 1 例：

窶，《辨音广韵》良據切，来御合三去遇；《宋本广韵》其矩切，羣麌合三上遇。

按：[《广韵》其矩切，上麌，羣。][《集韵》郎侯切，平侯，来。]此例若按《集韵》音，则属于来母自注例，不宜作为音变考虑。

来晓互注 2 例：

拹，《辨音广韵》落合切，来合开一入咸；《宋本广韵》虚業切，晓業开三入咸。

按：同"擖"，擖：[《广韵》卢合切，入合，来。]擖，亦作"拹"。采用异体字读音，此例属于来母自注例，不宜作为音变考虑。

獫，《辨音广韵》力驗切，来豔开三去咸；《宋本广韵》虚检切，晓琰开三上咸。

按：《广韵》音有四读，[《广韵》虚检切，上琰，晓。][《广韵》良冉切，上琰，来。][《广韵》力鹽切，平鹽，来。][《广韵》力驗切，去豔，来。]此例采用又音，则属于来自自注例，不宜作为音变考虑。

（2）日母与其他母互注：

禅日 3 例，娘日 2 例。

日母与其他声母互注共计 5 例，日母自注 119 例，互注占自注的 4.2%，

111

从数字统计上来看，日母依然保持独立。具体情况如下：

禅日互注3例：

慵，《辨音广韵》而中切，日東合三平通；《宋本广韵》蜀庸切，禅鍾合三平通。

按：[《广韵》蜀庸切，平鍾，禅。]同时，"慵"还是"嫞"的被通假字，嫞，[《集韵》常容切，平鍾，禪。]故此例属于禅日相混例。

鱅，《辨音广韵》而中切，日東合三平通；《宋本广韵》餘封切，以鍾合三平通。

按：《广韵》有又音，[《广韵》餘封切，平鍾，以。][《广韵》蜀庸切，平鍾，禅。]此例取《广韵》又音"禅"母，属于禅日相混例。

瞤，《辨音广韵》殊倫切，禅諄合三平臻；《宋本广韵》如匀切，日諄合三平臻。

按：[《广韵》如匀切，平諄，日。][《集韵》輸閏切，去稕，書。]此例按《广韵》音，属于禅日相混例。

禅日相混是方音现象。明代其他韵书中也有这样的现象，据高龙奎考证：禅母在《洪武正韵》中有与日母合并的现象，如：东韵中"戎"小韵来自中古日母的"戎"、禅母的"鱅'；贿韵中"蕊"来自中古的日母字(蘂、蕊)和禅母字(薳)；真韵中"纯"来自禅母(纯)、日母(犉)和床三(唇)；啸韵中"邵"来自禅母(邵)、日母(饶)；铣韵中"善"来自禅母(禅)、章(狘)、日母(蹨)；铣韵中"软"来自禅母(膞)、日母(软)。禅母与日母合并的现象是吴语的表现。这种情况的产生，一是继承《增修互注礼部韵略》，如"蕊、邵、软"等小韵；二是受编纂者方言的影响，参与撰写的人大多是吴语区的人。①

宁忌浮先生在《〈并音连声字学集要〉所反映的语音现象》中列举了《字学集要》中大量禅日合并的例子。②

赵元任先生《现代吴语研究》26页，通过（第一表5）我们可以看出，在现代吴语中禅日相混的迹象。我们再来看古音方面。日母的上古来源在

---

① 高龙奎：《〈洪武正韵〉及相关韵书研究》，博士学位论文，苏州大学，2007年，第26页。
② 宁忌浮：《汉语韵书史·明代卷》，上海人民出版社2009年版，第316页。

吴音中的演变是这样的：日母在古音是鼻音加摩擦音，吴语文言中取它的摩擦成分，拿它当庄禅看待，白话取它的鼻音成分，拿它当泥娘看待。但床禅母在吴音本有破裂摩擦跟纯摩擦的两种发音方法。所以日母也是的，例如江阴：人 zeng，仍ʥeng。①

可以得见，《辨音纂要》正读中这 3 例禅日相混例，也是吴方音的具体体现。《辨音纂要》的作者比较保守，在保守的读书音体系中，这种古音读法就保存了下来。《辨音纂要》正读中日母和禅母互注有古音和方音两个基础。

日娘互注 2 例：

这 2 例《广韵》音为日娘互注例，若取《集韵》音，则都属于日母自注例，详情如下：

糅，《辨音广韵》如又切，日宥开三去流；《宋本广韵》女救切，娘宥开三去流。

按：[《广韵》女救切，去宥，娘。][《集韵》而由切，平尤，日。] 此例按《集韵》音计算，属于日母自注例，不宜作为音变考虑。

賃，《辨音广韵》汝鸩切，日沁开三去深；《宋本广韵》乃禁切，娘沁开三去深。

按：[《广韵》乃禁切，去沁，娘。][《集韵》如鸩切，去沁，日。] 此例按《集韵》音计算，属于日母自注例，也不宜作为音变考虑。

小结：

综上分析，《辨音纂要》正读的来母和日母依然保持独立，但掺杂有方音现象。

---

① 赵元任：《现代吴语研究》，科学出版社 1956 年版，第 29 页。

第三章 《辨音纂要》正读韵母

《辨音纂要》中共收录 7909 条韵字，原书中无《广韵》正读反切的 147 条，这些例证暂不讨论；标注有《广韵》正读反切的 7762 条，其中，曾 103；宕 564；梗 672；果 204；假 250；江 49；流 416；山 1115；深 157；通 495；咸 527；效 579；蟹 654；遇 645；臻 599；止 733，共计 7762，我们主要讨论这些音注材料。

《辨音纂要》阴阳入相承，入声韵随阳声韵一起讨论，下面我们从阳声韵、阴声韵来看十六摄的具体情况。

第一节 阳声韵

一 通摄

通摄内部互注共有 116 例。其中平声 65 例，上声 4 例，去声 9 例，入声 38 例。

首先，我们看平声的状态。

（一）平声

1. 东自注 102 例，冬自注 5 例，钟自注 32 例。

第三章 《辨音纂要》正读韵母

2. 东冬互注 11 例，东钟互注 54 例。具体例证如下：

东冬互注 11 例：

駿，《辨音广韵》祖冬切，精冬合一平通；《宋本广韵》子红切，精東合一平通。

椶，《辨音广韵》祖冬切，精冬合一平通；《宋本广韵》子红切，精東合一平通。

鬉，《辨音广韵》祖冬切，精冬合一平通；《宋本广韵》子红切，精東合一平通。

緵，《辨音广韵》祖冬切，精冬合一平通；《宋本广韵》子红切，精東合一平通。

冬，《辨音广韵》德红切，端東合一平通；《宋本广韵》都宗切，端冬合一平通。

彤，《辨音广韵》徒红切，定東合一平通；《宋本广韵》徒冬切，定冬合一平通。

鼕，《辨音广韵》徒红切，定東合一平通；《宋本广韵》徒冬切，定冬合一平通。

琮，《辨音广韵》徂红切，從東合一平通；《宋本广韵》藏宗切，從冬合一平通。

潨，《辨音广韵》徂红切，從東合一平通；《宋本广韵》藏宗切，從冬合一平通。

鬆，《辨音广韵》息中切，心東合三平通；《宋本广韵》私宗切，心冬合一平通。

疼，《辨音广韵》徒红切，定東合一平通；《宋本广韵》徒冬切，定冬开一平通。

东钟互注 54 例：

龔，《辨音广韵》居中切，见東合三平通；《宋本广韵》九容切，见鍾合三平通。

恭，《辨音广韵》居中切，见東合三平通；《宋本广韵》九容切，见鍾合三平通。

邛，《辨音广韵》渠宫切，羣東合三平通；《宋本广韵》渠容切，羣鍾

115

合三平通。

笻，《辨音广韵》渠宫切，羣東合三平通；《宋本广韵》渠容切，羣鍾合三平通。

蛩，《辨音广韵》渠宫切，羣東合三平通；《宋本广韵》渠容切，羣鍾合三平通。

䑩，《辨音广韵》徒红切，定東合一平通；《宋本广韵》尺容切，昌鍾合三平通。

丰，《辨音广韵》方中切，非東合三平通；《宋本广韵》敷容切，敷鍾合三平通。

犚，《辨音广韵》方中切，非東合三平通；《宋本广韵》敷容切，敷鍾合三平通。

鏊，《辨音广韵》方中切，非東合三平通；《宋本广韵》敷容切，敷鍾合三平通。

鋒，《辨音广韵》方中切，非東合三平通；《宋本广韵》敷容切，敷鍾合三平通。

峰，《辨音广韵》方中切，非東合三平通；《宋本广韵》敷容切，敷鍾合三平通。

蜂，《辨音广韵》方中切，非東合三平通；《宋本广韵》敷容切，敷鍾合三平通。

烽，《辨音广韵》方中切，非東合三平通；《宋本广韵》敷容切，敷鍾合三平通。

封，《辨音广韵》方中切，非東合三平通；《宋本广韵》府容切，非鍾合三平通。

逢，《辨音广韵》符中切，奉東合三平通；《宋本广韵》符容切，奉鍾合三平通。

縫，《辨音广韵》符中切，奉東合三平通；《宋本广韵》符容切，奉鍾合三平通。

鏦，《辨音广韵》倉红切，清東合一平通；《宋本广韵》七恭切，清鍾合三平通。

淞，《辨音广韵》息中切，心東合三平通；《宋本广韵》息恭切，心鍾

第三章 《辨音纂要》正读韵母

合三平通。

松，《辨音广韵》息中切，心東合三平通；《宋本广韵》详容切，邪鍾合三平通。

鐘，《辨音广韵》陟隆切，知東合三平通；《宋本广韵》職容切，章鍾合三平通。

鍾，《辨音广韵》陟隆切，知東合三平通；《宋本广韵》職容切，章鍾合三平通。

衝，《辨音广韵》昌中切，昌東合三平通；《宋本广韵》尺容切，昌鍾合三平通。

穜，《辨音广韵》昌中切，昌東合三平通；《宋本广韵》尺容切，昌鍾合三平通。

憧，《辨音广韵》昌中切，昌東合三平通；《宋本广韵》尺容切，昌鍾合三平通。

褈，《辨音广韵》持中切，澄東合三平通；《宋本广韵》直容切，澄鍾合三平通。

容，《辨音广韵》以中切，以東合三平通；《宋本广韵》餘封切，以鍾合三平通。

蓉，《辨音广韵》以中切，以東合三平通；《宋本广韵》餘封切，以鍾合三平通。

瑢，《辨音广韵》以中切，以東合三平通；《宋本广韵》餘封切，以鍾合三平通。

鎔，《辨音广韵》以中切，以東合三平通；《宋本广韵》餘封切，以鍾合三平通。

䲧，《辨音广韵》以中切，以東合三平通；《宋本广韵》餘封切，以鍾合三平通。

榕，《辨音广韵》以中切，以東合三平通；《宋本广韵》餘封切，以鍾合三平通。

溶，《辨音广韵》以中切，以東合三平通；《宋本广韵》餘封切，以鍾合三平通。

庸，《辨音广韵》以中切，以東合三平通；《宋本广韵》餘封切，以鍾

117

合三平通。

墉,《辨音广韵》以中切,以東合三平通;《宋本广韵》餘封切,以鍾合三平通。

鏞,《辨音广韵》以中切,以東合三平通;《宋本广韵》餘封切,以鍾合三平通。

廱,《辨音广韵》以中切,以東合三平通;《宋本广韵》餘封切,以鍾合三平通。

傭,《辨音广韵》以中切,以東合三平通;《宋本广韵》餘封切,以鍾合三平通。

毧,《辨音广韵》而中切,日東合三平通;《宋本广韵》如容切,日鍾合三平通。

鱅,《辨音广韵》而中切,日東合三平通;《宋本广韵》餘封切,以鍾合三平通。

慵,《辨音广韵》而中切,日東合三平通;《宋本广韵》蜀庸切,禅鍾合三平通。

雄,《辨音广韵》胡容切,匣鍾合三平通;《宋本广韵》羽弓切,云東合三平通。

熊,《辨音广韵》胡容切,匣鍾合三平通;《宋本广韵》羽弓切,匣東合三平通。

籠,《辨音广韵》卢容切,来鍾合三平通;《宋本广韵》卢红切,来東合一平通。

曨,《辨音广韵》卢容切,来鍾合三平通;《宋本广韵》卢红切,来東合一平通。

襱,《辨音广韵》卢容切,来鍾合三平通;《宋本广韵》卢红切,来東合一平通。

瀧,《辨音广韵》卢容切,来鍾合三平通;《宋本广韵》卢红切,来東合一平通。

朧,《辨音广韵》卢容切,来鍾合三平通;《宋本广韵》卢红切,来東合一平通。

櫳,《辨音广韵》卢容切,来鍾合三平通;《宋本广韵》卢红切,来東合一平通。

瓏，《辨音广韵》卢容切，来鍾合三平通；《宋本广韵》卢红切，来東合一平通。

嚨，《辨音广韵》卢容切，来鍾合三平通；《宋本广韵》卢红切，来東合一平通。

龓，《辨音广韵》卢容切，来鍾合三平通；《宋本广韵》卢红切，来東合一平通。

鞲，《辨音广韵》卢容切，来鍾合三平通；《宋本广韵》卢红切，来東合一平通。

礲，《辨音广韵》卢容切，来鍾合三平通；《宋本广韵》卢红切，来東合一平通。

聾，《辨音广韵》卢容切，来鍾合三平通；《宋本广韵》卢红切，来東合一平通。

（二）上声

1. 董自注 21 例，肿自注 29 例。

2. 董肿互注 4 例。

董肿互注 4 例：

捧，《辨音广韵》方孔切，非董合一上通；《宋本广韵》敷奉切，敷腫合三上通。

覂，《辨音广韵》方孔切，非董合一上通；《宋本广韵》方勇切，非腫合三上通。

隴，《辨音广韵》力董切，来董合一上通；《宋本广韵》力踵切，来腫合三上通。

壠，《辨音广韵》力董切，来董合一上通；《宋本广韵》力踵切，来腫合三上通。

（三）去声

1. 送自注 29 例，用自注 8 例。

2. 送用互注 7 例，送宋互注 2 例。

送用互注 7 例：

銃，《辨音广韵》丑用切，徹用合三去通；《宋本广韵》充仲切，昌送合三去通。

封，《辨音广韵》撫鳳切，敷送合三去通；《宋本广韵》方用切，非用合三去通。

俸，《辨音广韵》馮貢切，奉送合三去通；《宋本广韵》扶用切，奉用合三去通。

縱，《辨音广韵》作弄切，精送合一去通；《宋本广韵》子用切，精用合三去通。

種，《辨音广韵》知仲切，知送合三去通；《宋本广韵》之用切，章用合三去通。

重，《辨音广韵》直衆切，澄送合三去通；《宋本广韵》柱用切，澄用合三去通。

躘，《辨音广韵》卢貢切，来送合一去通；《宋本广韵》良用切，来用合三去通。

送宋互注2例：

綜，《辨音广韵》作弄切，精送合一去通；《宋本广韵》子宋切，精宋合一去通。

宋，《辨音广韵》苏弄切，心送合一去通；《宋本广韵》苏统切，心宋合一去通。

《广韵》东独用，冬钟同用。从《辨音纂要》正读来看，以平赅上去，东自注151例，冬自注5例，钟自注69例。

平声东冬互注11例，去声送宋互注2例，东冬互注合计13例。从统计数字上看，这个比例虽然数量不多，但是相对于冬韵自注仅5例来说，东冬互注就不是少数了，因为冬韵为窄韵，因此可判断东冬合用。

我们再来看东钟，平声东钟互注54例，上声董肿互注4例，去声送用互注7例，东钟互注合计65例，占东韵自注的43.04%，占钟韵自注的94.2%，占东钟自注的29.55%。从统计数字上来看，可以判定东钟合用。

我们再来看冬钟，《广韵》中冬钟同用，从《辨音纂要》正读来看，东钟合用已经非常明显，东冬也有一定数量的混同，所以东冬钟合一非常明显。

东、冬、钟混读由来已久，如唐末李涪在《刊误》中已经批评《切韵》

"何须'东冬'、'中终'妄别声律"了。《经典释文》中有很多东与冬钟混切的例子，如：虫，徒冬反；茏，力恭反。王力先生在考证玄应《一切经音义》及《经典释文》音切时发现，东冬钟已经混而不分。东韵一等字与冬（一等韵）合一，东韵三等字与钟韵字合一。他所作的《朱翱反切考》也是"东冬钟合为一韵"。可见唐代各地的语音，多已东冬钟无别。到了宋代，东冬钟合一更为普遍。《四声等子》"通摄内一"图内注明"东冬钟相助"，其列字则以东韵三等字穹、穷、中、忡、虫、雄等与钟韵字恭、钟、冲、舂、邕、胸、龙、茸等同列一栏。《切韵指掌图》也以东韵字弓、穹、穷、中、忡、虫、䑕、风、丰、冯、终、充、雄、戎等与钟韵字舂、鳙、邕、胸、容、龙等同归一音。①

反映南宋中心地域读书音的《宾退录》射字诗所反映的韵母系统中，通摄三等东韵与钟韵合流。②宋人朱熹《诗集传》所注的叶音也表明东、冬不分。

（四）入声

1. 屋自注 117 例，沃自注 5 例，烛自注 12 例。
2. 屋沃互注 7 例，屋烛互注 31 例。

屋沃互注 7 例：

哭，《辨音广韵》枯沃切，溪沃合一入通；《宋本广韵》空谷切，溪屋合一入通。

榾，《辨音广韵》古禄切，见屋合一入通；《宋本广韵》古沃切，见沃合一入通。

毒，《辨音广韵》杜谷切，定屋合一入通；《宋本广韵》徒沃切，定沃合一入通。

纛，《辨音广韵》杜谷切，定屋合一入通；《宋本广韵》徒沃切，定沃合一入通。

沃，《辨音广韵》乌谷切，影屋合一入通；《宋本广韵》乌酷切，影沃合一入通。

---

① 李新魁：《李新魁音韵学论集》，汕头大学出版社 1997 年版，第 133 页。
② 将邑剑平、平山久雄：《〈宾退录〉射字法的音韵分析》，《中国语文》1999 年第 4 期。

熇，《辨音广韵》呼木切，晓屋合一入通；《宋本广韵》火酷切，晓沃合一入通。

鹄，《辨音广韵》胡谷切，匣屋合一入通；《宋本广韵》胡沃切，匣沃合一入通。

屋烛互注 31 例：

蛐，《辨音广韵》丘六切，溪屋合三入通；《宋本广韵》区玉切，溪烛合三入通。

曲，《辨音广韵》丘六切，溪屋合三入通；《宋本广韵》丘玉切，溪烛合三入通。

幞，《辨音广韵》步木切，並屋合一入通；《宋本广韵》房玉切，奉烛合三入通。

促，《辨音广韵》千木切，清屋合一入通；《宋本广韵》七玉切，清烛合三入通。

瞩，《辨音广韵》知六切，知屋合三入通；《宋本广韵》之欲切，章烛合三入通。

烛，《辨音广韵》知六切，知屋合三入通；《宋本广韵》之欲切，章烛合三入通。

蠋，《辨音广韵》知六切，知屋合三入通；《宋本广韵》直录切，澄烛合三入通。

觸，《辨音广韵》昌六切，昌屋合三入通；《宋本广韵》尺玉切，昌烛合三入通。

躅，《辨音广韵》直六切，澄屋合三入通；《宋本广韵》直录切，澄烛合三入通。

束，《辨音广韵》式竹切，書屋合三入通；《宋本广韵》書玉切，書烛合三入通。

蜀，《辨音广韵》神六切，船屋合三入通；《宋本广韵》市玉切，禅烛合三入通。

屬，《辨音广韵》神六切，船屋合三入通；《宋本广韵》市玉切，禅烛合三入通。

贖，《辨音广韵》神六切，船屋合三入通；《宋本广韵》神蜀切，船烛合三入通。

旭，《辨音广韵》许六切，晓屋合三入通；《宋本广韵》许玉切，晓烛合三入通。

勖，《辨音广韵》许六切，晓屋合三入通；《宋本广韵》许玉切，晓烛合三入通。

頊，《辨音广韵》许六切，晓屋合三入通；《宋本广韵》许玉切，晓烛合三入通。

欲，《辨音广韵》余六切，以屋合三入通；《宋本广韵》余蜀切，以烛合三入通。

慾，《辨音广韵》余六切，以屋合三入通；《宋本广韵》余蜀切，以烛合三入通。

浴，《辨音广韵》余六切，以屋合三入通；《宋本广韵》余蜀切，以烛合三入通。

峪，《辨音广韵》余六切，以屋合三入通；《宋本广韵》俞玉切，以烛合三入通。

鹆，《辨音广韵》余六切，以屋合三入通；《宋本广韵》余蜀切，以烛合三入通。

録，《辨音广韵》卢谷切，来屋合一入通；《宋本广韵》力玉切，来烛合三入通。

绿，《辨音广韵》卢谷切，来屋合一入通；《宋本广韵》力玉切，来烛合三入通。

箓，《辨音广韵》卢谷切，来屋合一入通；《宋本广韵》力玉切，来烛合三入通。

醁，《辨音广韵》卢谷切，来屋合一入通；《宋本广韵》力玉切，来烛合三入通。

騄，《辨音广韵》卢谷切，来屋合一入通；《宋本广韵》力玉切，来烛合三入通。

渌，《辨音广韵》卢谷切，来屋合一入通；《宋本广韵》力玉切，来烛合三入通。

菉，《辨音广韵》卢谷切，来屋合一入通；《宋本广韵》力玉切，来烛合三入通。

辱，《辨音广韵》而六切，日屋合三入通；《宋本广韵》而蜀切，日烛合三入通。

褥，《辨音广韵》而六切，日屋合三入通；《宋本广韵》而蜀切，日烛合三入通。

夙，《辨音广韵》苏玉切，心烛合三入通；《宋本广韵》息逐切，心屋合三入通。

《广韵》中屋独用、沃烛同用，在《辨音纂要》正读中，屋沃和屋烛都有非常明显的混用现象，屋沃与屋烛互注共 38 例，互注数量远远大于沃与烛自注的数量，虽然没有沃烛同用的例子，但从语音演变上看，屋沃烛在晚唐即已不分。

经王力先生考证，在隋唐时代已经有屋沃烛合为一韵的情况。《经典释文》中即有屋与沃烛混切的例子，如：暴，扶沃反；沃，於木反，督，丁木反。《一切经音义》中也有屋沃混切的例子，如：沃，乌木、於木、乌榖反；梏，古木、古禄、孤禄反。[①]朱翱反切中也有很多屋沃烛合用的证据。这和晚唐时代东冬钟韵合一是相对应的。

由上述例证可以判定，《辨音纂要》正读通摄表现出舒声东冬钟合一、入声屋沃烛合一的语音现象。

（五）跨摄相押

通摄平声上声去声中都有跨摄相押现象，合计 5 例。

1. 通江互注 3 例：包括冬江互注 1 例，东江互注 1 例，送江互注 1 例。

冬江互注 1 例：

矓，《辨音广韵》奴宗切，泥冬合一平通；《宋本广韵》女江切，娘江开二平江。

东江互注 1 例：

舡，《辨音广韵》胡工切，匣东合一平通；《宋本广韵》古双切，见江开二平江。

按：《正韵》胡工切，此例若按《正韵》音，则不宜作为音变考虑。

[①] 王力：《汉语语音史》，中国社会科学出版社 1985 年版，第 219 页。

送江互注 1 例：

齈，《辨音广韵》奴凍切，泥送合一去通；《宋本广韵》女江切，娘江开二平江。

按：[《广韵》女江切，平江，娘。][《集韵》尼降切，去绛，娘。] 按《集韵》音来看，此例属于送绛互注例，是通摄去声与江摄去声的跨摄相押。

2. 通梗互注 2 例：包括锺庚互注 1 例，董梗互注 1 例。

钟庚互注 1 例：

兄，《辨音广韵》許容切，晓鍾合三平通；《宋本广韵》許榮切，晓庚合三平梗。

董梗互注 1 例：

冏，《辨音广韵》居冰切，见董合一上通；《宋本广韵》俱永切，见梗合三上梗。

通江互注是上古音的反映，在对《诗经》用韵及谐声偏旁语音的研究中，很多学者得出这一结论。这种现象随着语音的发展有一部分保存在方音中。吴棫《韵补》以《广韵》四声与 206 韵为分韵基础，在韵目下的小注中注明可通、转的韵目，在东韵下，注冬钟通，江或转入。《广韵》东韵字"東同朧公蔥（一等）豐夢隆（三等）"、冬韵字"冬統農宗"、钟韵字"蜂縫蹤"，江韵字"撞窗"、阳韵字"裝瘡狀爽方放房往"、唐韵字"茫郎髒喪康光廣荒"、庚二韵字"盲"、耕韵字"宏"、模韵字"墓"、鐸韵字"摸"等今均读[oŋ]。

刘晓南在《宋代福建诗人用韵所反映的 10 世纪到 13 世纪的闽方言若干特点》一文中提出，宋代福建诗人用韵中有东阳通押的现象，并明确指出"宋代闽南话读书音中东阳合韵是没有问题的。"同时又提出"除陈淳以外，其他闽南诗人用韵不见此种韵例，可能是谨守官定诗韵的缘故吧。"

赵元任《现代吴语研究》44 页平上去韵母表的第二表 5、51 页第二表 12 中，有关于通梗两摄合用的例证和方言点，例如耕、东冬、东钟、东、钟合用；青、庚、东、东钟合用等，可证在现代吴方言中有通梗合用的现象。

从上述例证可以看出，《辨音纂要》正读通摄表现出东冬钟合一、董肿合一、送宋用合一、入声屋沃烛合一现象。另外，通摄还有部分的通梗、通江合用现象，是方言的具体体现。

二 江摄和宕摄

A. 江摄共收韵字 49 例，其中江摄自注 42 例，具体情况如下：

（一）平声　1. 江自注 1 例。

（二）上声　1. 讲自注 1 例。

（三）去声　1. 绛自注 5 例。

（四）入声　1. 觉自注 35 例。

B. 宕摄内部互注共有 5 例。其中平声 1 例，去声 4 例。

（一）平声

1. 唐自注 101 例，阳自注 139 例。

2. 阳唐互注 1 例。具体例证如下：

阳唐互注 1 例：

鋩，《辨音广韵》謨郎切，明唐开一平宕；《宋本广韵》武方切，微陽合三平宕。

（二）上声

1. 荡自注 30 例，养自注 53 例。

（三）去声

1. 宕自注 23 例，漾自注 46 例。

2. 宕漾互注 4 例。具体例证如下：

宕漾互注 4 例：

刱，《辨音广韵》楚浪切，初宕开一去宕；《宋本广韵》初亮切，初漾开三去宕。

剏，《辨音广韵》楚浪切，初宕开一去宕；《宋本广韵》初亮切，初漾开三去宕。

愴，《辨音广韵》楚浪切，初宕开一去宕；《宋本广韵》初亮切，初漾开三去宕。

狀，《辨音广韵》鋤浪切，崇宕开一去宕；《宋本广韵》鋤亮切，崇漾开三去宕。

（四）入声

1. 铎自注 78 例，药自注 38 例。

我们如果仅从宕摄的状态来看，阳唐合用并不是非常明显，平声阳唐互注 1 例，去声宕漾互注 4 例，阳唐互注合计只有 5 例，但是在《广韵》中，阳唐就已同用，因此阳唐合用现象在明代以前就已经发生，尤其是在《辨音纂要》正读中江宕合流已经发生了，具体情况如下：

C. 江宕互注 49 例，其中唐江互注 10 例，阳江互注 14 例，养讲互注 3 例，宕绛互注 2 例，漾绛互注 2 例，觉铎互注 11 例，药觉互注 7 例。具体情况如下：

唐江互注 10 例：

矼，《辨音广韵》居郎切，见唐开一平宕；《宋本广韵》古雙切，见江开二平江。

扛，《辨音广韵》居郎切，见唐开一平宕；《宋本广韵》古雙切，见江开二平江。

缸，《辨音广韵》居郎切，见唐开一平宕；《宋本广韵》下江切，匣江开二平江。

邦，《辨音广韵》博旁切，帮唐开一平宕；《宋本广韵》博江切，帮江开二平江。

梆，《辨音广韵》博旁切，帮唐开一平宕；《宋本广韵》博江切，帮江开二平江。

龐，《辨音广韵》蒲光切，並唐合一平宕；《宋本广韵》薄江切，並江开二平江。

尨，《辨音广韵》謨郎切，明唐开一平宕；《宋本广韵》莫江切，明江开二平江。

狵，《辨音广韵》謨郎切，明唐开一平宕；《宋本广韵》莫江切，明江开二平江。

哤，《辨音广韵》謨郎切，明唐开一平宕；《宋本广韵》莫江切，明江开二平江。

厐，《辨音广韵》謨郎切，明唐开一平宕；《宋本广韵》莫江切，明江开二平江。

阳江互注 14 例：

釭，《辨音广韵》居良切，见阳开三平宕；《宋本广韵》古雙切，见江开二平江。

玒，《辨音广韵》居良切，见阳开三平宕；《宋本广韵》古雙切，见江开二平江。

肛，《辨音广韵》居良切，见阳开三平宕；《宋本广韵》古雙切，见江开二平江。

江，《辨音广韵》居良切，见阳开三平宕；《宋本广韵》古雙切，见江开二平江。

腔，《辨音广韵》駆羊切，溪阳开三平宕；《宋本广韵》苦江切，溪江开二平江。

羫，《辨音广韵》駆羊切，溪阳开三平宕；《宋本广韵》苦江切，溪江开二平江。

椿，《辨音广韵》侧霜切，莊阳开三平宕；《宋本广韵》都江切，知江开二平江。

窓，《辨音广韵》初莊切，初阳开三平宕；《宋本广韵》初江切，初江开二平江。

搝，《辨音广韵》初莊切，初阳开三平宕；《宋本广韵》楚江切，初江开二平江。

幢，《辨音广韵》鋤莊切，崇阳开三平宕；《宋本广韵》宅江切，澄江开二平江。

噇，《辨音广韵》鋤莊切，崇阳开三平宕；《宋本广韵》宅江切，澄江开二平江。

淙，《辨音广韵》鋤莊切，崇阳开三平宕；《宋本广韵》士江切，崇江开二平江。

雙，《辨音广韵》師莊切，生阳开三平宕；《宋本广韵》所江切，生江开二平江。

艭，《辨音广韵》師莊切，生阳开三平宕；《宋本广韵》所江切，生江开二平江。

养讲互注 3 例：

講，《辨音广韵》居仰切，见養开三上宕；《宋本广韵》古项切，见講开二上江。

傋，《辨音广韵》居仰切，见養开三上宕；《宋本广韵》古项切，见講开二上江。

港，《辨音广韵》居仰切，见養开三上宕；《宋本广韵》古项切，见講开二上江。

宕绛互注 2 例：

胖，《辨音广韵》普浪切，滂宕开一去宕；《宋本广韵》匹绛切，滂绛开二去江。

觑，《辨音广韵》楚浪切，初宕开一去宕；《宋本广韵》丑绛切，徹绛开二去江。

漾绛互注 2 例：

戆，《辨音广韵》侧况切，莊漾合三去宕；《宋本广韵》陟降切，知绛开二去江。

憃，《辨音广韵》侧况切，莊漾合三去宕；《宋本广韵》陟降切，知绛开二去江。

铎觉互注 11 例：

搦，《辨音广韵》奴各切，泥鐸开一入宕；《宋本广韵》女角切，娘覺开二入江。

剥，《辨音广韵》伯各切，帮鐸开一入宕；《宋本广韵》北角切，帮覺开二入江。

駮，《辨音广韵》伯各切，帮鐸开一入宕；《宋本广韵》北角切，帮覺开二入江。

璞，《辨音广韵》匹各切，滂鐸开一入宕；《宋本广韵》匹角切，滂覺开二入江。

朴，《辨音广韵》匹各切，滂鐸开一入宕；《宋本广韵》匹角切，滂覺开二入江。

扑，《辨音广韵》匹各切，滂鐸开一入宕；《宋本广韵》匹角切，滂覺开二入江。

挈，《辨音广韵》歷各切，来鐸开一入宕；《宋本广韵》吕角切，来覺开二入江。

泊，《辨音广韵》弼角切，並覺开二入江；《宋本广韵》傍各切，並鐸开一入宕。

箔，《辨音广韵》弼角切，並覺开二入江；《宋本广韵》傍各切，並鐸开一入宕。

薄，《辨音广韵》弼角切，並覺开二入江；《宋本广韵》傍各切，並鐸开一入宕。

亳，《辨音广韵》弼角切，並覺开二入江；《宋本广韵》傍各切，並鐸开一入宕。

药觉互注 7 例：

殻，《辨音广韵》乞約切，溪藥开三入宕；《宋本广韵》苦角切，溪覺开二入江。

碻，《辨音广韵》乞約切，溪藥开三入宕；《宋本广韵》苦角切，溪覺开二入江。

硞，《辨音广韵》乞約切，溪藥开三入宕；《宋本广韵》苦角切，溪覺开二入江。

汋，《辨音广韵》職畧切，章藥开三入宕；《宋本广韵》士角切，崇覺开二入江。

脚，《辨音广韵》訖岳切，见覺开二入江；《宋本广韵》居勺切，见藥开三入宕。

虐，《辨音广韵》逆角切，疑覺开二入江；《宋本广韵》鱼约切，疑藥开三入宕。

瘧，《辨音广韵》逆角切，疑覺开二入江；《宋本广韵》鱼约切，疑藥开三入宕。

江摄和宕摄互注达 49 例，超出了江摄自注的 42 例，可见江宕已经合流。其中江摄分别与阳、唐都有互注，且所占的比例基本相同，可见江、阳、唐合流得比较彻底。上声和去声也都有互注现象，如果以平赅上去，平声阳江互注 14 例，上声养讲互注 3 例，去声漾绛互注 2 例，江阳互注合计 19 例，占江摄自注 42 例的 45.24%；平声江唐互注 10 例，去声宕绛互注

2例，江唐互注合计12例，占江摄自注42例的28.57%，从统计数字上来看，《辨音纂要》正读中江阳、江唐已经合用。尤其是入声的合并更为突出，觉铎互注11例，药觉互注7例，互注合计18例，互注占觉自注35例的51.43%，互注占药自注38例的47.37%，几乎都达到百分之五十的比例，相对于铎药自注总数116例来说，互注占自注的15.52%，也超过了百分之十。因此我们可以确定，《辨音纂要》正读中江摄与宕摄已经合流。

江摄，《四声等子》把字附在宕摄内，叫做"江阳同形"。①王力先生考察宋代语音时提出，在朱熹语音当中，江韵开始并入阳唐，相应地，入声觉韵也开始并入药铎。②到《中原音韵》时期江宕已经完全合流形成江阳韵。王力先生考察明清韵部时，将《等韵图经》的十三摄与现代曲艺十三辙进行对比，其中《等韵图经》的宕摄相对应的是曲艺十三辙的江阳。③

虽然《辨音纂要》正读表现的是较为保守的读书音体系，但江宕合用这一语音现象表现的也极为明显。在苏州音中，江宕也是合用的。王力先生在《汉语语音史》中将苏州的韵部分为十九，将江、阳、唐三韵合为"十七康庄"。④耿振生先生在考察《声韵会通》时提出，宕摄字分化为两韵，三等开口字自成一类，即上表的阳韵；一等字和三等合口字为一类，并与江摄字合流，即上表的降、航、王三韵。耿先生认为这一特征在《声韵会通》、《字学集要》、《韵学大成》、《音声纪元》中得到反映，另外有些书没有显示出这种分化。⑤

综上所述，《辨音纂要》正读中江摄与宕摄合一，其中江唐阳合一，讲养荡合一，绛漾宕合一，觉药铎合一。

三 曾摄和梗摄

A．曾摄内部无互注现象，自注合计77例，具体情况如下：

（一）平声　　1．登自注31例，蒸自注10例。

---

① 王力：《汉语语音史》，中国社会科学出版社1985年版，第222页。
② 同上书，第303页。
③ 同上书，第405页。
④ 同上书，第444页。
⑤ 耿振生：《明清等韵学通论》，语文出版社1992年版，第158页。

（二）上声　1. 等自注 2 例。

（三）去声　1. 嶝自注 12 例，证自注 1 例。

（四）入声　1. 德自注 15 例，职自注 6 例。

由此可见，在《辨音纂要》正读中，曾摄非常简单，内部只有自注例，无互注例，但是曾摄和梗摄有大量互注，详见下文。

B. 梗摄内部互注共有 172 例。其中平声 81 例，上声 22 例，去声 13 例，入声 56 例。

（一）平声

1. 庚自注 61 例，耕自注 14 例，青自注 42 例，清自注 39 例。

2. 庚耕互注 24 例，庚青互注 15 例，庚清互注 13 例，耕青互注 4 例，清青互注 25 例。具体例证如下：

庚耕互注 24 例：

耕，《辨音广韵》古衡切，见庚开二平梗；《宋本广韵》古茎切，见耕开二平梗。

鏗，《辨音广韵》丘庚切，溪庚开二平梗；《宋本广韵》口茎切，溪耕开二平梗。

硁，《辨音广韵》丘庚切，溪庚开二平梗；《宋本广韵》口茎切，溪耕开二平梗。

硜，《辨音广韵》丘庚切，溪庚开二平梗；《宋本广韵》口茎切，溪耕开二平梗。

牼，《辨音广韵》丘庚切，溪庚开二平梗；《宋本广韵》口茎切，溪耕开二平梗。

甿，《辨音广韵》眉庚切，明庚开二平梗；《宋本广韵》莫耕切，明耕开二平梗。

萌，《辨音广韵》眉庚切，明庚开二平梗；《宋本广韵》莫耕切，明耕开二平梗。

琤，《辨音广韵》抽庚切，彻庚开二平梗；《宋本广韵》楚耕切，初耕开二平梗。

琤，《辨音广韵》抽庚切，彻庚开二平梗；《宋本广韵》楚耕切，初耕开二平梗。

琤，《辨音广韵》抽庚切，徹庚开二平梗；《宋本广韵》楚耕切，初耕开二平梗。

伧，《辨音广韵》除庚切，澄庚开二平梗；《宋本广韵》宅耕切，澄耕开二平梗。

㲉，《辨音广韵》除庚切，澄庚开二平梗；《宋本广韵》宅耕切，澄耕开二平梗。

橙，《辨音广韵》除庚切，澄庚开二平梗；《宋本广韵》宅耕切，澄耕开二平梗。

崢，《辨音广韵》除庚切，澄庚开二平梗；《宋本广韵》士耕切，崇耕开二平梗。

樱，《辨音广韵》於京切，影庚开三平梗；《宋本广韵》乌茎切，影耕开二平梗。

嚶，《辨音广韵》於京切，影庚开三平梗；《宋本广韵》乌茎切，影耕开二平梗。

鶧，《辨音广韵》於京切，影庚开三平梗；《宋本广韵》乌茎切，影耕开二平梗。

罂，《辨音广韵》於京切，影庚开三平梗；《宋本广韵》乌茎切，影耕开二平梗。

鹦，《辨音广韵》於京切，影庚开三平梗；《宋本广韵》乌茎切，影耕开二平梗。

莺，《辨音广韵》於京切，影庚开三平梗；《宋本广韵》乌茎切，影耕开二平梗。

宏，《辨音广韵》胡盲切，匣庚开二平梗；《宋本广韵》户萌切，匣耕合二平梗。

紘，《辨音广韵》胡盲切，匣庚开二平梗；《宋本广韵》户萌切，匣耕合二平梗。

鈜，《辨音广韵》胡盲切，匣庚开二平梗；《宋本广韵》户萌切，匣耕合二平梗。

閎，《辨音广韵》胡盲切，匣庚开二平梗；《宋本广韵》户萌切，匣耕合二平梗。

133

庚青互注 15 例：

涇，《辨音广韵》居卿切，见庚开三平梗；《宋本广韵》古靈切，见青开四平梗。

經，《辨音广韵》居卿切，见庚开三平梗；《宋本广韵》古靈切，见青开四平梗。

萍，《辨音广韵》蒲明切，並庚开三平梗；《宋本广韵》薄經切，並青开四平梗。

缾，《辨音广韵》蒲明切，並庚开三平梗；《宋本广韵》薄經切，並青开四平梗。

洴，《辨音广韵》蒲明切，並庚开三平梗；《宋本广韵》薄經切，並青开四平梗。

屏，《辨音广韵》蒲明切，並庚开三平梗；《宋本广韵》薄經切，並青开四平梗。

銘，《辨音广韵》眉兵切，明庚开三平梗；《宋本广韵》莫經切，明青开四平梗。

螟，《辨音广韵》眉兵切，明庚开三平梗；《宋本广韵》莫經切，明青开四平梗。

溟，《辨音广韵》眉兵切，明庚开三平梗；《宋本广韵》莫經切，明青开四平梗。

蓂，《辨音广韵》眉兵切，明庚开三平梗；《宋本广韵》莫經切，明青开四平梗。

冥，《辨音广韵》眉兵切，明庚开三平梗；《宋本广韵》莫經切，明青开四平梗。

螢，《辨音广韵》于平切，云庚开三平梗；《宋本广韵》户扃切，匣青合四平梗。

熒，《辨音广韵》于平切，云庚开三平梗；《宋本广韵》户扃切，匣青合四平梗。

榮，《辨音广韵》于平切，云庚开三平梗；《宋本广韵》户扃切，匣青合四平梗。

鉎，《辨音广韵》先青切，心青开四平梗；《宋本广韵》所庚切，生庚开二平梗。

庚清互注 13 例：

輕，《辨音广韵》丘京切，溪庚开三平梗；《宋本广韵》去盈切，溪清开三平梗。

牼，《辨音广韵》丘京切，溪庚开三平梗；《宋本广韵》去盈切，溪清开三平梗。

并，《辨音广韵》補明切，帮庚开三平梗；《宋本广韵》府盈切，帮清开三平梗。

名，《辨音广韵》眉兵切，明庚开三平梗；《宋本广韵》武并切，明清开三平梗。

洺，《辨音广韵》眉兵切，明庚开三平梗；《宋本广韵》武并切，明清开三平梗。

嬰，《辨音广韵》於京切，影庚开三平梗；《宋本广韵》於盈切，影清开三平梗。

瓔，《辨音广韵》於京切，影庚开三平梗；《宋本广韵》於盈切，影清开三平梗。

纓，《辨音广韵》於京切，影庚开三平梗；《宋本广韵》於盈切，影清开三平梗。

攖，《辨音广韵》於京切，影庚开三平梗；《宋本广韵》於盈切，影清开三平梗。

䙬，《辨音广韵》於京切，影庚开三平梗；《宋本广韵》於盈切，影清开三平梗。

營，《辨音广韵》于平切，云庚开三平梗；《宋本广韵》余倾切，以清合三平梗。

塋，《辨音广韵》于平切，云庚开三平梗；《宋本广韵》余倾切，以清合三平梗。

迎，《辨音广韵》餘輕切，以清开三平梗；《宋本广韵》语京切，疑庚开三平梗。

耕青互注 4 例：

塀，《辨音广韵》披耕切，滂耕开二平梗；《宋本广韵》普丁切，滂青开四平梗。

娉，《辨音广韵》披耕切，滂耕开二平梗；《宋本广韵》披經切，滂青开四平梗。

俜，《辨音广韵》披耕切，滂耕开二平梗；《宋本广韵》普丁切，滂青开四平梗。

甹，《辨音广韵》披耕切，滂耕开二平梗；《宋本广韵》普丁切，滂青开四平梗。

清青互注 25 例：

朾，《辨音广韵》他經切，透青开四平梗；《宋本广韵》癡貞切，徹清开三平梗。

騂，《辨音广韵》先青切，心青开四平梗；《宋本广韵》息營切，心清开三平梗。

鯖，《辨音广韵》七情切，清清开三平梗；《宋本广韵》倉經切，清青开四平梗。

青，《辨音广韵》七情切，清清开三平梗；《宋本广韵》倉經切，清青开四平梗。

零，《辨音广韵》離呈切，来清开三平梗；《宋本广韵》郎丁切，来青开四平梗。

苓，《辨音广韵》離呈切，来清开三平梗；《宋本广韵》郎丁切，来青开四平梗。

伶，《辨音广韵》離呈切，来清开三平梗；《宋本广韵》郎丁切，来青开四平梗。

泠，《辨音广韵》離呈切，来清开三平梗；《宋本广韵》郎丁切，来青开四平梗。

蛉，《辨音广韵》離呈切，来清开三平梗；《宋本广韵》郎丁切，来青开四平梗。

羚，《辨音广韵》離呈切，来清开三平梗；《宋本广韵》郎丁切，来青开四平梗。

齡，《辨音广韵》離呈切，来清开三平梗；《宋本广韵》郎丁切，来青开四平梗。

聆，《辨音广韵》離呈切，来清开三平梗；《宋本广韵》郎丁切，来青开四平梗。

玲，《辨音广韵》離呈切，来清开三平梗；《宋本广韵》郎丁切，来青开四平梗。

鈴，《辨音广韵》離呈切，来清开三平梗；《宋本广韵》郎丁切，来青开四平梗。

鴒，《辨音广韵》離呈切，来清开三平梗；《宋本广韵》郎丁切，来青开四平梗。

瓴，《辨音广韵》離呈切，来清开三平梗；《宋本广韵》郎丁切，来青开四平梗。

翎，《辨音广韵》離呈切，来清开三平梗；《宋本广韵》郎丁切，来青开四平梗。

囹，《辨音广韵》離呈切，来清开三平梗；《宋本广韵》郎丁切，来青开四平梗。

怜，《辨音广韵》離呈切，来清开三平梗；《宋本广韵》郎丁切，来青开四平梗。

灵，《辨音广韵》離呈切，来清开三平梗；《宋本广韵》郎丁切，来青开四平梗。

靈，《辨音广韵》離呈切，来清开三平梗；《宋本广韵》郎丁切，来青开四平梗。

欞，《辨音广韵》離呈切，来清开三平梗；《宋本广韵》郎丁切，来青开四平梗。

醽，《辨音广韵》離呈切，来清开三平梗；《宋本广韵》郎丁切，来青开四平梗。

蠕，《辨音广韵》離呈切，来清开三平梗；《宋本广韵》郎丁切，来青开四平梗。

靐，《辨音广韵》離呈切，来清开三平梗；《宋本广韵》郎丁切，来青开四平梗。

平声庚耕互注24例，庚清互注13例，庚耕清互注合计37例，庚耕清互注占庚韵自注的60.66%，占清韵自注的94.87%，是耕韵自注的2.6倍，从统计数字上我们可以判定《辨音纂要》正读中庚耕清合一。《广韵》中庚耕清同用，青独用。但在《辨音纂要》正读中，平声庚青互注15例，耕青互注4例，清青互注25例，平声青韵与庚耕清互注合计44例，远远大于青韵自注的数量，因此我们认为，在《辨音纂要》正读中，平声庚耕清青合一。

（二）上声

1. 梗自注25例，静自注14例，迥自注14例。
2. 梗耿互注2例，梗静互注9例，静迥互注11例。具体例证如下：

梗耿互注2例：

幸，《辨音广韵》何梗切，匣梗开二上梗；《宋本广韵》胡耿切，匣耿开二上梗。

倖，《辨音广韵》何梗切，匣梗开二上梗；《宋本广韵》胡耿切，匣耿开二上梗。

梗静互注9例：

頸，《辨音广韵》居影切，见梗开三上梗；《宋本广韵》居郢切，见静开三上梗。

瘿，《辨音广韵》於丙切，影梗开三上梗；《宋本广韵》於郢切，影静开三上梗。

丙，《辨音广韵》補郢切，帮静开三上梗；《宋本广韵》兵永切，帮梗开三上梗。

炳，《辨音广韵》補郢切，帮静开三上梗；《宋本广韵》兵永切，帮梗开三上梗。

抦，《辨音广韵》補郢切，帮静开三上梗；《宋本广韵》補永切，帮梗开三上梗。

邴，《辨音广韵》補郢切，帮静开三上梗；《宋本广韵》兵永切，帮梗开三上梗。

秉，《辨音广韵》補郢切，帮静开三上梗；《宋本广韵》兵永切，帮梗开三上梗。

皿，《辨音广韵》莫郢切，明静开三上梗；《宋本广韵》武永切，明梗开三上梗。

省，《辨音广韵》息井切，心静开三上梗；《宋本广韵》所景切，生梗开二上梗。

静迥互注 11 例：

茗，《辨音广韵》莫郢切，明静开三上梗；《宋本广韵》莫迥切，明迥开四上梗。

酩，《辨音广韵》莫郢切，明静开三上梗；《宋本广韵》莫迥切，明迥开四上梗。

瞑，《辨音广韵》莫郢切，明静开三上梗；《宋本广韵》母迥切，明迥开四上梗。

醒，《辨音广韵》息井切，心静开三上梗；《宋本广韵》苏挺切，心迥开四上梗。

顶，《辨音广韵》都领切，端静开三上梗；《宋本广韵》都挺切，端迥开四上梗。

酊，《辨音广韵》都领切，端静开三上梗；《宋本广韵》都挺切，端迥开四上梗。

艼，《辨音广韵》都领切，端静开三上梗；《宋本广韵》他鼎切，透迥开四上梗。

打，《辨音广韵》都领切，端静开三上梗；《宋本广韵》都挺切，端迥开四上梗。

鼎，《辨音广韵》都领切，端静开三上梗；《宋本广韵》都挺切，端迥开四上梗。

顷，《辨音广韵》丘颖切，溪迥合四上梗；《宋本广韵》去颖切，溪静合三上梗。

榮，《辨音广韵》丘颖切，溪迥合四上梗；《宋本广韵》去颖切，溪静 合三上梗。

上声梗耿互注 2 例，梗静互注 9 例，梗耿静互注合计 11 例，互注占梗韵自注的 44%，占静韵自注的 78.57%，从统计数字上来看，我们可以判定《辨音纂要》正读中梗耿静合一；《广韵》中迥独用，但在《辨音纂要》正读中，静迥互注 11 例，占迥韵自注的 78.57%，可以判定静迥合一。

综上，我们可以判定，《辨音纂要》正读梗摄上声梗耿静迥合一。

（三）去声

1. 劲自注 17 例，径自注 10 例，映自注 18 例，诤自注 1 例。

2. 劲径互注 3 例，劲映互注 3 例，映径互注 5 例，映诤互注 2 例。具体例证如下：

劲径互注 3 例：

磬，《辨音广韵》丘正切，溪劲开三去梗；《宋本广韵》苦定切，溪径开四去梗。

磬，《辨音广韵》丘正切，溪劲开三去梗；《宋本广韵》苦定切，溪径开四去梗。

艳，《辨音广韵》疾正切，從劲开三去梗；《宋本广韵》千定切，清径开四去梗。

劲映互注 3 例：

庆，《辨音广韵》丘正切，溪劲开三去梗；《宋本广韵》丘敬切，溪映开三去梗。

劲，《辨音广韵》居庆切，见映开三去梗；《宋本广韵》居正切，见劲开三去梗。

摒，《辨音广韵》陂病切，帮映开三去梗；《宋本广韵》卑政切，帮劲开三去梗。

映径互注 5 例：

俓，《辨音广韵》居庆切，见映开三去梗；《宋本广韵》古定切，见径开四去梗。

径，《辨音广韵》居庆切，见映开三去梗；《宋本广韵》古定切，见径开四去梗。

经，《辨音广韵》居庆切，见映开三去梗；《宋本广韵》古定切，见径开四去梗。

迳，《辨音广韵》居庆切，见映开三去梗；《宋本广韵》古定切，见径开四去梗。

暝，《辨音广韵》眉病切，明映开三去梗；《宋本广韵》莫定切，明径开四去梗。

映诤互注 2 例：

进，《辨音广韵》比孟切，並映开二去梗；《宋本广韵》北諍切，帮諍开二去梗。

幰，《辨音广韵》侧进切，莊諍开二去梗；《宋本广韵》猪孟切，知映开二去梗。

去声映諍互注 2 例，劲映互注 3 例，映諍劲互注合计 5 例，占映韵自注的 27.78%，占劲韵自注的 29.41%，是諍韵自注的 5 倍，从统计数字上我们可以判定，去声映諍劲合一。《广韵》中径独用，但在《辨音纂要》正读中，劲径互注 3 例，映径互注 5 例，互注合计 8 例，占径韵自注的 80%，由此我们可以判定，去声映劲径合一。综上，我们认为《辨音纂要》正读梗摄去声映諍劲径合一。

根据上面的分析，以平赅上去，平声庚耕互注 24 例，上声梗耿互注 2 例，去声映諍互注 2 例，庚耕互注合计 28 例，庚耕自注合计 119 例，互注占自注的 23.53%；平声庚清互注 13 例，上声梗静互注 9 例，去声劲映互注 3 例，庚清互注合计 25 例，庚清自注合计 174 例，互注占自注的 14.37%。从统计数据来看，《辨音纂要》正读庚耕清合用已经非常明显。

《广韵》中青独用，但我们发现《辨音纂要》正读中庚、耕、清与青都有合用的现象。平声庚青互注 15 例，去声映径互注 5 例，庚青互注合计 20 例，庚青自注合计 170 例，互注占自注的 11.76%。平声清青互注 25 例，上声静迥互注 11 例，去声劲径互注 3 例，清青互注合计 39 例，清青自注合计 136 例，互注占自注的 28.68%。从统计数字上看，青与庚耕清的合用也非常明显。

《经典释文》的反切庚耕清与青数韵混用，如菁字《广韵》作子盈切，《释文》却作子丁反，暝字《广韵》作莫经切，《释文》却作莫轻反，这都是清与青混切的例子。朱翱的反切也如是，如莖字《广韵》余倾切，朱氏作玄经切，并字《广韵》作蒲迥切，朱氏作频静切，也混同了清青两韵。宋代这数韵合一，更是常见的现象。《四声等子》及《切韵指掌图》数韵已经混读。《中原音韵》时期庚青已经合并，《洪武正韵》中庚耕清青也已经合并。王力先生分析明清的十五韵部中，庚耕清青已经合并进入中东韵。[①]

---

① 王力：《汉语语音史》，中国社会科学出版社 1985 年版，第 396 页。

总体来看，《辨音纂要》正读中耕青互注 4 例，庚青互注合计 20 例，清青互注合计 39 例，庚耕清青互注合计 63 例，占青自注 66 例的 95.45%，因此我们可以判定，《辨音纂要》正读梗摄庚耕清青已经合一。

（四）入声

1. 麦自注 6 例，陌自注 39 例，昔自注 57 例，锡自注 40 例。
2. 陌麦互注 30 例，陌锡互注 8 例，锡昔互注 18 例。具体例证如下：

陌麦互注 30 例：

簂，《辨音广韵》各领切，见陌开二入梗；《宋本广韵》古核切，见麦开二入梗。

隔，《辨音广韵》各领切，见陌开二入梗；《宋本广韵》古核切，见麦开二入梗。

膈，《辨音广韵》各领切，见陌开二入梗；《宋本广韵》古核切，见麦开二入梗。

楇，《辨音广韵》各领切，见陌开二入梗；《宋本广韵》古核切，见麦开二入梗。

革，《辨音广韵》各领切，见陌开二入梗；《宋本广韵》古核切，见麦开二入梗。

輵，《辨音广韵》鄂格切，疑陌开二入梗；《宋本广韵》五革切，疑麦开二入梗。

麥，《辨音广韵》莫白切，明陌开二入梗；《宋本广韵》莫获切，明麦开二入梗。

脈，《辨音广韵》莫白切，明陌开二入梗；《宋本广韵》莫获切，明麦开二入梗。

責，《辨音广韵》侧格切，庄陌开二入梗；《宋本广韵》侧革切，庄麦开二入梗。

嘖，《辨音广韵》侧格切，庄陌开二入梗；《宋本广韵》侧革切，庄麦开二入梗。

幘，《辨音广韵》侧格切，庄陌开二入梗；《宋本广韵》侧革切，庄麦开二入梗。

簀，《辨音广韵》侧格切，庄陌开二入梗；《宋本广韵》侧革切，庄麦开二入梗。

謫,《辨音广韵》侧格切,莊陌开二入梗;《宋本广韵》陟革切,知麥开二入梗。

摘,《辨音广韵》侧格切,莊陌开二入梗;《宋本广韵》陟革切,知麥开二入梗。

策,《辨音广韵》耻格切,徹陌开二入梗;《宋本广韵》楚革切,初麥开二入梗。

册,《辨音广韵》耻格切,徹陌开二入梗;《宋本广韵》楚革切,初麥开二入梗。

栅,《辨音广韵》耻格切,徹陌开二入梗;《宋本广韵》楚革切,初麥开二入梗。

搩,《辨音广韵》色窄切,生陌开二入梗;《宋本广韵》山責切,生麥开二入梗。

挟,《辨音广韵》色窄切,生陌开二入梗;《宋本广韵》山責切,生麥开二入梗。

𫟰,《辨音广韵》色窄切,生陌开二入梗;《宋本广韵》山責切,生麥开二入梗。

瘷,《辨音广韵》色窄切,生陌开二入梗;《宋本广韵》山責切,生麥开二入梗。

幗,《辨音广韵》古伯切,见陌开二入梗;《宋本广韵》古獲切,见麥合二入梗。

摑,《辨音广韵》古伯切,见陌开二入梗;《宋本广韵》古獲切,见麥合二入梗。

𢥠,《辨音广韵》古伯切,见陌开二入梗;《宋本广韵》古獲切,见麥合二入梗。

碱,《辨音广韵》古伯切,见陌开二入梗;《宋本广韵》古獲切,见麥合二入梗。

馘,《辨音广韵》古伯切,见陌开二入梗;《宋本广韵》古獲切,见麥合二入梗。

劃,《辨音广韵》霍虢切,晓陌合二入梗;《宋本广韵》呼麥切,晓麥

143

合二入梗。

剨，《辨音广韵》霍虢切，晓陌合二入梗；《宋本广韵》呼麥切，晓麥合二入梗。

挾，《辨音广韵》霍虢切，晓陌合二入梗；《宋本广韵》呼麥切，晓麥合二入梗。

㦴，《辨音广韵》霍虢切，晓陌合二入梗；《宋本广韵》呼麥切，晓麥合二入梗。

陌锡互注 8 例：

激，《辨音广韵》訖逆切，见陌开三入梗；《宋本广韵》古歷切，见锡开四入梗。

擊，《辨音广韵》訖逆切，见陌开三入梗；《宋本广韵》古歷切，见锡开四入梗。

墼，《辨音广韵》訖逆切，见陌开三入梗；《宋本广韵》古歷切，见锡开四入梗。

喫，《辨音广韵》乞逆切，溪陌开三入梗；《宋本广韵》苦擊切，溪锡开四入梗。

䴅，《辨音广韵》宜戟切，疑陌开三入梗；《宋本广韵》五歷切，疑锡开四入梗。

䦑，《辨音广韵》迄逆切，晓陌开三入梗；《宋本广韵》許激切，晓锡开四入梗。

欯，《辨音广韵》迄逆切，晓陌开三入梗；《宋本广韵》許激切，晓锡开四入梗。

恀，《辨音广韵》迄逆切，晓陌开三入梗；《宋本广韵》許激切，晓锡开四入梗。

锡昔互注 18 例：

劈，《辨音广韵》匹亦切，滂昔开三入梗；《宋本广韵》普擊切，滂锡开四入梗。

甓，《辨音广韵》毘亦切，並昔开三入梗；《宋本广韵》扶歷切，並锡开四入梗。

績，《辨音广韵》資昔切，精昔开三入梗；《宋本广韵》則歷切，精锡

144

开四入梗。

勣，《辨音广韵》資昔切，精昔开三入梗；《宋本广韵》則歷切，精錫开四入梗。

趞，《辨音广韵》七迹切，清昔开三入梗；《宋本广韵》倉歷切，清錫开四入梗。

慽，《辨音广韵》七迹切，清昔开三入梗；《宋本广韵》倉歷切，清錫开四入梗。

鍼，《辨音广韵》七迹切，清昔开三入梗；《宋本广韵》倉歷切，清錫开四入梗。

皙，《辨音广韵》思積切，心昔开三入梗；《宋本广韵》先擊切，心錫开四入梗。

淅，《辨音广韵》思積切，心昔开三入梗；《宋本广韵》先擊切，心錫开四入梗。

蜥，《辨音广韵》思積切，心昔开三入梗；《宋本广韵》先擊切，心錫开四入梗。

析，《辨音广韵》思積切，心昔开三入梗；《宋本广韵》先擊切，心錫开四入梗。

錫，《辨音广韵》思積切，心昔开三入梗；《宋本广韵》先擊切，心錫开四入梗。

璧，《辨音广韵》必歷切，帮錫开四入梗；《宋本广韵》必益切，帮昔开三入梗。

躄，《辨音广韵》必歷切，帮錫开四入梗；《宋本广韵》必益切，帮昔开三入梗。

蹸，《辨音广韵》必歷切，帮錫开四入梗；《宋本广韵》房益切，並昔开三入梗。

碧，《辨音广韵》必歷切，帮錫开四入梗；《宋本广韵》彼役切，帮昔开三入梗。

籍，《辨音广韵》前歷切，從錫开四入梗；《宋本广韵》秦昔切，從昔开三入梗。

藉，《辨音广韵》前歷切，從錫开四入梗；《宋本广韵》秦昔切，從昔

145

开三入梗。

在入声当中，梗入四韵合一的现象更为明显。入声陌麦互注 30 例，占陌韵自注的 76.92%，是麦韵自注的 5 倍，可见陌麦合一；《广韵》中锡独用，但《辨音纂要》正读中，入声陌锡互注 8 例，锡昔互注 18 例，互注合计 26 例，占锡韵自注的 65%，可见，锡已经与陌昔合一。由此可见，《辨音纂要》正读梗摄入声陌麦昔锡已经合一。

综上所述，《辨音纂要》正读中庚耕清青合一，梗耿静迥合一，映诤劲径合一，陌麦昔锡合一，即梗摄平上去入四韵皆合一。

C. 曾梗互注

上文说过曾摄自注非常简单，曾摄内部没有互注现象，但是曾摄与梗摄有大量互注，曾梗互注合计 120 例，包括青耕庚与登互注 10 例、清庚与蒸互注 43 例、入声互注 67 例，具体情况如下：

1. 庚耕青与登互注

庚耕青与登互注共 10 例，其中庚登互注 4 例，耕登互注 5 例，青登互注 1 例，具体情况如下：

庚登互注 4 例：

肱，《辨音广韵》姑横切，见庚合二平梗；《宋本广韵》古弘切，见登合一平曾。

弘，《辨音广韵》胡盲切，匣庚开二平梗；《宋本广韵》胡肱切，匣登合一平曾。

䰁，《辨音广韵》奴登切，泥登开一平曾；《宋本广韵》乃庚切，娘庚开二平梗。

棚，《辨音广韵》蒲崩切，並登开一平曾；《宋本广韵》薄庚切，並庚开二平梗。

耕登互注 5 例：

薨，《辨音广韵》呼宏切，晓耕合二平梗；《宋本广韵》呼肱切，晓登合一平曾。

僜，《辨音广韵》呼宏切，晓耕合二平梗；《宋本广韵》呼肱切，晓登合一平曾。

绷，《辨音广韵》北朋切，帮登开一平曾；《宋本广韵》北萌切，帮耕开二平梗。

薨，《辨音广韵》彌登切，明登开一平曾；《宋本广韵》莫耕切，明耕开二平梗。

儜，《辨音广韵》奴登切，泥登开一平曾；《宋本广韵》女耕切，娘耕开二平梗。

青登互注 1 例：

灯，《辨音广韵》當經切，端青开四平梗；《宋本广韵》都滕切，端登开一平曾。

上文已经论证耕庚青合一，耕庚青与登互注 10 例，登自注 31 例，耕庚青与登互注占登自注的 32.26%，从统计数字来看，足可以判定耕庚青与登合一。

2. 清庚与蒸互注

清庚与蒸互注共计 43 例，包括清蒸互注 28 例，庚蒸互注 8 例，静拯互注 1 例，劲证互注 6 例，具体情况如下：

清蒸互注 28 例：

成，《辨音广韵》神陵切，船蒸开三平曾；《宋本广韵》是征切，禅清开三平梗。

郕，《辨音广韵》神陵切，船蒸开三平曾；《宋本广韵》是征切，禅清开三平梗。

陎，《辨音广韵》神陵切，船蒸开三平曾；《宋本广韵》时征切，禅清开三平梗。

城，《辨音广韵》神陵切，船蒸开三平曾；《宋本广韵》是征切，禅清开三平梗。

誠，《辨音广韵》神陵切，船蒸开三平曾；《宋本广韵》是征切，禅清开三平梗。

偁，《辨音广韵》丑成切，徹清开三平梗；《宋本广韵》處陵切，昌蒸开三平曾。

稱，《辨音广韵》丑成切，徹清开三平梗；《宋本广韵》處陵切，昌蒸开三平曾。

塍，《辨音广韵》直征切，澄清开三平梗；《宋本广韵》食陵切，船蒸开三平曾。

澄，《辨音广韵》直征切，澄清开三平梗；《宋本广韵》直陵切，澄蒸开三平曾。

懲，《辨音广韵》直征切，澄清开三平梗；《宋本广韵》直陵切，澄蒸开三平曾。

僜，《辨音广韵》丑成切，彻清开三平梗；《宋本广韵》丑升切，彻蒸开三平曾。

瞪，《辨音广韵》直征切，澄清开三平梗；《宋本广韵》直陵切，澄蒸开三平曾。

凌，《辨音广韵》離呈切，来清开三平梗；《宋本广韵》力膺切，来蒸开三平曾。

陵，《辨音广韵》離呈切，来清开三平梗；《宋本广韵》力膺切，来蒸开三平曾。

菱，《辨音广韵》離呈切，来清开三平梗；《宋本广韵》力膺切，来蒸开三平曾。

淩，《辨音广韵》離呈切，来清开三平梗；《宋本广韵》力膺切，来蒸开三平曾。

㥄，《辨音广韵》離呈切，来清开三平梗；《宋本广韵》力膺切，来蒸开三平曾。

綾，《辨音广韵》離呈切，来清开三平梗；《宋本广韵》力膺切，来蒸开三平曾。

鯪，《辨音广韵》離呈切，来清开三平梗；《宋本广韵》力膺切，来蒸开三平曾。

升，《辨音广韵》书征切，书清开三平梗；《宋本广韵》識蒸切，書蒸开三平曾。

昇，《辨音广韵》书征切，书清开三平梗；《宋本广韵》識蒸切，書蒸开三平曾。

陞，《辨音广韵》书征切，书清开三平梗；《宋本广韵》識蒸切，書蒸开三平曾。

勝，《辨音广韵》书征切，书清开三平梗；《宋本广韵》識蒸切，書蒸开三平曾。

蝿，《辨音广韵》餘輕切，以清开三平梗；《宋本广韵》余陵切，以蒸开三平曾。

烝，《辨音广韵》諸盈切，章清开三平梗；《宋本广韵》煮仍切，章蒸开三平曾。

蒸，《辨音广韵》諸盈切，章清开三平梗；《宋本广韵》煮仍切，章蒸开三平曾。

癥，《辨音广韵》諸盈切，章清开三平梗；《宋本广韵》陟陵切，知蒸开三平曾。

徵，《辨音广韵》諸盈切，章清开三平梗；《宋本广韵》陟陵切，知蒸开三平曾。

庚蒸互注 8 例：

冰，《辨音广韵》補明切，帮庚开三平梗；《宋本广韵》筆陵切，帮蒸开三平曾。

矜，《辨音广韵》居卿切，见庚开三平梗；《宋本广韵》居陵切，见蒸开三平曾。

兢，《辨音广韵》居卿切，见庚开三平梗；《宋本广韵》居陵切，见蒸开三平曾。

凭，《辨音广韵》蒲明切，並庚开三平梗；《宋本广韵》扶冰切，並蒸开三平曾。

憑，《辨音广韵》蒲明切，並庚开三平梗；《宋本广韵》扶冰切，並蒸开三平曾。

膺，《辨音广韵》於京切，影庚开三平梗；《宋本广韵》於陵切，影蒸开三平曾。

鷹，《辨音广韵》於京切，影庚开三平梗；《宋本广韵》於陵切，影蒸开三平曾。

鹰，《辨音广韵》於京切，影庚开三平梗；《宋本广韵》於陵切，影蒸开三平曾。

静拯互注 1 例：

拯，《辨音广韵》知郢切，知静开三上梗；《宋本广韵》蒸上声切，章拯开三上曾。

劲证互注 6 例：

秤，《辨音广韵》丑正切，彻劲开三去梗；《宋本广韵》昌孕切，昌證开三去曾。

剩，《辨音广韵》時正切，禅劲开三去梗；《宋本广韵》實證切，船證开三去曾。

賸，《辨音广韵》時正切，禅劲开三去梗；《宋本广韵》實證切，船證开三去曾。

應，《辨音广韵》於命切，影映开三去梗；《宋本广韵》於證切，影證开三去曾。

甑，《辨音广韵》子姓切，精劲开三去梗；《宋本广韵》子孕切，精證开三去曾。

證，《辨音广韵》知盛切，知劲开三去梗；《宋本广韵》諸應切，章證开三去曾。

上文论证过在《辨音纂要》正读中清庚合一，此处平声清、庚与蒸互注合计 36 例，上声静拯互注 1 例，去声劲证互注 6 例，以平赅上去，清庚与蒸互注合计 43 例，而蒸自注仅 10 例，清庚与蒸互注的数量是蒸自注的四倍有余，因此我们可以判定，在《辨音纂要》正读中平声清庚蒸已经合一。

据李新魁先生考证，庚、清、蒸相混早在宋代已经发生，《四声等子》不但庚₃、清相混，而且与蒸韵字相混，《切韵指掌图》也是这样，它的三等地位上，列惊、卿、擎、迎、兵、平、明等庚韵字，又列贞、柽、征、声、成等清韵字，还列澄、称、蝇、陵、仍等蒸韵字，庚清本属梗摄，蒸韵本属曾摄，此两摄在宋代已经发生混并。南宋姜夔的《湘月》词中"景、冷、镜"等庚韵字与"省"（清韵字）、"兴、胜"（蒸韵字）相押。吴文英《凤入松》中"明"（庚₃韵字）、"莺"（耕韵字）、"生"（庚韵字）与"铭、情、晴"（清韵字）、"亭"（青韵字）、"凝"（蒸韵字）等相押，也都表明庚₃、清、蒸等韵的混读。①

---

① 李新魁：《李新魁音韵学论集》，汕头大学出版社 1997 年版，第 142 页。

在《辨音纂要》正读中我们也发现了庚、清、蒸互注的例证，可证庚清蒸合一。前面讨论过梗摄四韵庚耕清青合一，此处又发现梗摄四韵分别与曾摄蒸、登合一，因此我们可以判定，在《辨音纂要》正读中梗摄与曾摄已经合流，即庚耕清青蒸登这六个韵是合一的。

3．入声互注 67 例

锡职互注 4 例：

溺，《辨音广韵》女力切，娘職開三入曾；《宋本广韵》奴歷切，泥錫開四入梗。

逼，《辨音广韵》必歷切，幫錫開四入梗；《宋本广韵》彼側切，幫職開三入曾。

偪，《辨音广韵》必歷切，幫錫開四入梗；《宋本广韵》芳逼切，滂職開三入曾。

力，《辨音广韵》郎狄切，來錫開四入梗；《宋本广韵》林直切，來職開三入曾。

陌职互注 15 例：

側，《辨音广韵》側格切，莊陌開二入梗；《宋本广韵》阻力切，莊職開三入曾。

測，《辨音广韵》恥格切，徹陌開二入梗；《宋本广韵》初力切，初職開三入曾。

惻，《辨音广韵》恥格切，徹陌開二入梗；《宋本广韵》初力切，初職開三入曾。

亟，《辨音广韵》訖逆切，見陌開三入梗；《宋本广韵》紀力切，見職開三入曾。

悈，《辨音广韵》訖逆切，見陌開三入梗；《宋本广韵》紀力切，見職開三入曾。

极，《辨音广韵》竭戟切，羣陌開三入梗；《宋本广韵》渠力切，羣職開三入曾。

棘，《辨音广韵》訖逆切，見陌開三入梗；《宋本广韵》紀力切，見職開三入曾。

殛，《辨音广韵》訖逆切，見陌開三入梗；《宋本广韵》紀力切，見職开三入曾。

諲，《辨音广韵》訖逆切，见陌开三入梗；《宋本广韵》纪力切，见职开三入曾。

色，《辨音广韵》色窄切，生陌开二入梗；《宋本广韵》所力切，生职开三入曾。

嗇，《辨音广韵》色窄切，生陌开二入梗；《宋本广韵》所力切，生职开三入曾。

穡，《辨音广韵》色窄切，生陌开二入梗；《宋本广韵》所力切，生职开三入曾。

濇，《辨音广韵》色窄切，生陌开二入梗；《宋本广韵》所力切，生职开三入曾。

仄，《辨音广韵》侧格切，莊陌开二入梗；《宋本广韵》阻力切，莊职开三入曾。

昃，《辨音广韵》侧格切，莊陌开二入梗；《宋本广韵》阻力切，莊职开三入曾。

陌德互注 14 例：

僰，《辨音广韵》薄陌切，並陌开二入梗；《宋本广韵》蒲北切，並德开一入曾。

蔔，《辨音广韵》薄陌切，並陌开二入梗；《宋本广韵》蒲北切，並德开一入曾。

國，《辨音广韵》古伯切，见陌开二入梗；《宋本广韵》古或切，见德合一入曾。

克，《辨音广韵》乞格切，溪陌开二入梗；《宋本广韵》苦得切，溪德开一入曾。

刻，《辨音广韵》乞格切，溪陌开二入梗；《宋本广韵》苦得切，溪德开一入曾。

尅，《辨音广韵》乞格切，溪陌开二入梗；《宋本广韵》苦得切，溪德开一入曾。

墨，《辨音广韵》莫白切，明陌开二入梗；《宋本广韵》莫北切，明德开一入曾。

默,《辨音广韵》莫白切,明陌开二入梗;《宋本广韵》莫北切,明德开一入曾。

百,《辨音广韵》必勒切,帮德开一入曾;《宋本广韵》博陌切,帮陌开二入梗。

栢,《辨音广韵》必勒切,帮德开一入曾;《宋本广韵》博陌切,帮陌开二入梗。

伯,《辨音广韵》必勒切,帮德开一入曾;《宋本广韵》博陌切,帮陌开二入梗。

赫,《辨音广韵》迄得切,晓德开一入曾;《宋本广韵》呼格切,晓陌开二入梗。

迫,《辨音广韵》必勒切,帮德开一入曾;《宋本广韵》博陌切,帮陌开二入梗。

虩,《辨音广韵》迄得切,晓德开一入曾;《宋本广韵》許郤切,晓陌开三入梗。

麦德互注 7 例:

或,《辨音广韵》胡麥切,匣麥开二入梗;《宋本广韵》胡國切,匣德合一入曾。

惑,《辨音广韵》胡麥切,匣麥开二入梗;《宋本广韵》胡國切,匣德合一入曾。

檗,《辨音广韵》必勒切,帮德开一入曾;《宋本广韵》博厄切,帮麥开二入梗。

擘,《辨音广韵》必勒切,帮德开一入曾;《宋本广韵》博厄切,帮麥开二入梗。

核,《辨音广韵》胡得切,匣德开一入曾;《宋本广韵》下革切,匣麥开二入梗。

翮,《辨音广韵》胡得切,匣德开一入曾;《宋本广韵》下革切,匣麥开二入梗。

覈,《辨音广韵》胡得切,匣德开一入曾;《宋本广韵》下革切,匣麥开二入梗。

职昔互注 27 例:

躑，《辨音广韵》逐力切，澄職開三入曾；《宋本广韵》直炙切，澄昔開三入梗。

擲，《辨音广韵》逐力切，澄職開三入曾；《宋本广韵》直炙切，澄昔開三入梗。

愎，《辨音广韵》毘亦切，並昔開三入梗；《宋本广韵》符逼切，並職開三入曾。

踾，《辨音广韵》毘亦切，並昔開三入梗；《宋本广韵》符逼切，並職開三入曾。

稷，《辨音广韵》資昔切，精昔開三入梗；《宋本广韵》子力切，精職開三入曾。

鯽，《辨音广韵》資昔切，精昔開三入梗；《宋本广韵》子力切，精職開三入曾。

勑，《辨音广韵》昌石切，昌昔開三入梗；《宋本广韵》蓄力切，徹職開三入曾。

食，《辨音广韵》裳隻切，禪昔開三入梗；《宋本广韵》乘力切，船職開三入曾。

蝕，《辨音广韵》裳隻切，禪昔開三入梗；《宋本广韵》乘力切，船職開三入曾。

識，《辨音广韵》施隻切，書昔開三入梗；《宋本广韵》賞職切，書職開三入曾。

式，《辨音广韵》施隻切，書昔開三入梗；《宋本广韵》賞職切，書職開三入曾。

拭，《辨音广韵》施隻切，書昔開三入梗；《宋本广韵》賞職切，書職開三入曾。

軾，《辨音广韵》施隻切，書昔開三入梗；《宋本广韵》賞職切，書職開三入曾。

飾，《辨音广韵》施隻切，書昔開三入梗；《宋本广韵》賞職切，書職開三入曾。

息，《辨音广韵》思積切，心昔開三入梗；《宋本广韵》相即切，心職開三入曾。

熄，《辨音广韵》思积切，心昔开三入梗；《宋本广韵》相即切，心职开三入曾。

弋，《辨音广韵》夷益切，以昔开三入梗；《宋本广韵》与职切，以职开三入曾。

抑，《辨音广韵》伊昔切，影昔开三入梗；《宋本广韵》於力切，影职开三入曾。

翊，《辨音广韵》夷益切，以昔开三入梗；《宋本广韵》与职切，以职开三入曾。

翌，《辨音广韵》夷益切，以昔开三入梗；《宋本广韵》与职切，以职开三入曾。

億，《辨音广韵》伊昔切，影昔开三入梗；《宋本广韵》於力切，影职开三入曾。

憶，《辨音广韵》伊昔切，影昔开三入梗；《宋本广韵》於力切，影职开三入曾。

臆，《辨音广韵》伊昔切，影昔开三入梗；《宋本广韵》於力切，影职开三入曾。

翼，《辨音广韵》夷益切，以昔开三入梗；《宋本广韵》与职切，以职开三入曾。

織，《辨音广韵》知石切，知昔开三入梗；《宋本广韵》之翼切，章职开三入曾。

職，《辨音广韵》知石切，知昔开三入梗；《宋本广韵》之翼切，章职开三入曾。

陟，《辨音广韵》知石切，知昔开三入梗；《宋本广韵》竹力切，知职开三入曾。

入声锡职互注 4 例，陌职互注 15 例，昔职互注 27 例，锡陌昔与职互注合计 46 例，上文已经论证锡陌昔合一，而职自注仅 6 例，锡陌与职互注是职自注的七余倍，因此可以判定锡陌昔与职合一。

入声陌德互注 14 例，麦德互注 7 例，陌麦与德互注合计 21 例，上文已经论证陌麦合一，而德自注仅 15 例，陌麦与德互注数量远远大于德自注的数量，因此可以判定陌麦与德合一。

王力先生在《汉语史稿》中提及："陌麦昔锡合一,至少在第八世纪以前就完成了。"①《辨音纂要》正读中入声陌麦昔锡已经合一,此处锡陌昔与职合一,陌麦与德合一,可以推断入声陌麦昔锡职德六韵合一。

小结:

曾梗两摄在宋代已经发生混并。周祖谟《宋代汴洛语音考》说:"梗曾相通始于宋代,《等子》、《指掌图》并同。"宋代词人苏轼和辛弃疾等,他们也将庚三、清、蒸韵混押。朱熹的叶韵注音,也混同了庚三和清。②兰茂在《韵略易通》中将韵分为二十部,庚晴部表现的就是中古梗曾摄的合流。③《洪武正韵》将曾梗二摄诸韵合并为庚部。曾梗两摄的合流现象在《辨音纂要》正读中表现得也非常明显,这证明曾摄与梗摄已经合流,其中庚耕清青蒸登六韵合一,陌麦昔锡职德合一。

另外,曾梗两摄还有几例特殊音注,具体如下:

1. 宕梗互注 1 例:

唐庚互注 1 例:

喤,《辨音广韵》胡光切,匣唐合一平宕;《宋本广韵》户盲切,匣庚合二平梗。

按:此字《广韵》读音为[《广韵》户盲切,平庚,匣。]而《唐韵》《集韵》《韵会》《正韵》并胡光切,音黄,故此例不宜作为音变考虑。

2. 假梗互注 1 例:

马梗互注 1 例:

打,《辨音广韵》都瓦切,端马合二上假;《宋本广韵》德冷切,端梗开二上梗。

按:此字有三音,[《广韵》德冷切,上梗,端。][《广韵》都挺切,上迥,端。][《六书故》都假切]假,[《广韵》古疋切,上马,见。]宋末永嘉戴侗《六书故》大量采录家乡的温州方言俗语俗字俗音,据郑张尚芳研究,《六书故》反映了元代温州语音。这个"打"字的注音,应该就是作者取自当时的方言俗读。

---

① 王力:《汉语史稿》,中华书局 1980 年版,第 163 页。
② 李新魁:《李新魁音韵学论集》,汕头大学出版社 1997 年版,第 142 页。
③ 张玉来:《韵略易通研究》,天津古籍出版社 1999 年版,第 32 页。

四 臻摄

臻摄内部互注共有53例。其中平声25例，上声11例，去声4例，入声11例。首先，我们看平声的状态。

（一）平声

1. 真自注75例，谆自注37例，臻自注11例，文自注34例，痕自注6例，魂自注51例，殷（欣）自注6例。

2. 谆文互注6例，真谆互注2例，真文互注1例，魂谆互注3例，魂痕互注1例，真痕互注1例，真殷互注11例。具体例证如下：

谆文互注6例：

匀，《辨音广韵》于分切，云文合三平臻；《宋本广韵》羊倫切，以谆合三平臻。

君，《辨音广韵》規倫切，见谆合三平臻；《宋本广韵》舉雲切，见文合三平臻。

軍，《辨音广韵》規倫切，见谆合三平臻；《宋本广韵》舉雲切，见文合三平臻。

皸，《辨音广韵》規倫切，见谆合三平臻；《宋本广韵》舉雲切，见文合三平臻。

氲，《辨音广韵》紆倫切，影谆合三平臻；《宋本广韵》於雲切，影文合三平臻。

熅，《辨音广韵》紆倫切，影谆合三平臻；《宋本广韵》於雲切，影文合三平臻。

真谆互注2例：

麕，《辨音广韵》規倫切，见谆合三平臻；《宋本广韵》居匀切，见真合三平臻。

麇，《辨音广韵》規倫切，见谆合三平臻；《宋本广韵》居筠切，见真合三平臻。

真文互注1例：

筠，《辨音广韵》于分切，云文合三平臻；《宋本广韵》為贇切，云真合三平臻。

魂谆互注 3 例：

焞，《辨音广韵》他昆切，透魂合一平臻；《宋本广韵》常倫切，禅谆合三平臻。

遵，《辨音广韵》租昆切，精魂合一平臻；《宋本广韵》将倫切，精谆合三平臻。

僎，《辨音广韵》租昆切，精魂合一平臻；《宋本广韵》将倫切，精谆合三平臻。

魂痕互注 1 例：

吞，《辨音广韵》他昆切，透魂合一平臻；《宋本广韵》吐根切，透痕开一平臻。

真痕互注 1 例：

垠，《辨音广韵》五根切，疑痕开一平臻；《宋本广韵》語巾切，疑真开三平臻。

真殷（欣）互注 11 例：

銀，《辨音广韵》魚斤切，疑殷开三平臻；《宋本广韵》語巾切，疑真开三平臻。

誾，《辨音广韵》魚斤切，疑殷开三平臻；《宋本广韵》語巾切，疑真开三平臻。

嚚，《辨音广韵》魚斤切，疑殷开三平臻；《宋本广韵》語巾切，疑真开三平臻。

筋，《辨音广韵》居銀切，见真开三平臻；《宋本广韵》舉欣切，见殷开三平臻。

斤，《辨音广韵》居銀切，见真开三平臻；《宋本广韵》舉欣切，见殷开三平臻。

釿，《辨音广韵》居銀切，见真开三平臻；《宋本广韵》舉欣切，见殷开三平臻。

勤，《辨音广韵》渠巾切，羣真开三平臻；《宋本广韵》巨斤切，羣殷开三平臻。

懃，《辨音广韵》渠巾切，羣真开三平臻；《宋本广韵》巨斤切，羣殷开三平臻。

芹，《辨音广韵》渠巾切，羣真开三平臻；《宋本广韵》巨斤切，羣殷开三平臻。

殷，《辨音广韵》伊真切，影真开三平臻；《宋本广韵》於斤切，影殷开三平臻。

慇，《辨音广韵》伊真切，影真开三平臻；《宋本广韵》於斤切，影殷开三平臻。

平声真谆互注仅 2 例，相对于真谆自注的庞大数量来说，合用现象非常不明显，但真谆上声及去声互注有力的证实了它们的合用关系，足见真谆合一，详见下文。臻韵是个窄韵，《广韵》中真谆臻已经同用，到《辨音纂要》年代，三韵合一更是理所应当，因此可以断定平声真谆臻合一。

《广韵》欣独用，但在《辨音纂要》正读中，平声真殷（欣）互注 11 例，远远大于殷（欣）自注 6 例，由此可见，欣已经与真合一。

《广韵》文独用，但在《辨音纂要》正读中，谆文互注 6 例，真文互注 1 例，互注合计 7 例，占文自注的 20.59%，从统计数据来看，文已经与真谆合一。

魂痕互注 1 例，《广韵》魂痕合用，在这里例子虽然较少，但痕出现次数本来就较少，根据音理及数据，可以判定魂痕合用。

平声魂谆互注 3 例，真痕互注 1 例，魂痕与真谆臻合用共计 4 例。数量相对较少，可确定魂痕与真谆臻文欣分立。

综上，《辨音纂要》正读臻摄平声体现出真谆臻文欣合一、魂痕合一、真谆臻文欣与魂痕分立。

（二）上声

1. 很自注 4 例，混自注 26 例，吻自注 8 例，隐自注 4 例，轸自注 27 例，準自注 11 例。

2. 轸準互注 6 例，轸隐互注 3 例，混吻互注 1 例，吻轸互注 1 例。具体例证如下：

轸準互注 6 例：

尹，《辨音广韵》以忍切，以轸开三上臻；《宋本广韵》余準切，以準开三上臻。

窘，《辨音广韵》臣隕切，禅軫合三上臻；《宋本广韵》渠殞切，羣準合三上臻。

菌，《辨音广韵》臣隕切，禅軫合三上臻；《宋本广韵》渠殞切，羣準合三上臻。

允，《辨音广韵》羽敏切，云軫合三上臻；《宋本广韵》余準切，以準合三上臻。

狁，《辨音广韵》羽敏切，云軫合三上臻；《宋本广韵》余準切，以準合三上臻。

鈗，《辨音广韵》羽敏切，云軫合三上臻；《宋本广韵》庾準切，以準合三上臻。

軫隐互注3例：

卺，《辨音广韵》居忍切，见軫开三上臻；《宋本广韵》居隐切，见隐开三上臻。

謹，《辨音广韵》居忍切，见軫开三上臻；《宋本广韵》居隐切，见隐开三上臻。

槿，《辨音广韵》居忍切，见軫开三上臻；《宋本广韵》居隐切，见隐开三上臻。

混吻互注1例：

齫，《辨音广韵》苦本切，溪混合一上臻；《宋本广韵》魚吻切，疑吻合三上臻。

吻軫互注1例：

脗，《辨音广韵》武粉切，微吻合三上臻；《宋本广韵》武盡切，明軫开三上臻。

上声軫準互注6例，相对于準自注11例来说，互注占自注的54.55%，因此可以判定軫準合一。

上声吻軫互注1例，虽然数量极少，但平声真文已经合一，上声吻軫也有互注现象，可见吻軫合一。

上声軫隐互注3例，相对于隐自注4例来说，互注比例达到了75%，足见軫隐合一。

混吻互注仅1例，数量相对较少，可确定混与吻分立。

综上，臻摄上声轸準吻隐合一、轸準吻隐与混很分立。

（三）去声

1. 恨自注 4 例，恩自注 22 例，问自注 17 例，焮自注 1 例，震自注 44 例，稕自注 15 例。

2. 恩稕互注 1 例，震焮互注 3 例。具体例证如下：

恩稕互注 1 例：

焌，《辨音广韵》祖寸切，精恩合一去臻；《宋本广韵》子峻切，精稕合三去臻。

震焮互注 3 例：

近，《辨音广韵》具吝切，羣震开三去臻；《宋本广韵》巨靳切，羣焮开三去臻。

焮，《辨音广韵》許刃切，晓震开三去臻；《宋本广韵》香靳切，晓焮开三去臻。

朕，《辨音广韵》許刃切，晓震开三去臻；《宋本广韵》香靳切，晓焮开三去臻。

去声震焮互注 3 例，是焮自注的三倍，可见去声震焮合一。

综上，臻摄去声震焮合一。

臻摄《广韵》真谆臻同用，文独用，欣独用，元魂痕同用。从《辨音纂要》正读来看，以平赅上去，真自注 146 例，谆自注 63 例，臻自注 11 例，文自注 59 例，欣自注 11 例，魂自注 101 例，痕自注 14 例。

平声真谆互注 2 例，上声轸準互注 6 例，真谆互注合计 8 例，相对于自注总量来说，合用现象不明显，但上声轸準互注 6 例占準自注的 54.55%，真谆合用现象不言而喻。

魂痕也有互注的例证，但数量极少，可见尚未合一。

总体来看，《辨音纂要》正读臻摄体现出真谆臻文欣合一、轸準吻隐合一、震焮合一。

（四）入声

1. 没自注 28 例，迄自注 1 例，术自注 16 例，物自注 16 例，质自注 61 例，栉自注 4 例。

2. 质术互注 4 例，质迄互注 3 例，术没互注 2 例，没物互注 1 例，迄质互注 1 例。具体例证如下：

质术互注 4 例：

橘，《辨音广韵》厥筆切，见質开三入臻；《宋本广韵》居聿切，见術合三入臻。

趉，《辨音广韵》休筆切，晓質开三入臻；《宋本广韵》计聿切，见術合三入臻。

蟀，《辨音广韵》朔律切，生術合三入臻；《宋本广韵》所律切，生質合三入臻。

倅，《辨音广韵》朔律切，生術合三入臻；《宋本广韵》所律切，生質合三入臻。

质迄互注 3 例：

吃，《辨音广韵》激質切，见質开三入臻；《宋本广韵》居乞切，见迄开三入臻。

訖，《辨音广韵》激質切，见質开三入臻；《宋本广韵》居乞切，见迄开三入臻。

汔，《辨音广韵》黑乙切，晓質开三入臻；《宋本广韵》许訖切，晓迄开三入臻。

术没互注 2 例：

捽，《辨音广韵》昨律切，從術合三入臻；《宋本广韵》昨没切，從没合一入臻。

堻，《辨音广韵》劣戌切，来術合三入臻；《宋本广韵》勒没切，来没合一入臻。

没物互注 1 例：

不，《辨音广韵》逋没切，帮没合一入臻；《宋本广韵》分勿切，非物合三入臻。

迄质互注 1 例：

詰，《辨音广韵》欺訖切，溪迄开三入臻；《宋本广韵》去吉切，溪質开三入臻。

入声质术互注 4 例，互注占术自注的 25%，可见质术已经合一。入声质迄互注 3 例，数量虽少但是迄自注的三倍，因此可见质迄合一。

可见，臻摄入声体现出质术迄合一的现象。

综上所述，《辨音纂要》正读臻摄体现出真谆臻文欣合一、轸準吻隐合一、震焮合一、质术迄合一。

（五）跨摄相押

1.臻山互注4例，包括轸狝互注1例，缓恩互注1例，删魂互注1例，先真互注1例。具体情况如下：

轸狝互注1例：

齓，《辨音广韵》丑忍切，彻轸开三上臻；《宋本广韵》丑展切，彻獮开三上山。

缓恩互注1例：

鐏，《辨音广韵》作管切，精緩合一上山；《宋本广韵》徂悶切，從恩合一去臻。

删魂互注1例：

䊵，《辨音广韵》謨還切，明删开二平山；《宋本广韵》莫奔切，明魂合一平臻。

以上3例为臻山互注例，还有1例经考证不宜作为音变考虑，详情如下：

先真互注1例：

甄，《辨音广韵》經天切，见先开四平山；《宋本广韵》職鄰切，章真开三平臻。

按：此字《广韵》有两读，[《广韵》職鄰切，平真，章。][《广韵》居延切，平仙，见。]若按又音来看，此例则属于山摄自注例，不宜作为音变考虑。

臻山互注是古音的留存，即主要元音相近，韵尾相同，在南方很多方言中都有这种现象，各家用韵研究中也多出。宋元吉安方音中就有臻摄与山摄混用现象，合计20次。①

2.臻深互注2例，即轸寝互注2例。

轸寝互注2例：

---

① 李无未、李红：《宋元吉安方音研究》，中华书局2008年版，第117页。

禀，《辨音广韵》必敏切，帮轸开三上臻；《宋本广韵》筚锦切，帮寝开三上深。

品，《辨音广韵》丕敏切，滂轸开三上臻；《宋本广韵》丕饮切，滂寝开三上深。

臻摄和深摄混用，是[-m]尾向[-ŋ]尾转变的例子，属于阳声韵尾消变问题，九经直音中就有这种现象。①

3.臻曾互注1例：

孕，《辨音广韵》羊进切，以震开三去臻；《宋本广韵》以證切，以證开三去曾。

臻深互注2例，臻曾互注1例，属于阳声韵尾混用的问题。臻曾合流是一种条件音变，在南方语音中非常常见，韵母主元音为前元音和央元音时曾梗摄才能和臻摄合流，而且也有地域限制。这种语音现象在北宋时就已经开始，北宋临川晏几道和王安石的诗词中就有臻曾合用的现象。②

真、臻、殷这些收[-ŋ]尾的三等韵，在唐代的实际语音中就已经相混了。王力《〈经典释文〉反切考》谓"真谆臻欣（殷）"混用。他又提到："段玉裁注意到，杜甫的诗中真欣同用。玄应《一切经音义》反切中也有同样的情况。因此，欣与真实同一韵。"

南唐朱翱的反切中也是真、臻、欣韵相混。周祖谟《宋代汴洛语音考》说："《广韵》真臻谆同用，文欣同用，魂痕与元同用。今魂痕与真臻谆欣文皆通用不分，而入声没质栉术迄物诸韵亦一致相混。此自唐代已然。"③

五　山摄

山摄内部互注共有272例。其中平声98例，上声45例，去声40例，入声89例。首先，我们看平声的状态。

（一）平声

1.寒自注29例，桓自注73例，山自注11例，删自注26例，仙自注

---

① 李无未、李红：《宋元吉安方音研究》，中华书局2008年版，第117页。
② 同上。
③ 李新魁：《李新魁音韵学论集》，汕头大学出版社1997年版，第140页。

91例,先自注59例,元自注8例。

2. 桓寒互注1例,删山互注5例,先仙互注31例:

桓寒互注1例:

蹒,《辨音广韵》蒲官切,並桓合一平山;《宋本广韵》薄官切,並寒合一平山。

删山互注5例:

間,《辨音广韵》居顏切,见删开二平山;《宋本广韵》古閑切,见山开二平山。

艱,《辨音广韵》居顏切,见删开二平山;《宋本广韵》古閑切,见山开二平山。

山,《辨音广韵》師姦切,生删开二平山;《宋本广韵》所閒切,生山开二平山。

鰥,《辨音广韵》姑還切,见删合二平山;《宋本广韵》古頑切,见山合二平山。

瘝,《辨音广韵》五還切,疑删合二平山;《宋本广韵》五鰥切,疑山合二平山。

先仙互注31例:

蹁,《辨音广韵》紕連切,滂仙开三平山;《宋本广韵》部田切,並先开四平山。

萹,《辨音广韵》紕連切,滂仙开三平山;《宋本广韵》布玄切,帮先开四平山。

袄,《辨音广韵》虛延切,晓仙开三平山;《宋本广韵》呼煙切,晓先开四平山。

淵,《辨音广韵》縈圓切,影仙合三平山;《宋本广韵》烏玄切,影先合四平山。

惥,《辨音广韵》苦堅切,溪先开四平山;《宋本广韵》去乾切,溪仙开三平山。

騫,《辨音广韵》苦堅切,溪先开四平山;《宋本广韵》去乾切,溪仙开三平山。

褰,《辨音广韵》苦堅切,溪先开四平山;《宋本广韵》去乾切,溪仙

165

开三平山。

鞭，《辨音广韵》卑眠切，帮先开四平山；《宋本广韵》卑連切，帮仙开三平山。

鯾，《辨音广韵》卑眠切，帮先开四平山；《宋本广韵》卑連切，帮仙开三平山。

编，《辨音广韵》卑眠切，帮先开四平山；《宋本广韵》卑連切，帮仙开三平山。

揙，《辨音广韵》卑眠切，帮先开四平山；《宋本广韵》卑連切，帮仙开三平山。

綿，《辨音广韵》莫堅切，明先开四平山；《宋本广韵》武延切，明仙开三平山。

棉，《辨音广韵》莫堅切，明先开四平山；《宋本广韵》名延切，明仙开三平山。

煎，《辨音广韵》则前切，精先开四平山；《宋本广韵》子仙切，精仙开三平山。

湔，《辨音广韵》则前切，精先开四平山；《宋本广韵》子仙切，精仙开三平山。

遷，《辨音广韵》倉先切，清先开四平山；《宋本广韵》七然切，清仙开三平山。

韆，《辨音广韵》倉先切，清先开四平山；《宋本广韵》七然切，清仙开三平山。

錢，《辨音广韵》才先切，從先开四平山；《宋本广韵》昨仙切，從仙开三平山。

僊，《辨音广韵》苏前切，心先开四平山；《宋本广韵》相然切，心仙开三平山。

襳，《辨音广韵》苏前切，心先开四平山；《宋本广韵》相然切，心仙开三平山。

秈，《辨音广韵》苏前切，心先开四平山；《宋本广韵》相然切，心仙开三平山。

仙，《辨音广韵》苏前切，心先开四平山；《宋本广韵》相然切，心仙开三平山。

鲜,《辨音广韵》苏前切,心先开四平山;《宋本广韵》相然切,心仙开三平山。

籑,《辨音广韵》苏前切,心先开四平山;《宋本广韵》相然切,心仙开三平山。

焉,《辨音广韵》因肩切,影先开四平山;《宋本广韵》於乾切,影仙开三平山。

嫣,《辨音广韵》因肩切,影先开四平山;《宋本广韵》於乾切,影仙开三平山。

謰,《辨音广韵》灵年切,来先开四平山;《宋本广韵》陵延切,来仙开三平山。

连,《辨音广韵》灵年切,来先开四平山;《宋本广韵》力延切,来仙开三平山。

聨,《辨音广韵》灵年切,来先开四平山;《宋本广韵》力延切,来仙开三平山。

娟,《辨音广韵》圭渊切,见先合四平山;《宋本广韵》於缘切,影仙合三平山。

翾,《辨音广韵》呼渊切,晓先合四平山;《宋本广韵》許缘切,晓仙合三平山。

《广韵》寒桓同用,删山同用,先仙同用,这些现象在《辨音纂要》正读中也体现了出来。其中删山互注 5 例,删山自注合计 37 例,互注占自注的 13.51%,占山韵的 45.45%,从统计数字上来看,删山已经合一;先仙互注 31 例,先仙自注合计 150 例,互注占自注的 20.67%,占先韵的 52.54%,占仙韵的 34.07%,从统计数字上来看,先仙已经合一;虽然寒桓只有 1 例互注现象,但从语音发展的平衡性来看,寒桓也是合一的。

3. 寒桓与删山

寒山互注 12 例,删寒互注 3 例:

寒山互注 12 例:

斓,《辨音广韵》郎干切,来寒开一平山;《宋本广韵》力闲切,来山开二平山。

單，《辨音广韵》都艱切，端山开二平山；《宋本广韵》都寒切，端寒开一平山。

癉，《辨音广韵》都艱切，端山开二平山；《宋本广韵》都寒切，端寒开一平山。

箪，《辨音广韵》都艱切，端山开二平山；《宋本广韵》都寒切，端寒开一平山。

鄲，《辨音广韵》都艱切，端山开二平山；《宋本广韵》都寒切，端寒开一平山。

殫，《辨音广韵》都艱切，端山开二平山；《宋本广韵》都寒切，端寒开一平山。

襌，《辨音广韵》都艱切，端山开二平山；《宋本广韵》都寒切，端寒开一平山。

丹，《辨音广韵》都艱切，端山开二平山；《宋本广韵》都寒切，端寒开一平山。

飡，《辨音广韵》千山切，清山开二平山；《宋本广韵》七安切，清寒开一平山。

籛，《辨音广韵》千山切，清山开二平山；《宋本广韵》七安切，清寒开一平山。

殘，《辨音广韵》財艱切，從山开二平山；《宋本广韵》昨干切，從寒开一平山。

㦰，《辨音广韵》財艱切，從山开二平山；《宋本广韵》昨干切，從寒开一平山。

删寒互注 3 例：

跚，《辨音广韵》相關切，心删合二平山；《宋本广韵》苏干切，心寒开一平山。

奸，《辨音广韵》居顏切，见删开二平山；《宋本广韵》古寒切，见寒开一平山。

珊，《辨音广韵》師姦切，生删开二平山；《宋本广韵》苏干切，心寒开一平山。

寒桓与删山合用达 15 例，寒桓自注合计 102 例，删山自注合计 37 例，

168

寒桓与删山互注占自注的 10.79%，占删山自注的 40.54%，从统计数字上来看，可以判定寒桓与删山合一。

4．删山与先仙

删仙互注 1 例：

儇，《辨音广韵》呼關切，晓删合二平山；《宋本广韵》許緣切，晓仙合三平山。

先仙与寒桓没有互注例，与删山也仅有 1 例删仙互注，可见先仙与寒桓删山还处在分立状态。

综上，《辨音纂要》正读山摄平声表现出寒桓删山合一、先仙合一、寒桓删山与先仙分立。

5.元与山摄的互用

元与寒桓删山互注共 22 例，即元桓互注 2 例，山元互注 20 例：

元桓互注 2 例：

垣，《辨音广韵》胡官切，匣桓合一平山；《宋本广韵》雨元切，云元合三平山。

構，《辨音广韵》武煩切，微元合三平山；《宋本广韵》母官切，明桓合一平山。

山元互注 20 例：

翻，《辨音广韵》孚艱切，敷山开二平山；《宋本广韵》孚袁切，敷元合三平山。

飜，《辨音广韵》孚艱切，敷山开二平山；《宋本广韵》孚袁切，敷元合三平山。

轓，《辨音广韵》孚艱切，敷山开二平山；《宋本广韵》孚袁切，敷元合三平山。

幡，《辨音广韵》孚艱切，敷山开二平山；《宋本广韵》孚袁切，敷元合三平山。

旛，《辨音广韵》孚艱切，敷山开二平山；《宋本广韵》孚袁切，敷元合三平山。

藩，《辨音广韵》孚艱切，敷山开二平山；《宋本广韵》甫煩切，非元合三平山。

番，《辨音广韵》孚艰切，敷山开二平山；《宋本广韵》孚袁切，敷元合三平山。

煩，《辨音广韵》符艰切，奉山开二平山；《宋本广韵》附袁切，奉元合三平山。

燔，《辨音广韵》符艰切，奉山开二平山；《宋本广韵》附袁切，奉元合三平山。

蹯，《辨音广韵》符艰切，奉山开二平山；《宋本广韵》附袁切，奉元合三平山。

膰，《辨音广韵》符艰切，奉山开二平山；《宋本广韵》附袁切，奉元合三平山。

墦，《辨音广韵》符艰切，奉山开二平山；《宋本广韵》附袁切，奉元合三平山。

藩，《辨音广韵》符艰切，奉山开二平山；《宋本广韵》附袁切，奉元合三平山。

蕃，《辨音广韵》符艰切，奉山开二平山；《宋本广韵》附袁切，奉元合三平山。

繁，《辨音广韵》符艰切，奉山开二平山；《宋本广韵》附袁切，奉元合三平山。

緐，《辨音广韵》符艰切，奉山开二平山；《宋本广韵》附袁切，奉元合三平山。

袢，《辨音广韵》符艰切，奉山开二平山；《宋本广韵》附袁切，奉元合三平山。

礬，《辨音广韵》符艰切，奉山开二平山；《宋本广韵》附袁切，奉元合三平山。

蹩，《辨音广韵》符艰切，奉山开二平山；《宋本广韵》附袁切，奉元合三平山。

樊，《辨音广韵》符艰切，奉山开二平山；《宋本广韵》附袁切，奉元合三平山。

元与先仙互注共23例，即先元互注10例，仙元互注13例：

先元互注10例：

槥,《辨音广韵》經天切,見先開四平山;《宋本广韵》居言切,見元開三平山。

鞬,《辨音广韵》經天切,見先開四平山;《宋本广韵》居言切,見元開三平山。

言,《辨音广韵》五堅切,疑先開四平山;《宋本广韵》語軒切,疑元開三平山。

蔫,《辨音广韵》因肩切,影先開四平山;《宋本广韵》謁言切,影元開三平山。

喧,《辨音广韵》呼淵切,曉先合四平山;《宋本广韵》況袁切,曉元合三平山。

諠,《辨音广韵》呼淵切,曉先合四平山;《宋本广韵》況袁切,曉元合三平山。

萱,《辨音广韵》呼淵切,曉先合四平山;《宋本广韵》況袁切,曉元合三平山。

喧,《辨音广韵》呼淵切,曉先合四平山;《宋本广韵》況袁切,曉元合三平山。

諼,《辨音广韵》呼淵切,曉先合四平山;《宋本广韵》況袁切,曉元合三平山。

塤,《辨音广韵》呼淵切,曉先合四平山;《宋本广韵》況袁切,曉元合三平山。

仙元互注 13 例:

軒,《辨音广韵》虛延切,曉仙開三平山;《宋本广韵》虛言切,曉元開三平山。

鶱,《辨音广韵》虛延切,曉仙開三平山;《宋本广韵》虛言切,曉元開三平山。

掀,《辨音广韵》虛延切,曉仙開三平山;《宋本广韵》虛言切,曉元開三平山。

鴛,《辨音广韵》縈圓切,影仙合三平山;《宋本广韵》於袁切,影元合三平山。

眢,《辨音广韵》縈圓切,影仙合三平山;《宋本广韵》於袁切,影元合三平山。

鴛，《辨音广韵》縈圓切，影仙合三平山；《宋本广韵》於袁切，影元合三平山。

寃，《辨音广韵》縈圓切，影仙合三平山；《宋本广韵》於袁切，影元合三平山。

袁，《辨音广韵》于權切，云仙合三平山；《宋本广韵》雨元切，云元合三平山。

園，《辨音广韵》于權切，云仙合三平山；《宋本广韵》雨元切，云元合三平山。

猿，《辨音广韵》于權切，云仙合三平山；《宋本广韵》雨元切，云元合三平山。

轅，《辨音广韵》于權切，云仙合三平山；《宋本广韵》雨元切，云元合三平山。

援，《辨音广韵》于權切，云仙合三平山；《宋本广韵》雨元切，云元合三平山。

媛，《辨音广韵》于權切，云仙合三平山；《宋本广韵》雨元切，云元合三平山。

仙、元与先韵相混，在唐代已是如此了。《经典释文》中"先仙元混用"（见《〈经典释文〉反切考》）。玄应《一切经音义》也是先、仙混切。《广韵》注先、仙同用，也表明两者的近同。周祖谟《宋代汴洛语音考》说："至于元韵，《切韵》本与魂痕为一类，宋人诗中多读同先仙，与魏晋以来之读音迥异。其转入先仙，当亦肇于唐代（见马伯乐《唐代长安方言》及罗莘田先生《唐五代西北方音》二书），如元结《退谷铭》以源焉为韵（文集六）是也。及到宋代元与先仙及多合用，间有与魂痕相协者，则固守旧韵耳。"[①]

邵雍《皇极经世·声音倡和图》中的《十声图》以千（先）、典（铣）、旦（翰）为开口韵代表字，以元（元）、犬（铣）、半（换）为合口韵代表字，这也表明先与元仙等相混。《四声等子》的混并更为明显，它在图中注

---

① 李新魁：《李新魁音韵学论集》，汕头大学出版社1997年版，第145页。

明"先并入仙韵",图中所列,以言、轩、建、骞、健、宪、堰、等元韵字与乾、缠、躔、连、然等仙韵字相杂,又以延、演、羡、衍等仙韵字混入先韵字坚、牵、研、颠、天、田、年、眠、筅、千、前、先、贤、烟等字之中,这都表明三韵确已经归并。《切韵指掌图》也如是。[①]

在《广韵》之时,元还在臻摄之内,随着语音的发展元脱离臻摄进入山摄,《辨音纂要》正读中表现得非常明显,元与魂痕无一例相混,却与山摄关系密切。其中元与寒桓删山互注共 22 例,元与先仙互注共 23 例,元与山摄互注合计 45 例,而元自注仅有 8 例。从数字上来看,元已经完全融入了山摄。

(二)上声

1. 旱自注 8 例,缓自注 23 例,潸自注 5 例,产自注 14 例,铣自注 23 例,狝自注 51 例,阮自注 13 例。

2. 旱缓互注 1 例,潸产互注 3 例,铣狝互注 17 例:

旱缓互注 1 例:

满,《辨音广韵》莫旱切,明旱开一上山;《宋本广韵》莫旱切,明缓合一上山。

潸产互注 3 例:

虥,《辨音广韵》鉏限切,崇产开二上山;《宋本广韵》士板切,崇潸开二上山。

撰,《辨音广韵》雏产切,崇产开二上山;《宋本广韵》雏鲩切,崇潸合二上山。

馔,《辨音广韵》雏产切,崇产开二上山;《宋本广韵》雏鲩切,崇潸合二上山。

铣狝互注 17 例:

蹇,《辨音广韵》吉典切,见铣开四上山;《宋本广韵》九辇切,见狝开三上山。

攓,《辨音广韵》吉典切,见铣开四上山;《宋本广韵》九件切,见狝开三上山。

---

① 李新魁:《李新魁音韵学论集》,汕头大学出版社 1997 年版,第 146 页。

譴，《辨音广韵》吉典切，见铣开四上山；《宋本广韵》纪偃切，见獮开三上山。

輾，《辨音广韵》乃殄切，泥铣开四上山；《宋本广韵》知演切，知獮开三上山。

蹍，《辨音广韵》乃殄切，泥铣开四上山；《宋本广韵》知輦切，知獮开三上山。

褊，《辨音广韵》補典切，帮铣开四上山；《宋本广韵》方緬切，帮獮开三上山。

惼，《辨音广韵》補典切，帮铣开四上山；《宋本广韵》方緬切，帮獮开三上山。

獮，《辨音广韵》苏典切，心铣开四上山；《宋本广韵》息淺切，心獮开三上山。

癬，《辨音广韵》苏典切，心铣开四上山；《宋本广韵》息淺切，心獮开三上山。

蘚，《辨音广韵》苏典切，心铣开四上山；《宋本广韵》息淺切，心獮开三上山。

燹，《辨音广韵》苏典切，心铣开四上山；《宋本广韵》息淺切，心獮开三上山。

卷，《辨音广韵》古泫切，见铣合四上山；《宋本广韵》居轉切，见獮合三上山。

捲，《辨音广韵》古泫切，见铣合四上山；《宋本广韵》居轉切，见獮合三上山。

趁，《辨音广韵》乃殄切，泥铣开四上山；《宋本广韵》尼展切，娘獮开三上山。

辮，《辨音广韵》婢免切，並獮开三上山；《宋本广韵》薄泫切，並铣开四上山。

艑，《辨音广韵》婢免切，並獮开三上山；《宋本广韵》薄泫切，並铣开四上山。

眄，《辨音广韵》羙辨切，明獮开三上山；《宋本广韵》瀰殄切，明铣开四上山。

174

《广韵》旱缓同用，潸产同用，铣狝同用，这些现象在《辨音纂要》正读中也体现了出来。其中潸产互注 3 例，潸产自注合计 19 例，互注占自注的 15.79%，占潸自注的 60%，占产自注的 21.43%，从统计数字可以判定潸产合一；铣狝互注 17 例，铣狝自注合计 74 例，互注占自注的 22.97%，占铣自注的 73.91%，占狝自注 33.33%，从统计数字可以判定铣狝合一；虽然旱缓互注仅 1 例，但从语音发展的平衡性来看，旱缓也是合一的。

3. 产旱互注 10 例，产缓互注 1 例，缓潸互注 2 例：

产旱互注 10 例：

亶，《辨音广韵》多简切，端产开二上山；《宋本广韵》多旱切，端旱开一上山。

担，《辨音广韵》多简切，端产开二上山；《宋本广韵》多旱切，端旱开一上山。

趲，《辨音广韵》在简切，从产开二上山；《宋本广韵》藏旱切，从旱开一上山。

糤，《辨音广韵》苏简切，心产开二上山；《宋本广韵》苏旱切，心旱开一上山。

繖，《辨音广韵》苏简切，心产开二上山；《宋本广韵》苏旱切，心旱开一上山。

繖，《辨音广韵》苏简切，心产开二上山；《宋本广韵》苏旱切，心旱开一上山。

伞，《辨音广韵》苏简切，心产开二上山；《宋本广韵》苏旱切，心旱开一上山。

孏，《辨音广韵》鲁简切，来产开二上山；《宋本广韵》落旱切，来旱开一上山。

懒，《辨音广韵》鲁简切，来产开二上山；《宋本广韵》落旱切，来旱开一上山。

㰚，《辨音广韵》鲁简切，来产开二上山；《宋本广韵》落旱切，来旱开一上山。

产缓互注 1 例：

儹，《辨音广韵》积产切，精产开二上山；《宋本广韵》作管切，精缓

175

合一上山。

缓潸互注2例：

莞，《辨音广韵》胡管切，匣缓合一上山；《宋本广韵》户板切，匣潸合二上山。

睆，《辨音广韵》胡管切，匣缓合一上山；《宋本广韵》户板切，匣潸合二上山。

旱缓与潸产互注达13例，旱缓自注合计31例，潸产自注合计19例，旱缓与潸产互注占自注的26%，占旱缓自注的41.94%，占潸产自注的68.42%，从统计数字上来看，旱缓与潸产已经合一。

4. 产狝互注1例：

譔，《辨音广韵》雏产切，崇产开二上山；《宋本广韵》士免切，崇狝合三上山。

铣狝与旱缓没有互注例，与潸产也仅有1例产狝互注，可见铣狝与旱缓潸产还处在分立状态。

综上，《辨音纂要》正读山摄上声表现出旱缓潸产合一、铣狝合一、旱缓潸产与铣狝分立。

5. 阮与山摄的互用：

阮铣互注3例，阮狝注2例，阮潸互注5例。具体例证如下：

阮铣互注3例：

蝘，《辨音广韵》於幰切，影阮开三上山；《宋本广韵》於殄切，影铣开四上山。

撿，《辨音广韵》吉典切，见铣开四上山；《宋本广韵》纪偃切，见阮开三上山。

幰，《辨音广韵》呼典切，晓铣开四上山；《宋本广韵》虚偃切，晓阮开三上山。

阮狝互注2例：

嫣，《辨音广韵》於幰切，影阮开三上山；《宋本广韵》於蹇切，影獮开三上山。

鍵，《辨音广韵》巨展切，羣獮开三上山；《宋本广韵》其偃切，羣阮开三上山。

阮潸互注 5 例：

返，《辨音广韵》甫版切，非潸开二上山；《宋本广韵》府遠切，非阮合三上山。

反，《辨音广韵》甫版切，非潸开二上山；《宋本广韵》府遠切，非阮合三上山。

坂，《辨音广韵》甫版切，非潸开二上山；《宋本广韵》府遠切，非阮合三上山。

晚，《辨音广韵》武綰切，微潸开二上山；《宋本广韵》無遠切，微阮合三上山。

挽，《辨音广韵》武綰切，微潸开二上山；《宋本广韵》無遠切，微阮合三上山。

阮与潸产铣狝互注合计 10 例，其中与铣狝互注合计 5 例，与潸产互注 5 例，而阮自注为 13 例，从数字上来看，阮已经完全融入了山摄。

（三）去声

1. 翰自注 37 例，换自注 42 例，谏自注 23 例，祠自注 3 例，霰自注 33 例，线自注 31 例，愿自注 10 例。

2. 祠谏互注 9 例，霰线互注 20 例：

祠谏互注 9 例：

慢，《辨音广韵》莫扮切，明祠开二去山；《宋本广韵》謨晏切，明谏开二去山。

嫚，《辨音广韵》莫扮切，明祠开二去山；《宋本广韵》謨晏切，明谏开二去山。

谩，《辨音广韵》莫扮切，明祠开二去山；《宋本广韵》謨晏切，明谏开二去山。

綻，《辨音广韵》助谏切，崇谏开二去山；《宋本广韵》丈莧切，澄祠开二去山。

組，《辨音广韵》助谏切，崇谏开二去山；《宋本广韵》丈莧切，澄祠开二去山。

莧，《辨音广韵》狹谏切，匣谏开二去山；《宋本广韵》侯祠切，匣祠开二去山。

扮，《辨音广韵》逋患切，帮諫合二去山；《宋本广韵》晡幻切，帮襇开二去山。

盼，《辨音广韵》普患切，滂諫合二去山；《宋本广韵》匹莧切，滂襇开二去山。

幻，《辨音广韵》胡慣切，匣諫合二去山；《宋本广韵》胡辨切，匣襇合二去山。

霰线互注 20 例：

倪，《辨音广韵》詰戰切，溪線开三去山；《宋本广韵》苦甸切，溪霰开四去山。

棒，《辨音广韵》詰戰切，溪線开三去山；《宋本广韵》苦甸切，溪霰开四去山。

荐，《辨音广韵》在線切，從線开三去山；《宋本广韵》在甸切，從霰开四去山。

洊，《辨音广韵》在線切，從線开三去山；《宋本广韵》在甸切，從霰开四去山。

眩，《辨音广韵》黄絹切，匣線合三去山；《宋本广韵》黄練切，匣霰合四去山。

炫，《辨音广韵》黄絹切，匣線合三去山；《宋本广韵》黄練切，匣霰合四去山。

衒，《辨音广韵》黄絹切，匣線合三去山；《宋本广韵》黄練切，匣霰合四去山。

這，《辨音广韵》倪甸切，疑霰开四去山；《宋本广韵》鱼變切，疑線开三去山。

徧，《辨音广韵》卑见切，帮霰开四去山；《宋本广韵》方见切，帮线开四去山。

遍，《辨音广韵》卑见切，帮霰开四去山；《宋本广韵》方见切，帮线开四去山。

彦，《辨音广韵》倪甸切，疑霰开四去山；《宋本广韵》鱼變切，疑線开三去山。

唁，《辨音广韵》倪甸切，疑霰开四去山；《宋本广韵》鱼變切，疑線开三去山。

谚，《辨音广韵》倪甸切，疑霰开四去山；《宋本广韵》鱼变切，疑線开三去山。

唁，《辨音广韵》倪甸切，疑霰开四去山；《宋本广韵》鱼变切，疑線开三去山。

变，《辨音广韵》卑见切，帮霰开四去山；《宋本广韵》彼眷切，帮線开三去山。

骗，《辨音广韵》匹见切，滂霰开四去山；《宋本广韵》匹扇切，滂線开三去山。

面，《辨音广韵》莫见切，明霰开四去山；《宋本广韵》弥箭切，明線开三去山。

溅，《辨音广韵》作甸切，精霰开四去山；《宋本广韵》子贱切，精線开三去山。

箭，《辨音广韵》作甸切，精霰开四去山；《宋本广韵》子贱切，精線开三去山。

線，《辨音广韵》先见切，心霰开四去山；《宋本广韵》私箭切，心線开三去山。

去声裥谏互注9例，裥谏自注合计26例，互注占自注的34.62%，互注占谏自注的39.13%，互注数量是裥自注的三倍，从统计数字上可以判定，去声裥谏合一。

去声霰线互注20例，霰线自注合计64例，互注占自注的31.25%，互注占霰自注的60.6%，占线自注的64.52%，从统计数字上看，去声霰线合一。

3. 愿与山摄的互用

谏愿互注4例，换愿互注1例，线愿互注1例，霰愿互注5例。具体例证如下：

谏愿互注4例：

贩，《辨音广韵》方谏切，非谏开二去山；《宋本广韵》方愿切，非愿合三去山。

畈，《辨音广韵》方谏切，非谏开二去山；《宋本广韵》方愿切，非愿合三去山。

飯，《辨音广韵》符諫切，奉諫开二去山；《宋本广韵》符万切，奉願合三去山。

豢，《辨音广韵》胡慣切，匣諫合二去山；《宋本广韵》居願切，見願合三去山。

换愿互注1例：

曼，《辨音广韵》莫半切，明换合一去山；《宋本广韵》無販切，微願合三去山。

线愿互注1例：

怨，《辨音广韵》迂絹切，云線合三去山；《宋本广韵》於願切，影願合三去山。

霰愿互注5例：

建，《辨音广韵》經電切，見霰开四去山；《宋本广韵》居万切，見願开三去山。

獻，《辨音广韵》曉見切，曉霰开四去山；《宋本广韵》許建切，曉願开三去山。

楦，《辨音广韵》許眩切，曉霰合四去山；《宋本广韵》虚願切，曉願合三去山。

韗，《辨音广韵》許眩切，曉霰合四去山；《宋本广韵》虚願切，曉願合三去山。

韗，《辨音广韵》許眩切，曉霰合四去山；《宋本广韵》虚願切，曉願合三去山。

去声愿与山摄互注合计11例，其中，愿与翰换谏裥互注共5例，愿与霰线互注共6例，而愿自注10例，从数字上来看，愿已经完全融入了山摄。

从《辨音纂要》正读来看，以平赅上去，寒自注74例，桓自注138例，删自注54例，山自注28例，先自注115例，仙自注173例，元自注8例。

平声桓寒互注1例，上声旱缓互注1例，寒桓互注合计2例，虽然例子很少，删山、先仙已经合一，但按照语音发展的平衡性，寒桓也应该合一。

平声删山互注5例，上声产潸互注3例，去声裥谏互注9例，删山互注合计 17 例，删山自注合计 82 例，互注占自注的 20.73%。从统计数字上来看，删山已经合一。

平声寒桓与删山互注合计 15 例，上声旱缓与潸产互注合计 13 例，寒桓与删山互注合计 28 例，互注占寒桓删山自注的 20.14%，占旱缓潸产自注的 56%，从统计数字上来看，寒桓与删山已经合一。

平声先仙互注 31 例，上声狝铣互注 17 例，去声霰线互注 20 例，先仙互注合计 68 例，先仙自注合计 288 例，互注占自注的 23.61%。从统计数字上来看，先仙已经合一。

元与山摄寒桓删山先仙都有互注例，合计 66 例，其中，山元互注合计 20 例，先元互注合计 18 例，仙元互注合计 16 例，元桓互注合计 3 例，元删互注合计 9 例，而元自注仅 8 例，可见，元与山摄已经完全融合。

综上，《辨音纂要》正读山摄（以平赅上去）表现出寒桓删山合一、先仙合一、寒桓删山与先仙分立，元已经完全融入了山摄。

（四）入声

1. 曷自注 21 例，末自注 32 例，黠自注 19 例，鎋自注 5 例，屑自注 46 例，薛自注 49 例，月自注 21 例。

2. 曷末互注 7 例，黠鎋互注 9 例，屑薛互注 26 例：

曷末互注 7 例：

末，《辨音广韵》莫葛切，明曷开一入山；《宋本广韵》莫撥切，明末合一入山。

抹，《辨音广韵》莫葛切，明曷开一入山；《宋本广韵》莫撥切，明末合一入山。

袜，《辨音广韵》莫葛切，明曷开一入山；《宋本广韵》莫撥切，明末合一入山。

沫，《辨音广韵》莫葛切，明曷开一入山；《宋本广韵》莫撥切，明末合一入山。

秣，《辨音广韵》莫葛切，明曷开一入山；《宋本广韵》莫撥切，明末合一入山。

靺，《辨音广韵》莫葛切，明曷开一入山；《宋本广韵》莫撥切，明末合一入山。

眒，《辨音广韵》莫葛切，明曷开一入山；《宋本广韵》莫撥切，明末合一入山。

黠鎋互注 9 例：

刹，《辨音广韵》初戛切，初黠开二入山；《宋本广韵》初鎋切，初鎋开二入山。

刮，《辨音广韵》古滑切，见黠合二入山；《宋本广韵》古頒切，见鎋合二入山。

刷，《辨音广韵》數滑切，生黠合二入山；《宋本广韵》數刮切，生鎋合二入山。

敌，《辨音广韵》户八切，匣黠开二入山；《宋本广韵》下刮切，匣鎋合二入山。

鍘，《辨音广韵》查轄切，崇鎋开二入山；《宋本广韵》士戛切，崇黠开二入山。

殺，《辨音广韵》山戛切，生鎋开二入山；《宋本广韵》所八切，生黠开二入山。

煞，《辨音广韵》山戛切，生鎋开二入山；《宋本广韵》所八切，生黠开二入山。

黠，《辨音广韵》胡瞎切，匣鎋开二入山；《宋本广韵》胡八切，匣黠开二入山。

密，《辨音广韵》莫轄切，明鎋开二入山；《宋本广韵》莫八切，明黠开二入山。

屑薛互注 26 例：

孑，《辨音广韵》古屑切，见屑开四入山；《宋本广韵》居列切，见薛开三入山。

薛，《辨音广韵》先結切，心屑开四入山；《宋本广韵》私列切，心薛开三入山。

緤，《辨音广韵》先結切，心屑开四入山；《宋本广韵》私列切，心薛开三入山。

洩，《辨音广韵》先結切，心屑开四入山；《宋本广韵》私列切，心薛开三入山。

泄，《辨音广韵》先結切，心屑開四入山；《宋本廣韵》私列切，心薛開三入山。

紲，《辨音广韵》先結切，心屑開四入山；《宋本廣韵》私列切，心薛開三入山。

疶，《辨音广韵》先結切，心屑開四入山；《宋本廣韵》私列切，心薛開三入山。

媟，《辨音广韵》先結切，心屑開四入山；《宋本廣韵》私列切，心薛開三入山。

褻，《辨音广韵》先結切，心屑開四入山；《宋本廣韵》私列切，心薛開三入山。

禼，《辨音广韵》先結切，心屑開四入山；《宋本廣韵》私列切，心薛開三入山。

拽，《辨音广韵》延結切，以屑開四入山；《宋本廣韵》羊列切，以薛開三入山。

臬，《辨音广韵》魚列切，疑薛開三入山；《宋本廣韵》五結切，疑屑開四入山。

嵲，《辨音广韵》魚列切，疑薛開三入山；《宋本廣韵》五結切，疑屑開四入山。

嵽，《辨音广韵》魚列切，疑薛開三入山；《宋本廣韵》五結切，疑屑開四入山。

臲，《辨音广韵》魚列切，疑薛開三入山；《宋本廣韵》五結切，疑屑開四入山。

䶩，《辨音广韵》魚列切，疑薛開三入山；《宋本廣韵》五結切，疑屑開四入山。

捏，《辨音广韵》魚列切，疑薛開三入山；《宋本廣韵》奴結切，泥屑開四入山。

彆，《辨音广韵》必列切，幫薛開三入山；《宋本廣韵》必結切，幫屑開四入山。

鼈，《辨音广韵》避列切，並薛開三入山；《宋本廣韵》蒲結切，並屑開四入山。

瘰，《辨音广韵》避列切，並薛开三入山；《宋本广韵》蒲結切，並屑开四入山。

㦎，《辨音广韵》彌列切，明薛开三入山；《宋本广韵》莫結切，明屑开四入山。

矋，《辨音广韵》彌列切，明薛开三入山；《宋本广韵》莫結切，明屑开四入山。

蠛，《辨音广韵》彌列切，明薛开三入山；《宋本广韵》莫結切，明屑开四入山。

蔑，《辨音广韵》彌列切，明薛开三入山；《宋本广韵》莫結切，明屑开四入山。

篾，《辨音广韵》彌列切，明薛开三入山；《宋本广韵》莫結切，明屑开四入山。

挮，《辨音广韵》良薛切，来薛开三入山；《宋本广韵》練結切，来屑开四入山。

入声曷末互注 7 例，互注占曷自注的 33.33%，占末自注的 21.88%，占曷末自注的 13.2%，从统计数字来看，可以判定入声曷末合一。

入声黠鎋互注 9 例，互注占黠自注的 47.37%，且互注远远大于鎋自注的数量。由此可见，入声黠鎋已经合一。

屑薛互注 26 例，屑薛自注合计 95 例，屑薛互注占屑自注的 56.52%，占薛自注的 53.06%，占屑薛自注的 27.37%，从统计数字上来看，可以判定入声屑薛合一。

3. 黠曷互注 7 例，鎋曷互注 4 例：

黠曷互注 7 例：

妲，《辨音广韵》當拔切，端黠开二入山；《宋本广韵》當割切，端曷开一入山。

靼，《辨音广韵》當拔切，端黠开二入山；《宋本广韵》當割切，端曷开一入山。

笡，《辨音广韵》當拔切，端黠开二入山；《宋本广韵》當割切，端曷开一入山。

達，《辨音广韵》堂滑切，定黠合二入山；《宋本广韵》唐割切，定曷开一入山。

捺，《辨音广韵》乃八切，泥黠开二入山；《宋本广韵》奴曷切，泥曷开一入山。

擦，《辨音广韵》七煞切，清黠开二入山；《宋本广韵》七曷切，清曷开一入山。

礤，《辨音广韵》七煞切，清黠开二入山；《宋本广韵》七曷切，清曷开一入山。

鎋曷互注 4 例：

拶，《辨音广韵》宗辖切，精鎋开二入山；《宋本广韵》姊末切，精曷开一入山。

薩，《辨音广韵》桑辖切，心鎋开二入山；《宋本广韵》桑割切，心曷开一入山。

撒，《辨音广韵》桑辖切，心鎋开二入山；《宋本广韵》桑割切，心曷开一入山。

卅，《辨音广韵》桑辖切，心鎋开二入山；《宋本广韵》桑割切，心曷开一入山。

黠曷互注 7 例，互注占黠自注的 36.84%，互注占曷自注的 33.33%，从统计数字上可以判定黠曷合一。鎋曷互注 4 例，互注占鎋自注的 80%，可以判定鎋曷合一。

曷末与黠鎋互注合计 11 例，互注占曷末自注的 20.75%，互注占黠鎋自注的 45.83%，从统计数字上可以判定曷末与黠鎋合一。

4. 黠月互注 6 例，屑月互注 20 例，薛月互注 10 例。具体例证如下：

黠月互注 6 例：

伐，《辨音广韵》房滑切，奉黠合二入山；《宋本广韵》房越切，奉月合三入山。

垡，《辨音广韵》房滑切，奉黠合二入山；《宋本广韵》房越切，奉月合三入山。

阀，《辨音广韵》房滑切，奉黠合二入山；《宋本广韵》房越切，奉月合三入山。

筏，《辨音广韵》房滑切，奉黠合二入山；《宋本广韵》房越切，奉月合三入山。

坡，《辨音广韵》房滑切，奉黠合二入山；《宋本广韵》房越切，奉月合三入山。

罰，《辨音广韵》房滑切，奉黠合二入山；《宋本广韵》房越切，奉月合三入山。

屑月互注 20 例：

羯，《辨音广韵》古屑切，见屑开四入山；《宋本广韵》居竭切，见月开三入山。

揭，《辨音广韵》古屑切，见屑开四入山；《宋本广韵》居竭切，见月开三入山。

遏，《辨音广韵》古屑切，见屑开四入山；《宋本广韵》居竭切，见月开三入山。

訐，《辨音广韵》古屑切，见屑开四入山；《宋本广韵》居竭切，见月开三入山。

噦，《辨音广韵》一决切，影屑合四入山；《宋本广韵》於月切，影月合三入山。

咽，《辨音广韵》於歇切，影月开三入山；《宋本广韵》乌结切，影屑开四入山。

饐，《辨音广韵》於歇切，影月开三入山；《宋本广韵》一结切，影屑开四入山。

噎，《辨音广韵》於歇切，影月开三入山；《宋本广韵》乌结切，影屑开四入山。

玦，《辨音广韵》居月切，见月合三入山；《宋本广韵》古穴切，见屑合四入山。

訣，《辨音广韵》居月切，见月合三入山；《宋本广韵》古穴切，见屑合四入山。

抉，《辨音广韵》居月切，见月合三入山；《宋本广韵》古穴切，见屑合四入山。

駃，《辨音广韵》居月切，见月合三入山；《宋本广韵》古穴切，见屑合四入山。

赽，《辨音广韵》居月切，见月合三入山；《宋本广韵》古穴切，见屑合四入山。

觖，《辨音广韵》居月切，见月合三入山；《宋本广韵》古穴切，见屑合四入山。

决，《辨音广韵》居月切，见月合三入山；《宋本广韵》古穴切，见屑合四入山。

鴂，《辨音广韵》居月切，见月合三入山；《宋本广韵》古穴切，见屑合四入山。

譎，《辨音广韵》居月切，见月合三入山；《宋本广韵》古穴切，见屑合四入山。

鐍，《辨音广韵》居月切，见月合三入山；《宋本广韵》古穴切，见屑合四入山。

関，《辨音广韵》丘月切，溪月合三入山；《宋本广韵》苦穴切，溪屑合四入山。

缺，《辨音广韵》丘月切，溪月合三入山；《宋本广韵》苦穴切，溪屑合四入山。

薛月互注10例：

竭，《辨音广韵》巨列切，羣薛开三入山；《宋本广韵》其谒切，羣月开三入山。

碣，《辨音广韵》巨列切，羣薛开三入山；《宋本广韵》其谒切，羣月开三入山。

越，《辨音广韵》弋雪切，以薛合三入山；《宋本广韵》王伐切，云月合三入山。

鉞，《辨音广韵》弋雪切，以薛合三入山；《宋本广韵》王伐切，云月合三入山。

狘，《辨音广韵》弋雪切，以薛合三入山；《宋本广韵》許月切，晓月合三入山。

蚎，《辨音广韵》弋雪切，以薛合三入山；《宋本广韵》王伐切，云月合三入山。

樾，《辨音广韵》弋雪切，以薛合三入山；《宋本广韵》王伐切，云月合三入山。

曰,《辨音广韵》弋雪切,以薛合三入山;《宋本广韵》王伐切,云月合三入山。

蚎,《辨音广韵》弋雪切,以薛合三入山;《宋本广韵》王伐切,云月合三入山。

粤,《辨音广韵》弋雪切,以薛合三入山;《宋本广韵》王伐切,云月合三入山。

月与黠鎋屑薛都有互注例,合计互注 36 例,而月自注仅 21 例,可见月已经完全融入山摄。

总之,《辨音纂要》正读入声体现出曷末合一、黠鎋合一、屑薛合一、曷末与黠鎋合一、月完全融入山摄。《辨音纂要》正读入声体现出曷末、黠鎋、屑薛、月七韵合一现象。

综上所述,《辨音纂要》正读中山摄表现出寒桓删山合一、先仙合一、寒桓删山与先仙分立;旱缓潸产合一、铣狝合一、旱缓潸产与铣狝分立;霰线合一、裥谏合一;曷末黠鎋合一、屑薛合一;元、阮、愿、月已经完全融入了山摄。

(五)跨摄相押

1. 山咸互注 1 例:

仙敢互注 1 例:

赶,《辨音广韵》渠焉切,羣仙开三平山;《宋本广韵》古览切,见敢开一上咸。

按:此字有三读,[《广韵》巨言切,平元,羣。] [《广韵》其月切,入月,羣。] [《正字通》古览切] 若按《广韵》又音来看,此例属于山摄自注例,不宜作为音变考虑。

六 深摄

深摄内部无互注现象,自注合计 159 例,具体情况如下:

(一)平声　1. 侵自注 73 例。

(二)上声　1. 寝自注 28 例。

（三）去声　　1. 沁自注 21 例。
（四）入声　　1. 缉自注 37 例。

七　咸摄

咸摄内部互注共有 84 例。其中平声 32 例，上声 9 例，去声 9 例，入声 34 例。首先，我们看平声的状态。

（一）平声

1. 覃自注 36 例，谈自注 8 例，盐 54 自注例，添自注 13 例，咸自注 11 例，衔自注 8 例，严自注 5 例。

2. 覃谈互注 4 例，盐添互注 3 例，咸衔互注 9 例。具体情况如下：

覃谈互注 4 例：

聃，《辨音广韵》都含切，端覃开一平咸；《宋本广韵》他酣切，透谈开一平咸。

鬖，《辨音广韵》苏含切，心覃开一平咸；《宋本广韵》苏甘切，心谈开一平咸。

蚶，《辨音广韵》呼含切，晓覃开一平咸；《宋本广韵》呼谈切，晓谈开一平咸。

憨，《辨音广韵》呼含切，晓覃开一平咸；《宋本广韵》呼谈切，晓谈开一平咸。

盐添互注 3 例：

敁，《辨音广韵》丁廉切，端盐开三平咸；《宋本广韵》丁兼切，端添开四平咸。

嫌，《辨音广韵》胡兼切，匣盐开三平咸；《宋本广韵》户兼切，匣添开四平咸。

濂，《辨音广韵》力盐切，来盐开三平咸；《宋本广韵》勒兼切，来添开四平咸。

咸衔互注 9 例：

嵓，《辨音广韵》鱼咸切，疑咸开二平咸；《宋本广韵》五衔切，疑衔开二平咸。

巉，《辨音广韵》鉏咸切，崇咸开二平咸；《宋本广韵》鋤銜切，崇銜开二平咸。

銜，《辨音广韵》胡喦切，匣咸开二平咸；《宋本广韵》户監切，匣銜开二平咸。

緘，《辨音广韵》古銜切，见銜开二平咸；《宋本广韵》古咸切，见咸开二平咸。

械，《辨音广韵》古銜切，见銜开二平咸；《宋本广韵》胡讒切，匣咸开二平咸。

鵮，《辨音广韵》丘銜切，溪銜开二平咸；《宋本广韵》苦咸切，溪咸开二平咸。

杉，《辨音广韵》師銜切，生銜开二平咸；《宋本广韵》所咸切，生咸开二平咸。

雸，《辨音广韵》師銜切，生銜开二平咸；《宋本广韵》所咸切，生咸开二平咸。

掺，《辨音广韵》師銜切，生銜开二平咸；《宋本广韵》所咸切，生咸开二平咸。

《广韵》覃谈同用，盐添同用，咸銜同用，这些现象在《辨音纂要》正读中也体现了出来。其中，平声覃谈互注4例，互注占谈自注的50%，这个数字可以判定平声覃谈合一；平声盐添互注3例，互注占添自注的23.08%，由此判定平声盐添合一；平声咸銜互注9例，咸銜自注合计19例，互注占自注的47.37%，互注占咸自注的81.82%，且互注数量大于銜自注的数量，因此可以判定，平声咸銜合一。

3. 覃谈与咸銜

覃咸互注2例，咸谈互注1例，銜谈互注9例。具体情况如下：

覃咸互注2例：

諵，《辨音广韵》那含切，泥覃开一平咸；《宋本广韵》女咸切，娘咸开二平咸。

喃，《辨音广韵》那含切，泥覃开一平咸；《宋本广韵》女咸切，娘咸开二平咸。

咸谈互注1例：

憨，《辨音广韵》鉏咸切，崇咸开二平咸；《宋本广韵》昨甘切，從談开一平咸。

衔谈互注9例：

儋，《辨音广韵》都监切，端衔开二平咸；《宋本广韵》都甘切，端談开一平咸。

擔，《辨音广韵》都监切，端衔开二平咸；《宋本广韵》都甘切，端談开一平咸。

談，《辨音广韵》徒监切，定衔开二平咸；《宋本广韵》徒甘切，定談开一平咸。

痰，《辨音广韵》徒监切，定衔开二平咸；《宋本广韵》徒甘切，定談开一平咸。

餤，《辨音广韵》徒监切，定衔开二平咸；《宋本广韵》徒甘切，定談开一平咸。

三，《辨音广韵》苏监切，心衔开二平咸；《宋本广韵》苏甘切，心談开一平咸。

藍，《辨音广韵》卢监切，来衔开二平咸；《宋本广韵》鲁甘切，来談开一平咸。

籃，《辨音广韵》卢监切，来衔开二平咸；《宋本广韵》鲁甘切，来談开一平咸。

襤，《辨音广韵》卢监切，来衔开二平咸；《宋本广韵》鲁甘切，来談开一平咸。

覃談与咸衔互注合计12例，覃談咸衔自注合计63例，互注占自注的19.05%，从统计数字上来看，可以判定覃談与咸衔合一。

4. 添与严凡

盐严互注1例，咸凡互注2例。

盐严互注1例：

腌，《辨音广韵》衣炎切，影鹽开三平咸；《宋本广韵》於嚴切，影嚴开三平咸。

咸凡互注2例：

凡，《辨音广韵》符咸切，奉咸开二平咸；《宋本广韵》符芝切，奉凡合三平咸。

帆，《辨音广韵》符咸切，奉咸开二平咸；《宋本广韵》符芝切，奉凡合三平咸。

咸衔与严凡互注2例，咸衔与严凡自注合计24例，互注占自注的8.33%，占严凡自注的40%，因基础数字较少，虽然比例达百分之四十，仅依数字也无法判定合一，但从语音发展的规律上看，有合一的可能性。

5. 咸衔与盐添

衔盐互注1例：

檐，《辨音广韵》都监切，端衔开二平咸；《宋本广韵》余鹽切，以鹽开三平咸。

盐添与咸衔互注1例，占咸衔自注的5.26%，虽然互注合计例证非常少，但按照语音发展的平衡性，盐添与咸衔也应该合一。例子较少，还有待其他材料的支持。

综上，《辨音纂要》正读咸摄平声表现出覃谈合一、盐添合一、咸衔合一、覃谈与咸衔合一、咸衔与严凡合一、盐添与严凡合一、盐添与咸衔合一，即覃谈、盐添、咸衔、严凡八韵合一。

（二）上声

1. 感自注32例，敢自注10例，琰自注35例，忝自注6例，豏自注6例。

2. 感敢互注2例，豏敢互注1例；豏槛互注3例；琰豏互注1例，琰俨互注2例。具体例证如下：

感敢互注2例：

㪁，《辨音广韵》苦感切，溪感开一上咸；《宋本广韵》口敢切，溪敢开一上咸。

紞，《辨音广韵》都感切，端感开一上咸；《宋本广韵》都敢切，端敢开一上咸。

豏敢互注1例：

喊，《辨音广韵》呼豏切，晓豏开二上咸；《宋本广韵》呼覽切，晓敢开一上咸。

豏槛互注3例：

第三章 《辨音纂要》正读韵母

黤，《辨音广韵》乙减切，影豏开二上咸；《宋本广韵》於槛切，影槛开二上咸。

艦，《辨音广韵》下斩切，匣豏开二上咸；《宋本广韵》胡黤切，匣槛开二上咸。

轞，《辨音广韵》下斩切，匣豏开二上咸；《宋本广韵》胡黤切，匣槛开二上咸。

琰豏互注 1 例：

臉，《辨音广韵》居奄切，见琰开三上咸；《宋本广韵》力减切，来豏开二上咸。

琰俨互注 2 例：

儼，《辨音广韵》魚檢切，疑琰开三上咸；《宋本广韵》鱼埯切，疑儼开三上咸。

埯，《辨音广韵》於檢切，影琰开三上咸；《宋本广韵》於广切，影儼开三上咸。

《广韵》上声感敢同用，琰忝同用，豏槛同用，在《辨音纂要》正读中也体现了出来，其中上声感敢互注 2 例，互注占敢自注的 20%，可以判定上声感敢合一；上声豏槛互注 3 例，互注占豏自注的 50%，由此可见，上声豏槛已经合一；琰忝与俨范互注 2 例、感敢与豏槛互注 1 例、琰忝与豏槛互注 1 例，因数据量较少，将与平去共同讨论。

（三）去声

1. 勘自注 18 例，阚自注 13 例，艳自注 14 例，㮇自注 8 例，陷自注 8 例，鉴自注 4 例，梵自注 4 例。

2. 勘阚互注 2 例，陷鉴互注 2 例，酽梵互注 2 例；鉴阚互注 1 例，艳梵互注 1 例，㮇梵互注 1 例。具体例证如下：

勘阚互注 2 例：

闞，《辨音广韵》苦紺切，溪勘开一去咸；《宋本广韵》苦濫切，溪阚开一去咸。

瞰，《辨音广韵》苦紺切，溪勘开一去咸；《宋本广韵》苦濫切，溪阚开一去咸。

陷鉴互注 2 例：

鑑，《辨音广韵》古陷切，见陷开二去咸；《宋本广韵》格懺切，见鑑开二去咸。

鉴，《辨音广韵》古陷切，见陷开二去咸；《宋本广韵》格懺切，见鑑开二去咸。

醶梵互注 2 例：

醶，《辨音广韵》鱼欠切，疑梵开三去咸；《宋本广韵》鱼欠切，疑醶开三去咸。

爰，《辨音广韵》虚欠切，晓梵开三去咸；《宋本广韵》許欠切，晓醶开三去咸。

鉴阚互注 1 例：

譀，《辨音广韵》許鑑切，晓鑑开二去咸；《宋本广韵》下瞰切，匣阚开一去咸。

艳梵互注 1 例：

験，《辨音广韵》魚欠切，疑梵开三去咸；《宋本广韵》鱼窆切，疑豔开三去咸。

桥梵互注 1 例：

欠，《辨音广韵》詰念切，溪桥开四去咸；《宋本广韵》去劍切，溪梵开三去咸。

《广韵》勘阚同用，艳桥同用，陷鉴同用，醶梵同用。在《辨音纂要》正读中也体现了出来，其中勘阚互注 2 例，互注占阚自注的 15.38%，从统计数字上可以判定，勘阚合一；陷鉴互注 2 例，互注占鉴自注的 50%，由此可以判定，陷鉴合一；醶梵互注 2 例，互注占梵自注的 50%，由此可以判定，去声醶梵合一；醶梵与艳桥互注 2 例、勘阚与陷鉴互注 1 例，因数据量较少，将与平上共同讨论。

综上，咸摄去声勘阚合一、陷鉴合一、醶梵合一、醶梵与艳桥合一。

咸摄《广韵》覃谈同用，盐添同用，咸衔同用，严凡同用。从《辨音纂要》正读来看，以平赅上去，覃自注 86 例，谈自注 31 例，盐自注 103 例，添自注 27 例，咸自注 25 例，衔自注 12 例，严自注 5 例，凡自注 4 例。

平声覃谈互注 4 例，上声感敢互注 2 例，去声勘阚互注 2 例，覃谈互注合计 8 例，互注占谈自注的 25.81%，从统计数字上看，覃谈已经合一。

194

平声咸衔互注 9 例,上声豏槛互注 3 例,去声陷鉴互注 2 例,咸衔互注合计 14 例,咸衔自注合计 37 例,互注占自注的 37.84%,互注占咸自注的 56%,且互注数量大于衔自注的数量。从统计数字来看,可以判定在《辨音纂要》正读中,咸衔已经合一。

严凡互注 2 例,严凡自注合计 9 例,互注占自注的 22.22%,从统计数字来看,严凡已经合一。

覃谈与咸衔互注合计 14 例,其中,覃咸互注 2 例,咸谈互注 1 例,衔谈互注 9 例,豏敢互注 1 例,鉴阚互注 1 例。咸衔自注合计 37 例,覃谈与咸衔互注占咸衔自注的 37.84%,从统计数字来看,可以判定覃谈与咸衔合一。

咸衔与严凡互注合计 2 例,占严凡自注的 22.22%,从统计数字来看,咸衔与严凡已经合一。

盐添与严凡互注合计 4 例,即盐严互注 1 例,琰俨互注 2 例,艳梵互注 1 例,㮇梵互注 1 例。严凡自注合计 9 例,盐添与严凡互注占严凡自注的 44.44%,从统计数字上来看,可以判定盐添与严凡合一。

《辨音纂要》正读中盐添互注虽然只有 3 例,盐添与咸衔互注也只有 2 例,与盐添庞大数量的自注相比,合用尚不明显。但严、凡、盐诸[-m]尾韵,在六朝的诗文中就已有通押的现象,特别是严、凡二韵,事实上就可以合一韵。如《万象名义》中的反切,嚴、凡就合为一类。《经典释文》的反切中,盐严凡诸韵多有混用。玄应《一切经音义》则盐、严混用,凡与咸、衔混用。朱翱的反切也是"鹽添嚴凡合为一韵"。[①]《辨音纂要》正读中覃谈、咸衔、严凡已经合一,且盐添也与严凡合一,故覃谈、盐添、咸衔、严凡八韵合一。

综上所述,《辨音纂要》正读咸摄(以平赅上去)表现出覃谈、盐添、咸衔、严凡八韵合一。

(四)入声

1. 合自注 32 例,盍自注 9 例,葉自注 29 例,帖自注 29 例,洽自注 12 例,狎自注 8 例,业自注 6 例,乏自注 1 例。

2. 合盍互注 15 例,葉帖互注 1 例,洽狎互注 7 例。具体例证如下:

---

① 李新魁:《李新魁音韵学论集》,汕头大学出版社 1997 年版,第 141 页。

合盍互注 15 例：

搭，《辨音广韵》得合切，端合开一入咸；《宋本广韵》吐盍切，透盍开一入咸。

闒，《辨音广韵》達合切，定合开一入咸；《宋本广韵》徒盍切，定盍开一入咸。

鍚，《辨音广韵》達合切，定合开一入咸；《宋本广韵》徒盍切，定盍开一入咸。

蹋，《辨音广韵》達合切，定合开一入咸；《宋本广韵》徒盍切，定盍开一入咸。

囃，《辨音广韵》七合切，清合开一入咸；《宋本广韵》倉雜切，清盍开一入咸。

盍，《辨音广韵》胡閤切，匣合开一入咸；《宋本广韵》胡臘切，匣盍开一入咸。

闔，《辨音广韵》胡閤切，匣合开一入咸；《宋本广韵》胡臘切，匣盍开一入咸。

嗑，《辨音广韵》胡閤切，匣合开一入咸；《宋本广韵》胡臘切，匣盍开一入咸。

蠟，《辨音广韵》落合切，来合开一入咸；《宋本广韵》卢盍切，来盍开一入咸。

臘，《辨音广韵》落合切，来合开一入咸；《宋本广韵》卢盍切，来盍开一入咸。

鑞，《辨音广韵》落合切，来合开一入咸；《宋本广韵》卢盍切，来盍开一入咸。

擸，《辨音广韵》落合切，来合开一入咸；《宋本广韵》卢盍切，来盍开一入咸。

邋，《辨音广韵》落合切，来合开一入咸；《宋本广韵》卢盍切，来盍开一入咸。

搕，《辨音广韵》克盍切，溪盍开一入咸；《宋本广韵》乌合切，影合开一入咸。

㝔，《辨音广韵》克盍切，溪盍开一入咸；《宋本广韵》口答切，溪合开一入咸。

葉帖互注 1 例：

浹，《辨音广韵》即涉切，精葉开三入咸；《宋本广韵》子協切，精帖开四入咸。

洽狎互注 7 例：

甲，《辨音广韵》古洽切，见洽 开二入咸；《宋本广韵》古狎切，见狎开二入咸。

胛，《辨音广韵》古洽切，见洽 开二入咸；《宋本广韵》古狎切，见狎开二入咸。

翣，《辨音广韵》色洽切，生洽 开二入咸；《宋本广韵》所甲切，生狎开二入咸。

狎，《辨音广韵》胡夾切，匣洽 开二入咸；《宋本广韵》胡甲切，匣狎开二入咸。

柙，《辨音广韵》胡夾切，匣洽 开二入咸；《宋本广韵》胡甲切，匣狎开二入咸。

匣，《辨音广韵》胡夾切，匣洽 开二入咸；《宋本广韵》胡甲切，匣狎开二入咸。

煠，《辨音广韵》直甲切，澄狎开二入咸；《宋本广韵》山洽切，生洽 开二入咸。

3. 合业互注 1 例，帖洽互注 1 例，帖业互注 2 例，狎乏互注 1 例，狎合互注 1 例，狎盍互注 5 例。

合业互注 1 例：

拹，《辨音广韵》落合切，来合开一入咸；《宋本广韵》虚業切，晓業开三入咸。

帖洽互注 1 例：

夾，《辨音广韵》古愶切，见帖开四入咸；《宋本广韵》古洽切，见洽开二入咸。

帖业互注 2 例：

刧，《辨音广韵》古愶切，见帖开四入咸；《宋本广韵》居怯切，见業开三入咸。

怯，《辨音广韵》乞協切，溪帖开四入咸；《宋本广韵》去刼切，溪業开三入咸。

狎乏互注 1 例：

法，《辨音广韵》方甲切，非狎开二入咸；《宋本广韵》方乏切，非乏合三入咸。

狎合互注 1 例：

搨，《辨音广韵》託甲切，透狎开二入咸；《宋本广韵》託合切，透合开一入咸。

狎盍互注 5 例：

榻，《辨音广韵》託甲切，透狎开二入咸；《宋本广韵》吐盍切，透盍开一入咸。

遢，《辨音广韵》託甲切，透狎开二入咸；《宋本广韵》吐盍切，透盍开一入咸。

蒤，《辨音广韵》託甲切，透狎开二入咸；《宋本广韵》託盍切，透盍开一入咸。

塌，《辨音广韵》託甲切，透狎开二入咸；《宋本广韵》託盍切，透盍开一入咸。

塔，《辨音广韵》託甲切，透狎开二入咸；《宋本广韵》吐盍切，透盍开一入咸。

入声相混情况见表 3-1。

表3-1　咸摄入声混用表

	盍	帖	狎	业	乏
合	15		1	1	
葉		1			
洽		1	7		
狎	5				1
业		2			

入声合盍互注 15 例，合盍自注合计 41 例，互注占自注总数的 36.59%，且互注数量远远大于盍自注的数量，可见，入声合盍已经合一；洽狎互注 7

例,洽狎自注合计20例,互注占自注总数的35%,互注占洽自注的58.33%,占狎自注的87.5%,从统计数字上来看,入声洽狎已经合一;合盍与洽狎互注合计6例,包括狎合互注1例,狎盍互注5例。洽狎自注合计20例,互注占自注的30%,从统计数字来看,可以判定合盍与洽狎合一。

叶帖互注1例,从音理上看,也是合一的。

叶帖与洽狎互注1例,与业乏互注2例,帖洽互注1例,帖业互注2例,可见叶帖与其他三种入声都有互注。业乏与合盍互注1例,与洽狎互注1例。由上面的表格可以看出,这八韵都有相混。综合咸摄舒声韵母演变的情况,我们认为咸入内部已经开始混同。这八韵已经没有严格的界限。

(五)跨摄相押

1. 效咸互注1例:

小感:

抩,《辨音广韵》以绍切,以小开三上效;《宋本广韵》都感切,端感开一上咸。

按:此字有四音,[《广韵》都感切,上感,端。][《广韵》以主切,上虞,以。][《广韵》以周切,平尤,以。][《集韵》食荏切,上寝,船。]与"抩"字形相似的"抭"(yǎo):[《广韵》以周切,平尤,以。][《集韵》以绍切,上小,以。]"抩"疑为"抭",是"抭"的讹字。

"抩",以周切,《余本广韵》205页,余校为"抭",并注明"又小韵以沼切";"抭",以沼切,《余本广韵》299页,为"抩",余校为"抭",并注明"又尤韵以周切";"抩"与"抭"字形相近,我们认为"抩"是"抭"的误字。

2. 深咸互注1例:

盐侵互注1例:

撏,《辨音广韵》徐廉切,邪盐开三平咸;《宋本广韵》徐林切,邪侵开三平深

按:此字《广韵》有三读,[《广韵》徐林切,平侵,邪。][《广韵》视占切,平盐,禅。][《广韵》昨含切,平覃,从。]若按又音来看,则此例属于咸摄自注例,不宜作为音变考虑。

第二节 阴声韵

一 遇摄

遇摄内部互注共有 166 例。其中平声 67 例，上声 58 例，去声 41 例。首先，我们看平声的状态。

（一）平声

1. 鱼自注 58 例，虞自注 36 例，模自注 110 例。
2. 鱼模互注 5 例，虞模互注 2 例，鱼虞互注 60 例。具体例证如下：

鱼模互注 5 例：

鋙，《辨音广韵》讹胡切，疑模合一平遇；《宋本广韵》语居切，疑鱼合三平遇。

初，《辨音广韵》楚徂切，初模合一平遇；《宋本广韵》楚居切，初鱼合三平遇。

蔬，《辨音广韵》山徂切，生模合一平遇；《宋本广韵》所菹切，生鱼合三平遇。

梳，《辨音广韵》山徂切，生模合一平遇；《宋本广韵》所菹切，生鱼合三平遇。

疎，《辨音广韵》山徂切，生模合一平遇；《宋本广韵》所菹切，生鱼合三平遇。

虞模互注 2 例：

傉，《辨音广韵》莊苏切，莊模合一平遇；《宋本广韵》莊俱切，莊虞合三平遇。

篘，《辨音广韵》楚徂切，初模合一平遇；《宋本广韵》测隅切，初虞合三平遇。

鱼虞互注 60 例：

俱，《辨音广韵》斤於切，见鱼合三平遇；《宋本广韵》举朱切，见虞合三平遇。

斪，《辨音广韵》斤於切，见鱼合三平遇；《宋本广韵》举朱切，见虞合三平遇。

駒，《辨音广韵》斤於切，见鱼合三平遇；《宋本广韵》举朱切，见虞合三平遇。

拘，《辨音广韵》斤於切，见鱼合三平遇；《宋本广韵》举朱切，见虞合三平遇。

区，《辨音广韵》丘於切，溪鱼合三平遇；《宋本广韵》岂俱切，溪虞合三平遇。

驱，《辨音广韵》丘於切，溪鱼合三平遇；《宋本广韵》岂俱切，溪虞合三平遇。

軀，《辨音广韵》丘於切，溪鱼合三平遇；《宋本广韵》岂俱切，溪虞合三平遇。

嶇，《辨音广韵》丘於切，溪鱼合三平遇；《宋本广韵》岂俱切，溪虞合三平遇。

劬，《辨音广韵》求於切，羣鱼合三平遇；《宋本广韵》其俱切，羣虞合三平遇。

瞿，《辨音广韵》求於切，羣鱼合三平遇；《宋本广韵》其俱切，羣虞合三平遇。

衢，《辨音广韵》求於切，羣鱼合三平遇；《宋本广韵》其俱切，羣虞合三平遇。

癯，《辨音广韵》求於切，羣鱼合三平遇；《宋本广韵》其俱切，羣虞合三平遇。

臞，《辨音广韵》求於切，羣鱼合三平遇；《宋本广韵》其俱切，羣虞合三平遇。

鸲，《辨音广韵》求於切，羣鱼合三平遇；《宋本广韵》其俱切，羣虞合三平遇。

氍，《辨音广韵》求於切，羣鱼合三平遇；《宋本广韵》其俱切，羣虞合三平遇。

虞，《辨音广韵》牛居切，疑鱼合三平遇；《宋本广韵》遇俱切，疑虞合三平遇。

　　禺，《辨音广韵》牛居切，疑鱼合三平遇；《宋本广韵》遇俱切，疑虞合三平遇。

　　愚，《辨音广韵》牛居切，疑鱼合三平遇；《宋本广韵》遇俱切，疑虞合三平遇。

　　隅，《辨音广韵》牛居切，疑鱼合三平遇；《宋本广韵》遇俱切，疑虞合三平遇。

　　嵎，《辨音广韵》牛居切，疑鱼合三平遇；《宋本广韵》遇俱切，疑虞合三平遇。

　　娱，《辨音广韵》牛居切，疑鱼合三平遇；《宋本广韵》遇俱切，疑虞合三平遇。

　　姁，《辨音广韵》子余切，精鱼合三平遇；《宋本广韵》子于切，精虞合三平遇。

　　须，《辨音广韵》新於切，心鱼合三平遇；《宋本广韵》相俞切，心虞合三平遇。

　　鬚，《辨音广韵》新於切，心鱼合三平遇；《宋本广韵》相俞切，心虞合三平遇。

　　繻，《辨音广韵》新於切，心鱼合三平遇；《宋本广韵》相俞切，心虞合三平遇。

　　需，《辨音广韵》新於切，心鱼合三平遇；《宋本广韵》相俞切，心虞合三平遇。

　　繻，《辨音广韵》新於切，心鱼合三平遇；《宋本广韵》相俞切，心虞合三平遇。

　　朱，《辨音广韵》專於切，章鱼合三平遇；《宋本广韵》章俱切，章虞合三平遇。

　　珠，《辨音广韵》專於切，章鱼合三平遇；《宋本广韵》章俱切，章虞合三平遇。

　　株，《辨音广韵》專於切，章鱼合三平遇；《宋本广韵》陟輸切，知虞合三平遇。

　　誅，《辨音广韵》專於切，章鱼合三平遇；《宋本广韵》陟輸切，知虞合三平遇。

邾，《辨音广韵》專於切，章魚合三平遇；《宋本广韵》陟輸切，知虞合三平遇。

侏，《辨音广韵》專於切，章魚合三平遇；《宋本广韵》章俱切，章虞合三平遇。

硃，《辨音广韵》專於切，章魚合三平遇；《宋本广韵》章俱切，章虞合三平遇。

邾，《辨音广韵》專於切，章魚合三平遇；《宋本广韵》陟輸切，知虞合三平遇。

袾，《辨音广韵》專於切，章魚合三平遇；《宋本广韵》陟輸切，知虞合三平遇。

咮，《辨音广韵》專於切，章魚合三平遇；《宋本广韵》章俱切，章虞合三平遇。

樞，《辨音广韵》抽居切，徹魚合三平遇；《宋本广韵》昌朱切，昌虞合三平遇。

貙，《辨音广韵》抽居切，徹魚合三平遇；《宋本广韵》敕俱切，徹虞合三平遇。

姝，《辨音广韵》抽居切，徹魚合三平遇；《宋本广韵》昌朱切，昌虞合三平遇。

廚，《辨音广韵》長魚切，澄魚合三平遇；《宋本广韵》直誅切，澄虞合三平遇。

躕，《辨音广韵》長魚切，澄魚合三平遇；《宋本广韵》直誅切，澄虞合三平遇。

㢢，《辨音广韵》長魚切，澄魚合三平遇；《宋本广韵》直誅切，澄虞合三平遇。

輸，《辨音广韵》商居切，書魚合三平遇；《宋本广韵》式朱切，書虞合三平遇。

毹，《辨音广韵》商居切，書魚合三平遇；《宋本广韵》山芻切，生虞合三平遇。

毺，《辨音广韵》商居切，書魚合三平遇；《宋本广韵》山芻切，生虞合三平遇。

紆，《辨音广韵》衣虚切，影鱼合三平遇；《宋本广韵》憶俱切，影虞合三平遇。

迂，《辨音广韵》衣虚切，影鱼合三平遇；《宋本广韵》憶俱切，影虞合三平遇。

肝，《辨音广韵》休居切，晓鱼合三平遇；《宋本广韵》况于切，晓虞合三平遇。

盱，《辨音广韵》休居切，晓鱼合三平遇；《宋本广韵》况于切，晓虞合三平遇。

訏，《辨音广韵》休居切，晓鱼合三平遇；《宋本广韵》况于切，晓虞合三平遇。

吁，《辨音广韵》休居切，晓鱼合三平遇；《宋本广韵》况于切，晓虞合三平遇。

忏，《辨音广韵》休居切，晓鱼合三平遇；《宋本广韵》况于切，晓虞合三平遇。

儒，《辨音广韵》人余切，日鱼合三平遇；《宋本广韵》人朱切，日虞合三平遇。

濡，《辨音广韵》人余切，日鱼合三平遇；《宋本广韵》人朱切，日虞合三平遇。

襦，《辨音广韵》人余切，日鱼合三平遇；《宋本广韵》人朱切，日虞合三平遇。

嚅，《辨音广韵》人余切，日鱼合三平遇；《宋本广韵》人朱切，日虞合三平遇。

臑，《辨音广韵》人余切，日鱼合三平遇；《宋本广韵》人朱切，日虞合三平遇。

雛，《辨音广韵》牀蔬切，崇鱼合三平遇；《宋本广韵》仕于切，崇虞合三平遇。

蛆，《辨音广韵》逡须切，清虞合三平遇；《宋本广韵》七余切，清鱼合三平遇。

平声虞模互注 2 例，尽管例证很少，但在《广韵》之时，虞模即已同用，《辨音纂要》正读中亦当如是，此处我们结合上去一同讨论；平声鱼虞互注 60 例，鱼虞自注合计 94 例，互注占自注的 63.83%，且互注数量都远远超过鱼、虞自注的数量，因此可以判定鱼虞合用；平声鱼模互注 5 例，此处例证不多，我们结合上去共同讨论。

《经典释文》反切中，有鱼与虞模混切的例子，以虞切鱼者，有鉏，仕俱反；猪，音诛；菹，侧俱反。以模切鱼者，有庐，力吴反。以鱼切虞者，有吁，音虚；迂，音於。王力先生认为这是方言现象。[①]

《广韵》鱼独用，虞模同用，在《辨音纂要》正读遇摄平声中，已经非常明显的表现出鱼虞合用现象。

（二）上声

1. 语自注 51 例，麌自注 9 例，姥自注 56 例。
2. 语麌互注 30 例，语姥互注 5 例，麌姥互注 23 例。具体例证如下：
语麌互注 30 例：

矩，《辨音广韵》居許切，见语合三上遇；《宋本广韵》俱雨切，见麌合三上遇。

踽，《辨音广韵》居許切，见语合三上遇；《宋本广韵》俱雨切，见麌合三上遇。

齲，《辨音广韵》臼許切，羣语合三上遇；《宋本广韵》驅雨切，溪麌合三上遇。

偊，《辨音广韵》於語切，影语合三上遇；《宋本广韵》於武切，影麌合三上遇。

噢，《辨音广韵》於語切，影语合三上遇；《宋本广韵》於武切，影麌合三上遇。

煦，《辨音广韵》虚吕切，晓语合三上遇；《宋本广韵》况羽切，晓麌合三上遇。

煦，《辨音广韵》虚吕切，晓语合三上遇；《宋本广韵》况羽切，晓麌合三上遇。

詡，《辨音广韵》虚吕切，晓语合三上遇；《宋本广韵》况羽切，晓麌

---

① 王力：《汉语语音史》，中国社会科学出版社 1985 年版，第 217 页。

合三上遇。

珝，《辨音广韵》虛吕切，曉語合三上遇；《宋本广韵》況羽切，曉麌合三上遇。

栩，《辨音广韵》虛吕切，曉語合三上遇；《宋本广韵》況羽切，曉麌合三上遇。

羽，《辨音广韵》弋渚切，以語合三上遇；《宋本广韵》王矩切，云麌合三上遇。

禹，《辨音广韵》弋渚切，以語合三上遇；《宋本广韵》王矩切，云麌合三上遇。

宇，《辨音广韵》弋渚切，以語合三上遇；《宋本广韵》王矩切，云麌合三上遇。

庾，《辨音广韵》弋渚切，以語合三上遇；《宋本广韵》以主切，以麌合三上遇。

斞，《辨音广韵》弋渚切，以語合三上遇；《宋本广韵》以主切，以麌合三上遇。

雨，《辨音广韵》弋渚切，以語合三上遇；《宋本广韵》王矩切，云麌合三上遇。

愈，《辨音广韵》弋渚切，以語合三上遇；《宋本广韵》以主切，以麌合三上遇。

窳，《辨音广韵》弋渚切，以語合三上遇；《宋本广韵》以主切，以麌合三上遇。

縷，《辨音广韵》兩舉切，来語合三上遇；《宋本广韵》力主切，来麌合三上遇。

褸，《辨音广韵》兩舉切，来語合三上遇；《宋本广韵》力主切，来麌合三上遇。

謱，《辨音广韵》兩舉切，来語合三上遇；《宋本广韵》力主切，来麌合三上遇。

乳，《辨音广韵》忍与切，日語合三上遇；《宋本广韵》而主切，日麌合三上遇。

祖，《辨音广韵》慈庾切，從麌合三上遇；《宋本广韵》慈吕切，從語

第三章 《辨音纂要》正读韵母

合三上遇。

麈,《辨音广韵》腫庾切,章麌合三上遇;《宋本广韵》章与切,章語合三上遇。

渚,《辨音广韵》腫庾切,章麌合三上遇;《宋本广韵》章与切,章語合三上遇。

紵,《辨音广韵》腫庾切,章麌合三上遇;《宋本广韵》直吕切,澄語合三上遇。

貯,《辨音广韵》腫庾切,章麌合三上遇;《宋本广韵》丁吕切,知語合三上遇。

竚,《辨音广韵》腫庾切,章麌合三上遇;《宋本广韵》丁吕切,知語合三上遇。

墅,《辨音广韵》上主切,禅麌合三上遇;《宋本广韵》署与切,禅語合三上遇。

墅,《辨音广韵》上主切,禅麌合三上遇;《宋本广韵》承与切,禅語合三上遇。

語姥互注 5 例:

楚,《辨音广韵》創祖切,初姥合一上遇;《宋本广韵》創舉切,初語合三上遇。

憷,《辨音广韵》創祖切,初姥合一上遇;《宋本广韵》創舉切,初語合三上遇。

礎,《辨音广韵》創祖切,初姥合一上遇;《宋本广韵》創舉切,初語合三上遇。

濋,《辨音广韵》創祖切,初姥合一上遇;《宋本广韵》創舉切,初語合三上遇。

所,《辨音广韵》疎五切,生姥合一上遇;《宋本广韵》疎舉切,生語合三上遇。

麌姥互注 23 例:

撫,《辨音广韵》斐古切,敷姥合一上遇;《宋本广韵》芳武切,敷麌合三上遇。

府,《辨音广韵》斐古切,敷姥合一上遇;《宋本广韵》方矩切,非麌合三上遇。

腑，《辨音广韵》斐古切，敷姥合一上遇；《宋本广韵》方矩切，非麌合三上遇。

俯，《辨音广韵》斐古切，敷姥合一上遇；《宋本广韵》方矩切，非麌合三上遇。

俛，《辨音广韵》斐古切，敷姥合一上遇；《宋本广韵》匪父切，非麌合三上遇。

拊，《辨音广韵》斐古切，敷姥合一上遇；《宋本广韵》芳武切，敷麌合三上遇。

頫，《辨音广韵》斐古切，敷姥合一上遇；《宋本广韵》方矩切，非麌合三上遇。

斧，《辨音广韵》斐古切，敷姥合一上遇；《宋本广韵》方矩切，非麌合三上遇。

甫，《辨音广韵》斐古切，敷姥合一上遇；《宋本广韵》方矩切，非麌合三上遇。

黼，《辨音广韵》斐古切，敷姥合一上遇；《宋本广韵》方矩切，非麌合三上遇。

脯，《辨音广韵》斐古切，敷姥合一上遇；《宋本广韵》方矩切，非麌合三上遇。

簠，《辨音广韵》斐古切，敷姥合一上遇；《宋本广韵》方矩切，非麌合三上遇。

咬，《辨音广韵》扶古切，奉姥合一上遇；《宋本广韵》扶雨切，奉麌合三上遇。

釜，《辨音广韵》扶古切，奉姥合一上遇；《宋本广韵》扶雨切，奉麌合三上遇。

辅，《辨音广韵》扶古切，奉姥合一上遇；《宋本广韵》扶雨切，奉麌合三上遇。

武，《辨音广韵》冈古切，微姥合一上遇；《宋本广韵》文甫切，微麌合三上遇。

鹉，《辨音广韵》冈古切，微姥合一上遇；《宋本广韵》文甫切，微麌合三上遇。

斌，《辨音广韵》罔古切，微姥合一上遇；《宋本广韵》文甫切，微麌合三上遇。

砥，《辨音广韵》罔古切，微姥合一上遇；《宋本广韵》文甫切，微麌合三上遇。

侮，《辨音广韵》罔古切，微姥合一上遇；《宋本广韵》文甫切，微麌合三上遇。

廡，《辨音广韵》罔古切，微姥合一上遇；《宋本广韵》文甫切，微麌合三上遇。

舞，《辨音广韵》罔古切，微姥合一上遇；《宋本广韵》文甫切，微麌合三上遇。

嫵，《辨音广韵》罔古切，微姥合一上遇；《宋本广韵》文甫切，微麌合三上遇。

上声语麌互注 30 例，语麌自注合计 60 例，互注占自注的 50%，从统计数字上来看，语麌已经表现出非常明显的合用；麌姥互注 23 例，麌姥自注合计 65 例，互注占自注的 35.38%，从统计数字上来看，麌姥已经合用；语姥互注 5 例，此处例证较少，我们结合平去共同讨论。

（三）去声

1. 御自注 20 例，遇自注 5 例，暮自注 60 例。

2. 遇暮互注 11 例，御遇互注 28 例，御暮互注 2 例。具体例证如下：

遇暮互注 11 例：

赴，《辨音广韵》芳故切，敷暮合一去遇；《宋本广韵》芳遇切，敷遇合三去遇。

訃，《辨音广韵》芳故切，敷暮合一去遇；《宋本广韵》芳遇切，敷遇合三去遇。

仆，《辨音广韵》芳故切，敷暮合一去遇；《宋本广韵》芳遇切，敷遇合三去遇。

付，《辨音广韵》芳故切，敷暮合一去遇；《宋本广韵》方遇切，非遇合三去遇。

傅，《辨音广韵》芳故切，敷暮合一去遇；《宋本广韵》方遇切，非遇合三去遇。

赋，《辨音广韵》芳故切，敷暮合一去遇；《宋本广韵》方遇切，非遇合三去遇。

务，《辨音广韵》亡暮切，微暮合一去遇；《宋本广韵》亡遇切，微遇合三去遇。

婺，《辨音广韵》亡暮切，微暮合一去遇；《宋本广韵》亡遇切，微遇合三去遇。

鹜，《辨音广韵》亡暮切，微暮合一去遇；《宋本广韵》亡遇切，微遇合三去遇。

雾，《辨音广韵》亡暮切，微暮合一去遇；《宋本广韵》亡遇切，微遇合三去遇。

数，《辨音广韵》所故切，生暮合一去遇；《宋本广韵》色句切，生遇合三去遇。

御遇互注 28 例：

去，《辨音广韵》区遇切，溪遇合三去遇；《宋本广韵》丘倨切，溪御合三去遇。

呿，《辨音广韵》区遇切，溪遇合三去遇；《宋本广韵》丘倨切，溪御合三去遇。

醵，《辨音广韵》忌遇切，羣遇合三去遇；《宋本广韵》其据切，羣御合三去遇。

遽，《辨音广韵》忌遇切，羣遇合三去遇；《宋本广韵》其据切，羣御合三去遇。

勮，《辨音广韵》忌遇切，羣遇合三去遇；《宋本广韵》其据切，羣御合三去遇。

苧，《辨音广韵》徐遇切，邪遇合三去遇；《宋本广韵》夕预切，邪御合三去遇。

署，《辨音广韵》殊遇切，禅遇合三去遇；《宋本广韵》常恕切，禅御合三去遇。

曙，《辨音广韵》殊遇切，禅遇合三去遇；《宋本广韵》常恕切，禅御合三去遇。

薯，《辨音广韵》殊遇切，禅遇合三去遇；《宋本广韵》常恕切，禅御合三去遇。

屦，《辨音广韵》居御切，见御合三去遇；《宋本广韵》九遇切，见遇合三去遇。

句，《辨音广韵》居御切，见御合三去遇；《宋本广韵》九遇切，见遇合三去遇。

絇，《辨音广韵》居御切，见御合三去遇；《宋本广韵》九遇切，见遇合三去遇。

遇，《辨音广韵》鱼据切，疑御合三去遇；《宋本广韵》牛具切，疑遇合三去遇。

寓，《辨音广韵》鱼据切，疑御合三去遇；《宋本广韵》牛具切，疑遇合三去遇。

娶，《辨音广韵》七虑切，清御合三去遇；《宋本广韵》七句切，清遇合三去遇。

趣，《辨音广韵》七虑切，清御合三去遇；《宋本广韵》七句切，清遇合三去遇。

註，《辨音广韵》陟虑切，知御合三去遇；《宋本广韵》之戍切，章遇合三去遇。

蛀，《辨音广韵》陟虑切，知御合三去遇；《宋本广韵》之戍切，章遇合三去遇。

注，《辨音广韵》陟虑切，知御合三去遇；《宋本广韵》之戍切，章遇合三去遇。

炷，《辨音广韵》陟虑切，知御合三去遇；《宋本广韵》之戍切，章遇合三去遇。

鑄，《辨音广韵》陟虑切，知御合三去遇；《宋本广韵》之戍切，章遇合三去遇。

翥，《辨音广韵》陟虑切，知御合三去遇；《宋本广韵》之戍切，章遇合三去遇。

澍，《辨音广韵》陟虑切，知御合三去遇；《宋本广韵》之戍切，章遇合三去遇。

住，《辨音广韵》治據切，澄御合三去遇；《宋本广韵》持遇切，澄遇合三去遇。

駐，《辨音广韵》治據切，澄御合三去遇；《宋本广韵》中句切，知遇合三去遇。

戍，《辨音广韵》商豫切，書御合三去遇；《宋本广韵》傷遇切，書遇合三去遇。

嫗，《辨音广韵》依據切，影御合三去遇；《宋本广韵》衣遇切，影遇合三去遇。

屢，《辨音广韵》良據切，來御合三去遇；《宋本广韵》良遇切，來遇合三去遇。

御暮互注 2 例：

助，《辨音广韵》狀祚切，崇暮合一去遇；《宋本广韵》牀據切，崇御合三去遇。

疏，《辨音广韵》所故切，生暮合一去遇；《宋本广韵》所去切，生御合三去遇。

去声御遇互注 28 例，御遇自注合计 25 例，互注数量大于自注数量，可以判定，御遇合用；遇暮互注 11 例，遇暮自注合计 65 例，互注占自注的 16.92%，从统计数字上来看，可以判定遇暮合用；御暮互注 2 例，由于数量较少，我们结合平上共同讨论。

遇摄《广韵》鱼独用，虞模同用。从《辨音纂要》正读来看，以平赅上去，鱼自注 129 例，虞自注 50 例，模自注 226 例。

平声虞模互注 2 例，上声麌姥互注 23 例，去声遇暮互注 11 例，虞模互注合计 36 例，占虞自注的 72%，占虞模自注的 13.04%，从统计数字上来看，虞模已经合一。

平声鱼虞互注 60 例，上声语麌互注 30 例，去声御遇互注 28 例，鱼虞互注合计 118 例，鱼虞自注合计 179 例，互注占自注的 65.92%，且鱼虞互注是虞自注的两倍有余，从统计数字上可以判定，《辨音纂要》正读中鱼虞已经合一。

平声鱼模互注 5 例，上声语姥互注 5 例，去声御暮互注 2 例，鱼模互注合计 12 例，这个数字相对于庞大的鱼模自注来说，合用并不明显。但虞模、鱼虞已经合一,而且鱼模也有互注的现象,故鱼模也已经合一。

综上所述,《辨音纂要》正读遇摄鱼虞模合一。

(四)跨摄相押

1.遇流互注 11 例,包括姥厚互注 4 例,暮宥互注 2 例,暮候互注 2 例,虞尤互注 1 例,虞有互注 2 例。具体情况如下:

姥厚互注 4 例:

母,《辨音广韵》莫補切,明姥合一上遇;《宋本广韵》莫厚切,明厚开一上流。

姆,《辨音广韵》莫補切,明姥合一上遇;《宋本广韵》莫厚切,明厚开一上流。

拇,《辨音广韵》莫補切,明姥合一上遇;《宋本广韵》莫厚切,明厚开一上流。

牡,《辨音广韵》莫補切,明姥合一上遇;《宋本广韵》莫厚切,明厚开一上流。

暮宥互注 2 例:

富,《辨音广韵》芳故切,敷暮合一去遇;《宋本广韵》方副切,非宥开三去流。

副,《辨音广韵》芳故切,敷暮合一去遇;《宋本广韵》敷救切,敷宥开三去流。

暮候互注 2 例:

踣,《辨音广韵》芳故切,敷暮合一去遇;《宋本广韵》匹候切,滂候开一去流。

瞀,《辨音广韵》亡暮切,微暮合一去遇;《宋本广韵》莫候切,明候开一去流。

虞尤互注 1 例:

枹,《辨音广韵》芳無切,敷虞合三平遇;《宋本广韵》縛謀切,奉尤开三平流。

按:此字在《辨音纂要》中出现两次,十三爻平声和五模平声。《广韵》共三音,[《广韵》布交切,平肴,帮。][《广韵》縛謀切,平尤,奉。][《广韵》防無切,平虞,奉。]十三爻平声属于帮母字,取第一音,即布交切;

五模平声属于敷母字，若取第三音"防無切，平虞，奉"，此例属于遇摄虞自注例，不宜作为音变考虑。

虞有互注2例：

婦，《辨音广韵》防父切，奉虞合三上遇；《宋本广韵》房久切，奉有开三上流。

負，《辨音广韵》防父切，奉虞合三上遇；《宋本广韵》房久切，奉有开三上流。

2. 果遇互注1例：

简暮：

做，《辨音广韵》子贺切，精简开一去果；《字彙》臧祚切，精暮合一去遇。

按：此字有两音，[《字彙》子贺切][《字彙》臧祚切]，《字彙》的这两个音，与现代汉语普通话读音相同。可见，《辨音纂要》作者在注音时能如实记录某些音变。

3. 假遇互注1例：

祃暮：

諕，《辨音广韵》虚訝切，晓祃开二去假；《宋本广韵》荒故切，晓暮合一去遇。

按：諕，《广韵》有两音，[《广韵》荒乌切，平模，晓。][《广韵》荒故切，去暮，晓。]另，"諕"同"呼"，[《集韵》許简切，去简，晓。]按《集韵》音来看，此例属于果假互注例。

二　效摄

效摄内部互注共有47例。其中平声34例，上声5例，去声8例。

首先，我们看平声的状态。

（一）平声

1. 萧自注44例，宵自注64例，肴自注63例，豪自注99例。

2. 萧宵互注32例，肴豪互注1例，宵肴互注1例。具体例证如下：

萧宵互注32例：

骁，《辨音广韵》呼骄切，晓宵开三平效；《宋本广韵》古尧切，见萧开四平效。

哓，《辨音广韵》呼骄切，晓宵开三平效；《宋本广韵》許幺切，晓萧开四平效。

枭，《辨音广韵》呼骄切，晓宵开三平效；《宋本广韵》古尧切，见萧开四平效。

尧，《辨音广韵》餘招切，以宵开三平效；《宋本广韵》五聊切，疑萧开四平效。

峣，《辨音广韵》餘招切，以宵开三平效；《宋本广韵》五聊切，疑萧开四平效。

骄，《辨音广韵》坚尧切，见萧开四平效；《宋本广韵》舉喬切，见宵开三平效。

娇，《辨音广韵》坚尧切，见萧开四平效；《宋本广韵》舉喬切，见宵开三平效。

乔，《辨音广韵》祈尧切，羣萧开四平效；《宋本广韵》巨嬌切，羣宵开三平效。

荞，《辨音广韵》祈尧切，羣萧开四平效；《宋本广韵》巨嬌切，羣宵开三平效。

侨，《辨音广韵》祈尧切，羣萧开四平效；《宋本广韵》巨嬌切，羣宵开三平效。

桥，《辨音广韵》祈尧切，羣萧开四平效；《宋本广韵》巨嬌切，羣宵开三平效。

蹻，《辨音广韵》祈尧切，羣萧开四平效；《宋本广韵》去謠切，溪宵开三平效。

翘，《辨音广韵》祈尧切，羣萧开四平效；《宋本广韵》渠遥切，羣宵开三平效。

荍，《辨音广韵》祈尧切，羣萧开四平效；《宋本广韵》渠遥切，羣宵开三平效。

消，《辨音广韵》先彫切，心萧开四平效；《宋本广韵》相邀切，心宵开三平效。

硝，《辨音广韵》先彫切，心萧开四平效；《宋本广韵》相邀切，心宵开三平效。

銷，《辨音广韵》先彫切，心萧开四平效；《宋本广韵》相邀切，心宵开三平效。

痟，《辨音广韵》先彫切，心萧开四平效；《宋本广韵》相邀切，心宵开三平效。

霄，《辨音广韵》先彫切，心萧开四平效；《宋本广韵》相邀切，心宵开三平效。

魈，《辨音广韵》先彫切，心萧开四平效；《宋本广韵》相邀切，心宵开三平效。

綃，《辨音广韵》先彫切，心萧开四平效；《宋本广韵》相邀切，心宵开三平效。

蛸，《辨音广韵》先彫切，心萧开四平效；《宋本广韵》相邀切，心宵开三平效。

鮹，《辨音广韵》先彫切，心萧开四平效；《宋本广韵》相邀切，心宵开三平效。

宵，《辨音广韵》先彫切，心萧开四平效；《宋本广韵》相邀切，心宵开三平效。

逍，《辨音广韵》先彫切，心萧开四平效；《宋本广韵》相邀切，心宵开三平效。

邀，《辨音广韵》伊尧切，影萧开四平效；《宋本广韵》於霄切，影宵开三平效。

腰，《辨音广韵》伊尧切，影萧开四平效；《宋本广韵》於霄切，影宵开三平效。

喓，《辨音广韵》伊尧切，影萧开四平效；《宋本广韵》於霄切，影宵开三平效。

葽，《辨音广韵》伊尧切，影萧开四平效；《宋本广韵》於霄切，影宵开三平效。

夭，《辨音广韵》伊尧切，影萧开四平效；《宋本广韵》於乔切，影宵开三平效。

妖，《辨音广韵》伊尧切，影萧开四平效；《宋本广韵》於乔切，影宵开三平效。

訞，《辨音广韵》伊尧切，影萧开四平效；《宋本广韵》於乔切，影宵开三平效。

肴豪互注 1 例：

袍，《辨音广韵》蒲交切，并肴开二平效；《宋本广韵》薄褒切，并豪开一平效。

肴宵互注 1 例：

芁，《辨音广韵》居肴切，见肴开二平效；《宋本广韵》居宵切，见宵开三平效。

宵与萧两韵字，在《经典释文》中已经有甚多混用的例子，《广韵》注明萧宵同用，表明其读音已经近同。唐代之前，诗文的押韵也多萧宵通用。周祖谟《齐梁陈隋时期诗文韵部研究》说："《广韵》豪肴宵萧四韵，在魏晋宋一个时期内大多数的作家都是通用不分的，但到齐梁陈隋时期，豪韵为一部，肴韵为一部，宵萧韵为一部，共分三部。这三部分别较严，通用的情形极少。"唐代萧、宵通用，实前有所承。但唐代以前萧、宵两韵虽可通用，两者的读音实不全同。萧韵读为[eu]，不带[i]介音，宵韵读为[ieu]，两者主要元音相同或相近，所以可以在一起押韵。到了宋代，萧韵也产生了[i]介音，两韵便合流了。①

《辨音纂要》正读平声萧宵互注 32 例，萧宵自注合计 108 例，互注占自注的 29.63%，互注占萧自注的 72.73%，占宵自注的 50%，从统计数字来看，可以判定萧宵合用；肴豪、宵肴都有互注例，但例证极少，我们与上去共同讨论。

（二）上声

1. 篠自注 25 例，小自注 26 例，巧自注 19 例，晧自注 59 例。
2. 篠小互注 5 例。具体例证如下：

篠小互注 5 例：

撟，《辨音广韵》吉了切，见篠开四上效；《宋本广韵》居夭切，见小

---

① 李新魁：《李新魁音韵学论集》，汕头大学出版社 1997 年版，第 145 页。

开三上效。

勦，《辨音广韵》子了切，精篠开四上效；《宋本广韵》子小切，精小开三上效。

剿，《辨音广韵》子了切，精篠开四上效；《宋本广韵》子小切，精小开三上效。

小，《辨音广韵》先了切，心篠开四上效；《宋本广韵》私兆切，心小开三上效。

殀，《辨音广韵》伊鸟切，影篠开四上效；《宋本广韵》於兆切，影小开三上效。

上声篠小互注 5 例，占篠自注的 20%，占小自注的 19.23%，从统计数字来看，上声篠小已经合用。

（三）去声

1. 啸自注 13 例，笑自注 26 例，效自注 34 例，号自注 40 例。
2. 啸笑互注 8 例。具体例证如下：

啸笑互注 8 例：

趬，《辨音广韵》苦弔切，溪啸开四去效；《宋本广韵》丘召切，溪笑开三去效。

笑，《辨音广韵》苏弔切，心啸开四去效；《宋本广韵》私妙切，心笑开三去效。

唉，《辨音广韵》苏弔切，心啸开四去效；《宋本广韵》私妙切，心笑开三去效。

鞘，《辨音广韵》苏弔切，心啸开四去效；《宋本广韵》私妙切，心笑开三去效。

鞘，《辨音广韵》苏弔切，心啸开四去效；《宋本广韵》私妙切，心笑开三去效。

肖，《辨音广韵》苏弔切，心啸开四去效；《宋本广韵》私妙切，心笑开三去效。

燎，《辨音广韵》力弔切，来啸开四去效；《宋本广韵》力照切，来笑开三去效。

療，《辨音广韵》力弔切，来啸开四去效；《宋本广韵》力照切，来笑开三去效。

去声啸笑互注 8 例，啸笑自注合计 39 例，互注占自注的 20.51%，占啸自注的 61.54%，占笑自注的 30.77%，从统计数字可以判定，去声啸笑合用。

效摄《广韵》萧宵同用，肴独用，豪独用。从《辨音纂要》正读来看，以平赅上去，萧自注 82 例，宵自注 116 例，肴自注 116 例，豪自注 198 例。

平声萧宵互注 32 例，上声篠小互注 5 例，去声啸笑互注 8 例，萧宵互注合计 45 例，萧宵自注合计 198 例，互注占自注的 22.72%，占萧自注的 54.88%，占宵自注的 38.79%。从统计数字上来看，可以判定《辨音纂要》正读中萧宵已经合一；肴宵互注只有 1 例，相对于肴宵自注 232 例来说，肴仍旧保持独立；肴豪互注也仅有 1 例，相对于肴豪自注 314 例来说，豪依旧保持独立。

综上所述，《辨音纂要》正读效摄萧宵合一，肴、豪皆保持独立。

（五）跨摄相押

1. 效流互注 1 例：

啸宥：

廖，《辨音广韵》力弔切，来啸开四去效；《宋本广韵》力救切，来宥开三去流。

按：[《广韵》力救切，去宥，来。][《集韵》力弔切，去啸，来。]此例按《集韵》音，则不宜作为音变考虑。

三　流摄

流摄内部互注共有 30 例。其中平声 29 例，上声 1 例。

（一）平声

1. 尤自注 124 例，侯自注 51 例。

2. 尤侯互注 20 例，尤幽互注 9 例。具体例证如下：

尤侯互注 20 例：

谋，《辨音广韵》莫侯切，明侯开一平流；《宋本广韵》莫浮切，明尤开三平流。

牟，《辨音广韵》莫侯切，明侯开一平流；《宋本广韵》莫浮切，明尤开三平流。

侔，《辨音广韵》莫侯切，明侯开一平流；《宋本广韵》莫浮切，明尤开三平流。

眸，《辨音广韵》莫侯切，明侯开一平流；《宋本广韵》莫浮切，明尤开三平流。

犛，《辨音广韵》莫侯切，明侯开一平流；《宋本广韵》莫浮切，明尤开三平流。

矛，《辨音广韵》莫侯切，明侯开一平流；《宋本广韵》莫浮切，明尤开三平流。

鍪，《辨音广韵》莫侯切，明侯开一平流；《宋本广韵》莫浮切，明尤开三平流。

蝥，《辨音广韵》莫侯切，明侯开一平流；《宋本广韵》莫浮切，明尤开三平流。

溲，《辨音广韵》疏鉤切，生侯开一平流；《宋本广韵》所鸠切，生尤开三平流。

鎪，《辨音广韵》疏鉤切，生侯开一平流；《宋本广韵》所鸠切，生尤开三平流。

艘，《辨音广韵》疏鉤切，生侯开一平流；《宋本广韵》疏鸠切，生尤开三平流。

颶，《辨音广韵》疏鉤切，生侯开一平流；《宋本广韵》所鸠切，生尤开三平流。

搜，《辨音广韵》疏鉤切，生侯开一平流；《宋本广韵》所鸠切，生尤开三平流。

廋，《辨音广韵》疏鉤切，生侯开一平流；《宋本广韵》所鸠切，生尤开三平流。

蒐，《辨音广韵》疏鉤切，生侯开一平流；《宋本广韵》所鸠切，生尤开三平流。

颼，《辨音广韵》疏鉤切，生侯开一平流；《宋本广韵》所鸠切，生尤开三平流。

餿，《辨音广韵》疏鉤切，生侯开一平流；《宋本广韵》所鸠切，生尤开三平流。

蒐,《辨音广韵》疏鉤切,生侯开一平流;《宋本广韵》所鸠切,生尤开三平流。

掫,《辨音广韵》侧鸠切,莊尤开三平流;《宋本广韵》子侯切,精侯开一平流。

陬,《辨音广韵》侧鸠切,莊尤开三平流;《宋本广韵》子侯切,精侯开一平流。

尤幽互注9例:

缪,《辨音广韵》莫彪切,明幽开三平流;《宋本广韵》莫浮切,明尤开三平流。

樛,《辨音广韵》居尤切,见尤开三平流;《宋本广韵》居虬切,见幽开三平流。

虬,《辨音广韵》渠尤切,羣尤开三平流;《宋本广韵》渠幽切,羣幽开三平流。

蚪,《辨音广韵》渠尤切,羣尤开三平流;《宋本广韵》渠幽切,羣幽开三平流。

螑,《辨音广韵》渠尤切,羣尤开三平流;《宋本广韵》渠幽切,羣幽开三平流。

彪,《辨音广韵》補尤切,帮尤开三平流;《宋本广韵》甫烋切,帮幽开三平流。

呦,《辨音广韵》於尤切,影尤开三平流;《宋本广韵》於虬切,影幽开三平流。

怮,《辨音广韵》於尤切,影尤开三平流;《宋本广韵》於虬切,影幽开三平流。

幽,《辨音广韵》於尤切,影尤开三平流;《宋本广韵》於虬切,影幽开三平流。

平声尤侯互注20例,尤侯自注合计175例,互注占自注的11.43%,占侯自注的39.22%,占尤自注的16.13%,从统计数字可以判定,尤侯已经合用;平声尤幽互注9例,由于例证较少,我们结合上去共同讨论。

（二）上声

1. 有自注 46 例，厚自注 45 例，黝自注 2 例。
2. 有黝互注 1 例。具体例证如下：

有黝互注 1 例：

糾，《辨音广韵》舉有切，见有开三上流；《宋本广韵》居黝切，见黝开三上流。

上声有黝互注 1 例，黝自注的 50%，尽管例证很少，但仍可以判定有黝合用。

（三）去声

1. 宥自注 58 例，候自注 40 例，幼自注 2 例。

去声无互注例。

流摄《广韵》尤侯幽同用。从《辨音纂要》正读来看，以平赅上去，尤自注 227 例，侯自注 136 例，幽自注 4 例。

尤侯互注 20 例，占侯自注的 14.71%，从统计数字来看，尤侯已经合一；平声尤幽互注 9 例，上声有黝互注 1 例，尤幽互注合计 10 计，是幽自注的两余倍，尽管数量很少，但我们仍然可以判定尤幽合一。

综上所述，《辨音纂要》正读流摄尤侯幽合一。

（四）跨摄相押

流遇 11 例在遇摄、流效 1 例已在其他摄讨论，此处不赘述。

四　果摄

果摄内部互注共有 44 例。其中平声 13 例，上声 15 例，去声 16 例。首先，我们看平声的状态。

（一）平声

1. 歌自注 72 例，戈自注 34 例。
2. 歌戈互注 13 例。具体例证如下：

歌戈互注 13 例：

捼，《辨音广韵》奴何切，泥歌开一平果；《宋本广韵》奴禾切，泥戈合一平果。

挼，《辨音广韵》奴何切，泥歌开一平果；《宋本广韵》奴禾切，泥戈合一平果。

矬，《辨音广韵》才何切，從歌开一平果；《宋本广韵》昨禾切，從戈合一平果。

莏，《辨音广韵》桑何切，心歌开一平果；《宋本广韵》苏禾切，心戈合一平果。

莎，《辨音广韵》桑何切，心歌开一平果；《宋本广韵》苏禾切，心戈合一平果。

唆，《辨音广韵》桑何切，心歌开一平果；《宋本广韵》苏禾切，心戈合一平果。

梭，《辨音广韵》桑何切，心歌开一平果；《宋本广韵》苏禾切，心戈合一平果。

蓑，《辨音广韵》桑何切，心歌开一平果；《宋本广韵》苏禾切，心戈合一平果。

腡，《辨音广韵》郎何切，来歌开一平果；《宋本广韵》落戈切，来戈合一平果。

騾，《辨音广韵》郎何切，来歌开一平果；《宋本广韵》落戈切，来戈合一平果。

螺，《辨音广韵》郎何切，来歌开一平果；《宋本广韵》落戈切，来戈合一平果。

蠃，《辨音广韵》郎何切，来歌开一平果；《宋本广韵》落戈切，来戈合一平果。

鑼，《辨音广韵》郎何切，来歌开一平果；《宋本广韵》落戈切，来戈合一平果。

平声歌戈互注 13 例，歌戈自注合计 106 例，互注占自注的 12.26%，占歌自注的 18.06%，占戈自注的 38.24%，从统计数字来看，可以判定歌戈合用。

（二）上声

1. 哿自注 15 例，果自注 14 例。

2. 哿果互注 15 例。具体例证如下：

哿果互注 15 例：

躱，《辨音广韵》丁可切，端哿开一上果；《宋本广韵》丁果切，端果合一上果。

朶，《辨音广韵》丁可切，端哿开一上果；《宋本广韵》丁果切，端果合一上果。

埵，《辨音广韵》丁可切，端哿开一上果；《宋本广韵》丁果切，端果合一上果。

髻，《辨音广韵》丁可切，端哿开一上果；《宋本广韵》丁果切，端果合一上果。

妥，《辨音广韵》吐可切，透哿开一上果；《宋本广韵》他果切，透果合一上果。

椺，《辨音广韵》吐可切，透哿开一上果；《宋本广韵》徒果切，定果合一上果。

鎻，《辨音广韵》苏可切，心哿开一上果；《宋本广韵》苏果切，心果合一上果。

瑣，《辨音广韵》苏可切，心哿开一上果；《宋本广韵》苏果切，心果合一上果。

璅，《辨音广韵》苏可切，心哿开一上果；《宋本广韵》苏果切，心果合一上果。

鎖，《辨音广韵》苏可切，心哿开一上果；《宋本广韵》苏果切，心果合一上果。

裸，《辨音广韵》来可切，来哿开一上果；《宋本广韵》郎果切，来果合一上果。

蠃，《辨音广韵》来可切，来哿开一上果；《宋本广韵》郎果切，来果合一上果。

蓏，《辨音广韵》来可切，来哿开一上果；《宋本广韵》郎果切，来果合一上果。

臝，《辨音广韵》来可切，来哿开一上果；《宋本广韵》郎果切，来果合一上果。

瘰，《辨音广韵》来可切，来哿开一上果；《宋本广韵》郎果切，来果合一上果。

上声哿果互注 15 例，哿果自注合计 29 例，互注占自注的 51.72%，且互注与哿自注数量相同，大于果自注的数量，从统计数字上来看，可以判定哿果合用。

（三）去声

1. 箇自注 9 例，过自注 12 例。
2. 箇过互注 16 例。具体例证如下：

箇过互注 16 例：

剁，《辨音广韵》丁佐切，端箇开一去果；《宋本广韵》都唾切，端過合一去果。

唾，《辨音广韵》吐邏切，透箇开一去果；《宋本广韵》湯卧切，透過合一去果。

惰，《辨音广韵》杜佐切，定箇开一去果；《宋本广韵》徒卧切，定過合一去果。

懦，《辨音广韵》乃个切，泥箇开一去果；《宋本广韵》乃卧切，泥過合一去果。

糯，《辨音广韵》乃个切，泥箇开一去果；《宋本广韵》乃卧切，泥過合一去果。

愞，《辨音广韵》乃个切，泥箇开一去果；《宋本广韵》乃卧切，泥過合一去果。

挫，《辨音广韵》子贺切，精箇开一去果；《宋本广韵》则卧切，精過合一去果。

蓌，《辨音广韵》子贺切，精箇开一去果；《宋本广韵》祖臥切，精過合一去果。

剉，《辨音广韵》千箇切，清箇开一去果；《宋本广韵》麤卧切，清過合一去果。

銼，《辨音广韵》千箇切，清箇开一去果；《宋本广韵》麤卧切，清過合一去果。

莝，《辨音广韵》千箇切，清箇开一去果；《宋本广韵》麤卧切，清過合一去果。

坐，《辨音广韵》徂个切，從箇开一去果；《宋本广韵》徂卧切，從過合一去果。

座，《辨音广韵》徂个切，從箇开一去果；《宋本广韵》徂卧切，從過合一去果。

侉，《辨音广韵》安贺切，影箇开一去果；《宋本广韵》安贺切，影過开一去果。

㔶，《辨音广韵》郎佐切，来箇开一去果；《宋本广韵》鲁過切，来過合一去果。

攋，《辨音广韵》郎佐切，来箇开一去果；《宋本广韵》鲁過切，来過合一去果。

去声箇过互注 16 例，箇过自注合计 21 例，互注占自注的 76.19%，且互注数量远远大于箇、过自注的数量，从统计数字来看，可以判定箇过合用。

果摄《广韵》歌戈同用。从《辨音纂要》正读来看，以平赅上去，歌自注 96 例，戈自注 60 例。平声歌戈互注 13 例，上声哿果互注 15 例，去声箇過互注 16 例，歌戈互注合计 44 例，歌戈自注合计 156 例，互注占自注的 28.21%，占歌自注的 45.83%，占戈自注的 73.33%。从统计数字上来看，可以判定《辨音纂要》正读歌戈合用。

综上所述，《辨音纂要》正读果摄歌戈合一。

（四）跨摄相押

1. 果假互注 4 例，即麻戈互注 4 例。

麻戈互注 4 例：

茄，《辨音广韵》具遮切，羣麻开三平假；《宋本广韵》求迦切，羣戈开三平果。

伽，《辨音广韵》具遮切，羣麻开三平假；《宋本广韵》求迦切，羣戈开三平果。

靴，《辨音广韵》毁遮切，晓麻开三平假；《宋本广韵》許朘切，晓戈合三平果。

鞾，《辨音广韵》毁遮切，晓麻开三平假；《宋本广韵》許朘切，晓戈合三平果。

从汉语语音上来看，宋代的麻蛇，到元代分化为家麻和车遮两个韵部。

切韵麻二等发展为家麻,三四等发展为车遮。[①]

果假二摄这种合流现象在宋代的标准汴洛以及当时的部分江淮方言中有所反映,周祖谟先生通过考证,得出这样的结论:"假摄麻韵《广韵》与歌戈不同类,而唐宋之际以其读音相近故通用不分。" 周祖谟认为歌戈麻通用是时音特征。

在《辨音纂要》正读中出现这种现象,相对来说,更应该反映的是吴方言现象。

冯蒸先生对于果假二摄合流的讨论中认为:"在中古以后的一段时间果假二摄字的读音呈现出两种情况:即在一部分中古方言中果假二摄合流,故今日仍有部分方言遗存。而在另一部分中古方言中果假二摄并未合流,它们所占的区域较前者广,故至今大部分方言此二摄不同当是由此而来。[②]

在《辨音纂要》正读中,基本上表现的是歌麻分立,但也透露了方音特点。

五 假摄

假摄内部无互注现象。

(一)平声　1. 麻自注 112 例。

(二)上声　1. 马自注 51 例。

(三)去声　1. 祃自注 71 例。

(四)跨摄相押

1.假蟹互注 13 例:包括佳麻互注 6 例,蟹马互注 1 例,卦祃互注 4 例,祃蟹互注 1 例,祃夬互注 1 例。具体情况如下:

佳麻互注 6 例:

佳,《辨音广韵》居牙切,见麻开二平假;《宋本广韵》古膎切,见佳开二平蟹。

涯,《辨音广韵》牛加切,疑麻开二平假;《宋本广韵》五佳切,疑佳开二平蟹。

---

① 王力:《汉语语音史》,中国社会科学出版社 1985 年版,第 385 页。
② 冯蒸:《中古果假二摄合流性质考略》,《古汉语研究》1989 年第 4 期。

娃，《辨音广韵》乌瓜切，影麻合二平假；《宋本广韵》於佳切，影佳合二平蟹。

洼，《辨音广韵》乌瓜切，影麻合二平假；《宋本广韵》於佳切，影佳合二平蟹。

鼃，《辨音广韵》乌瓜切，影麻合二平假；《宋本广韵》乌娲切，影佳合二平蟹。

呝，《辨音广韵》乌瓜切，影麻合二平假；《宋本广韵》乙佳切，影佳合二平蟹。

蟹马互注 1 例：

㡩，《辨音广韵》所蟹切，生蟹开二上蟹；《宋本广韵》砂下切，生馬开二上假。

卦祃互注 4 例：

化，《辨音广韵》呼卦切，晓卦合二去蟹；《宋本广韵》呼霸切，晓祃合二去假。

仐，《辨音广韵》呼卦切，晓卦合二去蟹；《宋本广韵》呼霸切，晓祃合二去假。

鱯，《辨音广韵》胡卦切，匣卦合二去蟹；《宋本广韵》胡化切，匣祃合二去假。

樺，《辨音广韵》胡卦切，匣卦合二去蟹；《宋本广韵》胡化切，匣祃合二去假。

祃蟹互注 1 例：

罷，《辨音广韵》皮駕切，並祃开二去假；《宋本广韵》薄蟹切，並蟹开二上蟹。

祃夬互注 1 例：

寱，《辨音广韵》五化切，疑祃合二去假；《宋本广韵》五話切，疑夬开二去蟹。

《辨音纂要》正读假摄的韵目中，也体现出麻遮韵，卷十五韵目用字为"麻马祃"，卷十六韵目用字为"遮者蔗"，可见在《辨音纂要》正读中，假摄已经分化成家麻和车遮两部。

到宋代时，麻蛇韵就已经包括《切韵》开口二等的麻马祃、佳蟹卦；

合口二等的麻马祃、佳蟹卦（喉牙）、夬（喉牙）及开口三等的麻马祃。[1]从上述例证来看，佳韵的二等已经并入了麻韵。所以在《辨音纂要》正读中出现假蟹两摄相押，是语音发展的正常反映。

六　止摄

止摄内部互注共有 313 例。其中平声 163 例，上声 68 例，去声 82 例。首先，我们看平声的状态。

（一）平声

1. 支自注 42 例，脂自注 26 例，之自注 20 例，微自注 16 例。
2. 支脂互注 54 例，支之互注 47 例，脂之互注 32 例。具体例证如下：

支脂互注 54 例：

祁，《辨音广韵》渠㝯切，羣支开三平止；《宋本广韵》渠脂切，羣脂开三平止。

鬐，《辨音广韵》渠㝯切，羣支开三平止；《宋本广韵》渠脂切，羣脂开三平止。

耆，《辨音广韵》渠㝯切，羣支开三平止；《宋本广韵》渠脂切，羣脂开三平止。

絺，《辨音广韵》抽知切，徹支开三平止；《宋本广韵》丑飢切，徹脂开三平止。

郗，《辨音广韵》抽知切，徹支开三平止；《宋本广韵》丑飢切，徹脂开三平止。

鴟，《辨音广韵》抽知切，徹支开三平止；《宋本广韵》處脂切，昌脂开三平止。

遲，《辨音广韵》陳知切，澄支开三平止；《宋本广韵》直尼切，澄脂开三平止。

墀，《辨音广韵》陳知切，澄支开三平止；《宋本广韵》直尼切，澄脂开三平止。

---

[1] 王力：《汉语语音史》，中国社会科学出版社 1985 年版，第 270 页。

蚔，《辨音广韵》陳知切，澄支开三平止；《宋本广韵》直尼切，澄脂开三平止。

伊，《辨音广韵》於冝切，影支开三平止；《宋本广韵》於脂切，影脂开三平止。

咿，《辨音广韵》於冝切，影支开三平止；《宋本广韵》於脂切，影脂开三平止。

夷，《辨音广韵》延知切，以支开三平止；《宋本广韵》以脂切，以脂开三平止。

姨，《辨音广韵》延知切，以支开三平止；《宋本广韵》以脂切，以脂开三平止。

痍，《辨音广韵》延知切，以支开三平止；《宋本广韵》以脂切，以脂开三平止。

洟，《辨音广韵》延知切，以支开三平止；《宋本广韵》以脂切，以脂开三平止。

鴺，《辨音广韵》延知切，以支开三平止；《宋本广韵》以脂切，以脂开三平止。

恞，《辨音广韵》延知切，以支开三平止；《宋本广韵》以脂切，以脂开三平止。

胰，《辨音广韵》延知切，以支开三平止；《宋本广韵》以脂切，以脂开三平止。

彝，《辨音广韵》延知切，以支开三平止；《宋本广韵》以脂切，以脂开三平止。

遺，《辨音广韵》延知切，以支开三平止；《宋本广韵》以追切，以脂合三平止。

龜，《辨音广韵》居爲切，见支合三平止；《宋本广韵》居追切，见脂合三平止。

葵，《辨音广韵》渠爲切，羣支合三平止；《宋本广韵》渠隹切，羣脂合三平止。

逵，《辨音广韵》渠爲切，羣支合三平止；《宋本广韵》渠追切，羣脂合三平止。

夔，《辨音广韵》渠爲切，羣支合三平止；《宋本广韵》渠佳切，羣脂合三平止。

馗，《辨音广韵》渠爲切，羣支合三平止；《宋本广韵》渠佳切，羣脂合三平止。

帷，《辨音广韵》于嬀切，云支合三平止；《宋本广韵》洧悲切，云脂合三平止。

陂，《辨音广韵》逋眉切，帮脂开三平止；《宋本广韵》彼為切，帮支开三平止。

卑，《辨音广韵》逋眉切，帮脂开三平止；《宋本广韵》府移切，帮支开三平止。

椑，《辨音广韵》逋眉切，帮脂开三平止；《宋本广韵》必移切，帮支开三平止。

碑，《辨音广韵》逋眉切，帮脂开三平止；《宋本广韵》彼為切，帮支开三平止。

羆，《辨音广韵》逋眉切，帮脂开三平止；《宋本广韵》彼為切，帮支开三平止。

鈹，《辨音广韵》鋪糜切，滂脂开三平止；《宋本广韵》敷羈切，滂支开三平止。

披，《辨音广韵》铺糜切，滂脂开三平止；《宋本广韵》敷羈切，滂支开三平止。

狓，《辨音广韵》铺糜切，滂脂开三平止；《宋本广韵》敷羈切，滂支开三平止。

皮，《辨音广韵》蒲糜切，並脂开三平止；《宋本广韵》符羈切，並支开三平止。

疲，《辨音广韵》蒲糜切，並脂开三平止；《宋本广韵》符羈切，並支开三平止。

縻，《辨音广韵》忙悲切，明脂开三平止；《宋本广韵》糜為切，明支开三平止。

糜，《辨音广韵》忙悲切，明脂开三平止；《宋本广韵》糜為切，明支开三平止。

231

醾，《辨音广韵》忙悲切，明脂开三平止；《宋本广韵》糜為切，明支开三平止。

賷，《辨音广韵》津私切，精脂开三平止；《宋本广韵》即移切，精支开三平止。

訾，《辨音广韵》津私切，精脂开三平止；《宋本广韵》即移切，精支开三平止。

觜，《辨音广韵》津私切，精脂开三平止；《宋本广韵》即移切，精支开三平止。

鶿，《辨音广韵》津私切，精脂开三平止；《宋本广韵》即移切，精支开三平止。

髭，《辨音广韵》津私切，精脂开三平止；《宋本广韵》即移切，精支开三平止。

疵，《辨音广韵》才資切，從脂开三平止；《宋本广韵》疾移切，從支开三平止。

玼，《辨音广韵》才資切，從脂开三平止；《宋本广韵》疾移切，從支开三平止。

玭，《辨音广韵》才資切，從脂开三平止；《宋本广韵》疾移切，從支开三平止。

斯，《辨音广韵》相咨切，心脂开三平止；《宋本广韵》息移切，心支开三平止。

澌，《辨音广韵》相咨切，心脂开三平止；《宋本广韵》息移切，心支开三平止。

蟴，《辨音广韵》相咨切，心脂开三平止；《宋本广韵》息移切，心支开三平止。

蟖，《辨音广韵》相咨切，心脂开三平止；《宋本广韵》息移切，心支开三平止。

陲，《辨音广韵》直追切，澄脂合三平止；《宋本广韵》是為切，禪支合三平止。

錘，《辨音广韵》直追切，澄脂合三平止；《宋本广韵》直垂切，澄支合三平止。

垂，《辨音广韵》直追切，澄脂合三平止；《宋本广韵》是為切，禅支合三平止。

支之互注 47 例：

雌，《辨音广韵》此兹切，清之开三平止；《宋本广韵》此移切，清支开三平止。

支，《辨音广韵》旨詩切，章之开三平止；《宋本广韵》章移切，章支开三平止。

枝，《辨音广韵》旨詩切，章之开三平止；《宋本广韵》章移切，章支开三平止。

肢，《辨音广韵》旨詩切，章之开三平止；《宋本广韵》章移切，章支开三平止。

鳷，《辨音广韵》旨詩切，章之开三平止；《宋本广韵》章移切，章支开三平止。

卮，《辨音广韵》旨詩切，章之开三平止；《宋本广韵》章移切，章支开三平止。

栀，《辨音广韵》旨詩切，章之开三平止；《宋本广韵》章移切，章支开三平止。

施，《辨音广韵》莘之切，生之开三平止；《宋本广韵》式支切，書支开三平止。

匙，《辨音广韵》辰之切，禅之开三平止；《宋本广韵》是支切，禅支开三平止。

其，《辨音广韵》渠宧切，羣支开三平止；《宋本广韵》渠之切，羣之开三平止。

期，《辨音广韵》渠宧切，羣支开三平止；《宋本广韵》渠之切，羣之开三平止。

棋，《辨音广韵》渠宧切，羣支开三平止；《宋本广韵》渠之切，羣之开三平止。

旗，《辨音广韵》渠宧切，羣支开三平止；《宋本广韵》渠之切，羣之开三平止。

琪，《辨音广韵》渠宧切，羣支开三平止；《宋本广韵》渠之切，羣之开三平止。

麒，《辨音广韵》渠宜切，羣支开三平止；《宋本广韵》渠之切，羣之开三平止。

淇，《辨音广韵》渠宜切，羣支开三平止；《宋本广韵》渠之切，羣之开三平止。

騏，《辨音广韵》渠宜切，羣支开三平止；《宋本广韵》渠之切，羣之开三平止。

祺，《辨音广韵》渠宜切，羣支开三平止；《宋本广韵》渠之切，羣之开三平止。

萁，《辨音广韵》渠宜切，羣支开三平止；《宋本广韵》渠之切，羣之开三平止。

其，《辨音广韵》渠宜切，羣支开三平止；《宋本广韵》渠之切，羣之开三平止。

蘄，《辨音广韵》渠宜切，羣支开三平止；《宋本广韵》渠之切，羣之开三平止。

痴，《辨音广韵》抽知切，徹支开三平止；《宋本广韵》丑之切，徹之开三平止。

笞，《辨音广韵》抽知切，徹支开三平止；《宋本广韵》丑之切，徹之开三平止。

蚩，《辨音广韵》抽知切，徹支开三平止；《宋本广韵》赤之切，昌之开三平止。

媸，《辨音广韵》抽知切，徹支开三平止；《宋本广韵》赤之切，昌之开三平止。

嗤，《辨音广韵》抽知切，徹支开三平止；《宋本广韵》赤之切，昌之开三平止。

眙，《辨音广韵》抽知切，徹支开三平止；《宋本广韵》赤之切，昌之开三平止。

持，《辨音广韵》陳知切，澄支开三平止；《宋本广韵》直之切，澄之开三平止。

醫，《辨音广韵》於宜切，影支开三平止；《宋本广韵》於其切，影之开三平止。

噫，《辨音广韵》於互切，影支开三平止；《宋本广韵》於其切，影之开三平止。

嘻，《辨音广韵》虚互切，晓支开三平止；《宋本广韵》許其切，晓之开三平止。

禧，《辨音广韵》虚互切，晓支开三平止；《宋本广韵》許其切，晓之开三平止。

僖，《辨音广韵》虚互切，晓支开三平止；《宋本广韵》許其切，晓之开三平止。

熹，《辨音广韵》虚互切，晓支开三平止；《宋本广韵》許其切，晓之开三平止。

嬉，《辨音广韵》虚互切，晓支开三平止；《宋本广韵》許其切，晓之开三平止。

熙，《辨音广韵》虚互切，晓支开三平止；《宋本广韵》許其切，晓之开三平止。

颐，《辨音广韵》延知切，以支开三平止；《宋本广韵》与之切，以之开三平止。

贻，《辨音广韵》延知切，以支开三平止；《宋本广韵》与之切，以之开三平止。

眙，《辨音广韵》延知切，以支开三平止；《宋本广韵》与之切，以之开三平止。

詒，《辨音广韵》延知切，以支开三平止；《宋本广韵》与之切，以之开三平止。

飴，《辨音广韵》延知切，以支开三平止；《宋本广韵》与之切，以之开三平止。

怡，《辨音广韵》延知切，以支开三平止；《宋本广韵》与之切，以之开三平止。

圯，《辨音广韵》延知切，以支开三平止；《宋本广韵》与之切，以之开三平止。

异，《辨音广韵》延知切，以支开三平止；《宋本广韵》与之切，以之开三平止。

而，《辨音广韵》如支切，日支开三平止；《宋本广韵》如之切，日之开三平止。

湹，《辨音广韵》如支切，日支开三平止；《宋本广韵》如之切，日之开三平止。

輀，《辨音广韵》如支切，日支开三平止；《宋本广韵》如之切，日之开三平止。

脂之互注 32 例：

脂，《辨音广韵》旨詩切，章之开三平止；《宋本广韵》旨夷切，章脂开三平止。

楶，《辨音广韵》旨詩切，章之开三平止；《宋本广韵》旨夷切，章脂开三平止。

秖，《辨音广韵》旨詩切，章之开三平止；《宋本广韵》旨夷切，章脂开三平止。

胝，《辨音广韵》旨詩切，章之开三平止；《宋本广韵》丁尼切，知脂开三平止。

尸，《辨音广韵》莘之切，生之开三平止；《宋本广韵》式脂切，書脂开三平止。

鳲，《辨音广韵》莘之切，生之开三平止；《宋本广韵》式脂切，書脂开三平止。

屍，《辨音广韵》莘之切，生之开三平止；《宋本广韵》式脂切，書脂开三平止。

蓍，《辨音广韵》莘之切，生之开三平止；《宋本广韵》式脂切，書脂开三平止。

師，《辨音广韵》莘之切，生之开三平止；《宋本广韵》疏夷切，生脂开三平止。

蒒，《辨音广韵》莘之切，生之开三平止；《宋本广韵》疏夷切，生脂开三平止。

獅，《辨音广韵》莘之切，生之开三平止；《宋本广韵》疏夷切，生脂开三平止。

第三章 《辨音纂要》正读韵母

颾，《辨音广韵》莘之切，生之开三平止；《宋本广韵》疏夷切，生脂开三平止。

齏，《辨音广韵》津私切，精脂开三平止；《宋本广韵》子之切，精之开三平止。

兹，《辨音广韵》津私切，精脂开三平止；《宋本广韵》子之切，精之开三平止。

滋，《辨音广韵》津私切，精脂开三平止；《宋本广韵》子之切，精之开三平止。

镃，《辨音广韵》津私切，精脂开三平止；《宋本广韵》子之切，精之开三平止。

黙，《辨音广韵》津私切，精脂开三平止；《宋本广韵》子之切，精之开三平止。

嗞，《辨音广韵》津私切，精脂开三平止；《宋本广韵》子之切，精之开三平止。

孶，《辨音广韵》津私切，精脂开三平止；《宋本广韵》子之切，精之开三平止。

孜，《辨音广韵》津私切，精脂开三平止；《宋本广韵》子之切，精之开三平止。

慈，《辨音广韵》才资切，從脂开三平止；《宋本广韵》疾之切，從之开三平止。

磁，《辨音广韵》才资切，從脂开三平止；《宋本广韵》疾之切，從之开三平止。

鷀，《辨音广韵》才资切，從脂开三平止；《宋本广韵》疾之切，從之开三平止。

思，《辨音广韵》相咨切，心脂开三平止；《宋本广韵》息兹切，心之开三平止。

偲，《辨音广韵》相咨切，心脂开三平止；《宋本广韵》息兹切，心之开三平止。

偲，《辨音广韵》相咨切，心脂开三平止；《宋本广韵》息兹切，心之开三平止。

237

颸，《辨音广韵》相咨切，心脂开三平止；《宋本广韵》楚持切，初之开三平止。

緦，《辨音广韵》相咨切，心脂开三平止；《宋本广韵》息兹切，心之开三平止。

偲，《辨音广韵》相咨切，心脂开三平止；《宋本广韵》息兹切，心之开三平止。

司，《辨音广韵》相咨切，心脂开三平止；《宋本广韵》息兹切，心之开三平止。

絲，《辨音广韵》相咨切，心脂开三平止；《宋本广韵》息兹切，心之开三平止。

鷥，《辨音广韵》相咨切，心脂开三平止；《宋本广韵》息兹切，心之开三平止。

平声支脂互注 54 例，支脂自注合计 68 例，互注占自注的 79.41%，且互注远远大于支、脂自注的数量，从统计数字可以判定，支脂合用；支之互注 47 例，支之自注合计 62 例，互注占自注的 75.81%，且互注远远大于支、之自注的数量，可以判定支之合用；脂之互注 32 例，脂之自注合计 46 例，互注占自注的 69.57%，且互注远远大于脂、之自注的数量，因此脂之合用。

支与脂、之互注合计 101 例；脂与支、之互注合计 86 例；之与支、脂互注合计 79 例；支脂之自注合计 88 例，互注数量都接近或大于自注数量，因此可以判定支脂之合用。

综上，可以判定《辨音纂要》正读止摄平声支脂之合用。

3. 支微互注 27 例，脂微互注 3 例。具体例证如下：

支微互注 27 例：

隨，《辨音广韵》旬威切，邪微合三平止；《宋本广韵》旬为切，邪支合三平止。

隋，《辨音广韵》旬威切，邪微合三平止；《宋本广韵》旬为切，邪支合三平止。

祈，《辨音广韵》渠宎切，羣支开三平止；《宋本广韵》渠希切，羣微开三平止。

第三章 《辨音纂要》正读韵母

畿，《辨音广韵》渠宐切，羣支开三平止；《宋本广韵》渠希切，羣微开三平止。

頎，《辨音广韵》渠宐切，羣支开三平止；《宋本广韵》渠希切，羣微开三平止。

旂，《辨音广韵》渠宐切，羣支开三平止；《宋本广韵》渠希切，羣微开三平止。

衣，《辨音广韵》於宐切，影支开三平止；《宋本广韵》於希切，影微开三平止。

依，《辨音广韵》於宐切，影支开三平止；《宋本广韵》於希切，影微开三平止。

希，《辨音广韵》虚宐切，晓支开三平止；《宋本广韵》香衣切，晓微开三平止。

稀，《辨音广韵》虚宐切，晓支开三平止；《宋本广韵》香衣切，晓微开三平止。

晞，《辨音广韵》虚宐切，晓支开三平止；《宋本广韵》香衣切，晓微开三平止。

俙，《辨音广韵》虚宐切，晓支开三平止；《宋本广韵》香衣切，晓微开三平止。

豨，《辨音广韵》虚宐切，晓支开三平止；《宋本广韵》香衣切，晓微开三平止。

欷，《辨音广韵》虚宐切，晓支开三平止；《宋本广韵》香衣切，晓微开三平止。

歸，《辨音广韵》居爲切，见支合三平止；《宋本广韵》舉韋切，见微合三平止。

徽，《辨音广韵》呼爲切，晓支合三平止；《宋本广韵》许歸切，晓微合三平止。

暉，《辨音广韵》呼爲切，晓支合三平止；《宋本广韵》许歸切，晓微合三平止。

揮，《辨音广韵》呼爲切，晓支合三平止；《宋本广韵》许歸切，晓微合三平止。

輝，《辨音广韵》呼爲切，晓支合三平止；《宋本广韵》许歸切，晓微合三平止。

翬，《辨音广韵》呼爲切，晓支合三平止；《宋本广韵》许歸切，晓微合三平止。

煇，《辨音广韵》呼爲切，晓支合三平止；《宋本广韵》许歸切，晓微合三平止。

禕，《辨音广韵》呼爲切，晓支合三平止；《宋本广韵》许歸切，晓微合三平止。

韋，《辨音广韵》于嬀切，云支合三平止；《宋本广韵》雨非切，云微合三平止。

違，《辨音广韵》于嬀切，云支合三平止；《宋本广韵》雨非切，云微合三平止。

闈，《辨音广韵》于嬀切，云支合三平止；《宋本广韵》雨非切，云微合三平止。

圍，《辨音广韵》于嬀切，云支合三平止；《宋本广韵》雨非切，云微合三平止。

幃，《辨音广韵》于嬀切，云支合三平止；《宋本广韵》雨非切，云微合三平止。

脂微互注 3 例：

惟，《辨音广韵》無非切，微微合三平止；《宋本广韵》以追切，以脂合三平止。

濰，《辨音广韵》無非切，微微合三平止；《宋本广韵》以追切，以脂合三平止。

維，《辨音广韵》無非切，微微合三平止；《宋本广韵》以追切，以脂合三平止。

平声支微互注 27 例，支微自注合计 58 例，互注占自注的 46.55%，且互注数量远远大于微自注的数量，可以判定支微合用；脂微互注 3 例，由于数量较少，我们与上去声共同讨论。

（二）上声

1. 纸自注 35 例，旨自注 3 例，止自注 36 例，尾自注 16 例。

2. 纸旨互注 16 例，旨止互注 10 例，纸止互注 26 例。具体例证如下：

纸旨互注 16 例：

鄙，《辨音广韵》補委切，帮纸合三上止；《宋本广韵》方美切，帮旨开三上止。

吉，《辨音广韵》側氏切，莊纸开三上止；《宋本广韵》職雉切，章旨开三上止。

指，《辨音广韵》側氏切，莊纸开三上止；《宋本广韵》職雉切，章旨开三上止。

㫷，《辨音广韵》側氏切，莊纸开三上止；《宋本广韵》豬几切，知旨开三上止。

跽，《辨音广韵》巨绮切，羣纸开三上止；《宋本广韵》暨几切，羣旨开三上止。

圮，《辨音广韵》普弭切，滂纸开三上止；《宋本广韵》並鄙切，並旨开三上止。

嚭，《辨音广韵》匹靡切，滂纸开三上止；《宋本广韵》匹鄙切，滂旨开三上止。

痞，《辨音广韵》匹靡切，滂纸开三上止；《宋本广韵》符鄙切，並旨开三上止。

秕，《辨音广韵》匹靡切，滂纸开三上止；《宋本广韵》卑履切，帮旨开三上止。

簋，《辨音广韵》古委切，见纸合三上止；《宋本广韵》居洧切，见旨合三上止。

晷，《辨音广韵》古委切，见纸合三上止；《宋本广韵》居洧切，见旨合三上止。

癸，《辨音广韵》古委切，见纸合三上止；《宋本广韵》居誄切，见旨合三上止。

軌，《辨音广韵》古委切，见纸合三上止；《宋本广韵》居洧切，见旨合三上止。

宄，《辨音广韵》古委切，见纸合三上止；《宋本广韵》居洧切，见旨合三上止。

揆，《辨音广韵》渠委切，羣纸合三上止；《宋本广韵》求癸切，羣旨合三上止。

氏，《辨音广韵》時指切，禅旨开三上止；《宋本广韵》承纸切，禅纸开三上止。

旨止互注 10 例：

痔，《辨音广韵》丈几切，澄旨开三上止；《宋本广韵》直里切，澄止开三上止。

峙，《辨音广韵》丈几切，澄旨开三上止；《宋本广韵》直里切，澄止开三上止。

姊，《辨音广韵》祖似切，精止开三上止；《宋本广韵》将几切，精旨开三上止。

兕，《辨音广韵》詳子切，邪止开三上止；《宋本广韵》徐姊切，邪旨开三上止。

蓾，《辨音广韵》詩止切，書止开三上止；《宋本广韵》式视切，書旨开三上止。

矢，《辨音广韵》詩止切，書止开三上止；《宋本广韵》式视切，書旨开三上止。

屎，《辨音广韵》詩止切，書止开三上止；《宋本广韵》式视切，書旨开三上止。

几，《辨音广韵》居里切，见止开三上止；《宋本广韵》居履切，见旨开三上止。

麂，《辨音广韵》居里切，见止开三上止；《宋本广韵》居履切，见旨开三上止。

履，《辨音广韵》良己切，来止开三上止；《宋本广韵》力几切，来旨开三上止。

止纸互注 26 例：

止，《辨音广韵》侧氏切，莊纸开三上止；《宋本广韵》諸市切，章止开三上止。

址，《辨音广韵》侧氏切，莊纸开三上止；《宋本广韵》諸市切，章止开三上止。

沚，《辨音广韵》側氏切，莊纸开三上止；《宋本广韵》諸市切，章止开三上止。

趾，《辨音广韵》側氏切，莊纸开三上止；《宋本广韵》諸市切，章止开三上止。

阯，《辨音广韵》側氏切，莊纸开三上止；《宋本广韵》諸市切，章止开三上止。

恥，《辨音广韵》尺里切，昌纸开三上止；《宋本广韵》敕里切，徹止开三上止。

祉，《辨音广韵》尺里切，昌纸开三上止；《宋本广韵》敕里切，徹止开三上止。

擬，《辨音广韵》語绮切，疑纸开三上止；《宋本广韵》鱼紀切，疑止开三上止。

儗，《辨音广韵》語绮切，疑纸开三上止；《宋本广韵》鱼紀切，疑止开三上止。

巋，《辨音广韵》犬藁切，溪纸合三上止；《宋本广韵》丘軌切，溪止合三上止。

紫，《辨音广韵》祖似切，精止开三上止；《宋本广韵》將此切，精纸开三上止。

弛，《辨音广韵》詩止切，書止开三上止；《宋本广韵》施是切，書纸开三上止。

豕，《辨音广韵》詩止切，書止开三上止；《宋本广韵》施是切，書纸开三上止。

爾，《辨音广韵》忍止切，日止开三上止；《宋本广韵》兒氏切，日纸开三上止。

邇，《辨音广韵》忍止切，日止开三上止；《宋本广韵》兒氏切，日纸开三上止。

尒，《辨音广韵》忍止切，日止开三上止；《宋本广韵》兒氏切，日纸开三上止。

掎，《辨音广韵》居里切，见止开三上止；《宋本广韵》居綺切，见纸开三上止。

崎,《辨音广韵》墟里切,溪止开三上止;《宋本广韵》墟彼切,溪纸开三上止。

绮,《辨音广韵》墟里切,溪止开三上止;《宋本广韵》墟彼切,溪纸开三上止。

婍,《辨音广韵》墟里切,溪止开三上止;《宋本广韵》墟彼切,溪纸开三上止。

企,《辨音广韵》墟里切,溪止开三上止;《宋本广韵》丘弭切,溪纸开三上止。

徙,《辨音广韵》想里切,心止开三上止;《宋本广韵》斯氏切,心纸开三上止。

蓰,《辨音广韵》想里切,心止开三上止;《宋本广韵》所绮切,生纸开三上止。

屣,《辨音广韵》想里切,心止开三上止;《宋本广韵》所绮切,生纸开三上止。

壐,《辨音广韵》想里切,心止开三上止;《宋本广韵》斯氏切,心纸开三上止。

邐,《辨音广韵》良己切,来止开三上止;《宋本广韵》力纸切,来纸开三上止。

上声纸旨互注 16 例,纸旨自注合计 38 例,互注占自注的 42.11%,互注占纸自注的 45.71%,是旨自注的五余倍,因此可以判定纸旨合用;旨止互注 10 例,旨止自注合计 39 例,互注占自注的 25.64%,互注占止自注的 27.78%,是旨自注的三余倍,因此可以判定旨止合用;纸止互注 26 例,纸止自注合计 71 例,互注占自注的 36.62%,互注占纸自注的 74.29%,互注占止自注的 72.22%,从统计数字来看,可以判定纸止合用。

上声纸与旨、止互注合计 42 例;旨与纸、止互注合计 26 例;止与纸、旨互注合计 36 例;纸旨止自注合计 74 例,互注占自注的比例分别是 56.76%、35.14%、48.65%,从统计数字可以判定、纸、旨、止合用。

综上,可以判定《辨音纂要》正读止摄上声纸旨止已经合用。

3. 纸尾互注 11 例,旨尾互注 3 例,止尾互注 2 例。具体例证如下:

纸尾互注 11 例:

顗，《辨音广韵》語绮切，疑紙开三上止；《宋本广韵》鱼豈切，疑尾开三上止。

螘，《辨音广韵》語绮切，疑紙开三上止；《宋本广韵》鱼豈切，疑尾开三上止。

庡，《辨音广韵》隐绮切，影紙开三上止；《宋本广韵》於豈切，影尾开三上止。

扆，《辨音广韵》隐绮切，影紙开三上止；《宋本广韵》於豈切，影尾开三上止。

依，《辨音广韵》隐绮切，影紙开三上止；《宋本广韵》於豈切，影尾开三上止。

鬼，《辨音广韵》古委切，见紙合三上止；《宋本广韵》居偉切，见尾合三上止。

卉，《辨音广韵》虎委切，晓紙合三上止；《宋本广韵》許偉切，晓尾合三上止。

虺，《辨音广韵》虎委切，晓紙合三上止；《宋本广韵》許偉切，晓尾合三上止。

委，《辨音广韵》於鬼切，影尾合三上止；《宋本广韵》於詭切，影紙合三上止。

䛐，《辨音广韵》於鬼切，影尾合三上止；《宋本广韵》於詭切，影紙合三上止。

蔿，《辨音广韵》于鬼切，云尾合三上止；《宋本广韵》韋委切，云紙合三上止。

旨尾互注3例：

唯，《辨音广韵》于鬼切，云尾合三上止；《宋本广韵》以水切，以旨合三上止。

洧，《辨音广韵》于鬼切，云尾合三上止；《宋本广韵》榮美切，云旨合三上止。

痏，《辨音广韵》于鬼切，云尾合三上止；《宋本广韵》榮美切，云旨合三上止。

止尾互注2例：

幾，《辨音广韵》居里切，见止开三上止；《宋本广韵》居狶切，见尾开三上止。

豈，《辨音广韵》墟里切，溪止开三上止；《宋本广韵》袪狶切，溪尾开三上止。

上声纸尾互注 11 例，纸尾自注合计 51 例，互注占自注的 21.57%，互注占纸自注的 31.43%，占尾自注的 68.75%，从统计数字来看，可以判定纸尾合用；旨尾互注 3 例，旨尾自注合计 19 例，互注占自注的 15.79%，且互注数量与旨自注数量相同，可以判定旨尾合用；止尾互注 2 例，虽然数据数量较少，但前文已经论述支脂之合一，纸旨都与尾有较多互注，因此从语音发展的统一性来看，止尾也应该是合流的。

（三）去声

1. 寘自注 9 例，至自注 54 例，志自注 8 例，未自注 16 例。

2. 寘至互注 31 例，寘志互注 13 例，至志互注 23 例。具体例证如下：

寘至互注 31 例：

賁，《辨音广韵》兵媚切，帮至开三去止；《宋本广韵》彼義切，帮寘开三去止。

詖，《辨音广韵》兵媚切，帮至开三去止；《宋本广韵》彼義切，帮寘开三去止。

帔，《辨音广韵》披祕切，滂至开三去止；《宋本广韵》披義切，滂寘开三去止。

被，《辨音广韵》平祕切，並至开三去止；《宋本广韵》平義切，並寘开三去止。

髲，《辨音广韵》平祕切，並至开三去止；《宋本广韵》平義切，並寘开三去止。

漬，《辨音广韵》資四切，精至开三去止；《宋本广韵》疾智切，從寘开三去止。

骴，《辨音广韵》資四切，精至开三去止；《宋本广韵》疾智切，從寘开三去止。

胔，《辨音广韵》資四切，精至开三去止；《宋本广韵》疾智切，從寘开三去止。

眥，《辨音广韵》資四切，精至开三去止；《宋本广韵》疾智切，從寘开三去止。

莿，《辨音广韵》七四切，清至开三去止；《宋本广韵》七賜切，清寘开三去止。

朿，《辨音广韵》七四切，清至开三去止；《宋本广韵》七賜切，清寘开三去止。

啻，《辨音广韵》式至切，書至开三去止；《宋本广韵》施智切，書寘开三去止。

翅，《辨音广韵》式至切，書至开三去止；《宋本广韵》施智切，書寘开三去止。

豉，《辨音广韵》時至切，禅至开三去止；《宋本广韵》是義切，禅寘开三去止。

寄，《辨音广韵》古器切，见至开三去止；《宋本广韵》居義切，见寘开三去止。

騎，《辨音广韵》古器切，见至开三去止；《宋本广韵》居義切，见寘开三去止。

跂，《辨音广韵》去冀切，溪至开三去止；《宋本广韵》去智切，溪寘开三去止。

詈，《辨音广韵》力地切，来至开三去止；《宋本广韵》力智切，来寘开三去止。

荔，《辨音广韵》力地切，来至开三去止；《宋本广韵》力智切，来寘开三去止。

縋，《辨音广韵》直類切，澄至合三去止；《宋本广韵》馳偽切，澄寘合三去止。

膪，《辨音广韵》直類切，澄至合三去止；《宋本广韵》馳偽切，澄寘合三去止。

硾，《辨音广韵》直類切，澄至合三去止；《宋本广韵》馳偽切，澄寘合三去止。

累，《辨音广韵》力遂切，来至合三去止；《宋本广韵》良偽切，来寘合三去止。

翅，《辨音广韵》初至切，初至开三去止；《宋本广韵》施智切，书寘开三去止。

洎，《辨音广韵》奇寄切，羣寘开三去止；《宋本广韵》其冀切，羣至开三去止。

屁，《辨音广韵》匹智切，滂寘开三去止；《宋本广韵》匹寐切，滂至开三去止。

四，《辨音广韵》息渍切，心寘开三去止；《宋本广韵》息利切，心至开三去止。

泗，《辨音广韵》息渍切，心寘开三去止；《宋本广韵》息利切，心至开三去止。

駟，《辨音广韵》息渍切，心寘开三去止；《宋本广韵》息利切，心至开三去止。

肆，《辨音广韵》息渍切，心寘开三去止；《宋本广韵》息利切，心至开三去止。

懿，《辨音广韵》於戯切，影寘开三去止；《宋本广韵》乙冀切，影至开三去止。

寘志互注 13 例：

避，《辨音广韵》毗意切，並志开三去止；《宋本广韵》毗義切，並寘开三去止。

寘，《辨音广韵》支侍切，章志开三去止；《宋本广韵》支義切，章寘开三去止。

𦙃，《辨音广韵》支侍切，章志开三去止；《宋本广韵》支義切，章寘开三去止。

智，《辨音广韵》知意切，知志开三去止；《宋本广韵》知義切，知寘开三去止。

戯，《辨音广韵》許意切，晓志开三去止；《宋本广韵》香義切，晓寘开三去止。

忌，《辨音广韵》奇寄切，羣寘开三去止；《宋本广韵》渠记切，羣志开三去止。

笥，《辨音广韵》息渍切，心寘开三去止；《宋本广韵》相吏切，心志开三去止。

伺,《辨音广韵》息渍切,心寘开三去止;《宋本广韵》相吏切,心志开三去止。

寺,《辨音广韵》详渍切,邪寘开三去止;《宋本广韵》祥吏切,邪志开三去止。

飼,《辨音广韵》详渍切,邪寘开三去止;《宋本广韵》祥吏切,邪志开三去止。

嗣,《辨音广韵》详渍切,邪寘开三去止;《宋本广韵》祥吏切,邪志开三去止。

意,《辨音广韵》於戏切,影寘开三去止;《宋本广韵》於记切,影志开三去止。

異,《辨音广韵》以智切,以寘开三去止;《宋本广韵》羊吏切,以志开三去止。

志至互注 23 例:

字,《辨音广韵》疾四切,從至开三去止;《宋本广韵》疾置切,從志开三去止。

牸,《辨音广韵》疾四切,從至开三去止;《宋本广韵》疾置切,從志开三去止。

芓,《辨音广韵》疾四切,從至开三去止;《宋本广韵》疾置切,從志开三去止。

廁,《辨音广韵》初至切,初至开三去止;《宋本广韵》初吏切,初志开三去止。

厠,《辨音广韵》初至切,初至开三去止;《宋本广韵》初吏切,初志开三去止。

試,《辨音广韵》式至切,书至开三去止;《宋本广韵》式吏切,书志开三去止。

弒,《辨音广韵》式至切,书至开三去止;《宋本广韵》式吏切,书志开三去止。

侍,《辨音广韵》时至切,禅至开三去止;《宋本广韵》时吏切,禅志开三去止。

事，《辨音广韵》時至切，禅至开三去止；《宋本广韵》鉏吏切，崇志开三去止。

記，《辨音广韵》古器切，见至开三去止；《宋本广韵》居吏切，见志开三去止。

吏，《辨音广韵》力地切，来至开三去止；《宋本广韵》力置切，来志开三去止。

鼻，《辨音广韵》毗意切，並志开三去止；《宋本广韵》毗至切，並至开三去止。

濞，《辨音广韵》毗意切，並志开三去止；《宋本广韵》匹備切，滂至开三去止。

至，《辨音广韵》支侍切，章志开三去止；《宋本广韵》脂利切，章至开三去止。

躓，《辨音广韵》支侍切，章志开三去止；《宋本广韵》陟利切，知至开三去止。

摯，《辨音广韵》支侍切，章志开三去止；《宋本广韵》脂利切，章至开三去止。

鷙，《辨音广韵》支侍切，章志开三去止；《宋本广韵》脂利切，章至开三去止。

贄，《辨音广韵》支侍切，章志开三去止；《宋本广韵》脂利切，章至开三去止。

致，《辨音广韵》知意切，知志开三去止；《宋本广韵》陟利切，知至开三去止。

緻，《辨音广韵》知意切，知志开三去止；《宋本广韵》直利切，澄至开三去止。

治，《辨音广韵》直意切，澄志开三去止；《宋本广韵》直利切，澄至开三去止。

稚，《辨音广韵》直意切，澄志开三去止；《宋本广韵》直利切，澄至开三去止。

稺，《辨音广韵》直意切，澄志开三去止；《宋本广韵》直利切，澄至开三去止。

去声寘至互注 31 例，寘至自注合计 63 例，互注占自注的 49.21%，占至自注的 57.41%，是寘自注的三余倍，从统计数字可以判定，寘至合用；至志互注 23 例，至志自注合计 62 例，互注占自注的 37.1%，占至自注的 42.59%，是志自注的两余倍，从统计数字可以判定，至志合用；寘志互注 13 例，寘志自注合计 17 例，互注占自注的 76.47%，且互注的数量远远超过寘、志自注的数量，可以判定寘志合用。综上数据，可以判定寘至志合用。

3. 寘未互注 1 例，至未互注 13 例，志未互注 1 例。具体例证如下：

寘未互注 1 例：

偽，《辨音广韵》鱼胃切，疑未合三去止；《宋本广韵》危睡切，疑寘合三去止。

至未互注 13 例：

愧，《辨音广韵》居胃切，见未合三去止；《宋本广韵》俱位切，见至合三去止。

媿，《辨音广韵》居胃切，见未合三去止；《宋本广韵》俱位切，见至合三去止。

既，《辨音广韵》古器切，见至开三去止；《宋本广韵》居豙切，见未开三去止。

暨，《辨音广韵》古器切，见至开三去止；《宋本广韵》居豙切，见未开三去止。

旡，《辨音广韵》古器切，见至开三去止；《宋本广韵》居豙切，见未开三去止。

气，《辨音广韵》去冀切，溪至开三去止；《宋本广韵》去既切，溪未开三去止。

炁，《辨音广韵》去冀切，溪至开三去止；《宋本广韵》去既切，溪未开三去止。

胃，《辨音广韵》于位切，云至合三去止；《宋本广韵》于贵切，云未合三去止。

謂，《辨音广韵》于位切，云至合三去止；《宋本广韵》于贵切，云未合三去止。

渭，《辨音广韵》于位切，云至合三去止；《宋本广韵》于貴切，云未合三去止。

蝟，《辨音广韵》于位切，云至合三去止；《宋本广韵》于貴切，云未合三去止。

鯛，《辨音广韵》于位切，云至合三去止；《宋本广韵》于貴切，云未合三去止。

緯，《辨音广韵》于位切，云至合三去止；《宋本广韵》于貴切，云未合三去止。

志未互注 1 例：

饐，《辨音广韵》許意切，晓志开三去止；《宋本广韵》許既切，晓未开三去止。

去声至未互注 13 例，至未自注合计 70 例，互注占自注的 18.57%，占至自注的 24.07%，占未自注的 81.25%，从统计数字来看，可以判定至未合用；寘、志与未都有互注现象，虽数据较少，也可判定合用。

止摄《广韵》支脂之同用，微独用。从《辨音纂要》正读来看，以平赅上去，支自注 86 例，脂自注 83 例，之自注 64 例，微自注 48 例。

平声支脂互注 54 例，上声纸旨互注 16 例，去声寘至互注 31 例，支脂互注合计 101 例，支脂自注 169 例，互注占自注的 59.76%。从统计数字上看，《辨音纂要》正读支脂合流。

平声支之互注 47 例，上声纸止互注 26 例，去声寘志互注 13 例，支之互注合计 86 例，支之自注 150 例，互注占自注的 57.33%，且支之互注等同于支自注的数量，远远大于之自注。从统计数字上看，《辨音纂要》正读支之合流。

平声脂之互注 32 例，上声旨止互注 10 例，去声志至互注 23 例，脂之互注合计 65 例，脂之自注 147 例，互注占自注的 44.22%。从统计数字上看，《辨音纂要》正读脂之合流。

平声支微互注 27 例，上声纸尾互注 11 例，去声寘未互注 1 例，支微互注合计 39 例，支微自注 134 例，互注占自注的 29.1%，支微互注占微自注的 81.25%。从统计数字上看，《辨音纂要》正读支微合用；

平声脂微互注 3 例，上声旨尾互注 3 例，去声至未互注 13 例，脂微互注合计 19 例，脂微自注合计 131 例，互注占自注的 14.5%，占微自注的 39.58%，从统计数字可以判定，脂微合用。

支、脂、之、微四韵，早就通为一读。王力先生《汉语史稿》说："支脂之微四韵合一，至少在第八世纪以前就完成了。"[①]周祖谟先生《宋代汴洛语音考》说："止摄支脂之微四韵通用，自唐代已然。"观玄应音之反切，确是"支纸寘、脂旨至、之止志混用"，《经典释文》之注音，也是"支脂之微混用"。唐颜师古注《汉书》音，也常数韵相混。南唐朱翱的反切也多四韵混读。[②]

前文论证过支脂之合用，且支、脂皆与微合用，而且之微也有互注现象，尽管数量很少，仅互注 3 例，仍可以判定之微合用。

综上，《辨音纂要》正读止摄支脂之微合一。

（五）跨摄相押

止摄与蟹摄互注 240 例，我们与蟹摄共同讨论。

七　蟹摄

蟹摄内部互注共有 85 例。其中平声 14 例，上声 5 例，去声 66 例。
首先，我们看平声的状态。

（一）平声

1. 齐自注 75 例，皆自注 30 例，灰自注 51 例，咍自注 52 例。
2. 佳皆互注 14 例。具体例证如下：

佳皆互注 14 例：

街，《辨音广韵》居谐切，见皆开二平蟹；《宋本广韵》古膎切，见佳开二平蟹。

捱，《辨音广韵》㐅皆切，疑皆开二平蟹；《宋本广韵》五佳切，疑佳开二平蟹。

崖，《辨音广韵》㐅皆切，疑皆开二平蟹；《宋本广韵》五佳切，疑佳开二平蟹。

---

① 王力：《汉语史稿》，中华书局 1980 年版，第 163 页。
② 李新魁：《李新魁音韵学论集》，汕头大学出版社 1997 年版，第 133 页。

厓，《辨音广韵》娿皆切，疑皆开二平蟹；《宋本广韵》五佳切，疑佳开二平蟹。

牌，《辨音广韵》步皆切，並皆开二平蟹；《宋本广韵》薄佳切，並佳开二平蟹。

簰，《辨音广韵》步皆切，並皆开二平蟹；《宋本广韵》薄佳切，並佳开二平蟹。

釵，《辨音广韵》初皆切，初皆开二平蟹；《宋本广韵》楚佳切，初佳开二平蟹。

祡，《辨音广韵》牀皆切，崇皆开二平蟹；《宋本广韵》士佳切，崇佳开二平蟹。

柴，《辨音广韵》牀皆切，崇皆开二平蟹；《宋本广韵》士佳切，崇佳开二平蟹。

瘥，《辨音广韵》牀皆切，崇皆开二平蟹；《宋本广韵》士佳切，崇佳开二平蟹。

鞋，《辨音广韵》雄皆切，云皆开二平蟹；《宋本广韵》户佳切，匣佳开二平蟹。

鮭，《辨音广韵》雄皆切，云皆开二平蟹；《宋本广韵》户佳切，匣佳开二平蟹。

喎，《辨音广韵》苦乖切，溪皆合二平蟹；《宋本广韵》苦緺切，溪佳合二平蟹。

歪，《辨音广韵》乌乖切，影皆合二平蟹；《宋本广韵》火媧切，晓佳合二平蟹。

平声佳皆互注 14 例，佳皆自注合计 30 例，互注占自注的 46.67%，从统计数字上来看，佳皆已经合用。

（二）上声

1. 荠自注 19 例，蟹自注 10 例，骇自注 3 例，贿自注 18 例，海自注 23 例。

2. 蟹骇互注 3 例。具体例证如下：

蟹骇互注 3 例：

蟹，《辨音广韵》下楷切，匣骇开二上蟹；《宋本广韵》胡買切，匣蟹开二上蟹。

獬，《辨音广韵》下楷切，匣骇开二上蟹；《宋本广韵》胡買切，匣蟹开二上蟹。

㿜，《辨音广韵》下楷切，匣骇开二上蟹；《宋本广韵》胡買切，匣蟹开二上蟹。

上声蟹骇互注 3 例，蟹骇自注合计 13 例，互注占自注的 23.08%，且互注数量与骇自注数量相同，可以判定蟹骇同用。

（三）去声

1. 霁自注 32 例，卦自注 11 例，怪自注 16 例，队自注 24 例，代自注 16 例，祭自注 11 例，泰自注 16 例，夬自注 6 例。

2. 霁祭互注 9 例，卦怪互注 7 例，卦夬互注 5 例，怪夬互注 7 例。具体例证如下：

霁祭互注 9 例：

诣，《辨音广韵》倪制切，疑祭开三去蟹；《宋本广韵》五计切，疑霁开四去蟹。

睨，《辨音广韵》倪制切，疑祭开三去蟹；《宋本广韵》五计切，疑霁开四去蟹。

羿，《辨音广韵》倪制切，疑祭开三去蟹；《宋本广韵》五计切，疑霁开四去蟹。

闭，《辨音广韵》必弊切，帮祭开三去蟹；《宋本广韵》博计切，帮霁开四去蟹。

嬖，《辨音广韵》必弊切，帮祭开三去蟹；《宋本广韵》博计切，帮霁开四去蟹。

谜，《辨音广韵》彌蔽切，明祭开三去蟹；《宋本广韵》莫计切，明霁开四去蟹。

祭，《辨音广韵》子计切，精霁开四去蟹；《宋本广韵》子例切，精祭开三去蟹。

際，《辨音广韵》子计切，精霁开四去蟹；《宋本广韵》子例切，精祭开三去蟹。

漈，《辨音广韵》子计切，精霁开四去蟹；《宋本广韵》子例切，精祭开三去蟹。

卦怪互注 7 例：

瘵，《辨音广韵》侧賣切，莊卦开二去蟹；《宋本广韵》侧界切，莊怪开二去蟹。

鎩，《辨音广韵》所賣切，生卦开二去蟹；《宋本广韵》所拜切，生怪开二去蟹。

呝，《辨音广韵》烏懈切，影卦开二去蟹；《宋本广韵》烏界切，影怪开二去蟹。

廨，《辨音广韵》居拜切，见怪开二去蟹；《宋本广韵》古隘切，见卦开二去蟹。

懈，《辨音广韵》居拜切，见怪开二去蟹；《宋本广韵》古隘切，见卦开二去蟹。

邂，《辨音广韵》下戒切，匣怪开二去蟹；《宋本广韵》胡懈切，匣卦开二去蟹。

䨥，《辨音广韵》火怪切，晓怪合二去蟹；《宋本广韵》呼卦切，晓卦合二去蟹。

卦夬互注 5 例：

蠆，《辨音广韵》楚懈切，初卦开二去蟹；《宋本广韵》丑犗切，徹夬开二去蟹。

話，《辨音广韵》胡卦切，匣卦合二去蟹；《宋本广韵》下快切，匣夬合二去蟹。

派，《辨音广韵》普夬切，滂夬合二去蟹；《宋本广韵》匹卦切，滂卦开二去蟹。

稗，《辨音广韵》薄邁切，並夬开二去蟹；《宋本广韵》傍卦切，並卦开二去蟹。

眦，《辨音广韵》助邁切，崇夬开二去蟹；《宋本广韵》士懈切，崇卦开二去蟹。

怪夬互注 7 例：

湃，《辨音广韵》普夬切，滂夬合二去蟹；《宋本广韵》普拜切，滂怪开二去蟹。

256

憊,《辨音广韵》薄迈切,並夬开二去蟹;《宋本广韵》蒲拜切,並怪开二去蟹。

䩧,《辨音广韵》薄迈切,並夬开二去蟹;《宋本广韵》蒲拜切,並怪开二去蟹。

蒯,《辨音广韵》苦夬切,溪夬合二去蟹;《宋本广韵》古怪切,溪怪合二去蟹。

块,《辨音广韵》苦夬切,溪夬合二去蟹;《宋本广韵》古怪切,溪怪合二去蟹。

犗,《辨音广韵》居拜切,见怪开二去蟹;《宋本广韵》古喝切,见夬开二去蟹。

夬,《辨音广韵》古壞切,见怪合二去蟹;《宋本广韵》古迈切,见夬合二去蟹。

《广韵》霁祭同用,卦怪夬同用,《辨音纂要》正读中也非常明显的表现出这样的特点,霁祭互注9例,霁祭自注合计43例,互注占自注的20.93%,互注占霁自注的28.13%,占祭自注的81.82%,从统计数字来看,可以判定霁祭合用;卦怪互注7例,卦怪自注合计27例,互注占自注的25.93%,互注占卦自注的63.64%,占怪自注的43.75%,从统计数字可以判定,卦怪合用;卦夬互注5例,卦夬自注合计17例,互注占自注的29.41%,互注占卦自注的45.45%,占夬自注的83.33%,从统计数字可以判定,卦夬合用;怪夬互注7例,怪夬自注合计22例,互注占自注的31.82%,互注占怪自注的43.75%,互注大于夬自注的数量,因此可以判定怪夬合用。综上,《辨音纂要》正读蟹摄去声霁祭合一,卦怪夬合一。

3. 佳皆和灰咍

从上文的分析可以看出,佳皆合一。灰咍平声没有互注例,但上声有互注的例子:

贿海互注1例:

俖,《辨音广韵》普罪切,滂贿合一上蟹;《宋本广韵》普乃切,滂海开一上蟹。

灰咍的去声比较复杂。泰代互注18例,泰队互注10例,详情如下:

泰代互注18例:

帶，《辨音广韵》丁代切，端代开一去蟹；《宋本广韵》當蓋切，端泰开一去蟹。

大，《辨音广韵》度耐切，定代开一去蟹；《宋本广韵》徒蓋切，定泰开一去蟹。

蔡，《辨音广韵》倉代切，清代开一去蟹；《宋本广韵》倉大切，清泰开一去蟹。

槩，《辨音广韵》居大切，见泰开一去蟹；《宋本广韵》古代切，见代开一去蟹。

慨，《辨音广韵》丘蓋切，溪泰开一去蟹；《宋本广韵》苦愛切，溪代开一去蟹。

嘅，《辨音广韵》丘蓋切，溪泰开一去蟹；《宋本广韵》苦愛切，溪代开一去蟹。

欬，《辨音广韵》丘蓋切，溪泰开一去蟹；《宋本广韵》苦蓋切，溪代开一去蟹。

儗，《辨音广韵》牛蓋切，疑泰开一去蟹；《宋本广韵》五溉切，疑代开一去蟹。

礙，《辨音广韵》牛蓋切，疑泰开一去蟹；《宋本广韵》五溉切，疑代开一去蟹。

態，《辨音广韵》他蓋切，透泰开一去蟹；《宋本广韵》他代切，透代开一去蟹。

貸，《辨音广韵》他蓋切，透泰开一去蟹；《宋本广韵》他代切，透代开一去蟹。

耐，《辨音广韵》尼帶切，娘泰开一去蟹；《宋本广韵》奴代切，泥代开一去蟹。

鼐，《辨音广韵》尼帶切，娘泰开一去蟹；《宋本广韵》奴代切，泥代开一去蟹。

愛，《辨音广韵》於蓋切，影泰开一去蟹；《宋本广韵》烏代切，影代开一去蟹。

曖，《辨音广韵》於蓋切，影泰开一去蟹；《宋本广韵》烏代切，影代开一去蟹。

資，《辨音廣韵》落蓋切，來泰開一去蟹；《宋本廣韵》洛代切，來代開一去蟹。

睞，《辨音廣韵》落蓋切，來泰開一去蟹；《宋本廣韵》洛代切，來代開一去蟹。

溉，《辨音廣韵》居大切，見泰開一去蟹；《宋本廣韵》古代切，見代開一去蟹。

泰隊互注10例：

兌，《辨音廣韵》杜對切，定隊合一去蟹；《宋本廣韵》杜外切，定泰合一去蟹。

銳，《辨音廣韵》杜對切，定隊合一去蟹；《宋本廣韵》杜外切，定泰合一去蟹。

貝，《辨音廣韵》邦妹切，幫隊合一去蟹；《宋本廣韵》博蓋切，幫泰開一去蟹。

狽，《辨音廣韵》邦妹切，幫隊合一去蟹；《宋本廣韵》博蓋切，幫泰開一去蟹。

沛，《辨音廣韵》滂佩切，滂隊合一去蟹；《宋本廣韵》普蓋切，滂泰開一去蟹。

茷，《辨音廣韵》滂佩切，滂隊合一去蟹；《宋本廣韵》普蓋切，滂泰開一去蟹。

霈，《辨音廣韵》滂佩切，滂隊合一去蟹；《宋本廣韵》普蓋切，滂泰開一去蟹。

旆，《辨音廣韵》步昧切，並隊合一去蟹；《宋本廣韵》蒲蓋切，並泰開一去蟹。

會，《辨音廣韵》胡對切，匣隊合一去蟹；《宋本廣韵》黃外切，匣泰合一去蟹。

繪，《辨音廣韵》胡對切，匣隊合一去蟹；《宋本廣韵》黃外切，匣泰合一去蟹。

《辨音纂要》正讀中的泰韵非常活躍，與代、隊合用28例，而泰自注僅16例，可見泰與隊、代已經合為一韵。

由此我們來看灰咍上去聲與佳皆去聲互注的情況：

蟹海互注 1 例：
嬭，《辨音广韵》曩亥切，泥海开一上蟹；《宋本广韵》奴蟹切，泥蟹开二上蟹。

去声泰与卦怪夬合用 2 例，包括泰怪互注 1 例，泰夬互注 1 例：

泰怪互注 1 例：
外，《辨音广韵》五怪切，疑怪合二去蟹；《宋本广韵》五會切，疑泰合一去蟹。

泰夬互注 1 例：
懀，《辨音广韵》乌快切，影夬合二去蟹；《宋本广韵》乌外切，影泰合一去蟹。

虽然数据量不多，从上声与去声来看，佳皆和灰咍已经有合用的迹象，我们不能确定佳皆与灰咍合一，但是可以确定《辨音纂要》正读中皆来部已经成立。

蟹摄《广韵》齐独用，佳皆同用，灰咍同用。从《辨音纂要》正读来看，以平赅上去，齐自注 126 例，佳自注 21 例，皆自注 49 例，灰自注 93 例，咍自注 91 例，祭自注 11 例，夬自注 6 例，泰自注 16 例。

平声佳皆互注 14 例，上声蟹骇互注 3 例，去声卦怪互注 7 例，佳皆互注合计 24 例，佳皆自注合计 70 例，互注占自注的 34.29%，且互注数量远远大于佳自注的数量，从统计数字上看，在《辨音纂要》正读中，佳皆已经合用。

（四）跨摄相押

止蟹互注合计 240 例，包括支脂之与蟹摄互注 211 例，微与蟹摄互注 29 例，具体情况如下：

一、齐微部的形成

1. 支齐合用现象分析

（1）支脂之与齐互注共 119 例，包括齐支互注 39 例，齐脂互注 20 例，齐旨互注 1 例，齐之互注 14 例，止荠互注 11 例，荠旨互注 5 例，荠纸互注 4 例，至霁互注 18 例，志霁互注 1 例，志齐互注 1 例，志荠互注 1 例，寘霁互注 4 例。具体情况如下：

齐支互注 39 例：

冝，《辨音广韵》研奚切，疑齐开四平蟹；《宋本广韵》鱼羁切，疑支开三平止。

儀，《辨音广韵》研奚切，疑齐开四平蟹；《宋本广韵》鱼羁切，疑支开三平止。

羛，《辨音广韵》研奚切，疑齐开四平蟹；《宋本广韵》鱼羁切，疑支开三平止。

羁，《辨音广韵》坚溪切，见齐开四平蟹；《宋本广韵》居宜切，见支开三平止。

羇，《辨音广韵》坚溪切，见齐开四平蟹；《宋本广韵》居宜切，见支开三平止。

畸，《辨音广韵》坚溪切，见齐开四平蟹；《宋本广韵》居宜切，见支开三平止。

攲，《辨音广韵》牵奚切，溪齐开四平蟹；《宋本广韵》居宜切，见支开三平止。

踦，《辨音广韵》牵奚切，溪齐开四平蟹；《宋本广韵》去奇切，溪支开三平止。

崎，《辨音广韵》牵奚切，溪齐开四平蟹；《宋本广韵》去奇切，溪支开三平止。

脾，《辨音广韵》蒲迷切，并齐开四平蟹；《宋本广韵》符支切，并支开三平止。

獼，《辨音广韵》绵兮切，明齐开四平蟹；《宋本广韵》武移切，明支开三平止。

瀰，《辨音广韵》绵兮切，明齐开四平蟹；《宋本广韵》武移切，明支开三平止。

彌，《辨音广韵》绵兮切，明齐开四平蟹；《宋本广韵》武移切，明支开三平止。

弥，《辨音广韵》绵兮切，明齐开四平蟹；《宋本广韵》武移切，明支开三平止。

離，《辨音广韵》邻溪切，来齐开四平蟹；《宋本广韵》吕支切，来支开三平止。

离，《辨音广韵》鄰溪切，来齐开四平蟹；《宋本广韵》吕支切，来支开三平止。

漓，《辨音广韵》鄰溪切，来齐开四平蟹；《宋本广韵》吕支切，来支开三平止。

璃，《辨音广韵》鄰溪切，来齐开四平蟹；《宋本广韵》吕支切，来支开三平止。

謧，《辨音广韵》鄰溪切，来齐开四平蟹；《宋本广韵》吕支切，来支开三平止。

醨，《辨音广韵》鄰溪切，来齐开四平蟹；《宋本广韵》吕支切，来支开三平止。

蘺，《辨音广韵》鄰溪切，来齐开四平蟹；《宋本广韵》吕支切，来支开三平止。

罹，《辨音广韵》鄰溪切，来齐开四平蟹；《宋本广韵》鄰知切，来支开三平止。

羅，《辨音广韵》鄰溪切，来齐开四平蟹；《宋本广韵》吕支切，来支开三平止。

欐，《辨音广韵》鄰溪切，来齐开四平蟹；《宋本广韵》吕支切，来支开三平止。

孋，《辨音广韵》鄰溪切，来齐开四平蟹；《宋本广韵》吕支切，来支开三平止。

酈，《辨音广韵》鄰溪切，来齐开四平蟹；《宋本广韵》吕支切，来支开三平止。

鸝，《辨音广韵》鄰溪切，来齐开四平蟹；《宋本广韵》吕支切，来支开三平止。

驪，《辨音广韵》鄰溪切，来齐开四平蟹；《宋本广韵》吕支切，来支开三平止。

鷖，《辨音广韵》於宜切，影支开三平止；《宋本广韵》乌奚切，影齐开四平蟹。

黟，《辨音广韵》於宜切，影支开三平止；《宋本广韵》乌奚切，影齐开四平蟹。

醯，《辨音广韵》虚窐切，晓支开三平止；《宋本广韵》呼鷄切，晓齐开四平蟹。

圭，《辨音广韵》居爲切，见支合三平止；《宋本广韵》古攜切，见齐合四平蟹。

珪，《辨音广韵》居爲切，见支合三平止；《宋本广韵》古攜切，见齐合四平蟹。

邽，《辨音广韵》居爲切，见支合三平止；《宋本广韵》古攜切，见齐合四平蟹。

闺，《辨音广韵》居爲切，见支合三平止；《宋本广韵》古攜切，见齐合四平蟹。

奎，《辨音广韵》去规切，溪支合三平止；《宋本广韵》苦圭切，溪齐合四平蟹。

刲，《辨音广韵》去规切，溪支合三平止；《宋本广韵》苦圭切，溪齐合四平蟹。

暌，《辨音广韵》去规切，溪支合三平止；《宋本广韵》苦圭切，溪齐合四平蟹。

睽，《辨音广韵》去规切，溪支合三平止；《宋本广韵》苦圭切，溪齐合四平蟹。

齐脂互注20例：

肌，《辨音广韵》坚溪切，见齐开四平蟹；《宋本广韵》居夷切，见脂开三平止。

飢，《辨音广韵》坚溪切，见齐开四平蟹；《宋本广韵》居夷切，见脂开三平止。

机，《辨音广韵》坚溪切，见齐开四平蟹；《宋本广韵》居夷切，见脂开三平止。

黎，《辨音广韵》鄰溪切，来齐开四平蟹；《宋本广韵》力脂切，来脂开三平止。

梨，《辨音广韵》鄰溪切，来齐开四平蟹；《宋本广韵》力脂切，来脂开三平止。

蜊，《辨音广韵》鄰溪切，来齐开四平蟹；《宋本广韵》力脂切，来脂开三平止。

怩，《辨音广韵》年题切，泥齐开四平蟹；《宋本广韵》女夷切，泥脂开三平止。

呢，《辨音广韵》年题切，泥齐开四平蟹；《宋本广韵》女夷切，娘脂开三平止。

尼，《辨音广韵》年题切，泥齐开四平蟹；《宋本广韵》女夷切，娘脂开三平止。

毗，《辨音广韵》蒲迷切，並齐开四平蟹；《宋本广韵》房脂切，並脂开三平止。

貔，《辨音广韵》蒲迷切，並齐开四平蟹；《宋本广韵》房脂切，並脂开三平止。

琵，《辨音广韵》蒲迷切，並齐开四平蟹；《宋本广韵》房脂切，並脂开三平止。

枇，《辨音广韵》蒲迷切，並齐开四平蟹；《宋本广韵》房脂切，並脂开三平止。

批，《辨音广韵》篇夷切，滂脂开三平止；《宋本广韵》匹迷切，滂齐开四平蟹。

砒，《辨音广韵》篇夷切，滂脂开三平止；《宋本广韵》匹迷切，滂齐开四平蟹。

鈚，《辨音广韵》篇夷切，滂脂开三平止；《宋本广韵》匹迷切，滂齐开四平蟹。

捭，《辨音广韵》篇夷切，滂脂开三平止；《宋本广韵》匹迷切，滂齐开四平蟹。

磇，《辨音广韵》篇夷切，滂脂开三平止；《宋本广韵》匹迷切，滂齐开四平蟹。

剃，《辨音广韵》篇夷切，滂脂开三平止；《宋本广韵》匹迷切，滂齐开四平蟹。

麋，《辨音广韵》忙悲切，明脂开三平止；《宋本广韵》莫兮切，明齐开四平蟹。

齐旨互注1例：

狴，《辨音广韵》部比切，並旨开三上止；《宋本广韵》邊兮切，帮齐开四平蟹。

齐之互注 14 例：

疑，《辨音广韵》研奚切，疑齐开四平蟹；《宋本广韵》語其切，疑之开三平止。

嶷，《辨音广韵》研奚切，疑齐开四平蟹；《宋本广韵》語其切，疑之开三平止。

基，《辨音广韵》堅溪切，见齐开四平蟹；《宋本广韵》居之切，见之开三平止。

朞，《辨音广韵》堅溪切，见齐开四平蟹；《宋本广韵》居之切，见之开三平止。

箕，《辨音广韵》堅溪切，见齐开四平蟹；《宋本广韵》居之切，见之开三平止。

踑，《辨音广韵》堅溪切，见齐开四平蟹；《宋本广韵》渠之切，羣之开三平止。

姬，《辨音广韵》堅溪切，见齐开四平蟹；《宋本广韵》居之切，见之开三平止。

欺，《辨音广韵》牽奚切，溪齐开四平蟹；《宋本广韵》去其切，溪之开三平止。

僛，《辨音广韵》牽奚切，溪齐开四平蟹；《宋本广韵》去其切，溪之开三平止。

嫠，《辨音广韵》鄰溪切，来齐开四平蟹；《宋本广韵》里之切，来之开三平止。

氂，《辨音广韵》鄰溪切，来齐开四平蟹；《宋本广韵》里之切，来之开三平止。

漦，《辨音广韵》鄰溪切，来齐开四平蟹；《宋本广韵》俟甾切，崇之开三平止。

釐，《辨音广韵》鄰溪切，来齐开四平蟹；《宋本广韵》里之切，来之开三平止。

貍，《辨音广韵》鄰溪切，来齐开四平蟹；《宋本广韵》里之切，来之开三平止。

止荠互注 11 例：

啓，《辨音广韵》墟里切，溪止开三上止；《宋本广韵》康禮切，溪荠开四上蟹。

棨，《辨音广韵》墟里切，溪止开三上止；《宋本广韵》康禮切，溪荠开四上蟹。

綮，《辨音广韵》墟里切，溪止开三上止；《宋本广韵》康禮切，溪荠开四上蟹。

洗，《辨音广韵》想里切，心止开三上止；《宋本广韵》先禮切，心荠开四上蟹。

礼，《辨音广韵》良己切，来止开三上止；《宋本广韵》卢啟切，来荠开四上蟹。

禮，《辨音广韵》良己切，来止开三上止；《宋本广韵》卢啟切，来荠开四上蟹。

醴，《辨音广韵》良己切，来止开三上止；《宋本广韵》卢啟切，来荠开四上蟹。

澧，《辨音广韵》良己切，来止开三上止；《宋本广韵》卢啟切，来荠开四上蟹。

豊，《辨音广韵》良己切，来止开三上止；《宋本广韵》卢啟切，来荠开四上蟹。

蠡，《辨音广韵》良己切，来止开三上止；《宋本广韵》卢啟切，来荠开四上蟹。

伱，《辨音广韵》乃禮切，泥荠开四上蟹；《宋本广韵》乃里切，泥止开三上止。

荠旨互注 5 例：

比，《辨音广韵》補米切，帮荠开四上蟹；《宋本广韵》卑履切，帮旨开三上止。

妣，《辨音广韵》補米切，帮荠开四上蟹；《宋本广韵》卑履切，帮旨开三上止。

秕，《辨音广韵》補米切，帮荠开四上蟹；《宋本广韵》補履切，帮旨

第三章 《辨音纂要》正读韵母

开三上止。

匕，《辨音广韵》補米切，帮荠开四上蟹；《宋本广韵》卑履切，帮旨开三上止。

髀，《辨音广韵》部比切，並旨开三上止；《宋本广韵》傍禮切，並荠开四上蟹。

按：此字《广韵》有三读，[《广韵》并弭切，上纸，帮。][《广韵》卑履切，上旨，帮。][《广韵》傍禮切，上荠，並。]若按又音来看，此字不宜作为音变考虑。

荠纸互注 4 例：

妳，《辨音广韵》乃禮切，泥荠开四上蟹；《宋本广韵》女氏切，娘纸开三上止。

侎，《辨音广韵》莫禮切，明荠开四上蟹；《宋本广韵》綿婢切，明纸开三上止。

弭，《辨音广韵》莫禮切，明荠开四上蟹；《宋本广韵》綿婢切，明纸开三上止。

芊（芈之误），《辨音广韵》莫禮切，明荠开四上蟹；《宋本广韵》綿婢切，明纸开三上止。

至霁互注 18：

繼，《辨音广韵》古器切，见至开三去止；《宋本广韵》古诣切，见霁开四去蟹。

薊，《辨音广韵》古器切，见至开三去止；《宋本广韵》古诣切，见霁开四去蟹。

计，《辨音广韵》古器切，见至开三去止；《宋本广韵》古诣切，见霁开四去蟹。

繋，《辨音广韵》古器切，见至开三去止；《宋本广韵》古诣切，见霁开四去蟹。

髻，《辨音广韵》古器切，见至开三去止；《宋本广韵》古诣切，见霁开四去蟹。

契，《辨音广韵》去冀切，溪至开三去止；《宋本广韵》苦计切，溪霁开四去蟹。

浰，《辨音广韵》力地切，来至开三去止；《宋本广韵》郎计切，来霁开四去蟹。

麗，《辨音广韵》力地切，来至开三去止；《宋本广韵》郎计切，来霁开四去蟹。

儷，《辨音广韵》力地切，来至开三去止；《宋本广韵》郎计切，来霁开四去蟹。

隸，《辨音广韵》力地切，来至开三去止；《宋本广韵》郎计切，来霁开四去蟹。

悷，《辨音广韵》力地切，来至开三去止；《宋本广韵》郎计切，来霁开四去蟹。

唳，《辨音广韵》力地切，来至开三去止；《宋本广韵》郎计切，来霁开四去蟹。

捩，《辨音广韵》力地切，来至开三去止；《宋本广韵》郎计切，来霁开四去蟹。

戾，《辨音广韵》力地切，来至开三去止；《宋本广韵》郎计切，来霁开四去蟹。

盭，《辨音广韵》力地切，来至开三去止；《宋本广韵》郎计切，来霁开四去蟹。

劙，《辨音广韵》力地切，来至开三去止；《宋本广韵》郎计切，来霁开四去蟹。

地，《辨音广韵》大计切，定霁开四去蟹；《宋本广韵》徒四切，定至开三去止。

膩，《辨音广韵》乃计切，泥霁开四去蟹；《宋本广韵》女利切，娘至开三去止。

志霁互注1例：

薛，《辨音广韵》毗意切，並志开三去止；《宋本广韵》蒲计切，並霁开四去蟹。

志齐互注1例：

箆，《辨音广韵》毗意切，並志开三去止；《宋本广韵》部迷切，並齐开四平蟹。

第三章 《辨音纂要》正读韵母

按：[《广韵》部迷切，平齐，並。][《集韵》毗至切，去至，並。] 若按《集韵》音来看，此例不宜作为音变考虑。

志荠互注 1 例：

陛，《辨音广韵》毗意切，並志开三去止；《宋本广韵》傍禮切，並荠开四上蟹。

寘霁互注 4 例：

翳，《辨音广韵》於戲切，影寘开三去止；《宋本广韵》於计切，影霁开四去蟹。

瞖，《辨音广韵》於戲切，影寘开三去止；《宋本广韵》於计切，影霁开四去蟹。

瀩，《辨音广韵》於戲切，影寘开三去止；《宋本广韵》於计切，影霁开四去蟹。

按：此字《广韵》有两读，[《广韵》於计切，去霁，影。][《广韵》於赐切，去寘，影。] 若按又音来看，则此例不宜作音变考虑。

恚，《辨音广韵》胡桂切，匣霁合四去蟹；《宋本广韵》於避切，影寘合三去止。

（2）微与齐互注共计 19 例，包括：齐微互注 7 例，齐尾互注 1 例，未祭互注 2 例，未霁互注 1 例，未泰互注 8 例，具体情况如下：

齐微互注 7 例：

沂，《辨音广韵》研奚切，疑齐开四平蟹；《宋本广韵》鱼衣切，疑微开三平止。

饑，《辨音广韵》坚溪切，见齐开四平蟹；《宋本广韵》居依切，见微开三平止。

譏，《辨音广韵》坚溪切，见齐开四平蟹；《宋本广韵》居依切，见微开三平止。

機，《辨音广韵》坚溪切，见齐开四平蟹；《宋本广韵》居依切，见微开三平止。

磯，《辨音广韵》坚溪切，见齐开四平蟹；《宋本广韵》居依切，见微开三平止。

璣，《辨音广韵》坚溪切，见齐开四平蟹；《宋本广韵》居依切，见微开三平止。

刉，《辨音广韵》坚溪切，见齐开四平蟹；《宋本广韵》居依切，见微开三平止。

齐尾互注 1 例：

蟣，《辨音广韵》坚溪切，见齐开四平蟹；《宋本广韵》居狶切，见尾开三上止。

未祭互注 2 例：

鐬，《辨音广韵》居胃切，见未合三去止；《宋本广韵》居衛切，见祭合三去蟹。

劓，《辨音广韵》倪制切，疑祭开三去蟹；《宋本广韵》鱼既切，疑未开三去止。

未霁互注 1 例：

桂，《辨音广韵》居胃切，见未合三去止；《宋本广韵》古惠切，见霁合四去蟹。

未泰互注 8 例：

儈，《辨音广韵》古魏切，见未合三去止；《宋本广韵》古外切，见泰合一去蟹。

擓，《辨音广韵》古魏切，见未合三去止；《宋本广韵》古外切，见泰合一去蟹。

膾，《辨音广韵》古魏切，见未合三去止；《宋本广韵》古外切，见泰合一去蟹。

鱠，《辨音广韵》古魏切，见未合三去止；《宋本广韵》古外切，见泰合一去蟹。

旝，《辨音广韵》古魏切，见未合三去止；《宋本广韵》古外切，见泰合一去蟹。

檜，《辨音广韵》古魏切，见未合三去止；《宋本广韵》古外切，见泰合一去蟹。

澮，《辨音广韵》古魏切，见未合三去止；《宋本广韵》古外切，见泰合一去蟹。

獪，《辨音广韵》古魏切，见未合三去止；《宋本广韵》古外切，见泰合一去蟹。

从上面的数据可以看出，蟹摄三四等字转入到了止摄。这种现象在祭韵的互注上更为明显：

（3）祭韵的互注情况：

脂祭互注1例：

芘，《辨音广韵》必弊切，帮祭开三去蟹；《宋本广韵》房脂切，並脂开三平止。

至祭互注20例：

憩，《辨音广韵》去冀切，溪至开三去止；《宋本广韵》去例切，溪祭开三去蟹。

例，《辨音广韵》力地切，来至开三去止；《宋本广韵》力制切，来祭开三去蟹。

厉，《辨音广韵》力地切，来至开三去止；《宋本广韵》力制切，来祭开三去蟹。

疬，《辨音广韵》力地切，来至开三去止；《宋本广韵》力制切，来祭开三去蟹。

蛎，《辨音广韵》力地切，来至开三去止；《宋本广韵》力制切，来祭开三去蟹。

砺，《辨音广韵》力地切，来至开三去止；《宋本广韵》力制切，来祭开三去蟹。

濿，《辨音广韵》力地切，来至开三去止；《宋本广韵》力制切，来祭开三去蟹。

勵，《辨音广韵》力地切，来至开三去止；《宋本广韵》力制切，来祭开三去蟹。

禲，《辨音广韵》力地切，来至开三去止；《宋本广韵》力制切，来祭开三去蟹。

脆，《辨音广韵》七醉切，清至合三去止；《宋本广韵》此芮切，清祭合三去蟹。

帨，《辨音广韵》所类切，生至合三去止；《宋本广韵》舒芮切，书祭合三去蟹。

271

衛，《辨音广韵》于位切，云至合三去止；《宋本广韵》于歲切，云祭合三去蟹。

叡，《辨音广韵》于位切，云至合三去止；《宋本广韵》以芮切，以祭合三去蟹。

劓，《辨音广韵》倪制切，疑祭开三去蟹；《宋本广韵》鱼器切，疑至开三去止。

畀，《辨音广韵》必弊切，帮祭开三去蟹；《宋本广韵》必至切，帮至开三去止。

庀，《辨音广韵》必弊切，帮祭开三去蟹；《宋本广韵》必至切，帮至开三去止。

祟，《辨音广韵》须鋭切，心祭合三去蟹；《宋本广韵》雖遂切，心至合三去止。

粹，《辨音广韵》须鋭切，心祭合三去蟹；《宋本广韵》雖遂切，心至合三去止。

誶，《辨音广韵》须鋭切，心祭合三去蟹；《宋本广韵》雖遂切，心至合三去止。

邃，《辨音广韵》须鋭切，心祭合三去蟹；《宋本广韵》雖遂切，心至合三去止。

志祭互注 9 例：

敝，《辨音广韵》毗意切，並志开三去止；《宋本广韵》毗祭切，並祭开三去蟹。

弊，《辨音广韵》毗意切，並志开三去止；《宋本广韵》毗祭切，並祭开三去蟹。

獘，《辨音广韵》毗意切，並志开三去止；《宋本广韵》毗祭切，並祭开三去蟹。

幣，《辨音广韵》毗意切，並志开三去止；《宋本广韵》毗祭切，並祭开三去蟹。

制，《辨音广韵》知意切，知志开三去止；《宋本广韵》征例切，章祭开三去蟹。

製，《辨音广韵》知意切，知志开三去止；《宋本广韵》征例切，章祭开三去蟹。

猁，《辨音广韵》知意切，知志开三去止；《宋本广韵》居例切，见祭开三去蟹。

𪗆，《辨音广韵》直意切，澄志开三去止；《宋本广韵》直例切，澄祭开三去蟹。

滞，《辨音广韵》直意切，澄志开三去止；《宋本广韵》直例切，澄祭开三去蟹。

宋代已有志祭同音现象，有一则小故事可说明这种情况。《宋人轶事汇编》卷十二引《谈苑》说："子瞻与姜志之潜同坐，姜举今日坐间各要一物是药名，因指子瞻曰：'君药名也。'问其故，曰：'子苏子。'子瞻应声曰：'君亦药名也，若非半夏，定是厚朴。'姜诘其故，曰：'非半夏、厚朴，何以曰姜制之！'"由此可知宋时志、制两字同音。志字在志韵，制字在祭韵，故志祭同音。①

寘祭互注 16 例：

偈，《辨音广韵》奇寄切，羣寘开三去止；《宋本广韵》其憩切，羣祭开三去蟹。

誓，《辨音广韵》時智切，禅寘开三去止；《宋本广韵》時制切，禅祭开三去蟹。

逝，《辨音广韵》時智切，禅寘开三去止；《宋本广韵》時制切，禅祭开三去蟹。

筮，《辨音广韵》時智切，禅寘开三去止；《宋本广韵》時制切，禅祭开三去蟹。

噬，《辨音广韵》時智切，禅寘开三去止；《宋本广韵》時制切，禅祭开三去蟹。

瘱，《辨音广韵》於戲切，影寘开三去止；《宋本广韵》於罽切，影祭开三去蟹。

勚，《辨音广韵》以智切，以寘开三去止；《宋本广韵》餘制切，以祭开三去蟹。

---

① 李新魁：《宋代汉语韵母系统研究》，载《李新魁音韵学论集》，汕头大学出版社 1997 年版，第 144—145 页。

裔，《辨音广韵》以智切，以寘开三去止；《宋本广韵》餘制切，以祭开三去蟹。

曳，《辨音广韵》以智切，以寘开三去止；《宋本广韵》餘制切，以祭开三去蟹。

枻，《辨音广韵》以智切，以寘开三去止；《宋本广韵》餘制切，以祭开三去蟹。

贅，《辨音广韵》知瑞切，知寘合三去止；《宋本广韵》之芮切，章祭合三去蟹。

綴，《辨音广韵》知瑞切，知寘合三去止；《宋本广韵》陟衛切，知祭合三去蟹。

錣，《辨音广韵》知瑞切，知寘合三去止；《宋本广韵》陟衛切，知祭合三去蟹。

毳，《辨音广韵》蚩瑞切，昌寘合三去止；《宋本广韵》此芮切，清祭合三去蟹。

誼，《辨音广韵》倪制切，疑祭开三去蟹；《宋本广韵》宜寄切，疑寘开三去止。

臂，《辨音广韵》必弊切，帮祭开三去蟹；《宋本广韵》卑義切，帮寘开三去止。

（4）废韵的情况：

废与其他韵互注：泰废互注 1 例，祭废互注 2 例，队废互注 1 例。具体例证如下：

泰废互注 1 例：

忥，《辨音广韵》牛蓋切，疑泰开一去蟹；《宋本广韵》魚肺切，疑廢开三去蟹。

祭废互注 2 例：

乂，《辨音广韵》倪制切，疑祭开三去蟹；《宋本广韵》鱼肺切，疑廢开三去蟹。

刈，《辨音广韵》倪制切，疑祭开三去蟹；《宋本广韵》鱼肺切，疑廢开三去蟹。

队废互注 1 例：

穢，《辨音广韵》乌溃切，影队合一去蟹；《宋本广韵》於肺切，影廢合三去蟹。

《广韵》中废独用，但是在《辨音纂要》正读中，废韵已经失去了独用的性质，与泰、祭、队都有合用现象，虽然合用例证不多，但《辨音纂要》正读中没有废自注的例子，可见在《辨音纂要》正读里，废早已失去了独立的地位，此时的废韵多与止摄合用，详情如下。

（5）废与止摄合用情况：

未废互注 5 例：

肺，《辨音广韵》芳未切，敷未合三去止；《宋本广韵》芳廢切，敷廢合三去蟹。

廢，《辨音广韵》芳未切，敷未合三去止；《宋本广韵》方肺切，非廢合三去蟹。

癈，《辨音广韵》芳未切，敷未合三去止；《宋本广韵》方肺切，非廢合三去蟹。

䈻，《辨音广韵》芳未切，敷未合三去止；《宋本广韵》方肺切，非廢合三去蟹。

吠，《辨音广韵》扶未切，奉未合三去止；《宋本广韵》符廢切，奉廢合三去蟹。

寘废互注 1 例：

喙，《辨音广韵》虫瑞切，昌寘合三去止；《宋本广韵》許穢切，晓廢合三去蟹。

由此可见，废韵已经失去了独用性质，并入了支微韵。

从上面的数据可以看出，在《辨音纂要》正读中，齐祭废并入了止摄，合成支齐部。

2. 支齐与灰咍合用现象分析

祭队互注 3 例：

碎，《辨音广韵》须锐切，心祭合三去蟹；《宋本广韵》苏内切，心隊合一去蟹。

晬，《辨音广韵》须锐切，心祭合三去蟹；《宋本广韵》子對切，精隊合一去蟹。

唪，《辨音广韵》须锐切，心祭合三去蟹；《宋本广韵》七内切，清队合一去蟹。

泰祭互注1例：

蜕，《辨音广韵》輸芮切，書祭合三去蟹；《宋本广韵》他外切，透泰合一去蟹。

灰微互注3例：

巍，《辨音广韵》五灰切，疑灰合一平蟹；《宋本广韵》語韋切，疑微合三平止。

威，《辨音广韵》於灰切，影灰合一平蟹；《宋本广韵》於非切，影微合三平止。

葳，《辨音广韵》於灰切，影灰合一平蟹；《宋本广韵》於非切，影微合三平止。

队未互注2例：

瞶，《辨音广韵》胡對切，匣隊合一去蟹；《宋本广韵》居胃切，見未合三去止。

磑，《辨音广韵》魚胃切，疑未合三去止；《宋本广韵》五對切，疑隊合一去蟹。

支灰互注5例：

危，《辨音广韵》吾回切，疑灰合一平蟹；《宋本广韵》魚爲切，疑支合三平止。

萎，《辨音广韵》烏魁切，影灰合一平蟹；《宋本广韵》於為切，影支合三平止。

痿，《辨音广韵》烏魁切，影灰合一平蟹；《宋本广韵》於為切，影支合三平止。

蜲，《辨音广韵》烏魁切，影灰合一平蟹；《宋本广韵》於為切，影支合三平止。

羸，《辨音广韵》盧回切，來灰合一平蟹；《宋本广韵》力爲切，來支合三平止。

脂灰互注18例：

搥，《辨音广韵》直追切，澄脂合三平止；《宋本广韵》都回切，端灰合一平蟹。

丕，《辨音广韵》鋪杯切，滂灰合一平蟹；《宋本广韵》敷悲切，滂脂开三平止。

邳，《辨音广韵》鋪杯切，滂灰合一平蟹；《宋本广韵》符悲切，並脂开三平止。

眉，《辨音广韵》謨杯切，明灰合一平蟹；《宋本广韵》武悲切，明脂开三平止。

湄，《辨音广韵》謨杯切，明灰合一平蟹；《宋本广韵》武悲切，明脂开三平止。

楣，《辨音广韵》謨杯切，明灰合一平蟹；《宋本广韵》武悲切，明脂开三平止。

嵋，《辨音广韵》謨杯切，明灰合一平蟹；《宋本广韵》武悲切，明脂开三平止。

郿，《辨音广韵》謨杯切，明灰合一平蟹；《宋本广韵》武悲切，明脂开三平止。

纍，《辨音广韵》卢回切，来灰合一平蟹；《宋本广韵》力追切，来脂合三平止。

缧，《辨音广韵》卢回切，来灰合一平蟹；《宋本广韵》力追切，来脂合三平止。

樏，《辨音广韵》卢回切，来灰合一平蟹；《宋本广韵》力追切，来脂合三平止。

蘽，《辨音广韵》卢回切，来灰合一平蟹；《宋本广韵》倫追切，来脂合三平止。

榱，《辨音广韵》倉回切，清灰合一平蟹；《宋本广韵》所追切，生脂合三平止。

雖，《辨音广韵》苏回切，心灰合一平蟹；《宋本广韵》息遺切，心脂合三平止。

荾，《辨音广韵》苏回切，心灰合一平蟹；《宋本广韵》息遺切，心脂合三平止。

綏，《辨音广韵》苏回切，心灰合一平蟹；《宋本广韵》息遺切，心脂

277

合三平止。

睢，《辨音广韵》苏回切，心灰合一平蟹；《宋本广韵》息遗切，心脂合三平止。

濉，《辨音广韵》苏回切，心灰合一平蟹；《宋本广韵》息遗切，心脂合三平止。

脂咍互注 1 例：

纚，《辨音广韵》相咨切，心脂开三平止；《宋本广韵》桑才切，心咍开一平蟹。

旨贿互注 5 例：

美，《辨音广韵》莫贿切，明贿合一上蟹；《宋本广韵》无鄙切，明旨开三上止。

渼，《辨音广韵》莫贿切，明贿合一上蟹；《宋本广韵》无鄙切，明旨开三上止。

壘，《辨音广韵》鲁猥切，来贿合一上蟹；《宋本广韵》力轨切，来旨合三上止。

耒，《辨音广韵》鲁猥切，来贿合一上蟹；《宋本广韵》力轨切，来旨合三上止。

誄，《辨音广韵》鲁猥切，来贿合一上蟹；《宋本广韵》力轨切，来旨合三上止。

队至互注 8 例：

魅，《辨音广韵》莫佩切，明队合一去蟹；《宋本广韵》明秘切，明至开三去止。

媚，《辨音广韵》莫佩切，明队合一去蟹；《宋本广韵》明秘切，明至开三去止。

淬，《辨音广韵》七醉切，清至合三去止；《宋本广韵》七内切，清队合一去蟹。

焠，《辨音广韵》七醉切，清至合三去止；《宋本广韵》七内切，清队合一去蟹。

倅，《辨音广韵》七醉切，清至合三去止；《宋本广韵》七内切，清队合一去蟹。

纇,《辨音广韵》力遂切,来至合三去止;《宋本广韵》卢對切,来隊合一去蟹。

酹,《辨音广韵》力遂切,来至合三去止;《宋本广韵》卢對切,来隊合一去蟹。

攂,《辨音广韵》力遂切,来至合三去止;《宋本广韵》卢對切,来隊合一去蟹。

至泰互注1例:

最,《辨音广韵》將遂切,精至合三去止;《宋本广韵》祖外切,精泰合一去蟹。

支齐部与灰咍更进一步的合流,从上面的数据可以看出,合口灰贿队、微尾未的喉牙音进入到了支齐部,这是语音发展的又一个面貌,形成了齐微部。

综上所述,《辨音纂要》正读止摄和蟹摄已经开始了演变,演变状态与《中原音韵》较为接近。《切韵》开口咍海代,佳蟹(齿唇),皆骇怪(齿唇)泰,夬;齐齿佳蟹卦(喉牙),皆骇怪(喉牙);合口佳蟹卦(喉牙),皆骇怪(喉牙),脂(二等),夬,泰(喉牙)合为皆来部。[①]《切韵》开口支纸寘,脂旨至;齐齿支纸寘,脂旨至,之止志,微尾未,齐荠霁,祭;合口灰贿队,微尾未(喉牙);撮口支纸寘,脂旨至,齐荠霁,泰废合为齐微部。[②]《辨音纂要》正读中止蟹摄经过合流与演变已经形成了支齐部与皆来部。

3. 其他互注音注

支脂之与佳皆互注共计7例,包括支皆互注1例,脂皆互注2例,纸夬互注1例,蟹纸互注1例,志怪互注1例,寘夬互注1例,具体情况如下:

支皆互注1例:

篩,《辨音广韵》所皆切,生皆开二平蟹;《宋本广韵》所宜切,生支开三平止。

按:此字《广韵》共有三音,《余本广韵》95页:"又支韵所宜纸韵所

[①] 王力:《汉语语音史》,中国社会科学出版社1985年版,第334页。
[②] 同上书,第335页。

綺二切";49 页:"下物竹器又所綺切",又皆韵山皆切;若按又音来看,此例属于皆自注例,不宜作音变考虑。

寘夬互注 1 例:

餲,《辨音广韵》於戲切,影寘开三去止;《宋本广韵》於犗切,影夬开二去蟹。

按:此字《广韵》有三音,[《广韵》於犗切,去夬,影。][《广韵》於罽切,去祭,影。][《广韵》乌葛切,入曷,影。]若采用第二音,此例属于寘祭互注例。

脂皆互注 2 例:

齋,《辨音广韵》津私切,精脂开三平止;《宋本广韵》侧皆切,莊皆开二平蟹。

按:此字《集韵》、《正韵》并津私切,音赍;《孟子》斋疏之服,《赵岐注》即斋縗也。音资。此例属于脂韵自注例,不宜作音变考虑。

篩,《辨音广韵》所皆切,生皆开二平蟹;《宋本广韵》疏夷切,生脂开三平止。

按:[《玉篇》所街切]"街",《广韵》有两读,[《广韵》古膎切,平佳,见。][《广韵》古谐切,平皆,见。]按又音来看,此例属于佳皆互注例。

纸夬互注 1 例:

豸,《辨音广韵》助邁切,崇夬开二去蟹;《宋本广韵》池爾切,澄纸开三上止。

按:此字《广韵》有两读,[《广韵》池爾切,上纸,澄。][《广韵》宅買切,上蟹,澄。]按又音来看,此例属于佳皆互注例。

蟹纸互注 1 例:

廌,《辨音广韵》鉏買切,崇蟹开二上蟹;《宋本广韵》池爾切,澄纸开三上止。

按:"廌"同"廌",《正字通·广部》:"廌,《说文》:'解廌,兽也……《集韵》通作豸'"按:《说文》《集韵》均作"廌"。《余本广韵》:"廌,解廌,宅買切。"買:[《广韵》莫蟹切,上蟹,明。]按这个音来看,此例属于蟹互注例,不宜作为音变考虑。

志怪互注 1 例:

第三章 《辨音纂要》正读韵母

舋,《辨音广韵》許意切,晓志开三去止;《宋本广韵》許介切,晓怪开二去蟹。

按:"舋"同"衋",衋:[《广韵》虚器切,去至,晓。]按通假的读音,则此例属于至志同用例,不宜作为音变考虑。

4. 与其他摄相混

山蟹互注1例:

殄,《辨音广韵》徒典切,定銑开四上山;《宋本广韵》郞计切,来霁开四去蟹。

按:殄,《唐韵》《集韵》《韵会》郞计切,《正韵》力霁切,并音丽。又《集韵》《韵会》《正韵》并徒典切,音殄。陵乱也。若按又音来看,此例属于山摄自注例,不宜作为音变考虑。

第四章 《辨音纂要》正读声调

《辨音纂要》正读反切平声自注：3302 次。上声自注：1390 次。去声自注：1565 次。入声自注：1247 次。《辨音纂要》正读语音所反应出的声调从表面上看和《切韵》系统一样，有平、上、去、入四声。

第一节 《辨音纂要》正读舒声

一　平声是否分阴阳

我们先来整理《辨音纂要》正读反切中的平声字，看今阴平声字和今阳平声字作反切下字的情况。《辨音纂要》正读平声共 3302 次，阴平声字与阳平声字互为反切情况如下：

1. 以今阴平字为今阴平字的反切下字，共计 762 例：

第四章 《辨音纂要》正读声调

全清		次清		全浊		次浊	
帮	15						
非	13						
端	28						
见	76						
精	56	敷	18				
生	63	昌	13				
书	17	彻	35			泥	1
晓	60	初	18	并	2	日	2
心	48	滂	28	禅	7	微	5
影	68	清	21	从	4	疑	2
章	30	透	30	匣	9	以	5
知	6	溪	53				
庄	29						
	509		216		22		15

在这762例中，浊声母字占37例，清声母占725例。

2. 以今阳平字为今阳平字的反切下字，共计731例：

全清		次清		全浊		次浊	
				并	45		
				禅	15		
				从	38	泥	17
				匣	22	日	22
				澄	45	疑	38
		敷	9	船	10	云	37
帮	3	初	3	崇	9	以	14
心	5	清	9	定	87	来	148
影	2	透	6	奉	1	明	38
知	1	溪	1	群	80	娘	6
				邪	20		
	11		28		372		320

283

在这 731 例中，浊声母字占 692 例，清声母占 39 例。

3. 以今阳平字为今阴平字的反切下字，共计 954 例：

全清

帮	51
端	53
见	178
精	51
生	11
书	20
晓	81
心	94
影	103
章	57
知	26
庄	2
	727

次清

敷	22
昌	17
彻	7
初	2
滂	29
清	53
透	23
溪	55
	208

全浊

从	5
澄	1
定	6
奉	1
群	2
	15

次浊

云	2
微	1
疑	1
	4

在这 954 例中，浊声母字占 19 例，清声母占 935 例。

4. 以今阴平字为今阳平字的反切下字，共 855 例：

全浊

並	50
禅	16
从	29
匣	137
澄	35
崇	27
定	62
奉	37
群	27
邪	17
	437

次浊

泥	21
日	22
疑	69
云	25
以	67
来	99
明	74
娘	10
微	13
	400

全清

帮	1
端	1
影	4
知	2
	8

次清

昌	1
彻	1
清	1
溪	7
	10

在这 855 例中，浊声母字占 837 例，清声母占 18 例。

王力先生认为宋代的声调和晚唐五代的声调一样，有平上去入四声，他用朱熹《诗集传》和《楚辞集注》反切来证明，宋代平声未分阴阳。王力先生例：①

以今阴平声字为今阳平声字的反切下字：

梦，叶莫登反（《正月》）

湝，叶贤鸡反（《鼓钟》）

旅，巨依反，叶巨巾反（《采菽》），又叶其斤反（《泮水》）

濡，叶而朱反（《羔裘》），又叶如朱反（《皇皇者华》）

渝，叶容朱反（《羔裘》），又叶用朱反（《板》）

梅，叶莫悲反（《终南》，《鸤鸠》，《四月》）

来，叶陵之反（《终风》，《君子于役》，《子衿》，《白驹》）

芹，其斤反（《泮水》）

翰，叶胡千反（《崧高》，《江汉》）

难，叶乃多反（《桑扈》）

颜，叶鱼坚反（《君子谐老》，《抑》）

以今阳平声字为今阴平声字的反切下字：

宫，叶居王反（《桑中》）

萎，叶於回反（《谷风》）

施，叶疏何反（《哀时命》）

差，初宜反（《燕燕》）

师，叶霜夷反（《节南山》）

思，叶新才反（《泉水》）

驱，叶袪尤反（《载驰》）

租，子相反（《鸱鸮》）

氐，叶都黎反（《节南山》）

敦，叶都回反（《北门》）

熏，叶眉贫反（《凫鹥》）

---

① 王力：《汉语语音史》，中国社会科学出版社 1985 年版，第 305 页。

昆，叶古匀反（《葛藟》）

孙，叶须伦反（《何彼襛矣》）

在这些例证的基础上，王力先生得出了朱熹音中平声不分阴阳的结论。从上面列出的四种情况来看，虽为明代的韵书，但《辨音纂要》正读中并未出现平分阴阳的语音现象。

现代普通话和大多数方言，平分阴阳的条件非常明显，按声母的清浊来分化，清音变成阴平，浊音变成阳平，清音包括全清和次清，浊音包括全浊和次浊。

我们首先来看《辨音纂要》正读中今阴平声字的情况。以今阴平字为今阴平字的反切下字762例，浊声母占37例，清声母占725例；以今阳平字为今阴平字的反切下字954例，浊声母占19例，清声母占935例。这个数据告诉我们两个信息，一是在《辨音纂要》正读中，今阴平字也以清声母为主；二是《辨音纂要》正读用阳平注阴平字，数量超过阴平注阴平字，可见没有平分阴阳的概念。

其次来看《辨音纂要》正读中今阳平声字的情况。在阳平声字的注音上，以今阳平字为今阳平字的反切下字731例，清声母占39例，浊声母字占692例；以今阴平字为今阳平字的反切下字855例，清声母占18例，浊声母字占837例。这个数据同样告诉我们，用阴平声字注阳平声字，数量超过阳平注阳平字，而且阳平声字注音以浊声母为主。所以我们可以判定《辨音纂要》正读中平声未分阴阳。

元代的声调是汉语声调大转变时期，由古代的平上去入四声变成阴阳上去四声，平声分为阴阳两类，入声字消失，并入了平上去三声。明清时代的声调与元代一样，没有入声，而有阴阳上去四声，但有些韵书不完全如此。《洪武正韵》在其凡例上说："按《七音略》平声无上下之分，旧韵以平声字繁，故釐为二卷；盖因宋景祐间丁度与司马光诸儒作《集韵》始以平声上下定为卷目，今不从，惟以四声为正。"《洪武正韵》既以"四声为正"，侧面说明不同意平分阴阳之说。故《洪武正韵》语音系统中，平声尚未分化为阴阳。后来朱权的《琼林雅韵》《篆斐轩词林韵》、王文璧的《中州音韵》，平声也不分阴阳。

《辨音纂要》正读与《洪武正韵》及宋代和晚唐五代的声调情况相一

致，朱熹的《仪礼经传通解》也如是。在声调方面，吴方言区的韵书都采用传统的平上去入四声，不区别阴阳调类。①

可见《辨音纂要》正读声调平声不分阴阳，表现出了明显的旧的读书音现象，并且严格遵守没有突破。

二 平声与上去互注

1. 平去互注 78 例：

裕，《辨音广韵》羊茹切，以鱼合三平遇；《宋本广韵》羊戍切，以遇合三去遇。

籲，《辨音广韵》羊茹切，以鱼合三平遇；《宋本广韵》羊戍切，以遇合三去遇。

芋，《辨音广韵》羊茹切，以鱼合三平遇；《宋本广韵》王遇切，云遇合三去遇。

諭，《辨音广韵》羊茹切，以鱼合三平遇；《宋本广韵》羊戍切，以遇合三去遇。

喻，《辨音广韵》羊茹切，以鱼合三平遇；《宋本广韵》羊戍切，以遇合三去遇。

豫，《辨音广韵》羊茹切，以鱼合三平遇；《宋本广韵》羊洳切，以御合三去遇。

预，《辨音广韵》羊茹切，以鱼合三平遇；《宋本广韵》羊洳切，以御合三去遇。

蕷，《辨音广韵》羊茹切，以鱼合三平遇；《宋本广韵》羊洳切，云御合三去遇。

譽，《辨音广韵》羊茹切，以鱼合三平遇；《宋本广韵》羊洳切，以御合三去遇。

礜，《辨音广韵》羊茹切，以鱼合三平遇；《宋本广韵》羊洳切，以御合三去遇。

---

① 耿振生：《明清等韵学通论》，语文出版社 1992 年版，第 160 页。

睚，《辨音广韵》互皆切，疑皆开二平蟹；《宋本广韵》五懈切，疑卦开二去蟹。

瑱，《辨音广韵》知人切，知真开三平臻；《宋本广韵》陟刃切，知震开三去臻。

漫，《辨音广韵》謨官切，明桓合一平山；《宋本广韵》莫半切，明换合一去山。

墁，《辨音广韵》謨官切，明桓合一平山；《宋本广韵》莫半切，明换合一去山。

攢，《辨音广韵》徂官切，從桓合一平山；《宋本广韵》在玩切，從换合一去山。

絹，《辨音广韵》吉椽切，见仙合三平山；《宋本广韵》吉掾切，见線合三去山。

睊，《辨音广韵》吉椽切，见仙合三平山；《宋本广韵》古縣切，见霰合四去山。

狷，《辨音广韵》吉椽切，见仙合三平山；《宋本广韵》吉掾切，见線合三去山。

罥，《辨音广韵》吉椽切，见仙合三平山；《宋本广韵》古縣切，见霰合四去山。

眷，《辨音广韵》吉椽切，见仙合三平山；《宋本广韵》居倦切，见線合三去山。

桊，《辨音广韵》吉椽切，见仙合三平山；《宋本广韵》居倦切，见線合三去山。

撬，《辨音广韵》丘妖切，溪宵开三平效；《宋本广韵》苦弔切，溪萧开四去效。

徼，《辨音广韵》堅堯切，见萧开四平效；《宋本广韵》古弔切，见嘯开四去效。

镣，《辨音广韵》連條切，来萧开四平效；《宋本广韵》力弔切，来嘯开四去效。

詨，《辨音广韵》虛交切，晓肴开二平效；《宋本广韵》胡教切，匣效开二去效。

叱，《辨音广韵》莊加切，莊麻开二平假；《宋本广韵》火跨切，晓祃合二去假。

挷，《辨音广韵》博旁切，帮唐开一平宕；《宋本广韵》補曠切，帮宕合一去宕。

搒，《辨音广韵》博旁切，帮唐开一平宕；《宋本广韵》補曠切，帮宕合一去宕。

構，《辨音广韵》居侯切，见侯开一平流；《宋本广韵》古候切，见候开一去流。

媾，《辨音广韵》居侯切，见侯开一平流；《宋本广韵》古候切，见候开一去流。

購，《辨音广韵》居侯切，见侯开一平流；《宋本广韵》古候切，见候开一去流。

觏，《辨音广韵》居侯切，见侯开一平流；《宋本广韵》古候切，见候开一去流。

遘，《辨音广韵》居侯切，见侯开一平流；《宋本广韵》古候切，见候开一去流。

搆，《辨音广韵》居侯切，见侯开一平流；《宋本广韵》古候切，见候开一去流。

詬，《辨音广韵》居侯切，见侯开一平流；《宋本广韵》苦候切，溪候开一去流。

姤，《辨音广韵》居侯切，见侯开一平流；《宋本广韵》古候切，见候开一去流。

彀，《辨音广韵》居侯切，见侯开一平流；《宋本广韵》古候切，见候开一去流。

祲，《辨音广韵》七林切，清侵开三平深；《宋本广韵》子鸩切，精沁开三去深。

鞾，《辨音广韵》於用切，影用合三去通；《宋本广韵》於容切，影鍾合三平通。

襸，《辨音广韵》於用切，影用合三去通；《宋本广韵》於容切，影鍾合三平通。

污，《辨音广韵》乌故切，影暮合一去遇；《宋本广韵》哀都切，影模合一平遇。

于，《辨音广韵》雲俱切，云遇合三去遇；《宋本广韵》羽俱切，云虞合三平遇。

竽，《辨音广韵》雲俱切，云遇合三去遇；《宋本广韵》羽俱切，云虞合三平遇。

盂，《辨音广韵》雲俱切，云遇合三去遇；《宋本广韵》羽俱切，云虞合三平遇。

余，《辨音广韵》雲俱切，云遇合三去遇；《宋本广韵》以諸切，以鱼合三平遇。

餘，《辨音广韵》雲俱切，云遇合三去遇；《宋本广韵》以諸切，以鱼合三平遇。

畲，《辨音广韵》雲俱切，云遇合三去遇；《宋本广韵》以諸切，以鱼合三平遇。

雩，《辨音广韵》雲俱切，云遇合三去遇；《宋本广韵》羽俱切，云虞合三平遇。

予，《辨音广韵》雲俱切，云遇合三去遇；《宋本广韵》以諸切，以鱼合三平遇。

妤，《辨音广韵》雲俱切，云遇合三去遇；《宋本广韵》以諸切，以鱼合三平遇。

璵，《辨音广韵》雲俱切，云遇合三去遇；《宋本广韵》以諸切，以鱼合三平遇。

旟，《辨音广韵》雲俱切，云遇合三去遇；《宋本广韵》以諸切，以鱼合三平遇。

歟，《辨音广韵》雲俱切，云遇合三去遇；《宋本广韵》以諸切，以鱼合三平遇。

輿，《辨音广韵》雲俱切，云遇合三去遇；《宋本广韵》以諸切，以鱼合三平遇。

舁，《辨音广韵》雲俱切，云遇合三去遇；《宋本广韵》以諸切，以鱼合三平遇。

俞，《辨音广韵》雲俱切，云遇合三去遇；《宋本广韵》羊朱切，以虞合三平遇。

逾，《辨音广韵》雲俱切，云遇合三去遇；《宋本广韵》羊朱切，以虞合三平遇。

踰，《辨音广韵》雲俱切，云遇合三去遇；《宋本广韵》羊朱切，以虞合三平遇。

瑜，《辨音广韵》雲俱切，云遇合三去遇；《宋本广韵》羊朱切，以虞合三平遇。

渝，《辨音广韵》雲俱切，云遇合三去遇；《宋本广韵》羊朱切，以虞合三平遇。

覦，《辨音广韵》雲俱切，云遇合三去遇；《宋本广韵》羊朱切，以虞合三平遇。

榆，《辨音广韵》雲俱切，云遇合三去遇；《宋本广韵》羊朱切，以虞合三平遇。

愉，《辨音广韵》雲俱切，云遇合三去遇；《宋本广韵》羊朱切，以虞合三平遇。

褕，《辨音广韵》雲俱切，云遇合三去遇；《宋本广韵》羊朱切，以虞合三平遇。

歈，《辨音广韵》雲俱切，云遇合三去遇；《宋本广韵》羊朱切，以虞合三平遇。

窬，《辨音广韵》雲俱切，云遇合三去遇；《宋本广韵》羊朱切，以虞合三平遇。

臾，《辨音广韵》雲俱切，云遇合三去遇；《宋本广韵》羊朱切，以虞合三平遇。

萸，《辨音广韵》雲俱切，云遇合三去遇；《宋本广韵》羊朱切，以虞合三平遇。

懙，《辨音广韵》雲俱切，云遇合三去遇；《宋本广韵》羊朱切，以虞合三平遇。

腴，《辨音广韵》雲俱切，云遇合三去遇；《宋本广韵》羊朱切，以虞合三平遇。

䮛，《辨音广韵》雲俱切，云遇合三去遇；《宋本广韵》羊朱切，以虞合三平遇。

娃，《辨音广韵》胡桂切，匣霁合四去蟹；《宋本广韵》乌携切，影齐合四平蟹。

瞷，《辨音广韵》居晏切，见谏开二去山；《宋本广韵》户閒切，匣山开二平山。

覸，《辨音广韵》居晏切，见谏开二去山；《宋本广韵》居闲切，见山开二平山。

哮，《辨音广韵》口教切，溪号开一去效；《宋本广韵》许幺切，晓萧开四平效。

跳，《辨音广韵》他弔切，透啸开四去效；《宋本广韵》徒聊切，定萧开四平效。

藋，《辨音广韵》杜弔切，定啸开四去效；《宋本广韵》吐彫切，透萧开四平效。

颺，《辨音广韵》餘亮切，以漾开三去宕；《宋本广韵》与章切，以阳开三平宕。

闽方言中平声与上去也有混注现象。刘晓南在福建诗人用韵中也发现平去通押的例子，阳平押去声8例，阴平押去声1例，尤其提到一例省题诗：林希逸《新诗改自吟》："心吟音深噤今"。这是一首六韵五言的省题诗，贡举文字严于声律只能平声入韵。噤，《广韵》巨禁切，去沁，羣。《广韵》渠饮切，上寝，羣。

阳平押去声8例：

（1）黄履《次韵和正仲燕保宁览辉游崇胜凤台》："正凭竟兴"四字为韵。

（2）李纲七古《开元寺漱玉亭》："笑愁"二字为韵。

（3）李纲七古《又次中秋长韵》："贱人"二字为韵。

（4）李纲四言诗《能箴》："能病"二字为韵。

（5）严羽四言诗《平寇上史君王潜斋》："元建践"三字为韵。

（6）刘子翚五古《和熊叔雅四脉之一·石峰春霭》："无处露"三字为韵。

（7）陈藻七古《吾乡有李明府》："年雁"二字为韵。

（8）刘学箕《节酒铭》："亮情"为韵。

阴平押去声1例：

（1）严羽四言诗《平寇上史君王潜斋》："胫婴"二字为韵。①

去声与平声相注，有闽方言现象可循。上平声与上去声对应："争"，文读声为曾，韵为经，文读音为[tsɛŋ]；白读声为曾，韵为更，白读音为[tsɛ̃]。"汤"，文读声为他，韵为公，文读音为[tʻɔŋ]；白读声为他，韵为钢，白读音为[tʻŋ]。上平声与下去声对应："砒"，文读声为边，韵为居，文读音为[pi]；白读声为边，韵为椸，白读音为[pĩ]。下平声与上去声的对应："飏"，文读声为英，韵为姜，文读音为[iaŋ]；白读声为英，韵为惊，白读音为[iã]。"藏"，文读声为曾，韵为公，文读音为[tsɔŋ]；白读声为去，韵为钢，白读音为[kʻuā]。下平声与上去声的对应："涎"，文读声为英，韵为坚，文读音为[ian]；白读声为柳，韵为官，白读音为[nuā]。"佣"，文读声为英，韵为恭，文读音为[iɔŋ]；白读声为出，韵为姜，白读音为[tsʻiɔ̃]。"携"，文读声为喜，韵为稽，文读音为[hei]；白读声为，韵为，白读音为[kuā]。下去声与下平声的对应："夜"，文读声为英，韵为迦，文读音为[ia]；白读声为门，韵为更，白读音为[mɛ̃]。②

通泰方言位于江淮方言与吴语的交汇处，方言性质介于二者之间。其全浊上声、去声白读阴平，文读去声。如泰兴、大丰、泰州的上声果摄"舵祸"、去声果摄"磨~子"；上声、去声假摄"夏姓~"；上声遇摄"簿父竖"、去声遇摄"芋"白读为阴平，上声遇摄"沪序叙绪"文读为去声；③吴方言中也有这种现象，吴语十二个方言点音系中，诸暨枫桥音系的阴去453的降尾段较短，实际音值接近阴平；④嵊县音系阳上、阳去有人不会发，合为阳去，如"脸=练"等。⑤吴语台州片语音中也有平去相混现象，其阴去

---

① 刘晓南：《宋代闽音考》，岳麓书社1999年版，第276—280页。
② 李红：《朱熹〈仪礼经传通解〉语音研究》，厦门大学出版社2011年版，第165页。
③ 顾黔：《通泰方言音韵研究》，南京大学出版社2001年版，第490页。
④ 颜逸明：《吴语概说》，华东师范大学出版社1994年版，第110页。
⑤ 同上书，第111页。

字单说一律读高平调，如温岭、黄岩、临海"靠"字都读 k'ɔ^{55}。①

游汝杰先生在调查吴语内部各片的音韵对应关系时，每片选择一个地点方言作为代表，其中太湖片的绍兴阴平调值读为高降，②见表4-1。

表4-1 绍兴阴平调值表

对应	绍兴
	高降
阴平	41

可见，《辨音纂要》正读平去互注现象与吴语区绍兴的阴平调值读为降调相一致。

2. 平上互注32例：

菶，《辨音广韵》蒲红切，並東合一平通；《宋本广韵》邊孔切，帮董合一上通。

曚，《辨音广韵》莫红切，明東合一平通；《宋本广韵》莫孔切，明董合一上通。

䅇，《辨音广韵》倉红切，清東合一平通；《宋本广韵》作孔切，精董合一上通。

攏，《辨音广韵》卢容切，来鍾合三平通；《宋本广韵》力董切，来董合一上通。

唏，《辨音广韵》虚宜切，晓支开三平止；《宋本广韵》虚豈切，晓尾开三上止。

廞，《辨音广韵》延知切，以支开三平止；《宋本广韵》移爾切，以纸开三上止。

麋，《辨音广韵》忙悲切，明脂开三平止；《宋本广韵》文彼切，明纸开三上止。

秄，《辨音广韵》津私切，精脂开三平止；《宋本广韵》即里切，精止开三上止。

---

① 侯精一：《现代汉语方言概论》，上海教育出版社2002年版，第77页。
② 游汝杰：《吴语内部各片的音韵对应》，载《吴语研究——第二届国际吴方言学术研讨会论文集》，上海教育出版社2003年版，第8页。

莆，《辨音广韵》薄胡切，並模合一平遇；《宋本广韵》方矩切，非虞合三上遇。

鱺，《辨音广韵》鄰溪切，来齐开四平蟹；《宋本广韵》卢啓切，来荠开四上蟹。

笎，《辨音广韵》朱倫切，章諄合三平臻；《宋本广韵》徒損切，定混合一上臻。

燀，《辨音广韵》抽延切，徹仙开三平山；《宋本广韵》昌善切，昌獮开三上山。

圈，《辨音广韵》驅圓切，溪仙合三平山；《宋本广韵》渠篆切，羣獮合三上山。

媊，《辨音广韵》才先切，從先开四平山；《宋本广韵》即淺切，精獮开三上山。

嘌，《辨音广韵》卑遙切，帮宵开三平效；《宋本广韵》邊小切，帮小开三上效。

嬈，《辨音广韵》如招切，日宵开三平效；《宋本广韵》而沼切，日小开三上效。

撓，《辨音广韵》尼交切，娘肴开二平效；《宋本广韵》奴巧切，娘巧开二上效。

鯫，《辨音广韵》將侯切，精侯开一平流；《宋本广韵》仕垢切，崇厚开一上流。

櫾，《辨音广韵》于求切，云尤开三平流；《宋本广韵》与久切，以有开三上流。

嗛，《辨音广韵》苦兼切，溪添开四平咸；《宋本广韵》苦簟切，溪忝开四上咸。

瀺，《辨音广韵》鉏咸切，崇咸开二平咸；《宋本广韵》士減切，崇豏开二上咸。

昝，《辨音广韵》子咸切，精咸开二平咸；《宋本广韵》子感切，精感开一上咸。

撍，《辨音广韵》子咸切，精咸开二平咸；《宋本广韵》子感切，精感开一上咸。

撍，《辨音广韵》子咸切，精咸开二平咸；《宋本广韵》子感切，精感开一上咸。

嶄，《辨音广韵》初衔切，初衔开二平咸；《宋本广韵》士减切，崇豏开二上咸。

䪏，《辨音广韵》力董切，来董合一上通；《宋本广韵》力锺切，来锺合三平通。

茸，《辨音广韵》而陇切，日腫合三上通；《宋本广韵》而容切，日锺合三平通。

稌，《辨音广韵》他鲁切，透姥合一上遇；《宋本广韵》他胡切，透模合一平遇。

壖，《辨音广韵》乳兖切，日獮合三上山；《宋本广韵》而缘切，日仙合三平山。

㺥，《辨音广韵》所九切，生有开三上流；《宋本广韵》所鸠切，生尤开三平流。

恁，《辨音广韵》忍甚切，日寝开三上深；《宋本广韵》如林切，日侵开三平深。

馣，《辨音广韵》郺感切，影感开一上咸；《宋本广韵》乌含切，影覃开一平咸。

刘晓南着重探讨了宋代福建诗人用韵阳平与上声通押的现象：[①]

（1）李纲杂言诗《直箴》："海材"二字为韵。

（2）严羽五古《古懊侬歌》："臾许橹"三字为韵。

（3）刘子翚七古《韩干画马缺四足龙眠拓而全之》："远云"二字为韵。

（4）李弥逊七古《夏日邀客饮月下作》："寿牛狗"三字为韵。

（5）刘子翚《遗训》："糟粕捐，淳精聚；诚意毕，刍独除。"

（6）李纲《武夷山赋》：若夫岱宗太华之穹崇，终南太行之险阻；或峻极而降神，或登临而小鲁；四明天台，衡岳庐阜，度长絜大，虽雄之不侔，而幽窔巧妙，固不可同日语也。

阴平押入上声：

[①] 刘晓南：《宋代闽音考》，岳麓书社1999年版，第276—280页。

(1) 蔡襄《亲祀南郊诗》:"晷伟机卉"四字为韵。

(2) 谢翱七古《秋风海上曲》:"荓孔"二字为韵。

(3) 严羽四言诗《楚辞·悯时命》:"怳往芳"。

刘晓南还列出了上去声杂入平声的例子:

(1) 蔡襄《诗一首》:"蹊砌饥"三字为韵。

(2) 郑侠七古《连州斛岭塞井》:"星行成绠"四字为韵。

(3) 李纲七古《题成士毂所藏辋川雪图》:"端猿泝寒"四字为韵。

(4) 谢翱七古《冬青树引别玉潜》:"移时离起飞"五字为韵。

(5) 李纲七古《夜霁天象》:"漫拳汗传"四字为韵。

刘晓南分为阳平押入上去,阴平押入上去和上去杂入平声韵中三大类。并着重探讨了阳平声字的分化,提出在现代闽北方言中,阳平字古全浊次浊平声字大致一分为二,称为阳平甲、阳平乙。建瓯话阳平甲混入阴去,阳平乙并入上声。对于阴平押入上去的现象没有做探讨。

李红在研究朱熹《仪礼经传通解》语音时也发现了大量平声与上去声相混现象,她认为,平声与上去声混注的情况,当有其语音基础。今闽北方言平声分为阴平、阳平,上声为一类,去声分为阴去和阳去。阴平的调值为 44,阳平的调值为 13,上声的调值为 41,阴去的调值 21,阳去的调值为 22。可以看到上声的调值与阴平的调值较为接近,在闽方言文白异读中存在很多这样的现象。《汇集雅俗十五音》中记,上上声与上平声的对应:"暖",文读声为柳,韵为观,文读音为[luan];白读声为时,韵为茄,白读音为[sio]。"乳",文读声为人,韵为居,文读音为[dzi];白读声为柳,韵为经,白读音为[lɛŋ]。上上声与下平声的对应:"曮",文读声为语,韵为甘,文读音为[gam];白读声为语,韵为兼,白读音为[giam]。"那",文读声为柳,韵为监,文读音为[nã];白读声为柳,韵为扛,白读音为[nõ]。[①]

《辨音纂要》正读中多例平声与上去互注现象不得不引起我们的重视,我们从吴语中也发现了平声与上声相混,平声与去声相混的现象。我们先来看一下东南方言声调演变的情况。

[①] 李红:《朱熹〈仪礼经传通解〉语音研究》,厦门大学出版社 2011 年版,第 170 页。

中古汉语的平上去入四声，每一类声母各分清浊。现代汉语方言浊音清化后，绝大多数是将古四声各分阴阳两调，古清声母字在阴调，古浊声母字是阳调，所谓清阴浊阳。东南方言声调演变基本上是以古四声为经，古清浊为纬进行分化的。在古四声的框架下依古声母的清浊声调产生进一步分化，我们把它称为清浊分调。

清浊分调的两种情况：一是清浊分调后保持阴阳两个独立调类；二是清浊分调后阳调类或阴调类再归并到其他调类中去。如果中古同一声调的字今方言也混而不分，我们认为是发生了阴阳调类的合并。因此，清浊分调以后各方言调类之间呈现差异。

辛世彪认为从清浊分调来看，东南方言中有8个调类的多为吴闽方言，另有少数粤方言。7个调类以吴闽方言为常见，另有少数赣语和客语。6个调类以客语居多，另有少数湘赣吴语。5个调类多见于湘语，另有少数赣语客语和个别吴语。4个调类的方言只见于赣语湘语，3个调类的方言只见于赣语。[①]

我们发现吴语中5调、6调、7调当中平声、上声、去声相混现象极多。

吴语中清浊分调而又归并成5调的方言是上海和宁波。这两个点都是舒声调阴阳调类发生各自合并的例子，阳平、阳上、阳去合并，阴平、阴去合并。详见表4-2。[②]（注：各方言点的数码调值，括弧里的数字表示已经消失或归并的声调。）

表4-2　清浊分调有5调的吴方言

古调	平		上			去		入	
古声	清	浊	清	次浊	全浊	清	浊	清	浊
今调	1	(2)	3	4		5	6	7	8
上海	52	(113)	334	(113)	(334)		113	?55	?23
宁波	52	(113)	325	(113)		52	113	?55	?23

此表上海与宁波的浊声母的平、上、去调值相同，可见平声已经与上

[①] 辛世彪：《东南方言声调比较研究》，上海教育出版社2004年版，第8页。
[②] 同上书，第17页表2-21。

声去声相混，且浊上归入去声。

吴语中有少数方言是 6 个调类。宝山、南汇、上海（老派）、余姚、诸暨、黄岩、永康、磐安、嘉定。详见表 4-3。①

表4-3 清浊分调有6调的吴方言

古调	平		上			去		入	
古声	清	浊	清	次浊	全浊	清	浊	清	浊
今调	1	2	3	4		5	6	7	8
宝山	52	231	435	(213)		(435)	213	ʔ55	ʔ23
南汇	52	(113)	44	(113)		335	113	ʔ55	ʔ23
余姚	324	(113)	435	(113)		44	113	ʔ55	ʔ23
诸暨	44	(22)/231	52	(231)		(44)	22	44	ʔ12
永康	44	322	434	324		54	214	(434)	(324)
黄岩	(533)	231	533	(231)		44	113	ʔ55	ʔ12
磐安	445	213	434	244		52	14	(434)	(213)
嘉定	53	(53)/31	34/(13)	(13)		(34)	34/(13)	ʔ55	ʔ12

上表中宝山浊上与浊去调值相同；南汇、余姚的浊音平、上、去调值相同；诸暨的浊平部分与浊上、浊平部分与浊去调值相同；黄岩的浊平与浊上调值相同。

吴语中还有一些方言保持 7 个声调，但演变类型比较复杂。金坛阳平归阳去，湖州阳去归阳平，丽水阳上归阳平，诸暨（王家井老派）阴去归阴平，详情见表 4-4。②

---

① 辛世彪：《东南方言声调比较研究》，上海教育出版社 2004 年版，第 16 页表 2-16。

② 同上书，第 12 页表 2-7。

表4-4　吴语中清浊分调有7调的其他类型

古调	平		上			去		入	
古声	清	浊	清	次浊	全浊	清	浊	清	浊
今调	1	2	3	4		5	6	7	8
丽水	24	11	44	(11)		53	31	?5	?3
金坛	435	(24/31)	33	31/(24)		35	24	?55/(?32)	?32
诸暨	544	233	52	231		(544)	(233)/22	?55	?12
湖州	334	113	533		231	335	(113)	?55	?23

表中丽水、金坛的平声浊音与上声浊音调值相同，诸暨的平声清音与去声清音相同。可见在吴方言中确实存在平上与平去相混现象。

我们来看吴语中阳调类和阴调类各自的合并情况。

吴语中三个调类合并的方言，以舒声调阳平、阳上、阳去合并为常见，有些已经完成了音变，如上海、宁波、余姚、南汇（周浦），有些正处在音变过程中。上海另有阴上、阴去合并，宁波另有阴平、阴去合并，余姚、南汇无此变化。金坛、无锡、湖州（双林）方言阳平、阳上、阳去正在合并过程中。吴语中两个阳调类合并的方言较多，大部分是阳上归阳去，还有其他的类别如诸暨（王家井）阳去归阳平。①

吴语中阴调类的合并也是同类相应，上海、宁波在三个阳调类合并的基础上，阴调类也发生合并；上海阴上与阴去合并，宁波阴去与阴平合并。不过，吴语中阴调类合并的数量最多有两个，三个阴调类合并的方言还没有见到。这显然是阳调类先变，因此阳调类也先合并。其他有两个阴调类合并的方言，如昆山、宝山（罗店、双草墩）阴去归阴上，黄岩阴平归阴上，诸暨（王家井）阴去归阴平。表3-52中宁波、诸暨方言中"志=支、报=包、背=杯、判=潘、防=方、欠=牵、扣=抠、柄=兵、桂=归"，表3-53中上海、昆山、罗店、双草墩方言中"止=至、死=四、主=著、把=霸、腿=退、凯=概、保=报、口=扣、反=泛"。②

---

① 辛世彪：《东南方言声调比较研究》，上海教育出版社2004年版，第87—88页。

② 同上书，第88—89页。

侯精一谈到吴语语音方面特点时也提到平声与上去相混现象，一部分方言阳上和阳去已经合并，如苏州话；个别方言阳平、阳上、阳去三者已经合一，如上海（中心城区）话。①

相邻地区的方言总是要互相影响、互有某些特点的。吴语南部和东南部与闽语区毗邻，这种地域的语音亲缘性使得语音上有很多相似之处，声调方面表现出平声与上、去相混现象也就不足为奇了。

三 浊上是否变去

《辨音纂要》正读上去互注共113例，其中全浊声母上声变去声79例，具体情况如下：

1. 全浊上去互注79例：

辩，《辨音广韵》卑见切，帮霰开四去山；《宋本广韵》符蹇切，並獮开三上山。

並，《辨音广韵》皮命切，並映开三去梗；《宋本广韵》蒲迥切，並迥开四上梗。

抱，《辨音广韵》蒲报切，並号开一去效；《宋本广韵》薄浩切，並晧开一上效。

琲，《辨音广韵》步昧切，並队合一去蟹；《宋本广韵》蒲罪切，並贿合一上蟹。

倍，《辨音广韵》步昧切，並队合一去蟹；《宋本广韵》薄亥切，並海开一上蟹。

部，《辨音广韵》薄故切，並暮合一去遇；《宋本广韵》裴古切，並姥合一上遇。

簿，《辨音广韵》薄故切，並暮合一去遇；《宋本广韵》裴古切，並姥合一上遇。

婢，《辨音广韵》毗意切，並志开三去止；《宋本广韵》便俾切，並纸开三上止。

---

① 侯精一：《现代汉语方言概论》，上海教育出版社2002年版，第73页。

庳，《辨音广韵》毗意切，並志开三去止；《宋本广韵》便俾切，並纸开三上止。

蕩，《辨音广韵》徒浪切，定宕开一去宕；《宋本广韵》徒朗切，定蕩开一上宕。

憜，《辨音广韵》杜佐切，定簡开一去果；《宋本广韵》徒果切，定果合一上果。

墮，《辨音广韵》杜佐切，定簡开一去果；《宋本广韵》徒果切，定果合一上果。

但，《辨音广韵》徒爛切，定翰开一去山；《宋本广韵》徒旱切，定旱开一上山。

誕，《辨音广韵》徒爛切，定翰开一去山；《宋本广韵》徒旱切，定旱开一上山。

動，《辨音广韵》徒弄切，定送合一去通；《宋本广韵》徒摠切，定董合一上通。

簟，《辨音广韵》徒念切，定㮇开四去咸；《宋本广韵》徒玷切，定忝开四上咸。

道，《辨音广韵》杜到切，定号开一去效；《宋本广韵》徒晧切，定晧开一上效。

待，《辨音广韵》度耐切，定代开一去蟹；《宋本广韵》徒亥切，定海开一上蟹。

迨，《辨音广韵》度耐切，定代开一去蟹；《宋本广韵》徒亥切，定海开一上蟹。

殆，《辨音广韵》度耐切，定代开一去蟹；《宋本广韵》徒亥切，定海开一上蟹。

怠，《辨音广韵》度耐切，定代开一去蟹；《宋本广韵》徒亥切，定海开一上蟹。

弟，《辨音广韵》大计切，定霁开四去蟹；《宋本广韵》徒禮切，定薺开四上蟹。

悌，《辨音广韵》大计切，定霁开四去蟹；《宋本广韵》徒禮切，定薺开四上蟹。

娣，《辨音广韵》大计切，定霁开四去蟹；《宋本广韵》徒禮切，定荠开四上蟹。

肚，《辨音广韵》獨故切，定暮合一去遇；《宋本广韵》徒古切，定姥合一上遇。

腯，《辨音广韵》杜困切，定恩合一去臻；《宋本广韵》杜本切，定混合一上臻。

静，《辨音广韵》疾正切，從勁开三去梗；《宋本广韵》疾郢切，從静开三上梗。

靖，《辨音广韵》疾正切，從勁开三去梗；《宋本广韵》疾郢切，從静开三上梗。

阱，《辨音广韵》疾正切，從勁开三去梗；《宋本广韵》疾郢切，從静 开三上梗。

穽，《辨音广韵》疾正切，從勁开三去梗；《宋本广韵》疾郢切，從静 开三上梗。

瓉，《辨音广韵》才賛切，從翰开一去山；《宋本广韵》藏旱切，從旱开一上山。

在，《辨音广韵》昨代切，從代开一去蟹；《宋本广韵》昨宰切，從海开一上蟹。

聚，《辨音广韵》族遇切，從遇合三去遇；《宋本广韵》慈庾切，從麌合三上遇。

盡，《辨音广韵》齐進切，從震开三去臻；《宋本广韵》慈忍切，從軫开三上臻。

紂，《辨音广韵》直又切，澄宥开三去流；《宋本广韵》除柳切，澄有开三上流。

瑑，《辨音广韵》柱戀切，澄線合三去山；《宋本广韵》持兗切，澄獮合三上山。

縳，《辨音广韵》柱兗切，澄獮合三上山；《宋本广韵》柱恋切，澄線合三去山。

湛，《辨音广韵》丈陷切，澄陷开二去咸；《宋本广韵》徒減切，澄豏开二上咸。

赵，《辨音广韵》直笑切，澄笑开三去效；《宋本广韵》治小切，澄小开三上效。

绍，《辨音广韵》實召切，船笑开三去效；《宋本广韵》市沼切，禅小开三上效。

楯，《辨音广韵》食閏切，船稕合三去臻；《宋本广韵》食尹切，船準合三上臻。

綬，《辨音广韵》承呪切，禅宥开三去流；《宋本广韵》殖酉切，禅有开三上流。

善，《辨音广韵》時戰切，禅線开三去山；《宋本广韵》常演切，禅獮开三上山。

墡，《辨音广韵》時戰切，禅線开三去山；《宋本广韵》常演切，禅獮开三上山。

恃，《辨音广韵》時至切，禅至开三去止；《宋本广韵》時止切，禅止开三上止。

是，《辨音广韵》時至切，禅至开三去止；《宋本广韵》承纸切，禅纸开三上止。

市，《辨音广韵》時至切，禅至开三去止；《宋本广韵》時止切，禅止开三上止。

士，《辨音广韵》時至切，禅至开三去止；《宋本广韵》鉏里切，崇止开三上止。

仕，《辨音广韵》時至切，禅至开三去止；《宋本广韵》鉏里切，崇止开三上止。

柿，《辨音广韵》時至切，禅至开三去止；《宋本广韵》鉏里切，崇止开三上止。

奉，《辨音广韵》馮貢切，奉送合三去通；《宋本广韵》扶隴切，奉腫合三上通。

范，《辨音广韵》房唊切，奉闞开一去咸；《宋本广韵》防鋑切，奉范合三上咸。

範，《辨音广韵》房唊切，奉闞开一去咸；《宋本广韵》防鋑切，奉范合三上咸。

犯，《辨音广韵》房欦切，奉阚开一去咸；《宋本广韵》防鋄切，奉范合三上咸。

附，《辨音广韵》防父切，奉麌合三上遇；《宋本广韵》符遇切，奉遇合三去遇。

駙，《辨音广韵》防父切，奉麌合三上遇；《宋本广韵》符遇切，奉遇合三去遇。

祔，《辨音广韵》防父切，奉麌合三上遇；《宋本广韵》符遇切，奉遇合三去遇。

鮒，《辨音广韵》防父切，奉麌合三上遇；《宋本广韵》符遇切，奉遇合三去遇。

賻，《辨音广韵》防父切，奉麌合三上遇；《宋本广韵》符遇切，奉遇合三去遇。

柱，《辨音广韵》陟慮切，知御合三去遇；《宋本广韵》直主切，澄麌合三上遇。

旱，《辨音广韵》侯幹切，匣翰开一去山；《宋本广韵》胡笴切，匣旱开一上山。

晛，《辨音广韵》形甸切，匣霰开四去山；《宋本广韵》胡典切，匣銑开四上山。

檻，《辨音广韵》乎韽切，匣陷开二去咸；《宋本广韵》胡黤切，匣檻开二上咸。

匯，《辨音广韵》胡對切，匣隊合一去蟹；《宋本广韵》胡罪切，匣贿合一上蟹。

亥，《辨音广韵》下蓋切，匣泰开一去蟹；《宋本广韵》胡改切，匣海开一上蟹。

户，《辨音广韵》胡故切，匣暮合一去遇；《宋本广韵》侯古切，匣姥合一上遇。

瑾，《辨音广韵》居忍切，见軫开三上臻；《宋本广韵》渠遴切，羣震开三去臻。

漸，《辨音广韵》子念切，精栎开四去咸；《宋本广韵》慈染切，從琰开三上咸。

305

澿，《辨音广韵》渠飲切，羣寑开三上深；《宋本广韵》巨禁切，羣沁开三去深。

巨，《辨音广韵》忌遇切，羣遇合三去遇；《宋本广韵》其呂切，羣語合三上遇。

詎，《辨音广韵》忌遇切，羣遇合三去遇；《宋本广韵》其呂切，羣語合三上遇。

伎，《辨音广韵》奇寄切，羣寘开三去止；《宋本广韵》渠綺切，羣紙开三上止。

技，《辨音广韵》奇寄切，羣寘开三去止；《宋本广韵》渠綺切，羣紙开三上止。

妓，《辨音广韵》奇寄切，羣寘开三去止；《宋本广韵》渠綺切，羣紙开三上止。

屣，《辨音广韵》徐遇切，邪遇合三去遇；《宋本广韵》徐呂切，邪語合三上遇。

似，《辨音广韵》詳漬切，邪寘开三去止；《宋本广韵》詳里切，邪止开三上止。

俟，《辨音广韵》息漬切，心寘开三去止；《宋本广韵》牀史切，崇止开三上止。

棒，《辨音广韵》蒲浪切，並宕开一去宕；《宋本广韵》步項切，並講开二上江。

蚌，《辨音广韵》蒲浪切，並宕开一去宕；《宋本广韵》步項切，並講开二上江。

全浊上声变为去声现象是声调演变过程中的一个重要变化，指的是中古时期的全浊的塞音、塞擦音、擦音声母的上声字在许多汉语方言尤其是官话区方言中变为去声。这一演变，自唐时即已发生。李涪《刊误》尝詆《切韵》曰："吴音乖舛，不亦甚乎？上声為去，去声為上。……恨怨之恨則在去声，很戾之很則在上声。又言辯之辯則在上声，冠弁之弁則在去声。又舅甥之舅則在上声，故舊之舊則在去声。又皓白之皓則在上声，號令之號則在去声。又以恐字恨字俱去声：今士君子于上声呼恨，去声呼恐，得不為有識之所笑乎？"这里所举的"很"、"辯"、"舅"、"皓"等

306

字都是全浊上声字，"恨"、"弁"、"舊"、"號"等字都是全浊去声字。李涪既以《切韵》所分为非，可知当时洛阳音全浊上声与全浊去声已经读得一样了，即其方音中必已不分全浊上去了。李涪《刊误》成于公元895年放死岭南之前，距《切韵》成书公元601年将近300年。300年不到的时间，语音中已有不辨全浊上、去。①

从上面的数据中可以看出，《辨音纂要》正读上去相混共计113例，其中浊上变去的音注共79例，占上去互注总数的69.91%，可以肯定在《辨音纂要》读书音中，浊上已经开始变为去声。

即使是吴方言也存在这种现象。吴语中有不少方言发生浊上归去因而有7个调类。江苏的丹阳（童家桥）、江阴（老派）、靖江、苏州、常州、上海的松江、浙江的杭州、衢州、余姚（老派）、宁波（老派），详见表4-5。②

表4-5　清浊分调，浊上归去有7调的吴方言

古调	平		上			去		入	
古声	清	浊	清	次浊	全浊	清	浊	清	浊
今调	1	2	3	(4)		5	6	7	8
余姚	324	231	435	(113)		44	113	ʔ55	ʔ23
宁波	52	255	325	(113)		44	113	ʔ55	ʔ23
苏州	44	24	52	(31)		412	31	ʔ4	ʔ23
丹阳	42	31	324	(113)		45	113	ʔ55	ʔ24
开化	45	341	53	(212)		423	212	ʔ5	ʔ24
江阴	51	31	45	(223)		435	223	ʔ55	ʔ12
常州	44	213	334	(224)		512	224	ʔ55	ʔ23
靖江	433	223	334	(31)		51	31	ʔ55	ʔ34
杭州	323	212	51	(113)		334	113	ʔ55	ʔ12
衢州	434	323	45	(31)		53	31	ʔ55	ʔ12

---

① 马君花：《〈资治通鉴音注〉音系研究》，博士学位论文，首都师范大学，2008年，第240页。
② 辛世彪：《东南方言声调比较研究》，上海教育出版社2004年版，第12页表2-6。

上表中余姚、宁波、苏州、丹阳、开化、江阴、常州、靖江、杭州、衢州等地的浊上与浊去调值相同，可见这些地方的浊上已经变读为去声。

2. 非全浊上去互注 34 例：

我们来看这 34 例数据，具体情况如下：

併，《辨音广韵》補郢切，帮静开三上梗；《宋本广韵》畀政切，帮劲开三去梗。

按：《广韵》有三读，[《广韵》畀政切，去劲，帮。][《广韵》必郢切，上静，帮。][《广韵》蒲迥切，上迥，並。]若按又音来看，此例属于上声互注例，不宜作为音变考虑。

哆，《辨音广韵》丁可切，端哿开一上果；《宋本广韵》丁佐切，端箇开一去果。

按：《广韵》有五读，[《广韵》尺氏切，上纸，昌。][《广韵》昌者切，上马，昌。][《广韵》敕加切，平麻，彻。][《广韵》陟驾切，去禡，知。][《广韵》丁可切，上哿，端。]若按又音来看，此例属于上声互注例，不宜作为音变考虑。

盎，《辨音广韵》乌朗切，影荡开一上宕；《宋本广韵》乌浪切，影宕开一去宕。

按：此字《广韵》有两读，[《广韵》乌浪切，去宕，影。][《广韵》乌朗切，上荡，影。]若按又音来看，此例属于上声互注例，不宜作为音变考虑。

怏，《辨音广韵》倚两切，影养开三上宕；《宋本广韵》於亮切，影漾开三去宕。

按：此字《广韵》有两读，[《广韵》於亮切，去漾，影。][《广韵》於两切，上养，影。]若按又音来看，此例属于上声互注例，不宜作为音变考虑。

䰄，《辨音广韵》依改切，影海开一上蟹；《宋本广韵》乌代切，影代开一去蟹。

按：此字《广韵》有两读，[《广韵》乌代切，去代，影。][《广韵》於豈切，上尾，影。]若按又音来看，此例属于上声互注例，不宜作为音变考虑。

瘉，《辨音广韵》雲俱切，云遇合三去遇；《宋本广韵》以主切，以虞合三上遇。

按：此字《广韵》有两读，[《广韵》羊朱切，平虞，以。][《广韵》以主切，上麌，以。]若按又音来看，此例属于上声互注例，不宜作为音变考虑。

餌，《辨音广韵》忍止切，日止开三上止；《宋本广韵》仍吏切，日志开三去止。

按："餌"亦作"聇"，"聇"同"耻"，"耻"同"恥"。恥[《广韵》敕里切，上止，徹。]此例则属于上声互注例，不宜作为音变考虑。

衎，《辨音广韵》空旱切，溪旱开一上山；《宋本广韵》苦旰切，溪翰开一去山。

按：此字《广韵》有两读，[《广韵》苦旰切，去翰，溪。][《广韵》空旱切，上旱，溪。]若按又音来看，此例属于上声互注例，不宜作为音变考虑。

獫，《辨音广韵》力驗切，来豔开三去咸；《宋本广韵》虚檢切，晓琰开三上咸。

按：此字《广韵》有四读，[《广韵》虚檢切，上琰，晓。][《广韵》良冉切，上琰，来。][《广韵》力鹽切，平鹽，来。][《广韵》力驗切，去豔，来。]若按又音来看，此例属于去声互注例，不宜作为音变考虑。

輮，《辨音广韵》如又切，日宥开三去流；《宋本广韵》人九切，日有开三上流。

按：此字《广韵》有两读，[《广韵》人九切，上有，日。][《广韵》人又切，去宥，日。]若按《广韵》又音来看，此例属于去声互注例，不宜作为音变考虑。

統，《辨音广韵》他總切，透董合一上通；《宋本广韵》他综切，透宋合一去通。

按："統"同"筒"，筒，[《广韵》徒红切，平東，定。]按通假字音来看，此例属于平上相混例，不宜作为音变考虑。

上述 11 例，按照《广韵》又音考虑，可不列入音变例，下面还有 12 例，按照《集韵》音来考虑，也可不列入音变例，详情如下：

舘，《辨音广韵》古緩切，见缓合一上山；《宋本广韵》古玩切，见换合一去山。

按：此字有两读，[《广韵》古玩切，去换，见。][《集韵》古缓切，上缓，见。]若按《集韵》音来看，此例属于上声互注例，不宜作为音变考虑。

舘，《辨音广韵》古緩切，见缓合一上山；《宋本广韵》古玩切，见换合一去山。

按：同"館"。[《广韵》古玩切，去换，见。][《集韵》古缓切，上缓，见。]若按《集韵》音来看，此例属于上声互注例，不宜作为音变考虑。

碾，《辨音广韵》乃殄切，泥銑开四上山；《宋本广韵》女箭切，娘線开三去山。

按：[《广韵》女箭切，去線，娘。][《集韵》尼展切，上獮，娘。]此例若按《集韵》音来看，属于上声自注例，不宜作为音变考虑。

珥，《辨音广韵》忍止切，日止开三上止；《宋本广韵》仍吏切，日志开三去止。

按：[《广韵》仍吏切，去志，日。][《集韵》忍止切，上止，日。]若按《集韵》音来看，此例属于上声互注例，不宜作为音变考虑。

憲，《辨音广韵》呼典切，晓銑开四上山；《宋本广韵》許建切，晓願开三去山。

按：[《广韵》許建切，去願，晓。][《集韵》呼典切，上銑，晓。]此例若按《集韵》音来看，属于上声自注例，不宜作为音变考虑。

瀡，《辨音广韵》息委切，心纸合三上止；《宋本广韵》思累切，心寘合三去止。

按：[《广韵》思累切，去寘，心。][《集韵》選委切，上纸，心。]此例若按《集韵》音来看，属于上声自注例，不宜作为音变考虑。

詛，《辨音广韵》壯所切，莊語合三上遇；《宋本广韵》莊助切，莊御合三去遇。

按：[《广韵》莊助切，去御，莊。][《集韵》壯所切，上語，莊。]此例若按《集韵》音来看，属于上声自注例，不宜作为音变考虑。

燥，《辨音广韵》先到切，心号开一去效；《宋本广韵》苏老切，心晧开一上效。

按：[《广韵》苏老切，上晧，心。][《集韵》先到切，去号，心。]此例若按《集韵》音来看，属于去声自注例，不宜作为音变考虑。

禦，《辨音广韵》魚據切，疑御合三去遇；《宋本广韵》鱼巨切，疑語合三上遇。

按：[《广韵》魚巨切，上語，疑。][《集韵》牛據切，去御，疑。]此例若按《集韵》音来看，属于去声自注例，不宜作为音变考虑。

玷，《辨音广韵》都念切，端桥开四去咸；《宋本广韵》多忝切，端忝开四上咸。

按：[《广韵》多忝切，上忝，端。][《集韵》丁兼切，平沾，端。]此例若按《集韵》音来看，属于平去相混例。

燥，《辨音广韵》则到切，精号开一去效；《宋本广韵》采老切，清晧开一上效。

按：[《广韵》采老切，上晧，清。][《集韵》苏遭切，平豪，心。]此例若按《集韵》音来看，属于平去相混例。

窶，《辨音广韵》良據切，来御合三去遇；《宋本广韵》其矩切，羣麌合三上遇。

按：[《广韵》其矩切，上麌，羣。][《集韵》郎侯切，平侯，来。]此例若按《集韵》音来看，属于平去相混例。

除去上述 23 例，我们仍然可以看到 11 例非全浊上声归入去声的现象，详情如下：

䝬，《辨音广韵》莫解切，明蟹开二上蟹；《宋本广韵》莫懈切，明卦开二去蟹。

邁，《辨音广韵》莫解切，明蟹开二上蟹；《宋本广韵》莫话切，明夬开二去蟹。

讃，《辨音广韵》莫解切，明蟹开二上蟹；《宋本广韵》莫话切，明夬开二去蟹。

衽，《辨音广韵》忍甚切，日寝开三上深；《宋本广韵》汝鴆切，日沁开三去深。

稍，《辨音广韵》山巧切，生巧开二上效；《宋本广韵》所教切，生效开二去效。

迕，《辨音广韵》阮五切，疑姥合一上遇；《宋本广韵》五故切，疑暮合一去遇。

䨮，《辨音广韵》依改切，影海开一上蟹；《宋本广韵》於蓋切，影泰开一去蟹。

藹，《辨音广韵》依改切，影海开一上蟹；《宋本广韵》於蓋切，影泰开一去蟹。

俺，《辨音广韵》於黵切，影黵开三去咸；《正字通》安敢切，影敢开一上咸。

姹，《辨音广韵》丑亞切，彻禡开二去假；《集韵》丑下切，彻馬开二上假。

刌，《辨音广韵》村困切，清恩合一去臻；《宋本广韵》倉本切，清混合一上臻。

这 11 例音注中，有 6 例属于次浊声母与上声相混，5 例属于清声母与上声相混。吴方言中也有这种现象，首先我们来看表 4-6 中所示：

表4-6　清浊分调，浊上归去有7调的吴方言

古调	平		上			去		入	
古声	清	浊	清	次浊	全浊	清	浊	清	浊
今调	1	2	3	(4)		5	6	7	8
余姚	324	231	435	(113)		44	113	ʔ55	ʔ23
宁波	52	255	325	(113)		44	113	ʔ55	ʔ23
苏州	44	24	52	(31)		412	31	ʔ4	ʔ23
丹阳	42	31	324	(113)		45	113	ʔ55	ʔ24
开化	45	341	53	(212)		423	212	ʔ5	ʔ24

表中余姚、宁波等地的全部次浊音以及苏州、丹阳、开化等地的部分次浊音调值与浊去相同，可见这些地区的次浊也归入了上声。

曹志耘认为南部吴语的不少方言中，古浊上调已经发生了变化，其中衢州部分字次浊上归阴去。[①]

现代吴方言中也有次浊上声归入去声的现象，颜逸明在分析吴语语音系统的声调时指出，吴语的调类按声母清浊分阴阳，但不能以为阴调类只能是清声母字，浊声母字只能归阳调类。吴语次浊声母字可以是阴调类也可以是阳调类，有的归阴调类有的归阳调类。次浊上声字变化最大，它的归属情况大致有以下三种：

---

① 曹志耘：《南部吴语语音研究》，商务印书馆 2002 年版，第 102 页。

（1）次浊上和全浊上同调。这是一般情况，如苏州，太仓、松江、奉贤、长兴、绍兴、新昌、宁波、东阳、温州、玉山等县市都是这样。

（2）次浊上和全浊上不同调，次浊上并入清上或清去。如常州，江阴、桐庐、桐乡、临海、临安、丽水、平阳等县市次浊上并入清上，衢州、汤溪次浊上并入清去。

（3）次浊上和全浊上不同调，全浊上和浊去同调，次浊上独立成为阳上调。如海门"稻"与"盗"同调，"稻"与"老"不同调："稻、盗"的调值是213，"老"的调值是31。①

其次，在《清浊分调有6调的吴方言》表中，我们看到嘉定方言的部分清声母上声字与浊声母去声调值相同，可见在吴方言中有清上归入浊去的现象。如表4-7所示：

表4-7　清浊分调有6调的吴方言

古调	平		上			去		入	
古声	清	浊	清	次浊	全浊	清	浊	清	浊
嘉定	53	(53)/31	34/(13)	(13)		(34)	34/(13)	ʔ55	ʔ12

如果一个方言发生阴上与阴去的合并，则该方言必先发生阳上与阳去的合并。②根据以上数据我们可以判断，《辨音纂要》正读中全浊上声已经归入了去声，部分次浊上声字也归入了去声，还有一些清声母字也读如去声，例证虽然不多，也值得引起我们的注意。

第二节　《辨音纂要》正读入声

入声的具体情况，我们在韵母一章中已经做了全面地分析和总结。王力先生认为明清时代和元代一样，没有入声。《等韵图经》把旧入声字归入

---

① 颜逸明：《吴语概说》，华东师范大学出版社1994年版，第90页。
② 辛世彪：《东南方言声调比较研究》，上海教育出版社2004年版，第88页。

阴平、上声、去声、阳平，如勒垒类雷，摸抹莫魔，夫府福扶，租祖足卒，那是明清时代无入声的明证。《五方元音》有入声，是方言现象。《切韵要法》有入声，是存古。[①]《辨音纂要》正读中保留了入声，这与《洪武正韵》保留入声相一致。

一　入声与入声互注

入声与入声互注 4 例中，有 2 例经考证，可以不作为音变考虑，如下：
物薛互注 1 例：
飍，《辨音广韵》渠勿切，羣物合三入臻；《宋本广韵》紀劣切，见薛合三入山。

按：《余本广韵》396 页："飍，居运切又物韵九勿薛韵纪劣二切"。476 页"飍，又本韵衢物薛韵纪劣问韵居运三切"，按又音来看，此例属于臻摄物韵自注例，不宜作为音变考虑。

没黠互注 1 例：
肭，《辨音广韵》奴骨切，泥没合一入臻；《宋本广韵》女滑切，娘黠合二入山。

按：此字《广韵》有两音，[《广韵》女滑切，入黠，娘。][《广韵》内骨切，入没，泥。] 若按又音来看，此例则属于臻摄自注例，不宜作为音变考虑。

另外两例，如下：
屋陌互注 1 例：
陥，《辨音广韵》古禄切，见屋合一入通；《宋本广韵》绮戟切，溪陌开三入梗。

按："郤"同"卻"，卻，[《广韵》去约切，入藥，溪。][《广韵》居勺切，入藥，见。]

质职互注 1 例：
即，《辨音广韵》子悉切，精质开三入臻；《宋本广韵》子力切，精職

---

① 王力：《汉语语音史》，中国社会科学出版社 1985 年版，第 407 页。

开三入曾。

按:"即"通"唧"。唧,[《广韵》子力切,入职,精。][《广韵》子结切,入屑,精。]

《辨音纂要》正读入声基本保持着不混杂的状态,除随十六摄讨论的正常音变以外,严格来说就只有这 2 例入声混用。屋为 k 尾,药为 k 尾;质为 t 尾,屑为 t 尾,且主要元音较为接近。此 2 例音注的出现,可能是受共同语影响。

综合十六摄的分析,我们可以确定,《辨音纂要》正读的入声还严格保存着塞音韵尾,基本没有混同。这与吴方言区的韵书采用传统平、上、去、入四声,不区别阴阳调类所表现出来的状态相一致。

二 入声与舒声互注

入声与舒声互注的 16 例中,经考证,有 14 例可以不作为音变现象考虑,具体情况如下:

屋萧互注 1 例:

蟰,《辨音广韵》苏谷切,心屋合一入通;《宋本广韵》苏彫切,心萧开四平效。

按:蟰,《余本广韵》苏彫切又屋韵息逐切,"逐",[《广韵》直六切,入屋,澄。]按又音来看,此字属于通摄屋韵自注例,不宜作为音变考虑。

有屋互注 1 例:

㺱,《辨音广韵》女九切,娘有开三上流;《宋本广韵》女六切,泥屋合三入通。

按:[《广韵》女六切,入屋,娘。][《集韵》女九切,上有,娘。]若按《集韵》音来看,此例属于流摄有韵自注例,不宜作为音变考虑。

质纸互注 1 例:

只,《辨音广韵》职日切,章质开三入臻;《宋本广韵》诸氏切,章纸开三上止。

按:[《广韵》诸氏切,上纸,章。][《广韵》章移切,平支,章。]同时此字还是"隻"的简化字。隻:[《广韵》之石切,入昔,章。]若按"隻"

的语音来看，此字属于臻梗互注例，不宜作为音变考虑。

德至互注1例：

比，《辨音广韵》必勒切，帮德开一入曾；《宋本广韵》毗至切，并至开三去止。

按：此字《广韵》有五读，[《广韵》卑履切，上旨，帮。][《广韵》毗至切，去至，并。][《广韵》必至切，去至，帮。][《广韵》毗必切，入质，并。][《广韵》房脂切，平脂，并。]若按《广韵》入声又音来看，此例属于臻曾互注例，不宜作为音变考虑。

屋遇互注1例：

鹜，《辨音广韵》莫卜切，明屋合一入通；《宋本广韵》亡遇切，微遇合三去遇。

按：鹜，《正字通》俗鹜字。鹜，《广韵》有两读，[《广韵》亡遇切，去遇，微。][《广韵》莫卜切，入屋，明。]按又音来看，此例属于通摄屋自注例，不宜作音变考虑。

队没互注4例：

誖，《辨音广韵》蒲没切，并没合一入臻；《宋本广韵》蒲昧切，并队合一去蟹。

按：此字《广韵》有三读，[《广韵》蒲昧切，去队，并。][《广韵》补妹切，去队，帮。][《广韵》蒲没切，入没，并。]若按又音来看，此例则属于臻摄自注例，不宜作为音变考虑。

悖，《辨音广韵》蒲没切，并没合一入臻；《宋本广韵》蒲昧切，并队合一去蟹。

按：此字《广韵》有两读，[《广韵》蒲昧切，去队，并。][《广韵》蒲没切，入没，并。]若按又音来看，此例则属于臻摄自注例，不宜作为音变考虑。

没，《辨音广韵》莫悖切，明队合一去蟹；《宋本广韵》莫勃切，明没合一入臻。

按：悖，《广韵》有两读，[《广韵》蒲昧切，去队，并。][《广韵》蒲没切，入没，并。]按照又音来看，此例属于臻摄没韵自注例，不宜作为音变考虑。

第四章 《辨音纂要》正读声调

殁，《辨音广韵》莫悖切，明队合一去蟹；《宋本广韵》莫勃切，明没合一入臻。

按：悖，《广韵》有两读，[《广韵》蒲昧切，去队，並。] [《广韵》蒲没切，入没，並。] 按照又音来看，此例属于臻摄没韵自注例，不宜作为音变考虑。

暮铎互注 1 例：

埡，《辨音广韵》乌故切，影暮合一去遇；《宋本广韵》乌各切，影铎开一入宕。

按：《余本广韵》乌各切又乌各切又乌故切，故，[《广韵》古暮切，去暮，见。] 若按又音来看，此例属于遇摄暮自注例，不宜作为音变考虑。

卦麦互注 1 例：

搹，《辨音广韵》乌懈切，影卦开二去蟹；《宋本广韵》於革切，影麦开二入梗。

按：搹，《集韵》《正韵》乌懈切。懈，[《广韵》古隘切，去卦，见。] 按这个音来看，此例属于蟹摄卦自注例，不宜作为音变考虑。

翰曷互注 1 例：

怛，《辨音广韵》得烂切，端翰开一去山；《宋本广韵》当割切，端曷开一入山。

按：疑为"担"的讹字。担，[《广韵》多旱切，上旱，端。] 此字疑为山摄自注例，不宜作为音变考虑。

祭薛互注 1 例：

焫，《辨音广韵》儒税切，日祭合三去蟹；《宋本广韵》如劣切，日薛合三入山。

按：税，[《集韵》他括切，入末，透。] 按《集韵》音来看，此例属于山摄入声自注例，不宜作为音变考虑。

厚屋互注 1 例：

薮，《辨音广韵》苏后切，心厚开一上流；《宋本广韵》桑谷切，心屋合一入通。

按：根据语音演变的正常规律，通摄与流摄互注在语音上无法解释，笔者怀疑"薮"与"藪"读音相同，字形相近，极有可能"薮"是"藪"

的异体字，藪［《广韵》苏后切，上厚，心。］则此例不宜作为音变考虑。

综上，可以完全确定为入声与舒声互注的，只有下面这两例：

齐锡互注 1 例：

鷁，《辨音广韵》研奚切，疑齐开四平蟹；《宋本广韵》五歷切，疑锡开四入梗。

按：《经典释文》卷 21，22，27 鷁五歷反水鳥，卷 30 五歷反又五結反，均无平声音。

寘职互注 1 例：

薏，《辨音广韵》於戲切，影寘开三去止；《宋本广韵》於力切，影職开三入曾。

这两例的存在，有可能是方言文白异读所造成的，也有可能是受共同语影响。

《辨音纂要》正读入声自注 1247 例，其中与舒声相押的只有 16 例，经我们上面的分析考证，仅有两例属于特殊音注。因此，我们认为《辨音纂要》正读所表现的音系，入声仍然与阳声相配，还没有发展到与阴声相配的程度。

综上，《辨音纂要》正读声调系统表现出平上去入四声格局，平声不分阴阳，入声三尾井然，浊上开始变为去声。

第五章 《辨音纂要》正读语音系统

第一节　声母

一　基本面貌

1. 帮非组

《辨音纂要》正读唇音基本保留着全浊音。从整体上来看，帮、滂、并、明独立，但明微不分，非敷合一，奉母独立。因此唇音可拟为帮、滂、并、明，非、奉六个声母。

2. 端泥组

《辨音纂要》正读舌音基本保留着全浊音，最突出的特点是定母清化为透母比例大，有少量方音混杂。从整体上来看，端、透、定、知、彻独立，泥娘不分。因知彻澄已经与照组合并，不再计入端泥组，因此舌音可拟为端、透、定、泥（娘）四个声母。

3. 精组、知系

《辨音纂要》正读齿音比较复杂，保留全浊音，精清从心邪基本存在，知章庄合流，同时还体现出一些吴方音的特点，例如船禅不分、少量精庄不分、浊音清化在派入全清的同时，派入次清。因此齿音可以拟为精、清、从、心、邪、照、穿、审、船（禅、崇）。

4. 见喉系

《辨音纂要》正读牙音基本保留着全浊音，结构完整，并有少量方音混杂。因此牙音可拟为见、溪、群、疑四个声母。喉音的全浊声母匣母尚未清化，但有少量方音混杂。因此喉音可拟为影、晓、匣、喻四个声母。

5. 来母和日母

《辨音纂要》正读的来母和日母依然保持独立，但掺杂有方音现象。

根据上述语音基本面貌，《辨音纂要》正读声母系统，笔者考订的结果是 29 个：

双唇：帮、滂、並、明（微）

唇齿：非（敷）、奉

舌音：端、透、定、泥（娘）

齿音：精、清、从、心、邪

照、穿、船（禅、崇）、审

牙音：见、溪、群、疑

喉音：影、晓、匣、喻

半舌半齿：来、日

这个声母系统与现代吴语声系大体上是接近的，同时也体现出《辨音纂要》正读声母系统的浓重存古性。

单从声母的数量来看，与吴语声母数量相合。吴语塞音、塞擦音三分，声母一般在 27—29 个之间：[p p' b m f v, t t' d n l, ts ts'（dz) s z, tɕ tɕ' dʑ ȵ（ʑ）, k k' g ŋ h ɦ ø]。①在前文论述中我们提到一些语音现象与吴方言相关。下面我们将《辨音纂要》正读与吴方言相关的音韵材料进行对比研究。

首先来看现代吴语材料。王力先生在《汉语语音史》谈吴语时列出了现代苏州共有二十七个声母，如表 5-1：

---

① 颜逸明：《吴语概说》，华东师范大学出版社 1994 年版，第 95 页。

第五章 《辨音纂要》正读语音系统

表5-1 现代苏州二十七声母表

发音方法		发音部位	双唇	唇齿	舌尖前	舌尖中	舌面前	舌根	喉
塞音	清	不送气	1.p 帮			11.t 端		21.k 姑	25.ʔ 影
		送气	2.pʻ 滂			12.tʻ 透		22.kʻ 枯	
		浊	3.b 並			13.d 定		23.g 狂	
	鼻音		4.m 明			14.n 泥	16.ȵ 疑	24.ŋ 我	
	边音					15.l 来			
塞擦音	清	不送气			7.ts 精		17.tɕ 见		
		送气			8.tsʻ 清		18.tɕʻ 溪		
		浊					19.dʑ 群		
擦音	清			5.f 非	9.s 心		20.ɕ 晓		26.h 呼
	浊			6.v 奉	10.z 邪				27.ɦ 匣

表5-1 中，吴语的二十七声母与《辨音纂要》正读二十九声母近似，相同之处在于同样保留全浊声母，浊音尚未轻化；不同之处在于现代吴语分舌根、舌面为两套声母。

我们再来看相关韵书文献资料。钱大昕《十驾斋养新录》卷十四云："元人说部，莫善于《南村辍耕录》。"鲁国尧先生曾穷尽研究陶宗仪的著作，其中《南村辍耕录》记录了元代吴方言的重要语音现象。其声母系统表现出如下特点：[①]

1. 塞音、塞擦音、擦音清浊对立。众所周知，汉语中古音是有浊声母的，而在1324年的《中原音韵》音系里，浊音清化，可是在成书于1366年的《辍耕录》里，这则射字法的声母系统保留有浊声母。按照赵元任提出的"三级分法"，即闭塞音声母分为清不送气、清送气和浊音三套，是现代吴语的决定性特征的标准，这则射字法的字母诗反映了六百年前吴方言特点。"兵"、"傼"、"平"为 p、pʻ、b；"丁"、"汀"、"停"为 t、tʻ、d，余类推。

2. 轻唇音只剩两个：非、逢，即 f、v。《字学集要》的二十七声中只有

[①] 鲁国尧：《鲁国尧语言学论文集》，江苏教育出版社2003年版，第217页。

"敷奉"二母，兹录该书的《切字要法》有关内容如下：

　　分番　　　　　　芳芜切 芳分番　　　　敷 敷分番

　　坟烦 即文横 横音凡　　父勇切 父坟烦　　奉 奉坟烦

其中的"分番"、"坟烦"是助纽字，芳芜切"敷"，父勇切"奉"。"分"是非母字，"番芳敷"都是敷母字，可见非敷相混。"坟烦父奉"皆奉母字，"文横"均微母字，注明"坟烦"即"文横"，"横音凡"，表明奉微相混。《声韵会通》以"法"、"文"二字表示。这些实际上都反映了古"非"、"敷"二母，吴方言并为 f，古"奉"、"微"二母并为 v。今松江话唇齿音只有 f、v。

3. 从、邪合一，以"晴"作代表字。"晴"下两助纽字为"晴涎"，"晴"是古从母字，"涎"乃古邪母字，按照通例，两字代表一母，说明从、邪相并。

4. 这个声母系统里，还有一组"征称澄声成"。"澄"是古澄母字，其余四字是古照穿审禅四母字。以三十六字母的系统衡量，缺知彻床娘。说明知、照两组的合并，至于合并后总是以原澄母字表示第三位即浊塞擦音，娘归泥，都是传统使然，《辍耕录》射字法和《字学集要》皆承袭了这个传统。

5. 禅日相混，在《辍耕录》的声母诗里，古日母无代表字及助纽字。《声韵会通》"论声"："故旧字母……'时'、'日'同归'日'字。"二者可作为《辍耕录》射字法有禅无日的旁证。

6. "经轻擎兴"即古"见溪群晓"，现代吴方言依开合与齐撮的条件分为 k、tɕ 两组。

7. 匣、喻合一。这则射字法以"盈"、"延"两个古喻母字同作助纽字，表一母。

8. "能"与"迎"的分立问题。

9. "明"、"零"、"应"分别为 m、l、ø。

《辨音纂要》正读的声母特点与《辍耕录》中体现出的声母特点很多地方相一致，诸如保留有浊声母，塞音、塞擦音、擦音清浊对立；轻唇音只剩"非、逢"两个声母；从、邪合一；知、照两组合并；娘归泥；禅日相混；匣、喻合一等特点。

耿振生先生在《南方方言区等韵音系》中列举了明清八部吴方言区的音韵著作,《声韵会通》(1540)、《字学集要》(1561)、《韵学大成》(1578)、《音声纪元》(1611)、《太古元音》(1716)、《古今韵表新编》(1725)、《荆音韵汇》(1790)、《射声小谱》(1839)。

我们来看昆山王应电的《声韵会通》的声母情况。耿振生先生将《声韵会通》的声母①与中古声类进行了对比,见表5-2。

表5-2 《声韵会通》声母与中古声类对照情况表

《声韵会通》声母	中古声类	《声韵会通》声母	中古声类
教[k]	见	弼[b]	并
坤[kʻ]	溪	明[m]	明
干[g]	群	法[f]	非、敷
乂[ŋ]	疑、泥、娘	文[v]	奉、微
英[ǿ]	影、喻(部分上声字)	子[ts]	精、知章庄
兴[h]	晓	清[tsʻ]	清、彻初
月[ɦ]	匣、喻、疑(少)	字[dz]	从邪、澄崇
等[t]	端	恤[s]	心、山书
天[tʻ]	透	是[z]	邪禅日崇
同[d]	定	哲[tʂ]	知章庄
宁[n]	泥、娘	昌[tʂʻ]	彻昌初
礼[l]	来	丞[dʐ]	澄船崇禅
兵[p]	帮	圣[ʂ]	书山
丕[pʻ]	滂	日[ʐ]	禅日船

上表中泥娘合为宁,非敷合为法,知章庄合为哲,彻昌初合为昌,澄船崇禅合为丞,匣喻、禅日、从邪、精知章庄不分等现象都与《辨音纂要》正读的声母特点相合。

基于上面的语言分析,联系带有吴语特点的相关韵书,再参考现代吴语中的具体情况,《辨音纂要》正读声母的拟音情况如下:

---

① 耿振生:《明清等韵学通论》,语文出版社1992年版,第155页。

表5-3 《辨音纂要》正读声母表

发音方法 \ 发音部位			双唇	唇齿	舌尖前	舌尖中	舌尖后	舌根	喉
塞音	清	不送气	p帮			t端			ʔ影
		送气	p'滂			t'透			
	浊		b並			d定			
鼻音			m明			n泥		ŋ疑	
边音						l来			
闪音							ʐ日		
塞擦音	清	不送气			ts精		tʃ照	k见	
		送气			ts'清		tʃ'穿	k'溪	
	浊				dz从		dʒ船	g群	
擦音	清			f非	s心		ʃ审		h晓
	浊			v奉	z邪				ɦ匣
半元音									j喻

二 语音现象分析

（一）方音

前文中已经初步论述了《辨音纂要》正读中所体现出的方音现象，现在我们将其总结如下：

1. 浊音尚未清化

全浊声母在宋代就已经全部消失了。並母平声并入了帮滂两母；奉母并入了非敷两母；从母并入了精清两母；邪母并入了心母；定母并入了端透两母；澄母并入了知彻两母；床母平声并入了照穿两母，床神禅并入了穿审两母；群母并入了见溪两母；匣母并入了晓母。[1]但全浊声母也只是在北方方言中清化，宋代的南方方言中还有浊声母未清化现象，例如朱熹的《仪礼经传通解》读书音中，浊音清化没有全面完成，呈现不平衡状态，

---

[1] 王力：《汉语语音史》，中国社会科学出版社1985年版，第261页。

某些声母已经出现清化现象,并十分明显,某些声母全浊呈现稳定态势。①

耿振生先生认为,吴方言中声母系统的共同特点是保存全浊音,这在各书是一致的。②诸如《南村辍耕录·射字法》、《声韵会通》、《荆音韵会》等韵书都保存完整的浊音系统。在现代吴方言中,"塞音三分"是现代吴语最主要的特征和标准。《中国语言地图集·汉语方言》部分,将吴语划分为太湖片等6片,最主要的根据仍是"塞音三分",吴语图的文字说明指出:"古全浊声母多数点今仍读浊音,与古清音声母今仍读清音有别。古帮滂并ｐｐ'ｂ、端透定ｔｔ'ｄ、见溪群ｋｋ'ｇ今音在发音方法上三分。"这是吴语最主要的特点。

宁忌浮先生认为,浊音清化是中原雅音的重要特征,而《洪武正韵》系统地保存了《增韵》的全浊声类。王应电《韵要粗释》有一套完整的浊音声母系统:干、同、弼、字、丞、月、是、日、文。③另外两部反映出明代吴语一些特征的韵书:毛曾、陶学承《并音连声字学集要》、朱光家《字学指南》中也保留了完整的全浊系统。④毛曾27个声母,8个是浊音;朱光家27个声母,10个浊音。

《辨音纂要》正读声母也完整地保存了全浊系统,並、奉、定、澄、从、邪、崇、禅、羣、匣这些全浊声母均未清化,因知章庄合流,故《辨音纂要》正读29个声母,有8个是浊音。可见在《辨音纂要》正读中,作者有意保留了全浊声母,体现出带有吴语特点的南方读书音系统。

2. 全清与次清相混

全清与次清相混是典型的南方方音特点。体现出宋元吉安方音的《九经直音》中,见母与溪母混用达48次;表现闽语特点的《仪礼经传通解》中也有全清与次清混用现象:唇音滂母和帮母混用1例,滂母和並母混用2例,非母和滂母混用4例,敷母和帮母混用2例;牙音见母和溪母混用20例;齿音精母和清母混用4例,清母和心母混用6例,心母和精母混用3例,昌母与章母混用3例。

---

① 李红:《朱熹〈仪礼经传通解〉语音研究》,厦门大学出版社2011年版,第246页。
② 耿振生:《明清等韵学通论》,语文出版社1992年版,第156页。
③ 宁忌浮:《汉语韵书史·明代卷》,上海人民出版社2009年版,第309页。
④ 同上书,第503页。

《经典释文》中也有这种现象，尤其是《九经直音》和《仪礼经传通解》中表现突出，但由于未找到吴语中相关文献证明，《辨音纂要》正读中大量全清与次清相混现象，我们可以解释为是南方读书音自身系统的流传，与口语音有着一定的差距。

3. 轻重唇相混

唇音分化为重唇（双唇）和轻唇（唇齿），是从晚唐开始的。敦煌残卷守温三十字母中的"不芳並明"实际上是帮滂並明，那时还没有产生轻唇音。经王力先生考定，在朱翱反切中，重唇与轻唇分用画然。[①]例如：

帮母：碑，广韵府移，朱翱彼移。猋，广韵甫遥，朱翱必遥。

滂母：篇，广韵芳连，朱翱僻连。杓，广韵抚昭，朱翱片邀。

並母：频，广韵符真，朱翱婢民。便，广韵房连，朱翱婢篇。

明母：苗，广韵武瀌，朱翱眉昭。明，广韵武兵，朱翱眉平。

非母：风，方戎反　　飞，甫肥反

敷母：豐，孕弓反　　峰，敷容反

奉母：冯，房忠反　　肥，符非反

微母：薇，尾希反　　巫，文区反

《中州音韵》唇音表现为，重唇音有4个声母：帮滂旁忙，轻唇音有3个声母：方扶无。[②]

《辨音纂要》正读唇音表现出较为强势的轻重唇相混，轻唇音与重唇音互注266例，占互注总数的73.08%，同时，非母和敷母有明显的合流状态。

4. 非敷合一，奉母仍然保持独立

非母与敷母，大约先经过分立的阶段，帮母分化为[f]，滂母分化为[f']。然后合流为[f]。经王力先生考证，朱翱时代已经合流了。[③]例如：

以敷切非：封，敷容切　　　分，翻文反

以非切敷：豐，甫冯反　　　丰，府蛮反

周祖谟先生认为"敷母虽未出，实与非母相同"，"考非敷之读同一类，

---

① 王力：《汉语语音史》，中国社会科学出版社1985年版，第229页。
② 张竹梅：《〈中州音韵〉研究》，中华书局2007年版，第206页。
③ 王力：《汉语语音史》，中国社会科学出版社1985年版，第231页。

原不自宋始，唐五代之际已然……此皆从时音而不从等韵也"。[①]可见，晚唐五代之时，非敷即已相混。

现代吴方音中唇齿音有 2 个，非[f]、奉[v]。非敷合为非母，奉微合为奉母。《辨音纂要》正读中非敷体现出明显的合流状态，与现代吴方言非敷已经合并相一致。

5. 喉音与牙音互注

牙音与喉音互注是古音的留存，在今吴方言及其他南方方言中尚大量存在。《九经直音》、《仪礼经传通解》中都有牙音字和喉音字的混用现象。在反映吴方言的《声韵会通》中，月母包括"匣、喻、疑（少）"。

《辨音纂要》正读中有喉音与牙音互注现象，在现代吴语中也可以找到例证。如苏州音的声母中，匣母包括"匣、喻、疑（少）"。

6. 精庄不分

精庄上古来源相同。在宋代闽方音中精庄不分就非常显著，这种语音现象，在《九经直音》中也有很多例证。《辨音纂要》正读中体现出了非常明显地精组与照二发生关系，是方音现象的体现，在今天的吴方言中，精庄相混的现象依然存在。

7. 禅日相混

禅母与日母相混现象是吴语的表现，前文已经详细论述过，在现代吴语中就有禅日相混的迹象。《辨音纂要》正读中的这种现象有古音和方音两个基础。

8. 其他

（1）泥娘不分

泥娘合并在宋代声母已经发生，娘母并入泥母，即[n]。泥娘相混是南方语音中的常见现象。《声韵会通》中泥娘合为宁[n]，《辨音纂要》正读中泥娘不分，娘母并入泥母。

（2）微以相混

微以互注是非常明显的南方方音现象，《辨音纂要》正读中有 4 例微以互注现象，体现出苏州方音特点。

[①] 周祖谟：《宋代汴洛语音考》，收《问学集》下册，中华书局 1981 年版，第 593 页。

（3）匣喻相混

在朱翱反切中，匣母与喻三、喻四合流。[①]例如：

以喻三切匣：雄，于弓　　洪，员聪　　滴，矣换

以喻四切匣：郈，移鸡　　携，匀低　　藿，唯专

以匣切喻四：鷽，玄遇　　吁，玄遇　　莹，玄经

以喻四切喻三：玄，营先　　炎，延占　　矣，延耳

王力先生认为，匣母与喻三、喻四混合，和现代吴语相符合。这恐怕是方言现象。宁先生认为匣母与喻母混同，是明代吴语的特征。反映吴语特点的一些韵书中也有这种语音现象，如《字学集要》、《声韵会通》和《韵要粗释》等。《辨音纂要》正读中匣母与喻三互注9例，占自注的11.69%。这种匣喻相混现象，正是吴方言的具体体现。

据宁忌浮先生考证，明代有一批韵书，反映出当时的方言现象。其中有三部韵书反映出明代吴语的一些特征：王应电《韵要粗释》、毛曾、陶学承《并音连声字学集要》、朱光家《字学指南》，这三部韵书在声类的分并上显示出很强的一致性。[②]

（1）完整的全浊系统。王应电28个声母，有9个是浊音；毛曾27个声母，8个是浊音；朱光家27个声母，10个浊音。

（2）奉母与微母合并，如：肥=微、房=亡。

（3）禅母与日母混同，如：戎=慵、韶=饶。

（4）从母与邪母混同，如酋=囚、藉=谢。

（5）匣母与喻母混同，如形=盈、贤=延。

（6）照组二等字以及少数三等字并入精组，如：初=粗、瘦=嗽。这些现象跟现代吴方言一致，甚至相同。

上述六个特点中，1、3、4、5、6与《辨音纂要》正读相一致，第2点"奉母与微母合并"，《辨音纂要》正读表现出的是奉母保持独立。除此之外，其他声类特点都与之相合，相合比例达到了83.3%。可见，《辨音纂要》正读声类可以反映出明代吴语的特征。

可以认定，《辨音纂要》同《南村辍耕录》、《声韵会通》、《字学集要》

---

① 王力：《汉语语音史》，中国社会科学出版社1985年版，第233页。
② 宁忌浮：《汉语韵书史·明代卷》，上海人民出版社2009年版，第503页。

等反映吴语特点的韵书一样，多数特点相一致，也就是都是在大的吴方言区域下，只是在方言区下面有细小的变化和不同，如苏州音体现出舌面与舌根两套声母，而《辨音纂要》则显现不出舌面音。究其原因，其一，我们可以看出《辨音纂要》正读是比较保守的旧的读书音系，作者很有可能是故意抛弃了方言中的特殊现象；其二，以前的韵书都用《广韵》音作注，而现有的音注材料没有为语音中的特殊现象创造反切；其三，还有可能在《辨音纂要》正读中存在这种特殊的语音现象，只是无更多材料，故难以分析出来。

《辨音纂要》正读反映出的吴语特点与其他反映吴语特点的韵书可以勾勒出明代吴语的基本面貌，为吴方音的发展史做出贡献。

（二）时音

1. 知庄章合流

现代吴方音中，精、知、照二、照三合为精母，即知庄章读为精组。[①]《辍耕录》中没有卷舌音[tʂ]组声母。[②]

知章庄组读如精组，这是南方方言的特点，现吴方言也是如此。但是《辨音纂要》正读却与之截然不同，只有少量照二与精组相混，这是因为照二与精组有共同的上古来源。《辨音纂要》正读知章庄的发展面貌与时音完全相同，是时音在南方吴语读书音的反映。

知庄章在明代声母中合为照穿审[tʂ tʂ' ʂ]。在《中原音韵》音系里，王力先生认为[tʂ tʂ' ʂ]主要来自庄系和知系二等；差不多所有的庄系字都由[tʃ tʃ' ʃ]变为[tʂ tʂ' ʂ]，知系二等则全都由[tɕ tɕ' ɕ]变为[tʂ tʂ' ʂ]。[③]

知系字分化为两类：知系二等读[tʂ tʂ' ʂ]，与庄系合流；知系三等读[tɕ tɕ' ɕ]，与照系合流。[④]

受北方音影响，现代吴语中也渐渐有了这种现象。

无锡、苏州（吴县）、常熟有[tʂ tʂ' ʂ z]是吴语声母系统的例外。苏州城区除评弹演员外，大多数人已经不分[ts ts' s z]和[tʂ tʂ' ʂ z]，但城郊和吴县多

---

① 王力：《汉语语音史》，中国社会科学出版社1985年版，第433页。
② 侯精一：《现代汉语方言概论》，上海教育出版社2002年版，第71页。
③ 王力：《汉语语音史》，中国社会科学出版社1985年版，第310页。
④ 同上书，第316页。

数地方还是能分：①古知、照组三等字读[tʂ]组声母，二等字读[ts]组声母，如吴县渭塘"塞"[səʔ]、"说"[ʂəʔ]，而苏州城区"塞=说"。②无锡市和无锡县的大部分乡镇都有[tʂ]组声母，只有西南角靠近武进县的胡埭、陆区、阳山等乡[tʂ]组声母并入[ts]组。无锡[tʂ]组声母除[tʂ tʂ' ʂ z]外，还有[dʑ]（常丈），所以无锡声母比吴语其他各地都多；但无锡[tʂ]组声母的拼合能力各乡镇不完全相同，据陈祺生调查分析，市区[tʂ]组声母可以和[ɥ, a, a, ø, ei, ã, ən, aʔ, əʔ]等 9 个韵母相拼，如"知[tʂɥ]、遮[tʂa]、招[tʂɐ]、专[tʂø]、寿[zei]、张[tʂã]、声[ʂən]、出[tʂ'əʔ]、弱[zaʔ]"等，而鸿声[tʂ]组声母只拼[ɥ]韵。③吴语边界区或方言混杂地区，浊擦音常常清化，有的消失，有的读清浊之音的音。江苏的溧阳、金坛、丹阳、靖江，浙江的龙泉、江山、玉山等地都是。①

2. 喻三、喻四互注

南唐朱翱反切、宋代吴棫《韵补》以及表现吉安方音的《九经直音》里，喻三和喻四皆混用。喻三与喻四相混，在宋代通语中已经成立。北宋的《尔雅音图》（冯蒸，1997）、天息灾译音（张福平，1996）和施护译音（储泰松，1996），都是云、以不分。

第二节　韵母

一　基本面貌

1. 通摄

《辨音纂要》正读通摄表现出东冬钟合一、董肿合一、送宋用合一、入声屋沃烛合一现象。另外，通摄还有部分的通梗、通江合用现象，是方言的具体体现。由此，通摄可归纳为中东部、屋烛部。

2. 江摄与宕摄

《辨音纂要》正读中江摄与宕摄合一，其中江唐阳合一，讲养荡合一，

---

① 颜逸明：《吴语概说》，华东师范大学出版社 1994 年版，第 95 页。

绛漾宕合一，觉药铎合一。由此，江摄与宕摄可归纳为江阳部、觉药部。

3. 曾摄和梗摄

曾梗两摄的合流现象在《辨音纂要》正读中表现得也非常明显，这证明曾摄与梗摄已经合流，其中庚耕清青蒸登六韵合一，陌麦昔锡职德合一。由此，曾摄和梗摄可归纳为庚青部、质职部。

4. 臻摄

《辨音纂要》正读臻摄体现出真谆臻文欣合一、轸準吻隐合一、震焮合一、质术迄合一。由此，臻摄可归纳为真文部、质物部。

5. 山摄

《辨音纂要》正读中山摄表现出寒桓删山合一、先仙合一、寒桓删山与先仙分立；旱缓潸产合一、铣狝合一、旱缓潸产与铣狝分立；霰线合一、襇谏合一；曷末黠鎋合一、屑薛合一；元、阮、愿、月已经完全融入了山摄。由此，山摄可归纳为寒山部、先天部、曷黠部。

6. 深摄

深摄内部无互注现象，可归纳为侵寻部、缉立部。

7. 咸摄

《辨音纂要》正读咸摄（以平赅上去）表现出覃谈、盐添、咸衔、严凡八韵合一；综合咸摄舒声韵母演变的情况，我们认为咸入内部已经开始混同，这八韵已经没有严格的界限。由此，咸摄可以归纳为监咸部、合业部。

8. 遇摄

《辨音纂要》正读遇摄鱼虞模合一。由此可归纳为鱼模部。

9. 效摄

《辨音纂要》正读效摄萧宵合一，肴、豪皆保持独立。由此，可归纳为豪包部、萧肴部。

10. 流摄

《辨音纂要》正读流摄尤侯幽合一。由此，可归纳为尤侯部。

11. 果摄

《辨音纂要》正读果摄歌戈合一。由此，可归纳为歌戈部。

12. 假摄

《辨音纂要》正读假摄内部无互注现象。可归纳为麻蛇部。

13. 止摄

《辨音纂要》正读止摄支脂之微合一，止摄与蟹摄跨摄相押。由此，可归纳为支齐部（宋代）、齐微部（元 支思）。

14. 蟹摄

《辨音纂要》正读中，佳皆已经合用。可归纳为皆来部。

综上，根据材料所反映出的语音现象，我们共总结出《辨音纂要》正读阴声韵：鱼模、豪包、萧肴、尤侯、歌戈、支齐、齐微、麻蛇、皆来；阳声韵：中东、江阳、庚青、真文、寒山、先天、监咸、侵寻；入声韵：屋烛、觉药、质职、质物、曷黠、合业、缉立，合计二十四韵部。其拟音情况详见表5-4。

表5-4 《辨音纂要》正读韵部表

韵类元音	阴声			入声			阳声		
u	u 鱼模			uk 屋烛			uŋ 中东		
ɔ	ɔ 歌戈								
a	a 麻蛇	au 豪包	ai 皆来	ak 觉药	at 曷黠	ap 合业	aŋ 江阳	an 寒山	am 监咸
æ		æu 萧肴						æn 先天	
ə		əu 尤侯			ət 质物		əŋ 庚青	ən 真文	
ï	ï 支齐				it 质职	ip 缉立			im 侵寻
i	i 齐微								

二 语音现象分析

耿振生先生考察吴方言区等韵音系时，以《声韵会通》韵母系统作为参照系，从韵类的分合谈了几方面韵母特征，大部分与《辨音纂要》正读相合，前文已有提及，此不赘述，只略谈一下阳声韵问题。

吴方言中的闭口韵消失较晚，明末清初仍然有些方言中保存着闭口韵。如《声韵会通》、《并音连声字学集要》、《韵学大成》、《音声纪元》等，均有收-m 的韵部。明末清初吴方言区有些地方确实存在着闭口韵，但这种韵母不是整个大方言区都有，有的地方闭口韵消失。《辨音纂要》正读中也保存着闭口韵。

张竹梅先生考证《中州音韵》韵母系统为十九韵部 41 个真韵母，分别是一东钟、二江阳、三支思、四齐微、五鱼模、六皆来、七真文、八寒山、九桓欢、十先天、十一萧豪、十二歌戈、十三家麻、十四车遮、十五庚清、十六尤侯、十七寻侵、十八监咸、十九廉纤。除无入声之外，这十九部与《辨音纂要》正读韵部非常相近。《中州音韵》无入声，大概是因为该韵书是一部曲韵专书，唱曲的时候把主元音拉长，遂韵尾吞掉，故没体现出入声，也就是入声"唱作"三声。闭口韵也基本上完整保留。

现代苏州共有十九个韵部，姑苏、麻沙、泰邪、迢遥、言前、桓欢、由求、居鱼、衣期、支思、落拓、白石、辣达、月雪、一七、中东、康庄、相羊、人辰。

《辨音纂要》正读二十四韵部中阴声韵 9 个，阳声韵 8 个，入声韵 7 个。与上述反映吴语特点的韵书及现代吴语的韵部相近，是这个时代比较合理的读书音语音系统。

第三节　声调

一　基本面貌

《辨音纂要》正读声调系统有以下几大特点：
1. 调分四声，即平声、上声、去声、入声；
2. 平声不分阴阳；
3. 全浊上声已经归入了去声；

4. 保留入声，且入声三尾井然。

耿振生先生认为，保存[m]、[n]、[ŋ]三种鼻音韵尾的韵书，往往也把[p]、[t]、[k]三种入声韵尾分得很清楚。例如，《声韵会通》，似乎入声韵是伴随阳声韵演变的。①《辨音纂要》正读入声仍然与阳声相配，还没有发展到与阴声相配的程度。

二 语音现象分析

我们将《辨音纂要》正读声调所体现出来的语音面貌与相关文献做一下对比。

《中州音韵》的声调特点如下：1.调分三声，即平声、上声、去声；2.无阴阳之分，有清浊对立；3.浊上变去；4.入作三声。②

上述四点当中2、3与《辨音纂要》正读相同，1、4与《辨音纂要》正读不同，《辨音纂要》正读平上去入四声格局，保存入声。

《同文备考》声调特点：1.平上去入四声系统；2.声调不分阴阳；3.阳上部分归入阳去；4.混调用例显示去声调值接近入声；5.有多量各种声调类混切。

上述五点当中，1、2与《辨音纂要》正读相同。丁锋先生认为《同文备考》阳上归阳去，我们在《辨音纂要》正读中虽然看不出这种现象，但是有大量平上、平去相押现象。

《韵要粗释》分平上去入四声，浊上变浊去，③此与《辨音纂要》正读相同。

上述音韵文献只有《中州音韵》没有体现出入声，入声附于舒声之下，入作三声既保持了与《中原音韵》曲韵用书的一致性，又曲折地显露出基础方言中入声韵调的存在。

耿振生先生在谈吴方言区等韵音系时谈到，等韵学家对四声不分阴阳，实与他们的审音有关：吴方言能分辨声母的清浊，而调类的阴阳与声母的

---

① 耿振生：《明清等韵学通论》，语文出版社1992年版，第160页。
② 张竹梅：《〈中州音韵〉研究》，中华书局2007年版，第266页。
③ 宁忌浮：《汉语韵书史·明代卷》，人民出版社2009年版，第310页。

清浊紧密相关，其辨义功能是重合的，等韵学家把阴阳与清浊并为一谈就是很自然的了。重视清浊的区别作用，就可以不再追究由清浊引起的阴阳调类问题。在现代吴方言各地的调类一般比官话方言要多，一般是八个调类或七个调类，不但平分阴阳，上去入也分阴阳，这种状况不可能是晚近形成的，必有较长的历史，明代的南曲韵书已有平去各分阴阳的先例（如范善臻的《中州全韵》）。所以在声调方面，吴方言区的韵书都采用传统的平、上、去、入四声，不区别阴阳调类。《辨音纂要》正读正是这种情况。

我们在前文已经论述过，《辨音纂要》正读声调中体现出平声与上去互注的方音现象。这种现象在《仪礼经传通解》中有，在东南方言声调演变中大量存在，特别是在吴方言中，5调、6调、7调当中平声与上去声相混现象极多。可见，《辨音纂要》正读声调系统也体现出吴方言的特点。

综上所述，《辨音纂要》正读实际语音已经表现出了明显的吴语区的读书音系统，声母29个；韵母十六摄合为二十四韵部；声调分平、上、去、入4个，入声配阳声，入声三尾具存。因此，我们有理由认为，《辨音纂要》正读的实际语音系统记录的是明代的吴方言语音。

第六章 《辨音纂要》文献总论

第一节 《辨音纂要》表面音系

一 《辨音纂要》对声母的阐述

(一)关于助纽音

助纽是中国韵书发展史中的一个特殊现象，关于"助纽"，学术界比较一致的观点是，认为它是一组双声字，来帮助切识声母，所以它只作用于声母。助纽字从其产生之日起，在韵书编纂中所承担的主要作用是帮助字母拼读反切。

宋元时期，助纽字实际上只充当辅助判断声母的作用了。明清时期，助纽字的作用，已经显得很混乱，有的是延续宋元时期代表字母的作用（与字母并存）；有的是延续《玉篇》时期的拼切作用；有的是越俎代庖，直接代替字母；有的则是成了花瓶，纯粹成了一种摆设。

明代编纂的韵书《韵学集成》和《字学集要》也都有助纽字。鲁国尧先生曾将《韵镜》归纳助纽字、《玉篇》切字要法、《事林广记》切字要法、《辍耕录》的射字法与《字学集要》、《声韵会通》的助纽系统和声母进行比较，分析其声类归并情况。得出"《辍耕录》射字法的声母字和助纽字系统反映了一个吴方言的声母的若干特点，与《字学集要》、《声韵会通》的助纽字系统和声母非常近似,把《辍耕录》射字法放在这历史背景下,再结合现代松江音加以考察,就易于理解它是反映的元代松江音"的结论。①
《辨音纂要》中也采用了助纽字:

　　　㋙經堅　㋚輕牽　㋛勤虔、擎虔　㋜迎妍、銀言
　　　㋝丁顛　㋞汀天　㋟亭田　㋠寧年　㋡紉(繎、㜝)聰、寧年
　　　㋢賓邊　㋣娉偏　㋤平便　㋥民綿
　　　㋦芬蕃、分番、芬番　㋧墳煩　㋨文構
　　　㋩精箋　㋪清千、親千　㋫秦前　㋬新仙　㋭錫涎
　　　㋮征氈、真氈　㋯嗔燀、稱燀　㋰榛潺、陳廛　㋱声羶　㋲神禪
　　　㋳因煙　㋴興軒　㋵刑賢、形賢　㋶寅延、匀缘
　　　㋷零連、隣連　㋸人然

《辨音纂要》助纽与字母并存,作者在书中并没有特意提出这些助纽字,只是在各卷的《辨音连声总目》中有所体现,以双列小字列于平声韵字之上。这些助纽字乍看无意义,但仔细分析,它对研究《辨音纂要》声母的分合还是有帮助和提示作用的。下面,我们将各卷总目中各声母所用的助纽字总结如下,对应它在《辨音纂要》中作者规定的声母,再查找出其在《广韵》中音韵地位所归属的声母进行比较,可以略见端倪,具体请看表6-1:

表6-1 《辨音纂要》助纽与中古声类对照表

序号	各助纽字	《辨音》声母	《广韵》声母
1	經堅	见	见
2	輕牽	溪	溪
3	勤虔、擎虔	羣	羣
4	迎妍、銀言	疑	疑
5	丁顛	端	端
6	汀天	透	透
7	亭田	定	定
8	寧年	泥	泥

---

① 鲁国尧:《鲁国尧语言学论文集》,江苏教育出版社2003年版,第223页。

续表

序号	各助纽字	《辨音》声母	《广韵》声母
9	紉（娘）（䌷、孃）聰、寧年（泥）	娘	娘、泥
10	賓邊	帮	帮
11	娉偏	滂	滂
12	平便	並	並
13	民綿	明	明
14	芬番（非）、分（非）番、芬番（敷）	敷	非、敷
15	墳煩	奉	奉
16	文（微）構（明）	微	微、明
17	精箋	精	精
18	清千、親千	清	清
19	秦前	从	从
20	新仙	心	心
21	錫（心）涎（邪）	邪	心、邪
22	征氈、真氈	照	章
23	嗔燀、稱燀	穿	昌
24	榛（庄）溽（崇）、陳塵（澄）	牀	庄、崇、澄
25	声羶	审	书
26	神（船）禪（禅）	禅	船、禅
27	因煙	影	影
28	興軒	晓	晓
29	刑賢、形賢	匣	匣
30	寅延（以）、勻（云）缘（以）	喻	以、云
31	零連、隣鄰連	来	来
32	人然	日	日

  按照通例，两字代表一母，由上表可以看出，《辨音纂要》助纽字透露出：泥娘相混；非敷相混；明微相混；心邪相混；澄床相混；船禅相混、喻三喻四相混等现象，这些现象与《辨音纂要》的实际语音特点

相一致。

（二）关于声母分列

《序》中介绍《辨音纂要》三十声母是以《重复交互音》为题，将三十六字母归并为三十字母。其中，疑喻、泥娘、知照、非敷、牀澄、穿彻混而成一。而我们发现在《辨音纂要》的实际安排并非如此。"知照、非敷、牀澄、穿彻"已经混而成一，而"疑喻、泥娘"并未像《序》中所交待那样混而成一，而是赫然出现在总目及正文当中，故《辨音纂要》的实际声母共 32 个。而且，《辨音纂要》的声母排列很有特点，我们发现声母分列现象共出现 184 次，涉及 28 个声母，占声母总数的 87.5%，几乎遍及整个声母系统，我们按照《辨音连声总目》中声母的顺序，将 22 卷中各声母分列情况列表统计，见表 6-2。

表6-2 《辨音纂要》声母分列数据表

声母	无此母	未分列	二分	三分	四分	五分	分列合计	百分比(%)
见	1	7	9	2	3		14	63.6
溪	1	8	9	3	1		13	59
羣	9	9	4				4	18.2
疑	3	8	8	3			11	50
端	3	17	2				2	9
透	5	15	2				2	9
定	5	15	2				2	9
泥	5	16	1				1	4.5
娘	13	9					0	
帮	5	14	2	1			3	13.6
滂	6	12	4				4	18.1
並	5	14	2	1			3	13.6
明	4	14	3	1			4	18.1
敷	14	8					0	
奉	14	8					0	
微	17	5					0	

续表

声母	无此母	未分列	二分	三分	四分	五分	分列合计	百分比(%)
精	0	16	5	1			6	27.3
清	0	17	4	1			5	22.7
从	2	15	6				6	27.3
心	1	14	6	1			7	31.8
邪	10	10	2				2	9
照	3	11	7	1			8	36.4
穿	3	10	8	1			9	40.9
牀	4	9	9				9	40.9
审	3	8	10	1			11	50
禅	9	10	3				3	13.6
影	2	6	10	1	3		14	63.6
晓	1	7	11	1	1	1	14	63.6
匣	5	4	9	3		1	13	59
喻	9	9	3	1			4	18.1
来	1	13	7	1			8	36.4
日	9	11	2				2	9
分列总计			150	24	8	2	184	

注：表格中的数字为二十二卷中声母出现次数统计。

从表 6-2 可以看出，《辨音纂要》中各声母的分列情况有"二分"、"三分"、"四分"甚至还有"五分"现象，这其中，"二分"占绝大多数，共出现 150 次，占总分列数的 81.5%；"五分"次数最少，只有 2 次，占总数的 1.09%。下面我们来探讨一下声母分列的具体情况及分列原因。

A. 声母分列具体情况

见母：

无见母：二支纸寘

见母未分列：

1. 三齐荠霁三声见母未分列，见为开三或开四；

第六章 《辨音纂要》文献总论

2. 四鱼语御三声见母未分列，见为合口三等；

3. 五模姥暮三声见母未分列，见为合口一等；

4. 十二萧篠啸三声见母未分列，见为开三或开四；

5. 十六遮者蔗三声见母未分列，见为开二（且只有一个平声韵字）；

6. 二十侵寝沁缉四声见母未分列，见为开口三等；

7. 二十二盐琰艳葉四声见母未分列，见为开口三、四等；

见母分列为二：

1. 一东平上去入四声见母分列为二，见1为合口一等、见2为合口三等；

2. 六灰贿队三声见母分列为二，见1为合口一等，见2为合口三、四等；

3. 九寒旱翰曷四声见母分列为二，见1与见2分列，见1为开口一等，见2为合口一等；

4. 十删产谏辖四声见母分列为二，见1与见2分列，见1为开口二等，见2为合口二等；

5. 十一先铣霰屑四声见母分列为二，见1与见2分列，见1为开口三、四等，见2为合口三、四等；

6. 十三爻巧效三声见母分列为二，见1为开口一等，见2为开口二等；

7. 十四歌哿箇三声见母分列为二，见1与见2分列，见1为开口一等，见2为合口一等；

8. 十五麻马祃三声见母分列为二，见1与见2分列，见1为开口二等，见2为合口二等；

9. 十九尤有宥三声见母分列为二，见1为开口一等，见2为开口三等；

见母分列为三：

1. 七皆解泰三声见母分列为三，见1见2与见3分列，见1为开口一等，见2为开口二等，见3为合口二等；

2. 二十一覃感勘合四声见母见列为三，见1为开口一等，见2为开口一等，见3为开口二等；

见母分列为四：

1. 八真轸震质四声见母分列为四，见1见2与见3见4分列，见1为

341

开口一等，见 2 为开口三等，见 3 为合口一等，见 4 为合口三等；

    2. 十七阳养漾药四声见母分列为四，见 1 见 2 见 3 与见 4 分列，见 1 为开口一等，见 2 为开口三等，见 3 为开口二等，见 4 为合口一、三等；

    3. 十八庚梗敬陌四声见母分列为四，见 1 见 2 与见 3 见 4 分列，见 1 为开口一、二等，见 2 为开口三、四等，见 3 为合口一、二等，见 4 为合口三、四等；

溪母：

无溪母：二支纸寘

溪母未分列：

1. 三齐荠霁三声溪母未分列，溪为开三或开四；

2. 四魚语御三声溪母未分列，溪为合口三等；

3. 五模姥暮三声溪母未分列，溪为合口一等；

4. 十删产谏辖四声溪母未分列，溪为开口二等，（且只有一个平声韵字）；

5. 十二萧篠啸三声溪母未分列，溪为开三或开四；

6. 十六遮者蔗三声溪母未分列，溪为合口三等；

7. 二十侵寝沁缉四声溪母未分列，溪为开口三等；

注：目录溪母去声无韵字唔，正文有此韵字。

8. 二十二盐琰艳叶四声溪母未分列，溪为开口三、四等；

溪母分列为二：

1. 一东董送屋四声溪母分列为二，溪 1 为合口一等，溪 2 为合口三等；

注：目录有溪 2 列韵字为"恐"欺用切附丘陇，正文此处缺失。

2. 六灰贿队三声溪母分列为二，溪 1 为合口一等，溪 2 为合口三、四等；

注：目录溪母 1 列韵字"块"苦对切附苦夬，正文此处缺失。

3. 九寒旱翰曷四声溪母分列为二，溪 1 与溪 2 分列，溪 1 为开口一等，溪 2 为合口一等；

注：目录溪 1 列韵字"看"祛干切附丘寒，正文此处缺失。

4. 十一先铣霰屑四声溪母分列为二，溪 1 与溪 2 分列，溪 1 为开口三、四等，溪 2 为合口三、四等；

5. 十三爻巧效三声溪母分列为二，溪1为开口一等，溪2为开口二等；

6. 十四歌哿箇三声溪母分列为二，溪1与溪2分列，溪1为开口一等，溪2为合口一等；

注：目录溪母1列韵字轲口个切附丘何，正文此处缺失。

7. 十五麻马祃三声溪母分列为二，溪1与溪2分列，溪1为开口二等，溪2为合口二等；

8. 十九尤有宥三声溪母分列为二，溪1为开口一等，溪2为开口三等；

9. 二十一覃感勘合四声溪母分列为二，溪1为开口一等，溪2为开口二等；

注：目录溪2去声列韵字"嵌"口陷切附丘衔，正文此处缺失。

溪母分列为三：

1. 七皆解泰三声溪母分列为三，溪1溪2与溪3分列，溪1为开口一等，溪2为开口二等，溪3为合口二等；

注：目录溪2列韵字"揩"吕戒切附丘皆，正文此处缺失。

2. 十七阳养漾药四声溪母分列为三，溪1溪2与溪3分列，溪1为开口一等，溪2为开口三等，溪3合口一、三等；

注：目录溪3列韵字"圹"苦广切附苦谤，正文此处缺失。

3. 十八庚梗敬陌四声溪母分列为三，溪1溪2与溪3分列，溪1为开口一、二等，溪2为开口三、四等，溪3为合口三等；

溪母分列为四：

1. 八真轸震质四声溪母分列为四，溪1溪2与溪3溪4分列，溪1为开口一等，溪2为开口三等，溪3为合口一等，溪4为合口三等；

羣母：（数字代表卷数，下同。）

无羣母：三、五、七、九、十、十三、十四、十五、二一

羣母未分列：

一（合三）、二（开三）、四（合三）、六（合三）、八（开三、合三）、十二（开三）、十九（开三）、二十（开三）、二二（开三）

羣母分列为二：

1. 十六遮者蔗三声羣母分列为二，羣1与羣2分列，羣1为开口三等，羣2为合口三等；

2. 十一先铣霰屑四声羣母分列为二，羣 1 与羣 2 分列，羣 1 为开口三等，羣 2 为合口三等；

注：目录羣 2 上声列韵字"圈"巨卷切附驱圆，正文此处缺失。

3. 十七阳养漾药四声羣母分列为二，羣 1 与羣 2 分列，羣 1 为开口三等，羣 2 为合口三等；

注：目录羣 1 上声列韵字"强"巨两切附渠良，正文此处缺失，羣 1 平声韵字为"强"；目录羣 2 去声列韵字"狂"渠放切附渠王，正文此处缺失，羣 2 平声韵字为"狂"；目录羣 1 入声列韵字"醵"极虐切附忌遇，正文此处缺失。

4. 十八庚梗敬陌四声羣母分列为二，羣 1 与羣 2 分列，羣 1 为开口三等，羣 2 为合口三等；

疑母：

无疑母：三、十二、十六

疑母未分列：

一（合三）、二（开三、四）、四（合三）、五（合一）、十三（开一）、十九（开一）、二十（开三）、二二（开三）

注：二十侵寝沁缉四声目录疑母上声列韵字"吟"鱼锦切附鱼音、去声列韵字"吟"宜禁切附鱼音，正文缺失；只平声列韵字"吟"鱼音切。

疑母分列为二：

1. 六灰贿队三声疑母分列为二，疑 1 为合口一、三等，疑 2 为合口一、三等；

2. 九寒旱翰曷四声疑母分列为二，疑 1 与疑 2 分列，疑 1 为开口一等，疑 2 为合口一等；

注：目录疑 1 平声列韵字"豻"俄寒切附侯干，正文此处缺失；目录疑 2 平声无字，正文有字，小韵首字"岏"吾官切，目录缺失未录。

3. 十删产谏辖四声疑母分列为二，疑 1 与疑 2 分列，疑 1 为开口二等，疑 2 为合口二等；

4. 十一先铣霰屑四声疑母分列为二，疑 1 与疑 2 分列，疑 1 为开口三、四等，疑 2 为合口三等；

5. 十四歌哿箇三声疑母分列为二，疑 1 与疑 2 分列，疑 1 为开口一等，疑2为合口一等；

6. 十五麻马祃三声疑母分列为二，疑1与疑2分列，疑1为开口二等，疑2为合口二等；

7. 十八庚梗敬陌四声疑母分列为二，疑1为开口二等，疑2为开口三等；

注：目录疑2去声列韵字"迎"鱼庆切附余轻，正文此处缺失。

8. 二十一覃感勘合四声疑母分列为二，疑1为开口二等，疑2为开口一等；

疑母分列为三：

1. 七皆解泰三声疑母分列为三，疑1疑2与疑3分列，疑1为开口一等，疑2为开口二等，疑3为合口一等；

注：目录疑分列三母疑2列韵字"睚"牛懈切附宜皆，疑2平声有韵字"睚"宜皆切，正文此处缺失。

2. 八真轸震质四声疑母分列为三，疑1疑2与疑3分列，疑1为开口三等，疑2为开口三等，疑3为合口一等；

注：目录疑1上声列韵字"眼"鱼恳切附五限，正文此处缺失。

3. 十七阳养漾药四声疑母分列为三，疑1为开口一等，疑2为开口三等，疑3为开口二等；

注：目录疑1上声列韵字"聊"语盹切附五刚，正文此处缺失，目录疑2去声列韵字"仰"鱼向切附鱼两，正文此处缺失，疑2上声列韵字"仰"鱼两切。

喻母：

无喻母：三、五、七、九、十、十三、十四、十五、二一

喻母未分列：

一（合三）、二（开三）、四（合三）、六（合三）、十二（开三，开四少）、十六（开三）、十九（开三）、二十（开三）、二二（开三）

喻母分列为二：

1. 八真轸震质四声喻母分列为二，喻1与喻2分列，喻1为开口三等，喻2为合口三等；

2. 十一先铣霰屑四声喻母分列为二，喻1与喻2分列，喻1为开口三

等、合口三等，喻 2 为合口三等；

3. 十七阳养漾药四声喻母分列为二，喻 1 与喻 2 分列，喻 1 为开口三等，喻 2 为合口三等；

喻母分列为三：

1. 十八庚梗敬陌四声溪母分列为三，喻 1 与喻 2 喻 3 分列，喻 1 为开口三等、合口三等，喻 2 为合口三等，喻 3 为合口三等、合口四等；

端母：

无端母：二、四、二十

端母未分列：一（合一）、三（开四）、五（合一）、六（合一）、七（开一）、八（合一）、九（合一）、十（开一）、十一（开四）、十二（开四）、十三（开一）、十四（开一、合一）、十五（开二）、十六（开三）、十七（开一）、十九（开一）、二二（开四）

端母分列为二：

1. 十八庚梗敬陌端母分列为二，端 1 为开口一等，端 2 为开口四等；

2. 二十一覃感勘合四声端母分列为二，端 1 为开口一等，端 2 也为开口一等；

透母：

无透母：二、四、十五、十六、二十

透母未分列：一（合一）、三（开四）、五（合一）、六（合一）、七（开一）、八（合一）、九（合一）、十（开一）、十一（开四）、十二（开四）、十三（开一）、十四（开一、合一）、十七（开一）、十九（开一）、二二（开四）

透母分列为二：

1. 十八庚梗敬陌透母分列为二，透 1 为开口一等，透 2 为开口四等；

注：目录透分列两母透 2 列韵字"聽"他定切附他经，正文此处缺失。

2. 二十一覃感勘合四声透母分列为二，透 1 为开口一等，透 2 也为开口一等；

注：目录透分列两母透 1 列韵字"黮"他感切附他紺，正文此处缺失，透 1 去声里有韵字"黮"。

定母：

无定母：二、四、十五、十六、二十

定母未分列：一（合一）、三（开四）、五（合一）、六（合一）、七（开一）、八（合一）、九（合一）、十（开一）、十一（开四）、十二（开四）、十三（开一）、十四（开一、合一）、十七（开一）、十九（开一）、二二（开四）

定母分列为二：

1. 十八庚梗敬陌定母分列为二，定 1 为开口一等，定 2 为开口四等；

2. 二十一覃感勘合四声定母分列为二，定 1 为开口一等，定 2 也为开口一等；

注：目录定分列两母定 2 列韵字"淡"徒覽切附徒濫，此处缺失，定 2 去声列韵字"淡"。

泥母：

无泥母：二、四、十五、十六、二十

泥母未分列：一（合一）、三（开三、开四）、五（合一）、六（合一）、七（开一）、八（合一）、九（合一）、十（开一）、十一（开三、开四）、十二（开四）、十三（开一）、十四（开一、合一）、十七（开一）、十九（开一）、二一（开一、开二）、二二（开四）

泥母分列为二：

1. 十八庚梗敬陌泥母分列为二，泥 1 为开口一等、开口二等，泥 2 为开口三等、开口四等；

娘母：

无娘母：二、三、五、六、七、九、十、十一、十二、十四、十六、十八、二十

娘母未分列：一（合三）、四（合三）、八（开三）、十三（开二）、十五（开二）、十七（开三）、十九（开三）、二一、二二（开三）

帮母：

无帮母：四、十六、二十、二十一、二十二

帮母未分列：一（合一）、二（开三）、三（开三、开四）、五（合一）、六（开一、合一）、七（开二）、九（合一）、十（开二）、十一（开三、开四）、十二（开三）、十四（合一）、十五（开二）、十七（开一、开二）、十

九（开四）

帮母分列为二：

1. 八真轸震质四声帮母分列为二，帮 1 与帮 2 分列，帮 1 为开口三等，帮 2 为合口一等、合口三等；

注：目录帮 2 去声列韵字为"奔"逋闷切附逋昆，正文此处缺失，帮 2 平声列韵字"奔"，另，正文帮 2 去声列韵字"迸"，目录未列。

2. 十三爻巧效三声帮母分列为二，帮 1 为开口一等，帮 2 为开口二等；

帮母分列为三：

3. 十八庚梗敬陌四声帮母分列为三，帮 1 为开口一、二等，帮 2 为开口二等，帮 3 为开口三等、开口四等；

滂母：

无滂母：三、四、十六、二十、二十一、二十二。

滂母未分列：一（合一）、五（合一）、六（合一、开一、开三）、七（开二）、九（合一）、十（开二）、十一（开三、开四）、十二（开三）、十三（开二）、十四（合一）、十五（开二）、十七（开一、开二）。

注：六灰滂母目录上声无韵字，正文列"俖"普罪切。

滂母分列为二：

1. 二支纸寘三声滂母分列为二，滂 1 为开口三等、四等，滂 2 为开口三等；

注：目录滂 1 与滂 2 去声韵字位置与正文顺序互换；

2. 八真轸震质四声滂母分列为二，滂 1 与滂 2 分列，滂 1 为开口三等，滂 2 为合口一等；

3. 十八庚梗敬陌四声溪母分列为二，滂 1 为开口二等，滂 2 为开口三、四等；

4. 十九尤有宥三声滂母分列为二，滂 1 只一个韵字，《广韵》无音，滂 2 为开口一等；

並母：

无並母：四、十六、二十、二十一、二十二。

並母未分列：一（合一）、三（开三、开四）、五（合一）、六（合一、开一）、七（开二）、九（合一）、十（开二）、十一（开三、开四）、十二（开

三）、十三（开一、开二）、十四（合一）、十五（开二）、十七（开一、开二）、十九（开一）

并母分列为二：

1. 二支纸寘三声并母分列为二，并 1 为开三、开四，并 2 为开三、开四；

注：目录并 1 与并 2 去声韵字位置与正文顺序互换。

2. 八真轸震质四声并母分列为二，并 1 与并 2 分列，并 1 为开口三等，并 2 为合口一等；

并母分列为三：

1. 十八庚梗敬陌四声并母分列为三，并 1 为开口一等，并 2 为开口二等，并 3 为开口三、四等；

注：目录并母分列三母，并 3 上声列韵字"並"蒲茗切附皮命，正文此处缺失，并 3 去声里有韵字"並"皮命切。

明母：

无明母：四、二十、二十一、二十二

明母未分列：一（合一、合三）、二（开三、开四 1 个）、三（开三、开四）、五（开一、合一）、六（合一、开三）、七（开二）、九（合一）、十（开二）、十一（开三、开四）、十二（开三）、十四（合一）、十五（开二）、十六（开三）、十七（开一、开二、合三 1 个）

明母分列为二：

1. 八真轸震质四声明母分列为二，明 1 与明 2 分列，明 1 为开口三等，明 2 为合口一等；

注：目录明母分列为二明 2 上声列韵字"懑"母本切附莫困，正文此处缺失，明 2 去声有韵字"懑"莫困切。

2. 十三爻巧效三声明母分列为二，明 1 为开口一等，明 2 为开口二等；

3. 十九尤有宥三声明母分列为二，明 1 为开口一等、开口三等，明 2 为开口三等；

明母分列为三：

1. 十八庚梗敬陌四声明母分列为三，明 1 为开口一等、开口二等，明 2 为开口二等，明 3 为开口三等、开口四等；

注：目录明分列三母，明1去声列韵字"懵"莫亘切附母摠，此处缺失。

敷母：

无敷母：三、四、六、七、九、十一、十二、十三、十四、十五、十六、十八、二十、二十二

敷母未分列：一（合三）、二（合三）、五（合三、开三、开一）、八（合三）、十（合三）、十七（合三）、十九（开三、合三）、二十一（合三）

奉母：

无奉母：三、四、六、七、九、十一、十二、十三、十四、十五、十六、十八、二十、二十二

奉母未分列：一（合三）、二（合三）、五（合三、开三）、八（合三）、十（合三）、十七（合三）、十九（开三）、二十一（合三）

微母：

无微母：一、三、四、六、七、九、十一、十二、十三、十四、十五、十六、十八、十九、二十、二十一、二十二

微母未分列：二（合三）、五（合三）、八（合三）、十（合三）、十七（合三）

精母：

无精母：

精母未分列：二（开三）、三（开三、开四）、四（合三）、五（合一）、六（合一、合三）、七（开一）、九（合一）、十（开一）、十二（开三）、十三（开一）、十四（开一、合一）、十五（一个韵字：咱）、十六（开三）、二十（开三）、二十一（开一）、二十二（开三、开四）

精母分列为二：

1. 一东平上去入四声精母分列为二，精1为合口一等、合口三等，精2为合口三等；

2. 十一先铣霰屑四声精母分列为二，精1与精2分列，精1为开口三、四等，精2为合口三等；

3. 十七阳养漾药四声精母分列为二，精1为开口一等，精2为开口三等；

4. 十八庚梗敬陌四声精母分列为二，精1为开口一等，精2为开口三、

350

四等；

注：目录精分列两母精 1 去声列韵字"甄"子邓切附子姓，正文此处缺失，精 2 去声列韵字"甄"子姓切。

5. 十九尤有宥三声精母分列为二，精 1 为开口一等，精 2 为开口三等；
精母分列为三：

6. 八真轸震质四声精母分列为三，精 1 与精 2、精 3 分列，精 1 为开口三等，精 2 为合口一等、合口三等，精 3 为合口三等；

注：目录精母分列为三，精 3 入声列韵字"崪"即律切须锐附，正文此处缺失。

清母：

无清母：

清母未分列：一（合一、合三）、二（开三）、三（开四）、四（合三）、五（合一）、六（合一、合三）、七（开一）、九（合一）、十（开一）、十二（开三）、十三（开一）、十四（开一、合一）、十五（一个韵字：喋）、十六（开三）、二十（开三）、二十一（开一、开三 1 个）、二十二（开三）

清母分列为二：

1. 十一先铣霰屑四声清母分列为二，清 1 与清 2 分列，清 1 为开三、开四，清 2 为合二、合三等；

注：目录清分列二母，清 2 入声列韵字"絟"七絕切附且缘，正文此处缺失，清 2 平声里有韵字"絟"且缘切。

2. 十七阳养漾药四声清母分列为二，清 1 为开口一等，清 2 为开口三等；

注：目录清分列两母，清 1 上声列韵字"蒼"采莽切附千剛，正文此处缺失，清 1 平声里有韵字"蒼"千剛切；目录清分列两母，清 2 去声列韵字"蹌"七亮切附千羊，正文此处缺失，清 2 平声里有韵字"蹌"千羊切。

3. 十八庚梗敬陌四声清母分列为二，清 1 为开口一等，清 2 为开口三等、四等；

4. 十九尤有宥三声清母分列为二，清 1 为开口三等，清 2 为开口一等；
清母分列为三：

5. 八真轸震质四声清母分列为三，清 1 与清 2、清 3 分列，清 1 为开

351

口三等，清2为合口一等，清3为合口三等；

注：目录清分列三母，清1去声列韵字"親"七刃切附七人，正文此处缺失，清1平声列韵字"親"七人切；清3入声列韵字"焌"促律切附祖寸，正文此处缺失。

从母：

无从母：十五、十六

从母未分列：二（开三）、三（开四）、四（合三）、五（合一）、六（合一、合三）、七（开一）、九（合一）、十（开一）、十二（开三）、十三（开一）、十四（开一、合一）、十八（目录未分列，而正文偷偷分列为二母）、十九（开三）、二十（开三）、二十二（开三）

从母分列为二：

1. 一东平上去入四声从母分列为二，从1为合口一等，从2为合口一等、三等；

2. 八真轸震质四声从母分列为二，从1与从2分列，从1为开口三等，从2为合口一等；

注：目录从母分列二母，从1上声列韵字"盡"慈忍切附齊進，正文此处缺失，从1去声列韵字"盡"齊進切；目录从母分列二母，从2去声列韵字"鐏"徂闷切，正文无此字。

3. 十一先铣霰屑四声从母分列为二，从1与从2分列，从1为开三、开四，从2为合口三等；

4. 十七阳养漾药四声从母分列为二，从1为开口一等，从2为开口三等；

5. 十八庚梗敬陌四声从母分列为二，从1为开一、开三，从2为开三、开四；

注：目录从母只列一母，而正文从母分列二母，从2平上去入皆有韵字，正文与目录不符。

6. 二十一覃感勘合四声从母分列为二，从1为开口一等，从2也为开口一等；

心母：

无心母：十五

第六章 《辨音纂要》文献总论

　　心母未分列：二（开三）、三（开三、开四）、四（合三）、五（合一）、六（合一、合三）、七（开一）、九（合一）、十（开一）、十二（开三、开四）、十三（开一）、十四（开一、合一）、十六（开三）、二十（开三）、二十二（开三、开四）

　　心母分列为二：

　　1. 一东平上去入四声心母分列为二，心1为合口一等、合口三等，心2为合口三等；

　　注：心邪相混"松"詳容切附息中，目录列入邪母平声，正文邪母无平声字，心母目录分裂为二，"松"息中切，在心1平声中。

　　2. 十一先銑霰屑四声心母分列为二，心1与心2分列，心1为开三、开四，心2为合口三等；

　　注：目录心母分列二母，心2去声列韵字"選"须绢切附须兖，正文此处缺失，心2上声有韵字"選"须绢切；另，心2正文列韵字"渲"须绢切，目录无此字。

　　3. 十七阳养漾药四声心母分列为二，心1为开口一等，心2为开口三等；

　　注：目录心分列二母，心1去声列韵字"丧"蘇浪切附蘇郎，正文此处缺失，心1平声有韵字"丧"蘇郎切；目录心2去声列韵字"相"息亮切附息良，正文此处缺失，心2平声有韵字"相"息良切。

　　4. 十八庚梗敬陌四声心母分列为二，心1为开口一等，心2为开三、开四；

　　注：目录心分列两母，心1入声列韵字"塞"悉则切附先代，正文此处缺失；

　　5. 十九尤有宥三声心母分列为二，心1为开口一等，心2为开口三等；

　　注：目录心分列两母，心1平声列韵字"漱"先侯切附先奏，正文此处缺失，心1去声有韵字"漱"先奏切。

　　6. 二十一覃感勘合四声心母分列为二，心1为开口一等，心2也为开口一等；

　　注：目录心母分列为二，心2去声列韵字"三"息暂切附蘇监，正文此处缺失，心2平声列韵字"三"蘇监切。

　　心母分列为三：

353

1. 八真轸震质四声心母分列为三，心 1 与心 2、心 3 分列，心 1 为开口三等，心 2 为合口一等，心 3 为合口三等；

邪母：

无邪母：三、五、七、九、十、十二、十三、十四、十五、二十一

邪母未分列：一（合三）、二（开三）、四（合三）、六（合三）、十六（开三）、十七（开三）、十八（开三）、十九（开三）、二十（开三）、二十二（开三）

邪母分列为二：

1. 八真轸震质四声邪母分列为二，邪 1 与邪 2 分列，邪 1 为开口三等，邪 2 为合口三等；

2. 十一先铣霰屑四声邪母分列为二，邪 1 与邪 2 分列，邪 1 为开口三等，邪 2 为合口三等；

注：目录邪母分列为二，牙 2 去声列韵字"漩"随戀切附旬緣，正文此处缺失，邪 2 平声有韵字"漩"旬緣切。

照母：

无照母：三、九、十四

照母未分列：一（合三）、四（合三）、五（合三）、六（合三）、七（开二）、十（开二）、十二（开三）、十三（开二）、十六（开三）、二十一（开二）、二十二（开三）

照母分列为二：

1. 二支纸寘照母分列为二，照 1 为开口三等，照 2 也为开口三等；

注：目录照母分列两母，照 2 上声列韵字"絺"陟里切附抽知，正文此处缺失。

2. 十一先铣霰屑四声照母分列为二，照 1 与照 2 分列，照 1 为开口三等，照 2 为合口三等；

3. 十五麻马祃三声照母分列为二，照 1 与照 2 分列，照 1 为开口二等，照 2 为合口二等；

4. 十七阳养漾药四声照母分列为二，照 1 为开口二等、开口三等，照 2 为开口三等；

5. 十八庚梗敬陌四声照母分列为二，照 1 为开口二等，照 2 为开口

三等；

6. 十九尤有宥三声照母分列为二，照 1 为开口三等，照 2 也为开口三等；

7. 二十侵寝沁缉四声照母分列为二，照 1 为开口一、三等，照 2 为开口三等；

注：目录照分列两母，照 2 去声列韵字"枕"職任切附章荏，正文此处缺失，照 2 上声列韵字"枕"章荏切。

照母分列为三：

1. 八真轸震质四声照母分列为三，照 1 照 2 与照 3 分列，照 1 为开口三等，照 2 为开口三等，照 3 为合口三等；

穿母：

无穿母：三、九、十四

穿母未分列：一（合三）、四（合三）、五（合三）、六（合三）、十二（开三）、十三（开二）、十五（开二）、十六（开三）、二十一（开二）、二十二（开三）

穿母分列为二：

1. 二支纸寘穿母分列为二，穿 1 为开口三等，穿 2 为开口三等；

注：目录穿 1 与穿 2 去声韵字位置与正文顺序互换。

2. 七皆解泰三声穿母分列为二，穿 1 与穿 2 分列，穿 1 为开口二等，穿 2 为合口二等；

3. 十删产谏辖四声穿母分列为二，穿 1 与穿 2 分列，穿 1 为开口二等，穿 2 为合口二等；

注：目录穿母分列二母，穿 1 去声列韵字"鏟"初谏切附楚簡，正文此处缺失，穿 1 上声有韵字"鏟"楚簡切。

4. 十一先铣霰屑四声穿母分列为二，穿 1 与穿 2 分列，穿 1 为开口三等，穿 2 为合口三等；

5. 十七阳养漾药四声穿母分列为二，穿 1 为开口二、三等，穿 2 为开口三等；

6. 十八庚梗敬陌四声穿母分列为二，穿 1 为开口二、三等，穿 2 为开口三等；

注：目录穿分列两母，穿 1 去声列韵字"撑"敕静切，正文此处缺失。

7. 十九尤有宥三声穿母分列为二，穿 1 为开口三等，穿 2 也为开口三等；

8. 二十侵寝沁缉四声穿母分列为二，穿 1 为开口三等，穿 2 也为开口三等；

穿母分列为三：

1. 八真轸震质四声穿母分列为三，穿 1 穿 2 与穿 3 分列，穿 1 为开口三等，穿 2 为开口三等，穿 3 为合口三等；

注：目录穿分列三母，穿 1 上声列韵字"龀"初谨切附初觐，正文此处缺失，穿 1 去声有韵字"龀"初觐切。

床母：

无床母：三、九、十四、十六

床母未分列：二（开三）、四（合三）、五（合三）、六（合三）、十二（开三）、十三（开二）、十五（开二）、二十一（开二）、二十二（开三）

床母分列为二：

1. 一东平上去入四声床母分列为二，床 1 为合口三等，床 2 也为合口三等；

注：目录床分两母，床 2 上声列韵字"重"直陇切附直眾，正文此处缺失，床 2 去声有韵字"重"直眾切；

2. 七皆解泰三声床母分列为二，床 1 与床 2 分列，床 1 为开口二等，床 2 为合口二等；

注：目录床分两母，床 2 上声列韵字"挚"丈夥切附普擺，正文此处缺失。

3. 八真轸震质四声床母分列为二，床 1 与床 2 分列，床 1 为开口三等，床 2 为合口三等；

4. 十删产谏辖四声床母分列为二，床 1 与床 2 分列，床 1 为开口二等，床 2 为合口二、三等；

5. 十一先铣霰屑四声床母分列为二，床 1 与床 2 分列，床 1 为开口三等，床 2 为合口三等；

注：目录床分列二母，床 1 去声列韵字"缠"直碾切附呈延，正文此

第六章 《辨音纂要》文献总论

处缺失，床 1 平声列韵字"缠"呈延切。

6. 十七阳养漾药四声床母分列为二，床 1 为开口二、三等，床 2 为开口三等；

7. 十八庚梗敬陌四声床母分列为二，床 1 为开口二等，床 2 为开口三等；

8. 十九尤有宥三声床母分列为二，床 1 为开口三等，床 2 也为开口三等；

9. 二十侵寝沁缉四声床母分列为二，床 1 为开口三等，床 2 为开口三等；

审母：

无审母：三、九、十四

审母未分列：四（合三）、五（合三）、七（开二）、十二（开三）、十三（开二）、十六（开三）、二十一（开二）、二十二（开三）

审母分列为二：

1. 一东平上去入四声审母分列为二，审 1 为合口三等，审 2 也为合口三等；

注：目录入声审 1 为"叔"，审 2 为"缩"，审 1 与审 2 入声字位置与正文顺序互换。

2. 二支纸寘审母分列为二，审 1 为开口三等，审 2 也为开口三等；

3. 六灰贿队三声审母分列为二，审 1 为合口三等，审 2 也为合口三等；

4. 十删产谏辖四声审母分列为二，审 1 与审 2 分列，审 1 为开口二等，审 2 为合口二等；

5. 十一先铣霰屑四声审母分列为二，审 1 与审 2 分列，审 1 为开口三等，审 2 为合口三等；

注：目录审分列二母，审 2 平声列韵字"栓"山缘切附数還，正文此处缺失，十删平审 2 平声有韵字"栓"數還切。

6. 十五麻马祃三声审母分列为二，审 1 与审 2 分列，审 1 为开口二等，审 2 为合口二等；

7. 十七阳养漾药四声审母分列为二，审 1 为开口二等、开口三等，审 2 为开口三等；

357

8. 十八庚梗敬陌四声审母分列为二，审 1 为开口二等、开口三等，审 2 为开口三等；

注：目录审分列两母，审 1 去声列韵字"生"所敬切附师庚，正文此处缺失，审 1 平声列韵字"生"师庚切。

9. 十九尤有宥三声审母分列为二，审 1 为开口三等，审 2 也为开口三等；

10. 二十侵寝沁缉四声审母分列为二，审 1 为开口三等，审 2 也为开口三等；

注：目录审分列两母，审 2 去声列韵字"深"式禁切附式針，正文此处缺失，审 2 平声列韵字"深"式針切。

审母分列为三：

1. 八真轸震质四声审母分列为三，审 1 审 2 与审 3 分列，审 1 为开口三等，审 2 也为开口三等，审 3 为合口三等；

禅母：

无禅母：三、五、七、九、十、十三、十四、十五、二十一

禅母未分列：一（合三）、四（合三）、六（合三）、十一（开三）、十二（开三）、十六（开三）、十七（开三）、十九（开三）、二十（开三）、二十二（开三）

禅母分列为二：

1. 二支纸寘禅母分列为二，禅 1 为开口三等，禅 2 也为开口三等；

2. 八真轸震质四声禅母分列为二，禅 1 与禅 2 分列，禅 1 为开口三等，禅 2 为合口三等；

3. 十八庚梗敬陌四声禅母分列为二，禅 1 为开口三等，禅 2 也为开口三等；

影母：

无影母：三、十六

影母未分列：二（开三、开四）、四（合三）、五（合一、开一）、十二（开三、开四）、二十（开三）、二十二（开三）

影母分列为二：

1. 一东董送屋四声影母分列为二，影 1 为合口一等，影 2 为合口三等；

2. 六灰贿队三声影母分列为二，影 1 为合口一、三等，影 2 为合口三等；

3. 九寒旱翰曷四声影母分列为二，影 1 与影 2 分列，影 1 为开口一等，影 2 为合口一等；

4. 十删产谏辖四声影母分列为二，影 1 与影 2 分列，影 1 为开口二等，影 2 为合口二等；

注：目录影母分列为二，影 2 去声列韵字"綰"乌患切附乌版，正文此处缺失，影 2 上声列韵字"綰"。

5. 十一先铣霰屑四声影母分列为二，影 1 与影 2 分列，影 1 为开口三、四等，影 2 为合口三、四等；

6. 十三爻巧效三声影母分列为二，影 1 为开口一等，影 2 为开口二等；

注：目录有影 2 上声列韵字"拗"於巧切附於教，正文此处缺失。

7. 十四歌哿箇三声影母分列为二，影 1 与影 2 分列，影 1 为开口一等，影 2 为合口一等；

8. 十五麻马祃三声影母分列为二，影 1 与影 2 分列，影 1 为开口二等，影 2 为合口二等；

9. 十九尤有宥三声影母分列为二，影 1 为开口一等，影 2 为开口三等；

注：目录影分列两母，影 1 列韵字"漚"於候切附乌侯，正文此处缺失。

10. 二十一覃感勘合四声影母分列为二，影 1 为开口一等，影 2 为开口二等；

影母分列为三：

1. 七皆解泰三声影母分列为三，影 1 影 2 与影 3 分列，影 1 为开口一等，影 2 为开口二等，影 3 为合口一、二等；

影母分列为四：

1. 八真轸震质四声影母分列为四，影 1 影 2 与影 3 影 4 分列，影 1 为开口一、三等，影 2 为开口三等，影 3 为合口一等，影 4 为合口三等；

2. 十七阳养漾药四声影母分列为四，影 1 影 2 影 3 与影 4 分列，影 1 为开口一等，影 2 为开口二等，影 3 为开口三等，影 4 为合口一、三等；

3. 十八庚梗敬陌四声影母分列为四，影 1 影 2 与影 3 影 4 分列，影 1

为开口二等，影 2 为开口三等，影 3 为合口二等，影 4 为合口三等；

晓母：

无晓母：三

晓母未分列：二（开三）、四（合三）、五（合一）、十二（开三、开四）、十六（合三）、二十（开三）、二十二（开三）

晓母分列为二：

1. 一东董送屋四声晓母分列为二，晓 1 为合口一等，晓 2 为合口三等；

注：目录"晓 2"上声列韵字"兇"，許拱切附許容，正文此处缺失。

2. 六灰贿队三声晓母分列为二，晓 1 为合口一等，晓 2 为合口三等；

3. 七皆解泰三声晓母分列为二，晓 1 与晓 2 分列，晓 1 为开口一等，晓 2 为合口二等；

注：目录晓 2 上声列韵字"扮"花夥切附逦患，正文此处缺失。

4. 九寒旱翰曷四声晓母分列为二，晓 1 与晓 2 分列，晓 1 为开口一等，晓 2 为合口一等；

5. 十删产谏辖四声晓母分列为二，晓 1 与晓 2 分列，晓 1 为开口二等，晓 2 为合口三等；

6. 十一先铣霰屑四声晓母分列为二，晓 1 与晓 2 分列，晓 1 为开三、开四，晓 2 为合三、合四；

注：目录晓 2 上声列韵字"譞"况遠切附呼淵，正文此处缺失。

7. 十三爻巧效三声晓母分列为二，晓 1 为开口一等，晓 2 为开口二等；

8. 十四歌哿箇三声晓母分列为二，晓 1 与晓 2 分列，晓 1 为开口一等，晓 2 为合口一等；

注：目录晓 1 去声列韵字"呵"呼箇切附虎箇，正文此处缺失。

9. 十五麻马祃三声晓母分列为二，晓 1 与晓 2 分列，晓 1 为开口二等（混入一个合一），晓 2 为合口二等；

10. 十九尤有宥三声晓母分列为二，晓 1 为开口一等，晓 2 为开口三等；

11. 二十一覃感勘合四声晓母分列为二，晓 1 为开口一等，晓 2 为开口一、二等；

晓母分列为三：

1. 八真轸震质四声晓母分列为三，晓1与晓2晓3分列，晓1为开口三等，晓2为合口一等，晓3为合口三等；

注：目录晓2去声列韵字"惛"呼困切附呼昆，正文此处缺失。

晓母分列为四：

1. 十七阳养漾药四声晓母分列为四，晓1晓2晓3与晓4分列，晓1为开口一等，晓2为开口三等，晓3为开口二等，晓4为合口一、三等；

晓母分列为五：

2. 十八庚梗敬陌四声影母分列为五，晓1晓2晓3与晓4晓5分列，晓1为开口二等，晓2为开口三等，晓3为开口四等，晓4为合口一、二等，晓5为合口三等；

注：目录晓分列五母，晓5平声列韵字"兄"呼榮切附許容，正文此处缺失；曉2去声列韵字"興"許應切附虛陵，正文此处缺失。

匣母：

无匣母：二、四、十二、十六、二十

匣母未分列：三（开四、合四）、五（合一）、十九（开一）、二十二（开四）

匣母分列为二：

1. 一东董送屋四声匣母分列为二，匣1为合口一等，匣2为合口三等；

2. 六灰贿队三声匣母分列为二，匣1为合口一等，匣2为合口三、四等；

3. 八真轸震质四声匣母分列为二，匣1为开口一等，匣2为合口一等；

4. 九寒旱翰曷四声匣母分列为二，匣1与匣2分列，匣1为开口一等，匣2为合口一、二等；

注：目录匣分列二母，匣1上声列韵字"旱"侯罕切附侯幹，正文此处缺失。

5. 十删产谏辖四声匣母分列为二，匣1与匣2分列，匣1为开口二等，匣2为合口二等；

注：目录匣母分列二母，匣2上声列韵字"睆"戶版切附胡管，正文此处缺失。

6. 十一先铣霰屑四声匣母分列为二，匣1与匣2分列，匣1为开口四

361

等（有合四混入），匣 2 为合口四等；

注：目录匣母分列二母，匣 2 上声列韵字"泫"胡犬切附胡涓，正文缺失。

7. 十三爻巧效三声匣母分列为二，匣 1 为开口一等，匣 2 为开口二等；

8. 十四歌哿箇三声匣母分列为二，匣 1 与匣 2 分列，匣 1 为开口一等，匣 2 为合口一等；

注：目录匣 1 上声列韵字"何"下可切附寒歌，正文此处缺失，匣 1 平声列韵字"何"寒歌切。

9. 十五麻马祃三声匣母分列为二，匣 1 与匣 2 分列，匣 1 为开口二等，匣 2 为合口二等；

匣母分列为三：

1. 七皆解泰三声匣母分列为三，匣 1 匣 2 与匣 3 分列，匣 1 为开口一等，匣 2 为开口二等，匣 3 为合口二等；

注：目录匣分列三母，匣 1 上声列韵字"亥"胡改切附下盖，正文此处缺失；匣 3 上声列韵字"夥"懷拐切附胡果，正文此处缺失。

2. 十七阳养漾药四声匣母分列为三，匣 1 匣 2 与匣 3 分列，匣 1 为开口一等，匣 2 为开口二等，匣 3 为合口一等；

注：目录匣母分列三母，匣 2 平声列韵字"降"胡江切附古巷，正文此处缺失；匣 3 去声列韵字"潢"胡旷切附胡光，正文此处缺失。

3. 二十一覃感勘合四声匣母分列为三，匣 1 为开口一等，匣 2 为开口一等，匣 3 为开口二等；

匣母分裂为五：

4. 十八庚梗敬陌四声匣母分列为五，匣 1 匣 2 匣 3 与匣 4 匣 5 分列，匣 1 为开口一等，匣 2 为开口二等，匣 3 为开口四等，匣 4 为合口二等，匣 5 为合口四等；

注：目录匣分列五母，匣 2 列韵字"行"何孟切附何庚，正文此处缺失；匣 2 平声列韵字"行"何庚切；匣 4 列韵字"横"户孟切附胡盲，正文此处缺失，匣 4 平声列韵字"横"胡盲切。

喻母：

无喻母：三、五、七、九、十、十三、十四、十五、二十一喻母未分列：一（合三）、二（开三）、四（合三）、六（合三）、十二（开三，开四少）、十六（开三）、十九（开三）、二十（开三）、二二（开三）

喻母分列为二：

1. 八真轸震质四声喻母分列为二，喻 1 与喻 2 分列，喻 1 为开口三等，喻 2 为合口三等；

2. 十一先铣霰屑四声喻母分列为二，喻 1 与喻 2 分列，喻 1 为开口三等、合口三等，喻 2 为合口三等；

3. 十七阳养漾药四声喻母分列为二，喻 1 与喻 2 分列，喻 1 为开口三等，喻 2 为合口三等；

喻母分列为三：

1. 十八庚梗敬陌四声喻母分列为三，喻 1 与喻 2 喻 3 分列，喻 1 为开口三等、合口三等，喻 2 为合口三等，喻 3 为合口三等、合口四等；

来母：

无来母：二

来母未分列：三（开三、开四）、四（合三）、五（合一）、六（合一、合三）、九（合一）、十（开一、开二）、十二（开三、开四）、十三（开一）、十四（开一、合一）、十五（开二）、十六（开一）、二十（开三）、二十二（开三、开四）

来母分列为二：

1. 一东董送屋四声来母分列为二，来 1 为合口一、三等，来 2 为合口三等；

2. 七皆解泰三声来母分列为二，来 1 与来 2 分列，来 1 为开口一等，来 2 为合口二等；

3. 十一先铣霰屑四声来母分列为二，来 1 与来 2 分列，来 1 为开口三、四等，来 2 为合口三等；

4. 十七阳养漾药四声来母分列为二，来 1 为开口一等（一个开二），来 2 为开口三等；

5. 十八庚梗敬陌四声来母分列为二，来 1 为开一、开二等，来 2 为开三、开四等；

6. 十九尤有宥三声来母分列为二，来 1 为开口一等，来 2 为开口三等；

7. 二十一覃感勘合四声来母分列为二，来1为开口一等，来2也为开口一等；

来母分列为三：

1. 八真轸震质四声来母分列为三，来1与来2来3分列，来1为开口三等，来2为合口一等，来3为合口三等；

注：目录来分列三母，来1上声列韵字"嶙"良忍切附離珍，正文此处缺失，来1平声列韵字"嶙"；来2去声列韵字"論"盧困切附盧昆，正文此处缺失，来2平声列韵字"論"盧昆切。

日母：

无日母：三、五、七、九、十、十三、十四、十五、二十一

日母未分列：一（合三）、二（开三）、四（合三）、六（合三）、十二（开三）、十六（开三）、十七（开三）、十八（开三）、十九（开三）、二十（开三）、二十二（开三）

日母分列为二：

1. 八真轸震质四声日母分列为二，日1为开口三等，日2为合口三等；

2. 十一先铣霰屑四声日母分列为二，日1与日2分列，日1为开口三等，日2为合口三等；

注：目录日母分列为二，日2去声列韵字"瞙"儒絹切附而宣，正文此处缺失，日2平声列韵字"瞙"而宣切。

B. 声母分列原因

究其声母分列的原因，我们可以看出作者根据韵字的开合、等第而将声母进行分列，二分比较常见，最多的是五分，有区分介音的作用，由此可以看出，《辨音纂要》吸纳了等韵学思想，是一部等韵化的韵书。

二 《辨音纂要》三十声母分析

《辨音纂要》作者在序中罗列出他认定的三十声母，这三十声母是在三十六字母的基础上合并而成，这种合并的情况描写在《重复交互音》中明确说明归并的起因：

第六章 《辨音纂要》文献总论

尚論疑喻本一家，泥前孃後亦云賒。會同知照方為復，合併非敷定不差。既有牀兮澄可去，若存穿也徹休加。惟留三十為音母，免使相重混似麻。

由此诗可以看出以下几方面内容：

1. 疑喻本一家——意为疑与喻三、喻四混用，说明零声母已经产生。
2. 泥前孃後亦云賒——意为泥娘混用。
3. 會同知照方為復——意为知照相混。
4. 合併非敷定不差——意为非敷合用。
5. 既有牀兮澄可去——意为床澄相混。
6. 若存穿也徹休加——意为穿彻相混。

根据这首《重复交互音》可知，疑喻、泥娘、知照、非敷、牀澄、穿彻混而成一。去掉重复的声母，《辨音纂要》表面音系30声母如下：

双唇：帮、滂、并、明

唇齿：敷、奉、微

舌音：端、透、定、泥

齿音：精、清、从、心、邪
　　　照、穿、牀、审、禅

牙音：见、溪、群、疑

喉音：影、晓、匣

半舌半齿：来、日

以上30声母就是《辨音纂要》作者认定的声母系统。但我们对韵书的正读进行详细考察后发现，作者并没有按这30声母安排韵字，而是安排了32声母，这种看似前后相互矛盾的现象如何解释？我们先来分析这32声母中各自包含了中古的哪些声母。（冒号前面是《辨音纂要》32声母，冒号后面是《广韵》声母）

帮母：帮88；非128；奉3；滂2；敷2；

滂母：滂102；敷26；奉3；帮2；并1；非2；

并母：并146；奉54；帮2；非1；滂1；

明母：明198；微89；非1；

365

敷母：非 81；敷 61；奉 1；滂 1；

奉母：奉 83；敷 1；

微母：微 57；以 3；明 2；敷 1；

端母：端 209；透 5；定 2；知 2；疑 1；以 1；

透母：透 158；定 8；禪 1；徹 1；书 1；

定母：定 316；透 6；徹 1；昌 1；端 1；來 1；

泥母：泥 97；**娘 17**；知 2；透 1；

<u>娘母：娘 27；**泥 3**；影 1；</u>

精母：精 240；清 12；从 10；庄 3；崇 1；

清母：清 184；精 5；从 2；初 1；定 1；生 1；心 1；庄 1；

从母：从 153；清 2；精 1；邪 1；心 1；

心母：心 338；生 5；精 3；邪 2；初 1；崇 1；清 1；曉 1；

邪母：邪 86；崇 1；

照母：知 88；庄 78；章 194；端 9；澄 4；精 3；崇 2；定 1；见 1；清 1；曉 1；

穿母：昌 79；徹 77；初 70；澄 3；崇 3；清 2；生 2；來 1；书 1；曉 1；知 1；

牀母：澄 146；崇 55；禪 5；知 4；船 2；昌 1；定 1；端 1；

审母：生 133；书 122；心 2；禪 1；澄 1；昌 1；透 1；匣 1；

禪母：禪 117；船 26；崇 4；昌 1；日 1；

见母：见 676；溪 5；匣 4；羣 3；來 2；章 2；疑 1；曉 1；影 1；

溪母：溪 296；曉 5；影 2；匣 2；见 1；羣 1；透 1；疑 1；

群母：羣 190；溪 3；见 1；

疑母：疑 247；泥 2；曉 1；**以 1**；

影母：影 399；匣 2；曉 2；以 2；娘 1；清 1；

曉母：曉 278；匣 6；见 4；溪 2；疑 1；云 1；

匣母：匣 373；曉 5；见 4；云 3；影 2；疑 1；

<u>喻母：以 274；云 95；**疑 5**；匣 3；曉 2；从 1；端 1；</u>

来母：來 535；曉 2；崇 1；羣 1；

日母：日 121；禪 1；泥 1；娘 1；以 1；

366

可见，《辨音纂要》32 声母与作者自己在《重复交互音》中认可的 30 声母即"惟留三十為音母"不同。我们认为，作者为了表现某个影响非常大的强势音系特点，故在序里抢先说明了那个强势音系的面貌，也就是 30 母系统。首先可以看出这个强势音系在当时影响巨大，其次还可以说明这个强势音系与作者的音系极为接近，所以作者的 32 声母与序中提及的 30 声母这两个音系是有一定的承接性和亲缘关系的。我们再来看一下 32 声母与 30 声母的差距。

1. 泥娘分立

32 母系统中泥、娘分立，但在书中泥娘有相混现象，泥娘相混 20 例，占泥娘总数的 13.51%，这个数据可以证明泥娘合并，而作者却将其分别列出；而 30 声母系统中，强调"泥前孃後亦云賖"，即泥娘两母合并为一。可能是作者为了兼顾旧读书音与当时读书音的一种折衷的编纂方式。可见，作者口中的读书音，泥娘已经合并，与 30 声母相一致，我们对所有韵字的全面考察也证实了这一点。

2. 疑喻分立

32 母系统中疑、喻分立，相混现象仅有 6 例，零声母尚未产生；而 30 声母系统中，强调"疑喻本一家"，即疑喻已经合并，零声母已经产生。

可见，作者的音系比强势音系更为保守，大概是受北方音影响所致，32 声母受北方音影响小，30 声母受北方音影响大。

下面我们分析一下 30 声母体现出的语音现象：1. 轻重唇相混；2. 非敷合并；3. 奉母独立；4. 微母保存独立；5. 知章庄合流；6. 泥娘合并；7. 疑喻合并。

我们对《辨音纂要》内部正读语音进行了全面细致考察，得出实际语音声母系统的声母是 29 个：

双唇：帮、滂、并、明（微）

唇齿：非（敷）、奉

舌音：端、透、定、泥（娘）

齿音：精、清、从、心、邪

　　　照、穿、船（禅、崇）、审

牙音：见、溪、群、疑

喉音：影、晓、匣、喻

半舌半齿：来、日

下面，我们将实际语音的29声母与30声母简单对比如下：

1. 明微相混

实际语音的29声母中表现出明微相混现象，前文已经详细论述，而30母虽然表面上明、微各自保持独立。但实际上，明微互注91例，占明微自注总数351例的25.93%，这个数据证明明微已经合并。这是作者为了兼顾新旧读书音的折衷编纂方式的另一体现。可见，作者口中的读书音，明微已经合并，这一点与30声母相一致，我们对所有韵字的全面考察也证实了这一点。

2. 疑喻分立

29声母中疑、喻保持分立状态，这种分立是由方言发展的不均衡性造成的，在这一点上，迟于北方音发展。30母中疑、喻已经合一，发展比较快。

3. 知照组发展更进一步

知照组的发展在29声母中更进一步，澄、崇、床、禅合而为一，30声母中还保留床、禅两母。

综上，明微合并、知组的进一步发展等现象证明，《辨音纂要》的实际语音29声母比序中30声母更向北方音靠近。

下面，我们将《辨音纂要》中体现出的32声母、30声母、29声母作一简单对比，如下图所示：

表6-3 《辨音纂要》32声母、30声母、29声母对照表

三十六字母	《辨音》32声母	《辨音》30声母	《辨音》29声母
帮	√	√	√
滂	√	√	√
並	√	√	√
明	√	√	√
微	√	√	（明微合并）
非敷	√	√	√

续表

三十六字母	《辨音》32声母	《辨音》30声母	《辨音》29声母
奉	√	√	√
端	√	√	√
透	√	√	√
定	√	√	√
泥	√	√	√
娘	√	（泥娘合并）	（泥娘合并）
知照审	√	√	√
彻穿	√	√	√
澄床	√	√	√
禅	√	√	（船禅合并）
见	√	√	√
溪	√	√	√
群	√	√	√
疑	√	√	√
喻	√	（疑喻合并）	√
精	√	√	√
清	√	√	√
从	√	√	√
心	√	√	√
邪	√	√	√
影	√	√	√
晓	√	√	√
匣	√	√	√
来	√	√	√
日	√	√	√

上表体现出《辨音纂要》读书音声母系统发展的三个层面，32声母是表面音系，即旧的读书音，有存古特点；30声母是当时的强势语音，作者

用这种方式记录下来；29声母是实际音系，是作者力图想表现的语音系统的实际面貌。这三个层面构成了作者读书音语音系统的发展链条。

那么这30声母所表现的强势语音与哪个语音系统比较接近呢？

李无未先生认为来自于《洪武正韵》，他在《明抄本〈辨音纂要〉初探》中这样认为："《辨音纂要》承袭《洪武正韵》，受《洪武正韵》影响很深，把它归入到《洪武正韵》一系韵书，再合适不过了。"

历史上对《洪武正韵》一直持一种否定态度，因为它所表现的是保守的南方读书音，并不能表现时音。甚至于当时的朱元璋皇帝也极度不满，原因是不能表现时音，因为编纂者大多是江左人士，所以他们编纂的76韵本就是反映的南方读书音系而不是口语音系，但是这本韵书的编纂也有它依据的实际语音系统。李红《从朝鲜对音文献看〈洪武正韵〉语音基础》中谈到，76韵本《洪武正韵》反映的是明代中原雅音的"读书音"，而朱元璋想要反映的是明代中原雅音的口语音，故《洪武正韵》不合他的心意，而80韵本则是读书音向口语音的进一步发展。①

我们在前文已经分析了辨音纂要的语音系统可以定为吴语的读书音，下面我们将30声母与《洪武正韵》进行一下简略对比。

《洪武正韵》的声母，研究的学者颇多，主要许瀚三十四声母说、刘文锦三十一声类说等几种，详见附录。我们以刘文锦先生《洪武正韵声类考》归纳的三十一声类为基准，再与《辨音纂要》30声母进行对比。

古（见）	苦（溪）	渠（群）	五（疑）	
博（帮）	普（滂）	蒲（並）	莫（明）	
方（非敷）	符（奉）	武（微）		
子（精）	七（清）	昨（从、牀澄个别字）	苏（心）	徐（邪）
都（端）	佗（透）	徒（定）	奴（泥娘）	
陟（知照）	丑（彻穿）	直（澄牀）	所（审）	时（禅牀一部）
呼（晓）	胡（匣）	焉（影）	以（喻、疑一部）	
卢（来）	而（日）			

———————
① 李红：《从朝鲜对音文献看〈洪武正韵〉语音基础》，《长春师范学院学报》2006年第3期。

这是刘文锦归纳的《洪武正韵》31声类,与《辨音纂要》30声母对比如下:

1. 非敷合用:31声类中,非敷合为方;30声母中,非敷合为敷。
2. 泥娘合用:31声类中,泥娘合为奴;30声母中,泥娘合为泥。
3. 知照合用:两者知照、床澄、穿彻皆合用。
4. 疑母问题:《洪武正韵》疑母中的一部分并入了以母,喻三、喻四合为一部,而辨音30母中疑喻合并。

总之,《辨音纂要》30声母与《洪武正韵》31声类相比,只少了一个"以"母,疑母半转为喻。这可能是由于作者的审音能力不同,《辨音纂要》中的《重复交互音》这首诗只是表明疑喻相混现象,没有刘文锦的审音精道。

由此可见,《辨音纂要》30声母与《洪武正韵》31声类基本相同,我们可以说《辨音纂要》的30声母是《洪武正韵》声母的记录。

与《辨音纂要》同时期的韵书材料,成书于1605年的具有同音字表性质的《韵表》也是三十声母。其凡例中说明了三十声母的由来,《凡例二辩声母》中明确指出:"蓋昔人已知其重出之弊而为之诗曰:知照非敷递互通,此以明有照有非则知敷可削也;泥娘穿彻用时同,此以明有泥有穿则娘彻可削也;澄牀疑喻相连属,此以明有牀有喻则澄疑可削也。故终之曰:六母交参一处穷。愚之止用三十母也以此。"可知《韵表》删削了三十六字母之知、彻、澄、娘、敷、疑六母而成三十声母。与《辨音纂要》相同,两书都是削减为三十字母的,但其根据并不相同。可见,《辨音纂要》的三十声母系统并不是孤立存在的。

三 《辨音纂要》韵母

《辨音纂要》作者在总目中将韵分二十二卷,其中通摄包括东董送屋四声;止摄包括支纸寘三声;蟹摄包括齐荠霁三声、皆解泰三声、灰贿队三声;遇摄包括鱼语御三声、模姥暮三声;臻摄包括真轸震质四声;山摄包括寒旱翰曷四声、山产谏辖四声、先铣霰屑四声;效摄包括萧篠啸三声、爻巧效三声;果摄包括歌哿箇三声;假摄包括麻马祃三声、遮者蔗三声;宕摄包括阳养漾药四声;梗摄包括庚梗敬陌四声;流摄包括尤有宥三声;

深摄包括侵寝沁缉四声；咸摄包括覃感勘合四声、盐琰艳葉四声，合计七十六韵目。下面，我们将《辨音篡要》作者这七十六韵目与《洪武正韵》、《韵学集成》、《字学集要》作一比较。

表6-4 《洪武正韵》《韵学集成》《字学集要》《辨音篡要》韵目比较

序号	《洪武正韵》	《韵学集成》	《字学集要》	《辨音篡要》
1	東董送屋	東董送屋	東董凍篤	東董送屋
2	支紙寘	支紙寘	支紙寘	支紙寘
3	齊薺霽	齊薺霽	齊薺嚌	齊薺霽
4	魚語禦	魚語禦	魚語禦	魚語禦
5	模姥暮	模姥暮	模姥暮	模姥暮
6	灰賄隊	灰賄隊	灰賄誨	灰賄隊
7	皆解泰	皆解泰	皆解戒	皆解泰
8	真軫震質	真軫震質	真軫震質	真軫震質
9	寒旱翰曷	寒旱翰曷	寒旱翰曷	寒旱翰曷
10	刪產諫轄	山產諫轄	山汕訕殺	山[①]產諫轄
11	先銑霰屑	先銑霰屑	先銑霰屑	先銑霰屑
12	蕭篠嘯	蕭篠嘯	蕭篠嘯	蕭篠嘯
13	爻巧效	爻巧效	高杲誥	爻巧效
14	歌哿箇	歌哿箇	歌哿箇	歌哿箇
15	麻馬禡	麻馬禡	瓜寡卦	麻馬禡
16	遮者蔗	遮者蔗	嗟姐借	遮者蔗
17	陽養漾藥	陽養漾藥	陽養漾藥	陽養漾藥
18	庚梗敬陌	庚梗敬陌	庚梗更格	庚梗敬陌
19	尤有宥	尤有宥	尤有宥	尤有宥
20	侵寑沁緝	侵寑沁緝	侵寑沁緝	侵寑沁緝
21	覃感勘合	覃感勘合	覃禫潭沓	覃感勘合
22	鹽琰豔葉	鹽琰豔葉	鹽琰豔葉	鹽琰豔葉

① 注：表中《辨音篡要》目錄中為"山產諫轄"，而第十卷正文中為"刪產諫轄"。

由此可见，《辨音纂要》韵目与《洪武正韵》韵目一模一样，但实际语音则不然，前文详细论述过。在实际语音中，江摄与宕摄合一、曾梗两摄合一、止蟹摄分化重组，这与 76 韵目不同。可见，《辨音纂要》与《洪武正韵》是有着亲缘性和相似性的。《辨音纂要》的作者受《洪武正韵》的影响，把自己的实际语音硬放到《洪武正韵》的躯壳里，属于旧瓶装新酒的一种表现。

四 《辨音纂要》声调

声调方面，《辨音纂要》与《洪武正韵》都是按照平上去入四个声调来划分，没有特别之处。

附录 《洪武正韵》声母研究概况

关于《洪武正韵》的声母，很多学者有过研究，比较有代表性的有如下几种：

1. 许瀚三十四声母说

袁森林在《明实录》中找到了一则非常有意义的材料，里面提到了许瀚研究《洪武正韵》声母的情况。《孝宗实录》卷 160，弘治十三年（即 1501 年）三月：

乙丑，四川平茶司长官司吏目许瀚陈四事，"一、申旧章以崇音韵之学，切见《广韵》乃南蛮鴃舌之音，不可通于天下，若东冬清青音之同者则分为二韵；□□虞吾辕门之不同者乃合为一韵，是其偏蔽不通于中土之音明矣。于是《洪武正韵》作而正之，一以中土自然之音为是。然人尚以徵为商、以商为徵，盖由字毋弗的、谐订不明故也，今拟别定字母三十四，则唇齿喉舌颚之声调之字各以母呼子，以子属母，随语即辨，天下之音尽括于是，乞敕□部，由明圣制，务在遵行，不许仍用《广韵》及将五音之学下儒臣究议，令选知音人员，将五音于各韵字之下开注某音某音，使人丁然晓畅，家习人熟，则音律之学

孤抄本《辨音纂要》正读音系考

复明于世矣。字母三十四则正宫音：邦清音，滂次清音，平浊音，明次浊音；次宫音：非清音，夫次清音，冯浊音，肥次浊音；正商音：精清音，清次清音，星次清次音，晴浊音；次商音：征清音，称次清音，声次清次音，承浊音，绳次浊音，仍次浊次音；角音：京清音，轻次清音，鲸浊音，迎次浊音；微音：丁清音，汀次清音，亭浊音，能次浊音；羽音：英清音，兴次清音，鹰烤次清次音，盈浊音，形次浊音；半微商音：？；半商徵音：来。……①

上述文字中可以总结许瀚提出的《洪武正韵》三十四字母如下，括号中为该代表字在《广韵》中所属声母：

邦(帮)　滂(滂)　平(並)　明(明)
非(非)　夫(奉)　冯(奉)　肥(奉)
精(精)　清(清)　星(心)　晴(從)
征(章)　称(昌)　声(书)　承(禅)　绳(牀三)　仍(日)
京(见)　轻(溪)　鲸(群)　迎(疑)
丁(端)　汀(透)　亭(定)　能(泥)
英(於)　兴(晓)　鹰(影)　盈(喻四)　形(匣)
？
来(来)

许瀚所说的三十四字母，记录中只有三十三个，且影母分列"英、鹰"两个、奉母三列"夫、冯、肥"三个、无邪母。缺失的那个字母原因不知，就目前所能见到的材料，他是第一个正式对《洪武正韵》声母进行归类的学者，其开创性研究不容忽视。②

2. 朝鲜李朝时代学者对《洪武正韵》声母的归纳

《洪武正韵》对朝鲜和日本影响较大，尤其是对朝鲜。想要交流就要先过语言观。李朝世宗很重视中国的《洪武正韵》，认为"一以中原雅音定

---

① 《明实录·孝宗实录》第 160 卷，上海书店出版社 1982 年版，第 2870 页。
② 袁森林：《许瀚三十四字母说》，《语言研究》2007 年第 2 期。

为《洪武正韵》，实是天下万国所宗"，特命申叔舟等学者，首次用新创制的训民正音翻译了这部中国的官方韵书。同时以《洪武正韵》为底本编撰了简明汉语韵书《四声通考》。①《四声通考》(1455) 申叔舟编纂，已佚，今只存凡例于《四声通解》卷末。朝鲜学者对汉语语音的观察和论述较为深刻，这些论述大都保留在朝鲜文献的序、跋和凡例之中。

从申叔舟等人编纂的译音文献《洪武正韵译训》(1455) 开始，朝鲜学者对《洪武正韵》的研究便正式开始了。《洪武正韵译训》和《四声通考》都是以《洪武正韵》为蓝本的韵书，采用《洪武正韵》三十一声类的体系。但《洪武正韵译训》于 1972 年才发现残本，《四声通考》已经亡佚，最早能被学者看到的就是 1517 年崔世珍编纂的《四声通解》，此韵书也是参考《洪武正韵》编纂的。其序中有《洪武正韵三十一字母之图》，图中把《洪武正韵》的声母按照角徵羽商宫五音，木水火金土五行和牙、舌头、重唇、轻唇、齿头、正齿、喉七音，分为全清、次清、全浊、不清不浊音，考订出三十一字母。②注云：

时用汉音，以知并于照，彻并于穿，澄并于牀，娘并于泥，敷并于非而不用，故今亦去之。

这三十一个字母分别是：
见溪群疑 端透定泥 帮滂並明 非奉微 精清从心邪 照穿牀审禅 影晓匣喻 来 日

从《四声通解》的字母名称看，其也是知照、彻穿、澄牀、娘泥、敷非混而为一，全浊声母仍然保留着。③可见，域外文献对《洪武正韵》的声母考订时间也比较早。

3. 刘文锦先生《洪武正韵》声母研究

刘文锦先生《洪武正韵声类考》，运用系联法考订出《洪武正韵》有声

---

① 金基石：《朝鲜韵书与明清音系》，黑龙江朝鲜民族出版社 2003 年版。
② 金基石：《朝鲜对音文献浅论》，《民族语文》1999 年第 5 期。
③ 崔世珍：《四声通解》序中《洪武正韵三十一字母之图》，韩国学研究院影印本，1985 年。

类三十一个。[①]罗常培先生在其论文后加案语云："又朝鲜崔世珍四声通解，崔恒东国正韵及申叔舟四声通考等所定三十一初声亦并云以洪武正韵为宗。今刘君所考与此不谋而合，则其说当可信据矣。"半个多世纪以来，涉及《洪武正韵》的声类，无不引此为据，三十一声类说已经成为定论。兹列于下，并附三十六字母进行比照：

古（见）	苦（溪）	渠（群）	五（疑）
博（帮）	普（滂）	蒲（並）	莫（明）
方（非敷）	符（奉）	武（微）	
子（精）	七（清）	昨（从、牀澄个别字）	
苏（心）	徐（邪）		
都（端）	佗（透）	徒（定）	奴（泥娘）
陟（知照）	丑（彻穿）	直（澄牀）	
所（审）	时（禅牀一部）		
呼（晓）	胡（匣）	焉（影）	以（喻、疑一部）
卢（来）	而（日）		

这个声类系统保留了全浊音。朝鲜音韵文献《四声通解》与刘文锦的分类大同小异，只有"以类"的分类有所不同。刘氏把"以类"看作"喻母及疑母的一部分"，而在崔世珍的三十一字母里刘氏的"以类"被分立为疑母、影母、匣母、喻母。很难想象，相距近五百多年的两位学者，竟然得出了如此相似的结论。这说明了什么问题？会不会是七十六韵本的《洪武正韵》反映的是中原雅音的读书音？朝鲜学者在对译《洪武正韵》时，先后派了精通音韵的学者们到中国七八次之多，而学习一种语言往往是从书面语开始学起的，朝鲜学者来中国学的应该也是读书音。而后回国在研究《洪武正韵》时才得出这样的结论。故《洪武正韵》所反映的是读书音系统也不是没有可能的。

[①] 刘文锦：《洪武正韵声类考》，《中央研究院历史语言研究集刊》第三本第二分，1931年版。

第六章 《辨音纂要》文献总论

4. 宁忌浮先生《洪武正韵》研究

宁忌浮先生对《洪武正韵》的研究做出了巨大的贡献，除发现尘封六百年的八十韵本外，还对《洪武正韵》的来龙去脉、《洪武正韵》本身及《洪武正韵》一系韵书进行了详细深入的分析和研究，成就斐然。

宁忌浮先生对刘文锦先生的研究提出了大胆的质疑，经过详细考证后，宁先生并不赞同刘氏的研究方法和结论。在"《洪武正韵》的反切问题——读刘文锦《洪武正韵声类考》"中，宁先生将《洪武正韵》与《增修互注礼部韵略》进行了对比并指出了刘氏研究方法的不足。陈澧用反切系联法揭开了《切韵》系韵书的声韵结构，为中国音韵学和汉语语音史研究作出了贡献，但是，汉语音韵学著作是复杂的，反切系联法不是万能的钥匙。[①]系联法适用于像《切韵》那样的单一音系，但《洪武正韵》并不是纯粹的北音系统，不免掺杂南方的方音，故系联法不适用《洪武正韵》。宁先生指出："《正韵》如果真正做到"壹以中原雅音为定"全面改并《增韵》，那么《增韵》的反切也必须"壹以中原雅音为定"做全面的改换。可惜《洪武正韵》的编纂者没有做到。一方面，小韵的改并工作粗疏，当并而未并者甚夥，造成前后不一、左右牴牾。一方面，小韵改并后，反切未能更换，造成审音分韵与反切矛盾。"[②]系联法本身没有错，而是《洪武正韵》的反切太杂太乱。若拘泥于反切系联，反而会忽略《洪武正韵》所收录的中原雅音，掩盖某些语音演变现象。宁先生提出，对于《洪武正韵》的研究，莫如以《增韵》与《正韵》的传承关系为出发点，对二书进行比较研究，它们的差异即是语音演化的记录，这些差异是当时中原雅音的表现，它属于明初官话。

上述学者所研究的《洪武正韵》声母系统，基本上反映了《洪武正韵》声母的基本情况，我们看到它和《辨音纂要》的三十声母非常类似，两者之间一定有相承关系，《辨音纂要》的三十声母系统基本上是承袭了《洪武正韵》的声母，浊音并未清化，与朝鲜译音文献《洪武正韵译训》、《四声通考》《四声通解》所定《洪武正韵》三十一声母，以及刘文锦归纳的《洪武正韵》三十一声类基本一致。

---

① 宁忌浮：《宁忌浮文集》，吉林人民出版社 2010 年版，第 378 页。
② 同上书，第 385 页。

第二节 《辨音纂要》所引《广韵》

《辨音纂要》小韵按五音次第排列，每个韵字下都注有《广韵》读音，也就是正读音。为作区别，我们称之为《辨音广韵》。《辨音广韵》含韵字7909个，其中有反切7762个，无反切或缺失147个（这147个韵字暂不入考察范围）。经研究发现，《辨音纂要》所引《广韵》与人们熟悉的宋本《广韵》有很大的出入。

首先我们来看《辨音广韵》的反切上字与反切下字，然后与《广韵》进行对比。各反切上下字旁边的数字表示该反切上下字在《辨音广韵》中出现的频次。例如："他121"，表示有121个同音字组以"他"为反切上字，以此类推。其次我们将《辨音广韵》与《广韵》反切进行对比，得出统计数字。最后探讨《辨音广韵》的性质。

一 《辨音广韵》反切上字

帮母：班4；邦10；陂2；卑28；悲4；北5；奔3；彼4；必38；壁7；邊4；兵6；伯5；博21；逋15；晡2；補40；布8；餺7；（213）

滂母：滂10；丕1；披18；紕12；匹26；僻2；篇7；鋪12；普47；（135）

並母：婢6；弼5；避3；薄26；比2；步18；部4；皮4；毗15；毘17；平5；蒲99；（204）

明母：忙8；眉27；彌20；靡1；弭13；莫4；綿5；謨43；末7；莫130；母9；羑11；（278）

非母：方29；甫3；府1；俯2；（35）

敷母：芳47；妃5；斐12；敷33；孚9；撫3；（109）

奉母：防9；房22；逢6；馮3；扶8；符33；父1；（82）

微母：亡5；罔8；微6；文12；巫2；無23；武7；（63）

端母：當22；得9；德3；典8；丁50；東1；董3；都85；多28；（209）

透母：他 121；台 1；湯 4；愓 3；天 1；通 2；土 11；吐 10；託 9；佗 4；（166）

定母：達 9；大 14；待 1；蕩 8；敵 1；獨 4；杜 68；度 15；唐 32；堂 8；田 8；亭 6；同 10；徒 137；陁 2；（323）

泥母：那 6；乃 33；囊 3；年 5；寧 1；農 6；奴 48；（102）

来母：來 8；郎 81；犁 7；離 39；裡 5；力 107；歷 13；連 14；良 37；兩 7；劣 3；鄰 29；凌 5；靈 5；龍 29；盧 92；魯 36；閭 2；落 13；（532）

知母：知 91；陟 30；竹 9；（130）

彻母：恥 7；敕 3；抽 31；醜 35；（76）

澄母：長 9；陳 16；呈 5；池 3；持 5；馳 3；除 17；丈 6；直 78；治 4；仲 5；重 3；逐 3；柱 3；（160）

娘母：尼 23；女 18；（41）

精母：賫 2；積 1；即 18；餞 4；將 18；津 21；祖 5；再 1；臧 2；則 16；諸 12；茲 10；資 25；子 78；宗 3；總 3；縱 1；租 5；祖 17；作 18；（260）

清母：采 1；倉 43；雌 4；此 18；村 2；七 68；戚 2；千 34；遷 2；且 10；趨 1；取 3；逡 3；（191）

从母：才 29；財 8；慈 24；叢 2；徂 20；疾 26；靖 3；齊 2；前 6；牆 6；秦 4；情 1；在 9；族 1；昨 14；（155）

心母：桑 19；司 2；私 4；思 29；斯 3；筭 3；蘇 103；孫 5；昔 3；息 52；悉 8；先 64；相 16；想 8；新 7；須 18；雪 2；（346）

邪母：詞 2；寺 2；似 10；松 1；席 3；祥 7；詳 21；象 5；徐 29；旬 6；（86）

庄母：側 71；甾 4；莊 12；壯 5；緇 1；阻 2；（95）

初母：測 2；初 33；楚 30；創 4；（69）

崇母：查 1；鉏 15；鋤 24；雛 3；牀 8；助 7；狀 1；（59）

生母：色 21；沙 1；山 6；師 28；疎 5；疏 17；數 5；朔 3；所 41；莘 10；（137）

章母：章 8；之 6；支 10；職 27；止 11；旨 20；質 4；腫 8；朱 17；諸 25；主 2；專 13；（151）

昌母：昌 34；敞 3；稱 2；蚩 6；尺 25；侈 10；齒 5；樞 5；（90）

禅母：常1；臣2；辰5；丞6；承4；裳6；上7；尚5；石3；時51；寔3；是1；視1；殊14；蜀1；竪1；（111）

书母：商10；賞4；升6；屍5；失13；施10；詩11；矢2；始5；世5；式36；書11；舒2；輸6；（126）

船母：神20；食9；實3；（32）

日母：而42；爾6；人10；忍14；日1；如29；儒8；汝9；乳4；（123）

见母：葛2；各7；公21；攻14；姑19；沽9；古216；圭5；規7；激3；吉21；佳1；嘉2；堅28；斤10；經9；居260；舉22；涓3；厥2；柯6；訖17；（684）

溪母：詰6；康1；可5；克7；空5；孔3；口17；枯17；苦87；窺1；欺2；乞21；棄1；牽8；丘64；曲4；區7；驅19；去15；犬2；墟10；（302）

羣母：極1；忌10；竭3；臼9；巨20；具14；逵7；其11；奇7；祈7；求13；渠90；（192）

疑母：訛9；鄂3；倪15；逆14；牛45；偶5；阮5；吾9；五41；研14；冝4；宜3；魚54；語15；遇8；（244）

影母：阿3；安3；遏2；汪6；委3；烏93；鄔5；鴉1；么1；一7；伊35；衣15；依6；乙19；倚5；益3；因6；隱6；縈6；紆10；於167；嫗1；（403）

云母：王1；爲4；雄4；迂2；於84；羽6；雨1；禹4；爰9；越2；云8；雲31；（156）

以母：延24；羊12；養4；夷32；移17；以53；弋35；寅1；尹9；營2；余12；餘26；（227）

曉母：黑5；呼84；忽4；虎12；荒6；毀2；火5；霍4；迄7；醯1；曉1；馨1；休9；虛72；許73；籲1；（287）

匣母：亥1；寒5；何30；河3；曷3；洪15；侯14；乎10；胡224；戶19；黃3；奚6；狹1；轄3；下27；弦8；刑2；形4；（378）

二 《辨音广韵》反切上字与《广韵》反切上字对比

表6-5 《辨音广韵》与《广韵》反切上字对比表

母	《辨音广韵》反切上字	《广韵》反切上字[①]	数
帮	博$_{21}$北$_5$布$_8$補$_{40}$邊$_4$伯$_5$	博$_{23}$北$_{11}$布$_9$補$_7$邊$_2$伯$_1$	6
	班$_4$邦$_{10}$陂$_2$卑$_{28}$悲$_2$奔$_4$彼$_1$必$_{38}$壁$_7$兵$_6$逋$_{15}$晡$_1$博$_7$	百$_1$巴$_1$	15
非	方$_{29}$甫$_3$府$_1$	方$_{22}$甫$_{12}$府$_{11}$	3
	俯$_2$	必$_7$彼$_4$卑$_2$兵$_2$陂$_2$並$_2$分$_2$筆$_1$畀$_1$鄙$_1$封$_1$晡$_1$	13
滂	普$_{47}$匹$_{26}$滂$_{10}$	普$_{36}$匹$_{33}$滂$_4$	3
	丕$_1$披$_{18}$紕$_{12}$僻$_2$篇$_7$鋪$_{12}$	譬$_1$	7
敷	芳$_{47}$敷$_{33}$撫$_9$孚$_9$妃$_5$	芳$_{15}$敷$_{12}$撫$_4$孚$_4$妃$_1$	5
	斐$_{12}$	披$_3$丕$_1$峰$_1$拂$_1$	5
並	蒲$_{99}$薄$_{26}$步$_{18}$部$_4$	蒲$_{30}$薄$_{22}$步$_4$部$_2$	4
	婢$_6$弼$_5$避$_2$比$_4$皮$_4$毗$_{15}$毘$_{17}$平$_5$	白$_2$裴$_1$捕$_1$傍$_5$	12
奉	符$_{33}$扶$_8$房$_{22}$防$_9$馮$_3$父$_1$	符$_{23}$扶$_{12}$房$_{11}$防$_4$馮$_1$父$_1$	6
	逢$_6$	皮$_7$毗$_7$平$_2$婢$_1$便$_1$附$_1$縛$_1$浮$_1$弼$_1$苻$_1$	11
明	莫$_{130}$謨$_{43}$母$_9$	莫$_{65}$謨$_3$母$_1$	3
	忙$_8$眉$_{27}$彌$_{20}$靡$_7$盱$_{13}$覓$_4$綿$_2$末$_7$美$_{11}$	摸$_2$模$_1$慕$_1$	12
微	武$_7$亡$_5$無$_{23}$文$_{12}$巫$_2$	武$_{24}$亡$_{13}$無$_7$文$_1$巫$_1$	5
	罔$_8$微$_6$	眉$_2$靡$_2$明$_2$美$_1$綿$_1$望$_1$彌$_{11}$	9
端	都$_{85}$丁$_{50}$多$_{28}$當$_{22}$得$_9$德$_3$	都$_{37}$丁$_{24}$多$_{11}$當$_9$得$_1$德$_1$	6
	典$_8$東$_1$董$_3$	冬$_1$	4
透	他$_{121}$吐$_{10}$土$_{11}$託$_9$湯$_4$天$_1$通$_1$台$_1$	他$_{53}$吐$_{10}$土$_2$託$_2$湯$_1$天$_1$通$_1$台$_1$	8
	惕$_3$佗$_4$		2
定	徒$_{137}$杜$_{68}$度$_{15}$唐$_{32}$同$_{10}$堂$_8$	徒$_{65}$杜$_2$度$_1$唐$_2$同$_1$堂$_1$	6
	達$_9$大$_{14}$待$_2$蕩$_5$敵$_3$獨$_2$田$_8$亭$_2$陁$_2$	特$_2$陀$_1$	11

① 注：《广韵》反切上字取自唐作藩《音韵学教程》第112页《广韵》反切上字表。

续表

母	《辨音广韵》反切上字	《广韵》反切上字	数
泥	奴$_{48}$乃$_{33}$那$_6$	奴$_{53}$乃$_{16}$那$_3$	3
	曩$_3$年$_5$寧$_1$農$_6$	諾$_2$內$_2$妳$_1$	7
來	盧$_{92}$郎$_{81}$落$_{13}$魯$_{36}$來$_8$力$_{107}$良$_{37}$離$_{39}$連$_{14}$裡$_5$	盧$_{26}$郎$_{15}$落$_9$魯$_9$來$_1$力$_{57}$良$_{13}$離$_1$連$_1$裡$_2$	10
	歷$_1$鄰$_2$靈$_3$犁$_1$兩$_7$劣$_1$凌$_5$閭$_2$龍$_{29}$	洛$_2$勒$_2$賴$_1$練$_1$呂$_7$林$_1$縷$_1$	16
知	陟$_{30}$竹$_9$知$_{91}$	陟$_{41}$竹$_{13}$知$_9$	3
		張$_8$中$_2$豬$_2$徵$_1$追$_1$卓$_1$珍$_1$迍$_1$	8
徹	醜$_{35}$敕$_3$恥$_7$抽$_{31}$	醜$_{67}$敕$_9$恥$_1$抽$_1$	4
		癡$_1$楮$_1$褚$_1$	3
澄	直$_{78}$除$_{17}$丈$_6$持$_5$柱$_1$治$_4$池$_1$馳$_3$	直$_{55}$除$_7$丈$_1$持$_1$柱$_1$治$_1$池$_1$馳$_1$	8
	長$_9$陳$_{16}$呈$_5$仲$_1$重$_5$逐$_3$	遲$_1$場$_1$佇$_1$墜$_1$宅$_4$	11
娘	女$_{18}$尼$_{23}$	女$_{36}$尼$_9$	2
		拏$_1$穠$_1$	2
精	作$_{18}$則$_{16}$祖$_5$臧$_2$子$_{78}$資$_{25}$即$_{18}$將$_{18}$茲$_{10}$	作$_{15}$則$_{12}$祖$_1$臧$_3$子$_{61}$資$_3$即$_{16}$將$_8$茲$_2$	9
	積$_1$賤$_4$宗$_2$總$_1$租$_4$諸$_1$祖$_{17}$贊$_1$津$_{21}$再$_2$縱$_1$	借$_1$姊$_2$遵$_2$醉$_1$鋑$_1$	16
清	倉$_{43}$千$_{34}$采$_7$七$_{68}$此$_{18}$雌$_4$且$_{10}$取$_3$遷$_2$	倉$_{84}$千$_{11}$采$_7$七$_{62}$此$_4$雌$_1$且$_1$遷$_1$取$_1$	9
	村$_1$趣$_2$戚$_2$逡$_3$	蒼$_2$麤$_1$青$_1$麁$_1$親$_1$醋$_1$	10
從	昨$_{14}$徂$_{20}$才$_{29}$在$_9$前$_5$秦$_5$情$_4$疾$_{26}$慈$_{24}$	昨$_{26}$徂$_{19}$才$_{11}$在$_{10}$前$_5$秦$_5$情$_1$疾$_{16}$慈$_8$	9
	財$_8$叢$_3$靖$_2$牆$_6$齊$_2$族$_1$	藏$_4$自$_1$漸$_1$匠$_1$	10
心	蘇$_{103}$先$_{64}$桑$_{19}$息$_{52}$相$_{16}$私$_4$思$_3$斯$_3$須$_{18}$司$_2$悉$_8$	蘇$_{45}$先$_{13}$桑$_5$息$_{34}$相$_{11}$私$_1$思$_7$斯$_1$須$_3$司$_1$悉$_1$	11
	孫$_5$昔$_3$簒$_1$想$_3$新$_7$雪$_2$	胥$_1$素$_1$速$_1$雖$_1$辛$_1$寫$_1$	12
邪	徐$_{29}$似$_{10}$祥$_7$詳$_2$寺$_1$旬$_6$	徐$_{11}$似$_4$祥$_4$詳$_2$寺$_1$旬$_1$	6
	詞$_2$松$_1$席$_3$象$_5$	辝$_3$辭$_2$隨$_1$夕$_1$	8
庄	側$_{71}$莊$_{12}$阻$_2$	側$_{34}$莊$_1$阻$_6$	3
	甾$_4$壯$_5$緇$_1$	鄒$_1$簪$_1$仄$_1$爭$_1$	7
初	初$_{33}$楚$_{30}$測$_2$創$_4$	初$_{29}$楚$_{23}$測$_3$創$_1$	4
		叉$_2$芻$_1$厠$_1$瘡$_1$	4

续表

母	《辨音广韵》反切上字	《广韵》反切上字	数
崇	鋤$_{24}$鉏$_{15}$牀$_8$查$_4$雛$_3$助$_7$	鋤$_7$鉏$_5$牀$_1$查$_2$雛$_2$助$_1$	6
	狀$_1$	犲$_1$崇$_1$剿$_1$士$_{33}$仕$_1$鶵$_2$	7
生	所$_{41}$山$_{15}$疏$_5$色$_{21}$數$_5$沙$_2$疎$_{17}$	所$_{44}$山$_{15}$疏$_1$色$_3$數$_3$沙$_3$疎$_1$	7
	師$_{28}$朔$_3$莘$_{10}$	生$_1$史$_1$砂$_2$	6
俟		俟$_1$	1
章	之$_6$職$_{27}$章$_8$諸$_{25}$旨$_{20}$止$_{11}$支$_{10}$	之$_{29}$職$_{13}$章$_{12}$諸$_1$旨$_3$止$_3$支$_1$	7
	質$_4$腫$_8$朱$_{17}$主$_5$專$_{13}$	脂$_1$征$_1$正$_1$占$_1$煮$_1$	10
昌	昌$_{34}$尺$_{25}$	昌$_{29}$尺$_{16}$	2
	敞$_3$稱$_2$蚩$_6$侈$_{10}$齒$_5$樞$_5$	充$_7$赤$_2$處$_4$叱$_3$	10
禅	時$_{51}$常$_5$是$_7$承$_3$視$_{14}$殊$_3$臣$_2$蜀$_1$	時$_{15}$常$_{11}$是$_3$承$_3$視$_3$殊$_3$寔$_1$臣$_1$蜀$_1$	9
	辰$_5$丞$_6$裳$_1$上$_7$尚$_5$石$_3$豎$_1$	殖$_1$植$_1$嘗$_1$成$_2$市$_{11}$署$_2$氏$_1$	14
书	式$_{36}$書$_{13}$失$_3$舒$_{10}$施$_6$賞$_4$詩$_{11}$始$_5$矢$_4$商$_{10}$	式$_{23}$書$_{10}$失$_6$舒$_3$施$_2$賞$_2$詩$_2$始$_2$矢$_1$商$_1$	10
	升$_6$屍$_1$世$_5$輸$_6$	釋$_2$傷$_1$識$_1$試$_1$	8
船	食$_9$神$_{20}$實$_3$	食$_{11}$神$_5$實$_1$	3
		乘$_1$	1
日	而$_{42}$如$_{29}$人$_{10}$汝$_9$儒$_8$	而$_{23}$如$_{17}$人$_{16}$汝$_4$儒$_1$	5
	爾$_6$忍$_{14}$日$_1$乳$_4$	仍$_1$兒$_1$耳$_1$	7
见	古$_{216}$公$_{21}$各$_1$姑$_{19}$佳$_3$居$_{260}$舉$_{22}$吉$_5$規$_7$	古$_{136}$公$_2$各$_1$姑$_1$佳$_1$居$_{78}$舉$_1$吉$_1$規$_1$	9
	葛$_2$攻$_{14}$沽$_5$圭$_1$嘉$_2$堅$_{28}$經$_2$涓$_1$柯$_6$激$_1$斤$_{10}$厥$_1$訖$_{17}$	格$_1$兼$_1$詭$_1$乖$_1$九$_5$俱$_4$紀$_3$幾$_2$過$_2$	22
溪	苦$_{87}$口$_{17}$康$_4$枯$_{17}$空$_2$牽$_{15}$可$_4$去$_{38}$丘$_{64}$驅$_{19}$區$_7$墟$_{10}$曲$_2$乞$_{21}$詰$_4$棄$_1$窺$_1$	苦$_{86}$口$_1$康$_1$枯$_2$空$_2$牽$_1$可$_1$去$_{42}$丘$_{36}$驅$_1$區$_1$墟$_4$曲$_1$乞$_1$詰$_1$棄$_1$窺$_1$	17
	克$_7$孔$_3$欽$_2$犬$_2$	起$_3$羌$_2$綺$_1$欽$_1$傾$_1$祛$_1$豈$_1$卿$_1$恪$_2$謙$_1$楷$_1$客$_1$	16
羣	渠$_{90}$其$_{11}$巨$_{20}$求$_{13}$奇$_7$臼$_9$具$_{14}$	渠$_{36}$其$_{24}$巨$_7$求$_2$奇$_1$臼$_1$具$_1$	7
	極$_1$忌$_{10}$竭$_5$逵$_1$祈$_7$	衢$_1$强$_1$跪$_1$狂$_1$暨$_2$	10
疑	五$_{41}$吾$_9$研$_4$魚$_{54}$語$_{15}$牛$_{45}$宜$_3$遇$_8$	五$_{81}$吾$_4$研$_2$魚$_{40}$語$_{14}$牛$_{10}$宜$_4$遇$_1$	8
	訛$_9$鄂$_3$逆$_{14}$阮$_4$妧$_4$偶$_1$倪$_{15}$	吳$_1$俄$_1$虞$_1$疑$_1$擬$_1$愚$_1$危$_1$玉$_1$	15

383

续表

母	《辨音广韵》反切上字	《广韵》反切上字	数
影	烏93安3伊35一7委3衣15乙19於167依6紆10	烏82安3伊3一3委3衣8乙2於110依1紆2	10
	阿1遏2汪5鄔5鴉1么1因1益1隱6嫗1縈1倚5	煙1鷖1挹1愛1哀1握1央2憶1憂1謁1	22
云	于84王1雨4爲4羽6雲31云8	于18王9雨4為3羽3雲1云1	7
	雄4迂4禹4爰1越2	永1有1筠1蓮1韋1洧1榮1	12
以	以53羊12余26餘26弋35夷32移17	以24羊13余12餘8弋3夷2移1	7
	延24養4寅9尹2營7	与7予2翼1營1悅1	10
晓	呼84火1荒1馨1虎12休9許73虛72	呼69火16荒1馨1虎6休2許72虛16	8
	忽1霍1醯1曉1毀2籲1黑1迄7	海1呵1花1香9況1与1喜2朽1義1	17
匣	胡224戶19下27侯14乎10何30黃3	胡90戶32下14侯6乎3何1黃2	7
	河3曷1洪15奚1狹1轄1弦1刑2形4亥1寒5	獲1懷1	13

三 《辨音广韵》反切下字

曾：崩3；逼2；得7；德9；登28；等1；鄧8；亙4；肯1；勒7；力5；陵14；朋2；騰5；則4；證1；職2；（103）

宕：謗3；博2；當1；黨10；宕2；方6；房7；紡6；放3；縛1；剛13；各67；光28；廣3；桄1；郭14；鶴2；黃4；晃3；蔣3；誑3；況4；曠1；郎52；朗8；浪25；良66；兩40；亮34；罯7；曩7；旁7；卻2；雀5；霜6；堂10；王4；枉1；往1；羊28；仰6；約12；章12；張9；仗5；（564）

梗：白8；迸2；兵11；丙3；病4；伯10；成6；呈28；狄16；丁12；頂5；鼎7；定8；領7；革1；格33；庚40；耕15；梗7；更2；虢4；橫2；衡8；宏5；積10；戟6；跡5；角1；京26；經24；井2；景2；憬1；逕2；靜1；迥1；潁2；歷33；領5；麥6；盲7；猛3；孟3；明12；命9；陌6；逆18；平7；青7；卿8；輕8；情4；慶9；盛4；

石13；挺1；昔18；息1；杏8；姓1；亦13；益17；盈21；熒3；營5；郢21；影6；映1；窄8；征14；整3；正25；隻17；(672)

果：波6；戈3；歌5；個5；箇6；果7；過4；禾23；何80；賀7；火7；貨1；可27；邏1；我4；臥7；靴2；佐9；(204)

假：巴4；瓜22；寡3；華5；化6；加54；架4；嫁1；駕29；嗟2；茄1；奢1；射1；瓦10；下21；邪3；謝2；牙15；雅1；亞11；訝7；也1；野8；夜14；遮16；者8；(250)

江：角33；巷3；降2；江1；講1；減1；覺3；嶽5；(49)

流：彪1；鬥6；豆5；缶1；鉤17；溝1；侯62；後14；厚11；候20；糾2；鳩12；九32；久1；救39；偢3；口15；留12；流8；茂6；謬1；秋3；求38；蒐3；透6；尤39；由19；有7；酉8；又15；幼1；周1；呪4；奏3；(416)

山：八11；拔5；班2；版5；半10；扮3；辨11；撥4；產4；橡6；輚3；達10；丹4；亶1；旦9；但1；典32；甸24；電3；發2；伐2；煩1；販4；幹12；斡14；葛16；官68；關9；管19；貫4；慣6；還15；寒10；汗8；旱8；曷2；滑9；歡8；桓1；緩9；換2；患10；活14；戛6；肩6；姦5；堅12；艱34；蹇2；簡18；見13；建1；踐5；澗2；諫9；結44；竭2；涓3；眷5；絹8；決3；厥3；絕1；括11；闌3；爛10；連12；練6；戀2；兩3；列42；劣7；亂3；漫3；眠13；免3；面7；蔑7；末3；年18；輦3；潘1；前14；淺4；全1；權12；然9；阮9；葵1；煞2；山6；善2；膳3；說1；壇1；天6；田6；殄6；玩21；縮5；瞎3；轄9；點5；先8；閑2；幰5；限7；莧3；線5；歇5；屑8；宣3；泫4；眩7；薛5；雪11；焉5；延18；顏5；兗13；演7；晏8；淵12；袁8；緣28；圓20；遠1；怨2；願3；月22；悅3；贊1；展5；戰13；轉2；(1115)

深：沉7；及3；金7；錦10；禁11；立9；兩1；林12；禽5；壬3；荏9；稔1；入21；森4；深9；甚5；心6；音5；吟4；飲2；廕；針2；斟4；枕3；鴆9；執4；(157)

通：葡9；冬5；董6；凍2；動2；渾1；毒3；鳳3；工5；宮5；汞1；貢18；穀47；紅67；洪2；孔13；六74；隆7；瓏9；祿6；木14；

弄10；容47；竦13；送2；頌1；沃3；庸1；勇8；用10；玉12；欲1；中67；仲2；衆2；竹6；宗5；摠3；總3；（495）

咸：韽5；暗4；遝3；答9；唊3；禫4；點2；玷1；簟2；法1；泛1；梵2；甘1；敢8；感31；紺16；閤5；革1；酣1；含39；合29；盍11；夾6；頰4；甲16；兼10；監10；減2；檢16；鑑5；接2；瞰4；覽2；濫9；廉36；南2；念11；喦6；洽12；欠4；怯2；冉10；瑞3；三5；贍3；涉22；攝1；忝2；枕1；咸15；嫌5；銜15；險2；陷7；鎌1；愶28；炎7；嚴4；鹽8；奄4；淡6；驗4；豔9；葉2；業3；簪7；斬6；占4；輒3；瞇1；（527）

效：褒5；飽4；報7；鑣3；表1；曹7；刀48；導1；到32；彫22；弔22；高8；耗1；浩11；皓25；號3；交59；驕7；皎3；絞6；教24；勞30；老21；了20；聊17；毛1；妙1；廟5；鳥6；巧10；瑞1；少1；紹8；條14；肖6；消12；小6；孝5；笑12；效6；嘯3；妖4；肴8；堯20；遙19；杳1；早2；招25；昭1；沼11；召4；（579）

蟹：哀1；擺1；拜14；杯17；悖2；蔽2；弊7；才11；大4；代9；帶4；對15；改6；蓋25；卦6；乖8；怪4；瑰7；桂6；亥15；駭2；畫5；懷4；壞2；灰4；回37；賄6；鷄8；計34；皆28；解3；戒4；夬7；開17；楷4；快1；魁7；潰1；來23；黎9；禮24；買6；賣4；邁8；枚4；浼1；妹5；迷8；米1；昧7；乃1；耐15；內3；佩10；齊7；芮2；銳8；稅4；題5；猥10；兮18；西11；奚22；溪52；諧7；懈6；蟹5；詣2；宰6；制12；罪7；（654）

遇：補6；徂5；都29；夫12；父9；孤15；古44；故71；乎14；胡37；許20；居28；舉7；俱31；據19；魯3；呂28；慮12；謨6；慕6；暮5；切1；如5；茹10；蔬3；蘇3；所5；徒1；土12；無18；五21；虛4；須3；於53；餘15；魚9；庾10；与2；語3；遇18；禦8；豫3；朱5；主5；渚9；租7；祖4；祚1；（645）

臻：奔5；本23；筆7；寶7；春5；寸2；恩3；分19；粉6；拂2；根1；艮1；骨10；哀4；痕3；狠3；恨3；忽6；渾7；魂1；吉9；巾3；斤9；謹4；晉4；進4；盡7；覲5；峻4；懇1；昆36；困19；栗2；鄰18；吝3；倫40；律17；沒14；悶4；密1；民9；敏7；訥2；七

386

3；訖2；人14；忍22；刃26；日8；閏10；瑟1；說4；順2；孫4；文6；吻3；問7；勿8；物7；悉12；辛3；焮1；戍3；乙5；銀4；雲11；允11；隕2；慍4；運6；珍11；真15；臻7；軫2；振7；質21；櫛3；尊4；（599）

止：悲7；比2；垂2；地25；非8；匪2；沸3；規6；軌1；鬼11；貴1；幾3；己15；寄7；冀8；媿1；累3；類7；離7；裡32；吏2；眉6；媚6；糜5；靡3；弭2；祕7；綺14；器15；棄4；嫣7；瑞6；詩20；氏17；似6；侍10；私21；四12；髓1；遂9；威2；微11；惟5；為21；尾9；委22；偽2；未12；位16；胃11；魏8；戲8；夷7；宜55；意29；之15；支5；知46；止17；指1；至22；智14；佳3；追9；諮15；茲6；資8；子7；姊1；漬13；醉14；（733）

四 《辨音廣韻》反切下字與《廣韻》反切下字對比

表6-6 《辨音廣韻》與《廣韻》反切下字對比表

韻	《辨音廣韻》反切下字	《廣韻》反切下字[①]	數
一東	紅67；中67；宮5；	紅12；中3；宮；	3
	工5；洪2；隆7；	弓6；戎5；融；終；東2；公2；	9
二冬	冬5；宗5；	冬7；宗3；	2
三鍾	容47；庸1；	容17；庸；	2
		恭3；封；鍾；凶；	4
一董	孔13；董6；動2；摠3；	孔3；董2；動2；摠；	4
	總3；汞1；	蠓	3
（二腫）	湩1；	湩	1
		鵩	1
二腫	隴9；勇8；	隴11；勇2；	2
	竦13；	拱2；踵；奉；允；悚；塚	7
一送	貢18；弄10；送2；凍2；仲2；鳳5；眾；	貢8；弄5；送2；凍；仲7；鳳3；眾	7

[①] 注：《廣韻》反切下字取自唐作藩《音韻學教程》第144頁《廣韻》反切下字表。

续表

韵	《辨音广韵》反切下字	《广韵》反切下字[①]	数
二宋		綜2；宋2；統；	3
三用	用10；頌1；	用16；頌；	2
一屋	木14；穀47；蔔9；祿6；六74；竹6；	木8；穀7；蔔；祿；六20；竹4；	6
		逐；福；菊；匊；宿	5
二沃	沃3；毒3；	沃9；毒3；	2
		酷2；篤；	2
三燭	玉12；欲1；	玉14；欲2；	2
		蜀3；足；曲；錄；	4
四江	江1；講1；	江17；雙；	2
三講		項4；講2；憾；	3
四絳	降2；巷3；	降；巷；	2
		絳7；	1
四覺	角33；覺3；嶽5；	角17；嶽；覺；	3
	減；		1
五支	支5；宜55；離2；為21；垂2；規6；知46；	支9；宜5；離3；為12；垂6；規；知；	7
	嫣7；	移9；羈5；奇；危；隨；吹；	7
六脂	夷7；資8；悲7；眉6；私21；追9；	夷8；資；悲4；眉；私；追9；	6
	麇5；惟5；佳3；諮15；	脂2；尼2；飢；肌；佳4；遺；綏；維；	12
七之	之15；茲6；	之14；茲2；	2
	詩20；	其5；持2；而；菑；	5
八微	非8；微11；	非5；微；	2
	威2；	希；衣2；依；韋2；歸；	6
四紙	氏17；綺14；累3；靡3；弭2；委22；髓1；	氏7；綺；累3；靡；弭3；委10；髓；	7
	藥4；裡3；	紙4；婢3；倚2；爾2；此；是；豸；侈；俾（彼）；婢3；彼3；捶；詭；毀；	16

———

① 注：《广韵》反切下字取自唐作藩《音韵学教程》第144页《广韵》反切下字表。

第六章 《辨音纂要》文献总论

续表

韵	《辨音广韵》反切下字	《广韵》反切下字①	数
五旨	幾3；姊3；軌1；	幾7；姊3；軌4；	3
	比2；指1；	履4；雉；視；矢；鄙3；癸3；美2；誄2；水2；洧；壘（纍）；	13
六止	裡29；止17；己15；	裡11；止3；己；	3
	似6；子7；	紀3；士2；史2；市；理；擬；	8
七尾	匪2；鬼11；尾9；	匪；鬼3；尾2；	3
		豈2；豨；俾3；	3
五寘	寄7；瑞6；智14；偽2；	寄3；瑞3；智5；偽8；	4
	戲8；漬13；	義14；賜3；豉2；企2；寘4；睡3；避；累；	10
六至	至22；四12；冀8；器15；媚6；位16；類7；遂9；醉14；	至7；四3；冀3；器2；媚；位3；類4；遂3；醉3；	9
	地25；媿1；祕7；	利10；季3；二2；寐；悸；自；愧；秘；備；萃；	13
七志	吏2；	吏11；	1
	侍10；意29；	記4；置2；志；	5
八未	沸3；貴1；未12；胃11；	沸2；貴2；未；胃2；	4
	魏8；	既5；豙；味；畏；	5
九魚	居28；魚9；	居7；魚12；	2
	如5；茹10；蔬3；虛4；於53；余15；	諸2；餘2；葅；	9
十虞	夫12；無18；朱5；	夫；無3；朱7；	3
	須3；	俱8；於3；輸；俞；逾；誅；隅；芻；	9
十一模	胡37；都29；孤15；乎14；	胡9；都3；孤9；乎；	4
	祖5；護6；切1；蘇3；徒1；租7；	吳；吾；姑；烏；	10
八語	許20；舉7；呂28；与2；	許2；舉4；呂13；与6；	4
	語3；渚9；所5；	巨；渚；	5
九麌	庾10；主5；	庾；主4；	2
	父9；	雨3；武2；甫；禹；羽；矩5；	7

① 注：《广韵》反切下字取自唐作藩《音韵学教程》第144页《广韵》反切下字表。

续表

韵	《辨音广韵》反切下字	《广韵》反切下字①	数
十姥	古44；補6；魯3；	古14；補；魯；	3
	土12；五21；祖4；	杜；戶；	5
九御	據19；慮12；御8；	據7；慮2；禦2；	3
	豫3；	倨5；恕3；預2；署；洳；助；去；	8
十遇	遇18；	遇13；	1
	俱31；	句8；戍2；注2；具；	5
十一暮	故71；暮5；祚1；	故14；祚；暮；	3
	慕6；	誤2；路；	3
十二齊	兮18；迷8；鷄8；奚22；	兮3；迷2；雞4；奚7；	4
	齊7；黎9；題5；西11；溪52；	稽3；醫；低；攜3；圭2；	10
十三佳		佳11；膎；媧；蛙；緺；	5
十四皆	皆28；諧7；乖8；懷4；	皆14；諧3；懷5；乖；	4
		淮；	1
十五灰	回37；杯17；灰4；	回13；杯3；灰；	3
	魁7；枚4；瑰7；	胚；恢3；	5
十六咍	哀1；才11；開17；來23；	哀4；才3；來9；開；	4
		哉；	1
十一薺	禮24；米4；	禮12；米3；	2
		第；啟2；	2
十二蟹	蟹5；買6；	蟹7；買4；	2
	擺1；解3；	夥；丫；	4
十三駭	駭2；楷4；	駭；楷；	2
十四賄	罪7；賄6；猥10；	罪10；猥4；賄3；	3
	浼1；		1
十五海	亥15；改6；乃1；宰6；	亥；改6；乃；宰2；	4
		在；紿；愷；	3

① 注：《广韵》反切下字取自唐作藩《音韵学教程》第144页《广韵》反切下字表。

续表

韵	《辨音广韵》反切下字	《广韵》反切下字[①]	数
十二霁	桂6；計34；詣2；	桂；計16；詣3；	3
		惠；戾；	2
十三祭	蔽2；弊；制12；芮2；锐12；	蔽；弊；制5；芮8；锐2；	5
		祭2；憩2；袂；罽；歲2；衛8；吠2；稅；例9；	9
十四泰	大4；帶4；蓋25；	大；帶；蓋11；	3
		太；艾；貝；外11；會2；最；	6
十五卦	懈6；賣4；卦6；	懈7；賣6；卦5；	3
	畫5；	隘；	2
十六怪	拜14；怪4；壞2；戒4；	拜；怪6；壞；戒；	4
		介4；界2；	2
十七夬	夬7；邁8；快1；	夬5；邁4；快2；	3
		犗5；喝；話；	3
十八队	對15；内3；佩10；妹5；昧7；	對8；内4；佩2；妹；昧；	5
	潰1；悖2；	隊；輩；繢；	5
十九代	代9；耐15；	代11；耐；	2
		愛2；溉；概；	3
二十废		（肺）；廢3；穢2；肺；	4
十七真	鄰18；真15；巾3；珍11；人14；銀4；賓7；	鄰11；真4；巾6；珍3；人3；銀；賓；	7
	民9；辛3；	（倫2）；贇；筠；	5
十八谆	倫40；	倫8；	1
	春5；	勻；遵；迍；唇；綸；旬（巾人）	7
十九臻	臻7；詵4；	臻2；詵；	2
二十文	雲11；分25；	雲3；分3；	2
		文2；	1

① 注：《广韵》反切下字取自唐作藩《音韵学教程》第144页《广韵》反切下字表。

续表

韵	《辨音广韵》反切下字	《广韵》反切下字①	数
二十一欣	斤9；	斤4；	1
		欣；	1
二十二魂	昆36；浑7；尊4；奔5；魂1；	昆10；浑4；尊4；奔；魂；	5
	孙4；		1
二十四痕	痕3；恩3；根1；	痕2；根2；恩；	3
十六轸	忍22；尽7；敏7；紾2；	忍11；尽；敏；紾；	4
	殒2；	引2；殒2；	3
十七准	允11；	允3；	1
		尹6；准3；肾；紃；（忍12）	4
十八吻	粉6；吻3；	粉5；吻3；	2
十九隐	谨4；	谨5；	1
		隐；	1
二十一混	本23；衮4；	本13；衮；	2
		损2；忖；	2
二十二很	恳1；	垦；	1
	狠3；	很2；	2
二十一震	晋4；刃26；觐5；	晋2；刃13；觐3；	3
	进4；吝3；振7；	遴2；振；印（峻）	6
二十二稕	闰10；顺2；峻4；	闰5；顺；峻；	3
二十三问	问7；运6；	问5；运4；	2
	愠4；		1
二十四焮	焮1；	焮；	1
		靳4；	1
二十六恩	困19；闷4；寸2；	困11；闷6；寸；	3
二十七恨	恨3；艮1；	恨3；艮；	2

① 注：《广韵》反切下字取自唐作藩《音韵学教程》第144页《广韵》反切下字表。

续表

韵	《辨音广韵》反切下字	《广韵》反切下字①	数
五質	質21；吉9；栗2；乙5；筆7；密1；七3；日8；	質7；吉5；栗4；乙4；筆2；密2；七；日；	8
	悉12；	必2；畢2；一；叱（律）	5
六術	律17；	律6；	1
	戌3；	聿6；卹2；	3
七櫛	瑟1；櫛3；	瑟2；櫛；	2
八物	勿8；物7；	勿7；物2；	2
	拂2；	弗2；	2
九迄	訖2；	訖2；	1
		迄2；乞；	2
十一沒	沒14；骨10；忽6；	沒8；骨8；忽2；	3
	訥2；	勃；	2
二十二元	袁8；煩1；	袁5；煩；	2
		言5；軒；元2；	3
二十五寒	寒10；	寒5；	1
	丹4；干12；闌3；壇1；	幹6；安2（官）	6
二十六桓	官68；潘1；	官11；潘；	2
	歡8；桓1；	丸4；端；	4
二十七刪	姦5；關9；班2；還15；顏5；	姦3；關2；班（頑）；還6；顏2；	5
二十八山	山6；閑2；	山3；閑2；	2
	艱34；	閒3；嗣；頑5；鰥2；	5
一先	堅12；涓3；年18；前14；田6；先8；	堅2；涓；年2；前4；田2；先2；	6
	天6；淵12；肩6；眠13；	顛；煙；玄5；賢3；	8
二仙	緣28；連12；延18；然9；權12；全1；宣3；焉5；	緣11；連9；延8；然3；權2；全；宣；焉；	8
	椽6；兩3；圓20；	乾3；仙；員4；專；園；攣；川；泉；	11

① 注：《广韵》反切下字取自唐作藩《音韵学教程》第144页《广韵》反切下字表。

孤抄本《辨音纂要》正读音系考

续表

韵	《辨音广韵》反切下字	《广韵》反切下字[①]	数
二十阮	阮9；遠1；	阮3；遠3；	2
	蠍5；	偃5；憶；晚3；	4
二十三旱	旱8；但1；	旱9；但；	2
	亶1；	笴；	2
二十四缓	管19；緩9；	管10；緩；	2
		伴；滿；纂；（旱2；但）	3
二十五潸	綰5；	綰；	1
	版5；	板5；赧；鯇（板6）	4
二十六產	限7；簡18；	限6；簡3；	2
	產4；	(綰)	1
二十七銑	典32；殄6；泫4；	典7；殄；泫3；	3
		繭；峴；畎；	3
二十八獮	辨11；善2；蹇2；轉2；輦3；展5；演7；免3；淺4；兗13；	辨；善7；蹇2；轉2；輦2；展；演；免4；淺3；兗13；	10
	踐5；	剪；緬；篆；	4
二十五願	建1；怨2；願3；販4；	建3；怨；願5；販；	4
		堰（萬）；萬4；	2
二十八翰	旦9；贊1；	旦；贊；	2
	幹14；汗8；爛10；	旰8；案4；按；	6
二十九换	半10；貫4；玩21；換2；亂3；漫3；	半3；貫5；玩4；亂3；換；漫；	6
		喚；算；段；	3
三十諫	晏8；諫9；澗2；患10；慣6；	晏6；諫；澗；患7；慣；	5
	撒	雁	2
三十一襇	莧3；	莧5；	1
	扮3；	襇；幻2；辨；	4
三十二霰	甸24；電3；練6；	甸13；電；練2；	3

① 注：《广韵》反切下字取自唐作藩《音韵学教程》第144页《广韵》反切下字表。

续表

韵	《辨音广韵》反切下字	《广韵》反切下字[1]	数
	見13；眩7；	佃；麵；縣；絢；	6
三十三線	戀2；戰13；眷5；絹8；面7；膳3；線5；	戀5；戰5；眷4；絹5；面2；膳2；線2；	7
		箭3；扇2；賤；碾；變；彥；(見)倦2；卷；掾；釧；嚩	11
十月	發2；伐2；竭2；厥3；歇5；月22；	發；伐3；竭2；厥；歇；月5；	6
		越；謁；訐	3
十二曷	達10；葛16；曷2；	達2；葛3；曷3；	3
		割6；	1
十三末	括11；活14；撥4；末3；	括9；活5；撥2；末2；	4
		栝	1
十四黠	八11；拔5；點5；滑9；	八10；拔(八)；點3；滑；	4
	戛6；煞2；		2
十五鎋	瞎3；轄9；	瞎；轄；	2
		刮7；頒；鎋11；	3
十六屑	結44；決3；屑8；蔑7；	結17；決3；屑；蔑；	4
		穴2；	1
十七薛	輟3；絕1；薛5；悅3；雪11；劣7；	輟；絕3；薛；悅5；雪4；劣8；	6
	列42；爇1；說1；	熱；滅；別；竭；爇；烈22；	9
三蕭	彫22；聊17；堯20；	彫；聊3；堯2；	3
	條14；	幺6；蕭；	3
四宵	消12；遙19；招25；昭；	消；遙8；招4；昭3；	4
	鑣3；驕7；瑞1；妖4；	嬌4；喬2；霄2；邀；宵；瀌；焦；嚻；	12
五肴	交59；肴8；	交16；肴；	2
		茅；嘲；	2
六豪	褒5；曹7；刀48；勞30；毛1；	褒；曹；刀8；勞3；毛2；	5
	高8；	袍2；遭；牢；	4

[1] 注：《广韵》反切下字取自唐作藩《音韵学教程》第144页《广韵》反切下字表。

续表

韵	《辨音广韵》反切下字	《广韵》反切下字①	数
二十九篠	了20；皎3；鳥6；	了9；皎3；鳥3；	3
	杳1；	晶；	2
三十小	表1；少1；小6；沼11；	表2；少2；小7；沼7；	4
	紹8；	兆2；夭2；矯；	4
三十一巧	巧10；絞6；飽4；	巧7；絞4；飽；	3
		爪；	1
三十二皓	皓25；浩11；早2；	皓7；浩3；早；	3
	老21；	考5；抱；道；	4
三十四嘯	弔22；嘯3；	弔9；嘯；	2
		叫；	1
三十五笑	妙1；廟5；肖6；笑12；召4；	妙2；廟；肖2；笑3；召5；	5
		照5；要2；少；	3
三十六效	教24；孝5；	教15；孝；	2
	效6；	皃；稍；	3
三十七號	報7；導1；到32；耗1；	報2；導；到13；耗；	4
	號3；		1
七歌	何80；歌5；	何11；歌；	2
		俄；河；	2
八戈	禾23；靴2；戈3；波6；	禾10；靴3；戈4；波；	4
		婆；和（迦）；伽；迦；䯾；胆；	6
三十三哿	可27；我4；	可11；我3；	2
三十四果	果7；火7；	果14；火3；（可2）；	2
三十八箇	箇6；佐9；賀7；邏1；	箇6；佐5；賀；邏；	4
	个5；	個；	2
三十九過	臥7；過4；貨1；	臥14；過5；貨2；	3

---

① 注：《广韵》反切下字取自唐作藩《音韵学教程》第144页《广韵》反切下字表。

续表

韵	《辨音广韵》反切下字	《广韵》反切下字[1]	数
		唾；（贺）；	1
九麻	加 54；牙 15；巴 4；瓜 22；華 5；遮 16；奢 1；邪 3；嗟 2；	加 14；牙 2；巴 2；瓜 5；華 2；遮 4；奢；邪；嗟；	9
	茄 1；	霞；車；賒；花；	5
三十五馬	寡 3；瓦 10；下 21；雅 1；也 1；野 8；者 8；	寡 6；瓦 6；下 14；雅 3；也 3；野 2；者 4；	7
		賈；疋；冶；姐；	4
四十禡	駕 29；化 6；嫁 1；謝 2；夜 14；亞 11；訝 7；	駕 11；化 4；嫁 2；謝 2；夜 8；亞 2；訝 2；	7
	架 4；射 1；	罵；吳；（霸）；	4
十陽	良 66；羊 28；莊 15；方 6；章 12；王 4；張 9；	良 14；羊 7；莊 2；方 4；章 2；王 2；張；	7
	房 7；霜 6；	陽	3
十一唐	郎 52；當 1；剛 13；光 28；黃 4；旁 7；	郎 12；當 2；剛 2；光 5；黃；旁；	6
	堂 10；	岡 2；	2
三十六養	兩 40；往 1；	兩 21；往 4；	2
	柱 1；仰 6；紡 6；蔣 3；	丈 2；獎；掌；養；綱；昉；	10
三十七蕩	朗 8；黨 10；廣 3；晃 3；	朗 17；黨；廣；晃 4；	4
	曩 7；		1
四十一漾	亮 34；放 3；况 4；	亮 22；放 3；况 2；	3
	仗 5；誑 3；	讓；向；樣；妄；訪；	7
四十二宕	浪 25；謗 3；宕 2；曠 1；	浪 16；謗；宕；曠 3；	4
	桄 1；		1
十八藥	縛 1；畧 7；約 12；灼 15；雀 5；	縛 6；略 7；約 5；灼 3；雀；	5
	却 2；	若 2；勺；爵；虐；藥；鑠；籥；	8
十九鐸	各 67；郭 14；博 2；	各 15；郭 6；博；	3
	鶴 2；	落 3；穫；	3

① 注：《广韵》反切下字取自唐作藩《音韵学教程》第 144 页《广韵》反切下字表。

续表

韵	《辨音广韵》反切下字	《广韵》反切下字[1]	数
十二庚	庚40；兵11；横2；京26；卿8；明12；盲7；	庚12；兵3；横2；京3；卿；明；盲2；	7
	衡8；平7；	行（盲）；驚；榮；	5
十三耕	耕15；宏5；	耕8；宏2；	2
		莖6；萌3；	2
十四清	盈21；成6；征14；情4；營5；	盈9；成2；征；情；營5；	5
	呈28；輕8；	傾；貞3；并；	5
十五青	經24；丁12；	經6；丁5；	2
	青7；熒3；	靈；刑；扃；螢；	6
三十八梗	梗7；杏8；景2；丙3；憬1；猛3；影6；	梗4；杏2；景（丙）；憬；影；（猛3）；	7
		打；冷；礦；簪（杏）；永4；	5
三十九耿		幸4；耿；	2
四十静	郢21；井2；静1；整3；	郢9；井3；静；整；	4
	領5；	頃；潁；	3
四十一迥	挺1；鼎7；頂5；迥1；	挺5；鼎4；頂；迥7；	4
	頍2；	剄；醒；涬	4
四十三映	病4；孟3；更2；命9；慶9；	病2；孟6；更4；命2；慶；	5
	映1；	敬6；横（孟）；	3
四十四諍	进2；	进4；	1
		諍2；	1
四十五劲	正25；盛4；姓1；	正10；盛；姓2；	3
		政4；鄭；令；	3
四十六徑	定8；逕2；	定10；徑；	2
		佞；	1
二十陌	格33；伯10；白8；陌6；逆18；戟6；虢4；	格6；伯6；白3；陌4；逆；戟；虢；	7
	額7；窄8；	劇；卻；伯；獲；	6

① 注：《广韵》反切下字取自唐作藩《音韵学教程》第144页《广韵》反切下字表。

第六章 《辨音纂要》文献总论

续表

韵	《辨音广韵》反切下字	《广韵》反切下字①	数
二十一麥	革1；麥6；	革9；麥3；	2
	角1；	核；厄；摘；責；厄；獲5；擨；	8
二十二昔	積10；隻17；昔18；迹5；石13；亦13；益17；	積；隻4；昔3；迹；石2；亦2；益4；	7
	息；	易；炙；辟（役）；役（隻）；	5
二十三錫	歷33；狄16；	歷11；狄2；	2
		擊4；激2；闃；臭；鶪；	5
十六蒸	陵14；	陵12；	1
		冰2；兢2；矜2；膺；蒸；乘；仍；升；	8
十七登	登28；崩3；朋2；騰5；	登6；崩；朋；滕3；	4
		棱；增；恒；肱；弘；	5
四十二拯		拯2；庱；	2
四十三等	等1；肯1；	等3；肯；	2
四十七證	證1；	證9；	1
		孕2；應2；餕；甑；	4
四十八嶝	鄧8；亙4；	鄧7；亙2；	2
		隥；贈；	2
二十四職	逼2；力5；職2；	力18；職3；（逼5）；	3
		側；即；翼；直；極；	5
二十五德	得7；德9；勒7；則4；	得4；德2；勒；則5；	4
		北4；墨；黑；或2；國；	5
十八尤	鳩12；求38；由19；流8；秋3；尤39；周1；	鳩7；求5；由5；流4；秋3；尤3；周2；	7
	蒐3；留12；	州；浮；謀；	5
十九侯	侯62；鉤17；	侯3；鉤4；	2
	溝1；	婁；	2

---

① 注：《广韵》反切下字取自唐作藩《音韵学教程》第144页《广韵》反切下字表。

399

续表

韵	《辨音广韵》反切下字	《广韵》反切下字[①]	数
二十幽	彪1；	彪2；	1
		幽5；虯；烋；	3
四十四有	九32；久1；有7；酉8；	九9；久9；有3；酉2；	4
	缶1；	柳3；否；妇；	4
四十五厚	后14；斗6；厚11；口15；	后6；斗；厚2；口6；	4
		苟2；䛳3；	2
四十六黝	纠2；	纠；	1
		黝2；	1
四十九宥	救39；僦3；又15；	救10；僦；又；	3
	呪4；	祐2；咒；副；溜；富；就；	7
五十候	候20；豆5；奏3；	候10；豆2；奏3；	3
	茂6；透6；	遘2；漏；	4
五十一幼	謬1；幼1；	謬2；幼2；	2
二十一侵	林12；金7；针2；深9；吟4；心6；	林6；金5；针4；深2；吟2；心2；	6
	沉7；禽5；壬3；森4；音5；斟4；	淫2；寻；今；簪；任；	11
四十七寝	锦10；荏9；甚5；稔1；饮2；枕3；	锦6；荏5；甚5；稔；饮3；枕2；	6
	两1；	朕2；凛；痒；	4
五十二沁	禁11；鸩9；瘆1；	禁9；鸩6；蔭2；	3
		任；譖；	2
二十六缉	入21；立9；及3；执4；	入10；立9；及4；执2；	4
		戢2；急；汲；汁；	4
二十二覃	含39；南2；	含13；南；	2
	簪7；	男；	2
二十三谈	甘2；三5；酣1；	甘7；三2；酣2；	3
		谈；	1
二十四盐	廉36；盐8；占4；炎7；	廉14；盐6；占2；炎2；	4

① 注：《广韵》反切下字取自唐作藩《音韵学教程》第144页《广韵》反切下字表。

五 《辨音广韵》反切与《宋本广韵》

《辨音纂要》7909 个韵字当中，有 152
的韵字，我们只考虑有《广韵》反切的 7757
韵》与宋本《广韵》反切进行对比，得出以
例，占总数的 25.16%。5805 个韵字反切不同
3580 个韵字反切不同音韵地位相同，占总数的
同音韵地位也不同，占总数的 28.68%。可见同

去掉重复反切后，共得到反切不同但音韵
不同音韵地位也不同的韵字 1129 例。前文已将
本《广韵》的反切上下字进行对比，相同与相

表6-7 《辨音广韵》《宋本广韵》反

《辨音广韵》与《宋本广韵》	反切上字
相同	
	265
占总数比例（%）	38.9

从表 6-7 可以看出，《辨音广韵》与宋本
字相异的比例都超过 50%。由此可见，这两部
由上述材料可知，《辨音广韵》与宋本《
们可以判定，《辨音纂要》所引《广韵》非宋

六 《辨音广韵》

从《辨音广韵》的反切上下字及反切与
广韵》与宋本《广韵》确实存在着非常大的
系统，那么这个《辨音广韵》究竟是什么样
宁忌浮先生将《辨音广韵》与《宋本广

续表

韵	《辨音广韵》反切下字	《广韵》反切下字[①]	数
二十五添	琂3；兼1；	淹；	3
	兼9；	兼8；	1
	嫌5；	甜；	2
二十六咸	咸15；	咸9；	1
	嵒6；	讒；	2
二十七衔	銜15；監10；	銜7；監；	2
二十八严	嚴4；	嚴3；	1
	杴1；	醶；	2
二十九凡		凡，芝；	2
四十八感	禫4；感31；	禫；感13；	2
		唵；	1
四十九敢	敢8；覽2；	敢11；覽2；	2
五十琰	琰6；檢16；冉10；險2；奄4；	琰5；檢3；冉4；險；奄；	5
		斂；漸；儉；染2；	4
五十一忝	簟2；忝2；	簟；忝5；	2
	點2；	玷4；	2
五十二豏	減2；斬6；賺1；	減9；斬4；賺；	3
	甲1；		1
五十三槛		檻6；黯；	2
五十四儼		广，掩	2
五十五范		犯4；釩；範；	3
五十三勘	紺16；暗4；	紺13；暗；	2
五十四阚	濫9；瞰4；	濫6；瞰；	2
	啖3；	瞰；暫；蹔；	4
五十五艳	贍3；驗4；豔9；	贍2；驗3；艷9；	3
		窆；	1

① 注：《广韵》反切下字取自唐作藩《音韵学教程》第144页《广韵》反切下字表。

韵	《辨音广韵》反切下字
五十六桥	念 11；坫 1；
五十七陷	陷 7；韽 5；
五十八鑑	鑑 5；
五十九釅	
六十梵	梵 2；泛 1；欠 4；
二十七合	合 29；答 9；閤 5；沓 3；
二十八盍	盍 11；
二十九葉	涉 22；輒 3；葉 1；摄 1；接 2；
三十帖	協 28；頰 4；
三十一洽	洽 12；夾 6；
三十二狎	甲 15；革 1；
三十三業	業 3；怯 2；瞱 1；
三十四乏	法 1；

① 注：《广韵》反切下字取自唐作藩《音韵

进行了对比研究，列举的 7 个韵字当中，《辨音广韵》有 3 个反切与《宋本广韵》不同。并利用李无未教授所引《词韵》统计得出结论，《辨音广韵》非宋人《广韵》，而是朱祐槟的《重编广韵》。宁先生认为《辨音广韵》的作者大概没有见过宋人的《广韵》，便把朱祐槟的《重编广韵》当成了《广韵》。①

《重编广韵》是一部合乎时代要求，又比《洪武正韵》有明显改进的韵书，之所以用《重编广韵》做书名，崔枢华先生认为这和《洪武正韵》的地位及编纂者作为一方藩王的处境有关，编次和刻印此书的人不得不避与《洪武正韵》分庭抗礼的嫌疑。这种方式不够高明，以至于它在后世没有得到应该有的重视，使得这样一部本应该在音韵学史上占有一席之地的著作几乎湮没不闻。②崔枢华先生认为《重编广韵》既不是宋陈彭年等所编的《广韵》，也不等同于《洪武正韵》，它是一部有自己独特的内容和形式的韵书。从《重编广韵》与旧韵书的渊源关系来看，可以这样说，它是在《洪武正韵》的基础上，增入《广韵》、《玉篇》等韵书和字书的音义，采用等韵化的方式，增广改编而成的一部韵书，是对《洪武正韵》的大加增广和重新编次。

那么《辨音广韵》到底是不是朱祐槟的《重编广韵》呢？我们从以下几方面进行探讨。

1. 编纂方式

《重编广韵》与《辨音广韵》都采用等韵化的方式编排韵字，以韵为经，以声为纬，区别开合口及等第，声母分列。

2. 声母方面

崔枢华先生考证，《重编广韵》共有 32 个字母，依次为：见溪群疑喻，端透定泥娘，帮滂并明，敷奉微，精清从心邪，照穿床审禅，影晓匣，来日。经我们考证，《辨音广韵》作者声称 30 声母，而在韵书的安排上表现为 32 声母，在实际语音中表现出 29 声母，前文中详细论证过。从韵书表面上看，《重编广韵》与《辨音广韵》都是 32 声母。

3. 韵母方面

《重编广韵》共分 76 韵，平上去各 22 韵，入声 10 韵，其韵部及韵目用字与《洪武正韵》完全相同，而与《广韵》却大相径庭；《辨音广韵》表

---

① 宁忌浮：《汉语韵书史·明代卷》，上海人民出版社 2009 年版，第 99 页。
② 崔枢华：《〈重编广韵〉考》，《古汉语研究》1997 年第 2 期。

面上也是韵分76部，其中平上去各22韵，入声10韵。

4. 小韵收字

以东韵为例，《重编广韵》收字多达905个，《辨音广韵》收字212个，收字明显减少。《重编广韵》一东韵共39小韵，《辨音广韵》一东韵共37小韵，对比异同见表6-8。

表6-8 《重编广韵》与《辨音广韵》东韵对比表

韵		《重编广韵》	《辨音广韵》
一东	小韵相同例	1见一公，2见三弓，3溪一空，4溪三穹，6羣三窮，8疑三顒，9喻三融，10端一東，11透一通，12定一同，13泥一農，14孃三醲，15並一蓬，16明一蒙，17敷三風，18奉三馮，19精一宗，20精四縱，21清一怱，22從一叢，23從四從，25照三中，26穿三充，27牀二崇，28牀三蟲，29審三舂，30禪三禮，31影一翁，32影三邕，33曉一烘，34曉三訇，35匣一洪，36匣三雄，37來一龍，38來三隆，39日三戎。	1见一公，2见三弓，3溪一空，4溪三穹，5羣三窮，6疑三顒，34喻三融，7端一東，8透一通，9定一同，10泥一農，11孃三醲；12並一蓬，13明一蒙，14敷三風，15奉三馮，16精一宗，17精三縱，18清一怱，19從一叢，20從三從；22照三中，23穿三充，24牀二崇，25牀三蟲，26審三舂，27禪三禮，28影一翁，29影三邕，30曉一烘，31曉三訇，32匣一洪，33匣三雄，35來一龍，36來三隆，37日三戎。
	不同	5羣一頄，7疑一岘，24心一松，	21心三淞

由表6-8可知，两书相同36处，不同4处，相似度大大超过50%。由此可见，《重编广韵》与《辨音广韵》存在着非常大的相似性。

综上所述，《辨音广韵》与《重编广韵》关系极为密切，虽然两者之间存在一定差距，在没有详细考察之前，我们还不能确定《辨音广韵》就是《重编广韵》。但我们可以确定，《辨音广韵》与《重编广韵》即使不是一部韵书，也是一系韵书。《重编广韵》比《辨音广韵》收字多出几倍，《辨音广韵》很可能是《重编广韵》的常用字缩略本。

由此我们判定，《辨音广韵》极有可能是《重编广韵》一系韵书，这对现存的《重编广韵》的版本和校勘具有非常重要的文献学价值；如果《辨音广韵》不是《重编广韵》的常用字缩略本，那就有可能是已经失传的另一部韵书，其文献价值更加可观。

宁忌浮先生认为，在汉语语音史上，《重编广韵》没有什么太大的价值。《重编广韵》是《洪武正韵》的重编，称《重编广韵》有些勉强，叫《重编洪武正韵》更为贴切。①我们认为，存在的就是有价值的，《重编广韵》与《洪武正韵》关系如此密切，这又进一步证明《辨音纂要》所表现的是一套吴语读书音。

第三节 《辨音纂要》所引《词韵》

《辨音纂要》为每个小韵注明《广韵》音之后，还注明了《词韵》音，这体现出《辨音纂要》非常重要的文献价值，它比较完整地保存了另一部词韵书。作者没有注明书的全名，只是标识为《词韵》。从我们目前的考察情况来看，其反切与《切韵》系韵书有很大的差距。与《辨音广韵》所附反切也多有不同，下面先将其反切上下字进行整理，然后与《中州音韵》进行对比，继而探讨《词韵》的性质。

各反切上下字旁边的数字表示该反切上下字在《词韵》中出现的频次。例如："巴62"，表示有62个同音字组以"巴"为反切上字，以此类推。

一 《词韵》反切上字

《辨音纂要》中《词韵》共收反切6299条，叶音1205条，《词韵》空缺405条，合计7909条。

帮：巴62；邦117；谤1；边3；兵4；博1；逋23；補5；（216）
滂：傍1；葩5；滂52；批11；偏14；鋪34；（117）
並：傍5；婢1；旁56；毘25；平8；蒲57；庄5；（157）
明：麻67；忙83；迷28；明5；模3；謨17；母2；暮1；蒙3；（209）
非：方64；夫28；（92）
敷：敷13；（13）
奉：防5；房18；扶42；（65）

---

① 宁忌浮：《汉语韵书史·明代卷》，上海人民出版社2009年版，第80页。

微：亡14；忘9；無14；（37）

端：當71；低16；丁25；東11；都32；多41；（196）

透：他58；台1；湯55；梯8；天1；拖8；（131）

定：調6；唐79；堂6；提2；題12；田9；停12；徒97；陀7；（230）

泥：拏9；那20；乃1；囊35；尼41；泥3；寧6；農11；濃5；奴22；（153）

來：賚6；來1；賫4；郎141；狼2；离19；梨10；離63；良29；凌26；靈1；龍12；盧47；蘆1；羅26；閭3；驢12；（403）

知：張74；知69；竹1；（144）

徹：痴20；癡9；抽17；（46）

澄：長29；陳8；池71；持13；遲15；蟲3；除4；长2；重4；（149）

娘：無

精：曾24；齋4；將19；精15；臧63；增1；兹50；咨2；兹32；滋1；資6；租5；（222）

清：倉63；蒼5；雌11；此1；囱2；聰2；粗19；疽3；七2；妻41；青12；清1；蛆4；趨1；（167）

从：才3；藏43；慈33；徂9；齊27；前3；（118）

心：桑65；喪19；僧20；思86；澌3；酥1；蘇1；雖17；梭7；西49；先6；相7；星8；須8；（297）

邪：詞38；辭7；祥7；徐11；（63）

庄：爭12；庄4；莊10；（26）

初：叉3；初41；瘡6；（50）

崇：鋤30；牀9；狀1；（40）

生：殺9；生11；師26；疎9；疏3；霜1；雙11；（70）

章：遮4；真2；征17；之99；朱8；（130）

昌：昌48；稱2；蚩1；齒1；樞1；（53）

禪：常3；徜5；成1；時1；殊2；（12）

书：商11；傷22；賒3；申8；升14；声14；尸33；施5；詩29；書4；（143）

船：蛇8；神8；繩41；繩6；（63）

日：而26；兒2；禳13；人16；仁11；如30；（98）

见：岡 22；哥 13；歌 30；更 13；公 12；沽 2；孤 17；姑 7；古 3；瓜 39；光 60；笄 12；飢 36；鷄 50；江 68；姜 5；巾 15；經 21；居 121；踞 3；柯 1；（550）

溪：康 22；軻 17；可 1；克 3；空 7；口 4；枯 39；誇 2；匡 23；欺 31；輕 7；丘 41；區 20；溪 7；（224）

羣：俱 5；狂 5；其 71；强 14；擎 26；求 12；渠 28；（161）

疑：昂 14；熬 2；俄 1；訛 20；鵞 2；吳 46；五 1；宜 6；銀 46；魚 19；（157）

影：阿 25；蛙 8；汪 29；烏 58；携 4；幺 4；伊 5；衣 130；依 5；因 16；應 23；於 56；（363）

云：王 29；爲 2；于 39；（70）

以：羊 16；姚 4；怡 4；移 216；盈 30；余 17；俞 2；餘 1；（290）

曉：呵 15；亨 2；烘 2；呼 34；花 15；荒 29；火 1；希 78；香 5；興 18；休 1；虛 53；（253）

匣：杭 17；何 42；河 2；紅 5；胡 86；華 33；黃 25；奚 100；霞 1；弦 8；携 2；（321）

二 《词韵》反切上字与《中州音韵》反切上字对比

表6-9 《词韵》《中州音韵》反切上字对比表

声母	《词韵》反切上字	《中州音韵》反切上字①	数量
帮	邦 117；逋 23；補 5；邊 3；兵 4；巴 62；謗 1；	邦 26；逋 6；補 2；邊；兵；巴 16；謗；	7
	博 1；	波 4；奔；拜；飽；包；彼；擺；賓；	9
滂	滂 52；鋪 34；葩 5；批 11；偏 14；	滂 19；鋪 9；葩 2；批 2；偏 2；	5
	傍 1；	舖 3；普；坡；㴻；	5
並	旁 56；蒲 57；傍 5；平 8；毘 25；	旁 13；蒲 9；傍；平；毘 4；	5
	婢 1；庄 5；		2
明	忙 83；麻 67；迷 28；蒙 3；模 3；謨 17；暮 1；明 5；	忙 22；麻 10；迷 5；蒙 3；模 3；謨；暮；明 2；	8

① 注：《中州音韵》反切上字取自张竹梅《中州音韵研究》第 130 页。

续表

声母	《词韵》反切上字	《中州音韵》反切上字①	数量
	母 2；	埋；賣；矛；冒；罵；磨 3；名；民；忙；	10
非	方 64；夫 28；	方 11；夫 6；	2
		分 2；府；敷 6；	3
敷	敷 13；		1
奉	房 18；防 5；扶 42；	房 5；防 2；扶 6；	3
		符；浮；	2
微	無 14；忘 9；亡 14；	無 6；忘 5；亡 2；	3
		文 2；務；	2
端	當 71；低 16；丁 25；東 11；都 32；多 41；	當 21；低 4；丁 4；東 2；都 9；多 15；	6
		擔 2；敦；底；打；登；抷；堵；朶；	8
透	他 58；台 1；梯 8；拖 8；	他 23；台 2；梯；拖 4；	4
	湯 55；天 1；	偷；通；躰；討；妥；听；珣；食；添；土；湯 18；吞；砒；	15
定	調 6；徒 97；唐 79；堂 6；提 2；題 12；田 9；停 12；陀 7；	調；徒 14；唐 12；堂 2；提；題；田；停；陀 2；	9
		苔；臀；爹；	3
泥	拏 9；那 20；囊 35；尼 41；泥 3；寧 6；農 11；奴 22；	拏；那 5；囊 17；尼 12；泥 3；寧；農；奴 13；	8
	濃 5；乃 1；	閙；糯；怒；	5
来	郎 141；羅 26；狼 2；離 63；离 19；梨 10；良 29；凌 26；靈 1；龍 12；蘆 47；驢 12；閭 3；	郎 27；羅 6；狼；離 6；离 4；梨；良 2；淩；靈；龍；蘆；驢 2；閭；	13
	蘆 1；來 1；賫 6；賛 4；	芦；藍 2；邐；雷；稜；驢；留 2；林 2；令；連；料；溜；廉；婁 2；路；鄰；雷；潦；慮；	23
日	而 26；兒 2；穰 13；人 16；仁 11；如 30；	而 5；兒；穰 6；人 4；仁 7；如 13；	6
		髯 2；穰；壬；饒；柔 2；日；	6

① 注：《中州音韵》反切上字取自张竹梅《中州音韵研究》第 130 页。

409

续表

声母	《词韵》反切上字	《中州音韵》反切上字①	数量
知	張74；知69；竹1；	張12；知10；竹；	3
		嘲2；朝；肘；中；	4
章	遮4；真2；征17；之99；朱8；	遮3；真2；征3；之24；朱2；	5
		周3；專2；錐；針；者；氈；沼；主；	8
庄	爭12；庄4；莊10；	爭2；莊6；庄；	3
		齋3；查；	2
昌	昌48；稱2；蚩1；樞1；	昌18；稱2；蚩2；樞2；	4
	齒1；	嗔4；充2；春2；吹；杵；川；	7
彻	抽17；痴20；癡9；	抽9；癡8；痴；	3
		耻；超；	2
初	初41；叉3；瘡6；	初14；叉；瘡；	3
		窓2；抄2；釵；差；攙；楚；	6
澄	長29；陳8；池71；持13；遲15；	長7；陳；池14；持3；遲2；	5
	蟲3；除4；长2；重4；	虫；重；沉；懲；直；	9
船	繩47；蛇8；神8；	繩8；蛇3；神3；	3
崇	鋤30；牀9；	鋤7；牀2；	2
	狀1；	床；巢；	3
禅	徜5；時1；成1；殊2；	徜；時；成；殊；	4
	常3；	城；	2
书	傷22；書4；詩29；升14；賒3；申8；声14；尸33；施5；	傷7；書3；詩3；升3；賒3；申2；声5；尸8；施；	9
	商11；	商6；深2；收3；手；少；舒；苫；身；暑；	10
生	雙11；生11；師26；疎9；霜1；	雙6；師6；生3；疎2；霜2；	5
	疏3；殺9；	衰；山；森；衫；搜；筛2；耍；疎4；	10
精	曾24；兹82；滋1；精15；租5；臧63；將19；資6；增1；	曾23；兹23；滋5；精3；租5；臧21；將2；資；增；	9

① 注：《中州音韵》反切上字取自张竹梅《中州音韵研究》第130页。

续表

声母	《词韵》反切上字	《中州音韵》反切上字①	数量
	齋 4；咨 2；	晶 2；則 2；早；勦；尖；嗟；姐；祖；賫 6；哉；尊；子；簪 2；左；津	17
清	倉 63；妻 41；雌 11；七 2；粗 19；青 12；疽 3；聰 2；蛆 4；	倉 20；妻 12；雌；七；粗 10；青 8；疽；聰；蛆；	9
	蒼 5；此 1；囪 2；清 1；趨 1；	趁 2；侵 2；取；且；僉；磋；翠；悄；猜；村；草；欺；	17
从	才 3；藏 43；徂 9；慈 33；齊 27；	才 2；藏 14；徂 3；慈 11；齊；	5
	前 3；	潛；層；從；酋；咱；	6
心	思 86；桑 65；喪 19；相 7；星 8；西 49；蘇 1；僧 20；須 8；梭 7；先 6；酥 1；雖 17；	思 25；桑 17；喪 4；相；星 3；西 8；蘇 2；僧；須 5；梭 2；先；酥；雖 2；	13
	澌 3；	羞；偹；斯；孫 2；腮；三；嫂；詢 2；宣；小；寫；	12
邪	詞 38；辭 7；徐 11；祥 7；	詞 9；辭 2；徐 5；祥；	4
		詳；旋；囚；	3
见	岡 22；居 121；哥 13；飢 36；公 12；姑 7；巾 15；孤 17；古 3；瓜 39；歌 30；更 13；江 68；光 60；經 21；竿 12；姜 5；	岡 5；居 13；哥 3；飢 6；公 3；姑 3；巾；孤 3；古 3；瓜；歌 3；更 2；江 9；光 10；經 2；竿 2；姜；	17
	沽 2；鷄 50；踞 3；柯 1；	金 2；鬼；矩；俱；斤；君；雞 8；皆；乖；甘 2；監 2；昆 2；擎；根；干；杲；皎；該；鍋；戈；果；加；家；寡；勾；溝；兼；	31
溪	枯 39；軻 17；康 22；可 1；溪 7；空 7；口 4；誇 2；匡 23；欺 31；輕 7；區 20；丘 41；	枯 13；軻 7；康 7；可 2；溪 4；空 2；口；誇；匡 10；欺 8；輕；區 6；丘 9；	13
	克 3；	開 2；楷；坤；看；珂；科；顆；巧；謙；苦；墟；泣；卿；豈；圈；堪；	17
群	其 71；渠 28；強 14；狂 5；求 12；	其 16；渠 10；強 5；狂；求；	5
	俱 5；擎 26；	喬；	3
晓	希 78；呵 15；亨 2；荒 29；花 15；呼 34；烘 2；火 1；香 5；興 18；休 1；虛 53；	希 23；呵 11；亨 2；荒 7；花 4；呼 8；烘；火 2；香 2；興 2；休 2；虛 8；	12

① 注：《中州音韵》反切上字取自张竹梅《中州音韵研究》第 130 页。

续表

声母	《词韵》反切上字	《中州音韵》反切上字①	数量
		稀；向；凶；欣；薰；許；喜；曉；黑；虎；昏；好；	12
匣	奚 100；杭 17；何 42；紅 5；胡 86；華 33；黃 25；霞 1；弦 8；	奚 19；杭 2；何 12；紅 5；胡 18；華 5；黃 4；霞；弦；	9
	携 2；河 2；	豪；含；攜 2；和；回；佚；	8
疑	吴 46；昂 14；俄 1；鵞 2；訛 20；鱼 19；五 1；宜 6；銀 46；	吳 8；昂 5；鵝；俄 2；訛；魚 4；五；宜；銀 2；	9
	熬 2；	吟；傲；崖；	4
影	阿 25；衣 130；因 16；依 5；蛙 8；伊 5；汪 29；應 23；烏 58；於 56；幺 4；	阿 9；衣 26；因 4；依 2；蛙 2；伊；汪 6；應；烏 15；於 16；幺；	11
	携 4；	英；陰；音；要；塢；哀；埃；溫 3；灣；襖；杳；謠；罷；	14
喻	王 29；爲 2；于 39；移 216；羊 16；怡 4；盈 30；姚 4；余 17；俞 2；	王 8；于 3；為；移 24；羊 4；怡；盈；姚；余 2；俞 2；	10
	餘 1；	耀；以；夜；耶 2；雲 2；遙；	7

三 《词韵》反切下字

曾：崩 28；曾 2；登 6；燈 1；鄧 3；黑 3；楞 9；稜 13；僧 10；升 6；繩 17；剩 1；忒 2；（101）

宕：榜 14；謗 4；藏 4；當 10；黨 7；蕩 2；放 2；岡 3；剛 3；光 23；廣 6；杭 13；桁 6；黃 7；晃 2；姜 1；將 19；蔣 5；醬 2；誑 6；曠 4；郎 19；朗 6；浪 9；良 2；忙 18；莽 3；曩 5；桑 11；喪 5；磉 2；傷 28；賞 8；上 10；霜 9；王 1；往 1；旺 3；相 10；想 4；羊 14；養；漾 5；臧 2；張 19；掌 4；丈 3；仗 3；帳 6；莊 10；（369）

梗：兵 11；打 13；丁 25；庚 2；耕 17；梗 2；行 6；橫；宏 3；京 15；經 17；精 7；景 6；憬 1；竟 1；敬 6；零 26；另 5；猛 3；孟 1；名 4；明 18；茗 7；命 8；佞 1；平 2；情 1；燒 1；生 17；声 9；盛 1；星 15；

---

① 注：《中州音韵》反切上字取自张竹梅《中州音韵研究》第 130 页。

性 5；英 15；盈 9；營 3；影 14；硬 1；征 7；爭 6；正 5；(322)

果：波 7；播 1；搓 9；多 18；剁 3；戈 9；哥 23；舸 1；个 2；箇 1；果 7；過 3；何 1；和 2；可 2；羅 19；邏 5；磨 7；梭 12；鎖 1；臥 5；靴 12；左 5；佐 2；座 5；(172)

假：巴 3；把 3；霸 2；爹 1；瓜 20；寡 5；華 9；化 2；加 34；家 5；賈 14；架 21；假 3；價 23；駕 3；嗟 3；姐 2；借 5；麻 12；馬 3；罵 14；惹 1；偌 5；洒 4；沙 10；蛇 5；射 3；洼 6；瓦 4；下 1；些 2；斜 7；牙 15；雅 16；亞 11；耶 17；爺 3；也 59；夜 48；鮓 7；詐 6；遮 15；者 6；蔗 7；(445)

江：邦 24；港 2；江 19；講 10；降 5；絳 7；(67)

流：彪 8；丟 12；兜 10；鬬 1；勾 7；鉤 7；苟 3；搆 5；侯 5；候 6；究 8；鳩 41；九 18；久 1；救 7；口 3；婁 15；漏 7；矛 1；母 7；謳 8；秋 9；囚 13；柔 12；壽 6；瘦 7；搜 13；曳 2；秀 3；尤 3；由 16；友 1；有 7；又 11；宥 2；州 5；周 1；呪 5；鄒 6；走 7；奏 3；(312)

山：班 23；般 10；板 4；版 1；半 3；扮 5；絆 8；邊 2；扁 12；徧 3；殘 2；查 10；産 2；傳 6；單 1；亶 4；旦 2；顛 5；典 8；店 4；端 6；短 5；斷 1；干 5；秆 1；幹 17；官 23；關 19；管 10；貫 12；慣 9；寒 7；汗 4；還 3；患 5；奸 1；肩 5；堅 23；間 5；煎 9；剪 8；賽 17；簡 6；見 16；澗 8；箭 3；結 4；娟 7；涓 25；鐫 4；捲 9；眷 16；決 1；蘭 9；連 12；璉 8；練 1；欒 9；卵 2；亂 8；瞞 21；蠻 6；幔 9；慢 5；眠 6；綿 12；免 1；面 14；妹 5；全 3；然 14；頓 4；傘 2；散 8；殺 5；煞 2；訕 4；擅 3；拴 4；說 4；酸 2；筍 4；丸 3；完 5；玩 5；晚 3；椀 10；先 13；閑 14；薛 6；現 3；睍 2；線 11；宣 15；喧 3；選 5；雪 3；延 12；言 4；眼 3；演 10；晏 4；硯 3；元 11；圓 5；遠 4；願 8；月 6；儹 4；贊 1；邅 5；展 2；戰 14；專 8；轉 6；囀 2；拙 1；鑽 6；懶 4；爛 11；丹 8；練 7；(846)

深：參 1；金 22；錦 4；禁 4；侵 8；荏 1；森 11；深 9；心 5；吟 13；針 2；枕 4；鴆 1；(85)

通：叢 8；東 22；董 5；凍 6；工 16；公 2；汞 2；拱 6；貢 16；紅 5；孔 8；隆 4；龍 21；隴 2；夢 1；蒙 12；濃 13；弄 6；戎 23；容 29；宂 6；

松 10；鬆 5；竦 9；聳 2；送 3；誦 3；翁 11；甕 4；勇 1；用 3；中 7；踵 4；宗 8；綜 5；總 4；（292）

咸：珊 5；擔 7；膽 3；甘 12；敢 5；感 2；含 12；憾 2；合 1；尖 5；兼 23；監 24；減 5；檢 18；劍 10；刧 1；婪 1；藍 18；覽 3；濫 12；廉 7；斂 11；髯 4；冉 1；染 1；三 6；苫 6；探 2；纖 11；咸 8；銜 4；岩 6；鹽 19；焰 6；簪 6；占 4；（272）

效：襖 11；包 11；保 2；報 6；標 3；表 6；俵 2；巢 2；嘲 11；刀 15；倒 4；島 6；到 5；刁 12；弔 4；高 34；杲 4；告 18；豪 10；浩 3；號 4；交 45；焦 17；皎 20；勦 2；叫 8；教 6；醮 7；勞 25；老 6；澇 11；聊 22；了 2；料 12；毛 22；卯 21；冒 3；貌 7；苗 14；渺 8；妙 6；饒 9；遶 1；悄 2；搔 1；騷 10；掃 8；梢 12；邵 2；紹 1；消 15；小 4；效 7；笑 7；爻 7；肴 13；堯 7；杳 12；要 5；遭 7；早 3；灶 2；噪 3；燥 2；竈 4；招 4；昭 3；沼 4；照 3；罩 1；爪 1；（597）

蟹：哀 1；擺 4；拜 15；背 9；閉 20；柴 1；催 2；呆 1；帶 11；低 26；底 14；帝 42；堆 6；對 1；垓 3；改 8；蓋 9；卦 9；乖 14；拐 2；怪 5；圭 8；孩 5；海 1；害 4；話 6；淮 3；回 4；悔 3；雞 70；擠 20；計 67；際 2；佳 13；皆 12；解 6；介 7；開 7；來 14；賴 21；雷 7；纇 2；黎 1；禮 7；埋 9；買 7；賣 7；梅 19；每 2；妹 24；迷 22；謎 24；米 15；姝 2；乃 1；妻 8；齊 11；腮 10；賽 3；世 20；台 6；推 6；腿 6；歪 2；外 6；隈 11；西 15；洗 26；細 8；鞋 7；蟹 1；崖 2；哉 4；再 3；齋 12；債 2；贅 11；（805）

遇：逋 36；布 10；初 3；都 18；堵 9；妒 7；蠹 1；夫 7；孤 7；姑 36；古 10；故 27；乎 3；胡 13；互 6；居 58；疽 11；矩 26；舉 5；句 9；廬 22；魯 3；路 6；模 17；謨 3；暮 12；取 3；如 25；汝 10；書 6；疎 6；疎 1；恕 20；蘇 7；所 5；五 15；須 9；醑 1；絮 2；於 22；余 9；宇 1；雨 10；遇 21；朱 31；主 7；注 5；租 5；祚 1；（587）

臻：奔 20；本 1；賓 6；唇 3；純 5；寸 2；敦 7；頓 1；根 7；跟 1；艮 6；痕 2；狠 4；恨 2；巾 7；斤 15；津 6；晉 5；進 2；均 8；君 11；郡 6；峻 4；懇 1；昆 12；困 5；崙 4；論 14；門 5；悶 6；民 16；敏 2；人 12；忍 7；認 1；閏 5；詵 4；舜 2；孫 5；溫 9；辛 4；信 6；荀 4；遜

2；寅3；銀4；隱1；印4；雲20；允4；運1；真19；榛7；蔘1；尊9；（330）

止：悲17；比9；彼7；痴2；恥13；垂1；非13；美5；歸30；鬼22；貴31；几10；己13；累8；离21；離9；里3；利18；瑞3；時12；始14；侍1；是5；誰5；睡8；思25；死5；四13；雖5；隨1；髓1；遂4；微10；爲8；委10；位5；畏14；移64；已10；以27；倚5；異23；意9；義2；之18；支3；知28；止19；至22；智8；追9；兹28；子5；恣19；嘴3；醉13；（696）

四 《词韵》反切下字与《中州音韵》反切下字对比

表6-10 《词韵》《中州音韵》反切下字对比表

韵摄	《词韵》反切下字	《中州音韵》反切下字①	数量
通	蒙12；孔8；貢16；工16；弄6；東22；凍6；鬆5；送3；公2；紅5；叢8；宗8；綜5；翁11；瓮4；龍21；夢1；拱6；隆4；隴2；聳2；容29；戎23；松10；中7；踵4；竦9；誦3；濃13；勇1；用3；董5；	蒙5；孔4；貢4；工2；弄2；東3；凍2；鬆2；送2；公；紅；叢2；宗2；綜2；翁2；瓮；龍；夢；拱；隆；隴；聳；容5；戎4；松2；中2；踵；竦；誦；濃；勇；用；董；	34
	汞2；總4；宂6；	通；栱；充；凶；摠；冗2；	9
宕	浪9；郎19；黨7；喪5；曩5；當10；朗6；桁6；蕩2；臧4；藏4；桑11；磔2；岡3；莊10；霜9；相10；賞8；張19；傷28；上10；將19；蔣4；想4；羊14；養6；帳6；掌4；丈3；醬1；姜1；漾5；良2；光23；榜14；黃7；謗4；忙18；廣6；曠4；晃2；莽6；詿6；放2；王1；旺3；	浪5；郎2；黨3；喪3；曩2；當2；朗2；桁2；蕩2；臧2；藏2；桑；磔2；岡2；莊3；霜3；相5；賞2；張4；傷2；上2；將2；蔣2；想2；羊2；養2；帳；掌；丈；醬；姜；漾2；良2；光4；榜3；黃2；謗2；忙3；廣2；曠2；晃2；莽2；詿2；放2；王；旺；	46
	剛3；杭13；往1；仗3；	杭2；葬；窓；牀；尚；徃；	10
江	邦24；江19；降5；講10；港2；	邦4；江4；降4；講2；港；	5
	絳7；		1

---

① 注：《中州音韵》反切下字取自张竹梅《中州音韵研究》第208页。

续表

韵摄	《词韵》反切下字	《中州音韵》反切下字①	数量
止	悲17；比9；止19；子5；兹28；四13；非13；几10；之18；思25；至22；支3；知28；智8；嘴6；里3；彼7；異23；恥13；醉13；累8；鬼22；貴31；歸30；追9；離30；時12；始14；侍1；是5；睡5；誰7；遂4；雖5；隨1；髓1；已10；以27；利18；瑞3；恣19；死5；位5；畏14；爲8；委10；倚5；意9；義2；痴2；移64；	悲；比；止4；子4；兹3；四3；非；几；之3；思2；至2；支；知3；智2；嘴；里2；彼3；異2；恥2；醉2；累2；鬼4；貴3；歸5；追3；離3；時；始；是；侍；睡；誰2；遂；雖；隨；髓；已4；以4；利3；瑞；恣；死；位；畏；爲；委2；義；意；倚；癡；移5；	51
	垂1；美5；已13；微10；	詩；豈；侈；美3；非；飛；吹；翠；衰2；	14
蟹	帝42；低26；贅11；際2；迷22；謎24；西15；洗26；細8；米15；閉20；世20；堆6；對1；背9；額2；雷7；妹24；擠20；齊11；悔3；計67；底14；梅19；每2；禮7；妻5；催2；推6；腿6；齋12；擺4；拜15；埋9；買7；賣7；皆12；哀1；台6；歪2；外6；乖14；怪5；孩5；海7；害4；再3；蓋9；改8；乃1；淮3；埃3；鞋7；蟹1；柴1；帶11；賽3；解6；介7；崖2；來14；開7；賴21；腮10；哉4；債2；限11；雞70；	帝2；低；贅2；際2；迷4；謎4；細3；西3；洗3；米3；閉2；世2；堆；對；背2；額；雷；妹4；擠2；齊2；悔；計4；底2；梅3；每2；禮；妻；催；腿；齋6；擺2；拜2；埋；賣4；買3；皆；哀；台2；歪；外2；乖6；怪4；孩；海；害；再；蓋2；改2；乃；淮3；埃；鞋；蟹；柴；帶3；賽2；解2；介；崖2；來3；開4；賴2；腮4；哉2；債；限；雞4；	68
	呆1；卦9；拐2；圭8；話6；回4；佳13；黎1；妹2；	啓；躰；黑2；囘；忒；則；閉；切；篩2；釵；差；苔；該；猜；才；楷；埃；枴；賴；瀨；洒；	30
遇	姑36；蘇7；都18；故27；逋36；布10；堵9；盧22；魯3；古10；雨10；宇1；夫7；初3；妒7；模17；暮12；租5；路6；護3；汝10；余9；遇21；主7；於22；舉5；孤7；乎3；注5；朱31；胡13；互6；如25；書6；恕20；絮2；五15；須9；醋1；矩26；句9；居58；所5；疎1；疏6；取3；疽11；	姑6；蘇6；都5；故4；逋4；布2；堵3；盧3；魯；古3；雨2；宇；夫2；初2；妒2；模4；暮4；租3；路3；護；汝；余；遇2；主4；於4；舉；孤；乎；注；朱4；胡；互；如6；書2；恕2；絮2；五2；須4；醋2；矩5；句2；居4；所2；疎（疏）3；取2；疽；	46
	蠱1；怍1；	粗2；母2；普；補；塢；土；怒；祖；枯；苦；虎；波；敷；府；無；務；楚；疏；沮2；趄2；驢；慮；區；許；杵；暑；俞；	29

① 注：《中州音韵》反切下字取自张竹梅《中州音韵研究》第208页。

续表

韵摄	《词韵》反切下字	《中州音韵》反切下字[①]	数量
臻	奔20；本1；賓6；唇3；純5；寸2；敦7；頓1；根7；跟1；艮6；痕2；狠4；恨2；巾7；斤15；津6；晉5；進2；均8；君11；郡6；峻4；懇1；昆12；困5；崙4；論14；門5；悶6；民16；詵4；真19；人12；辛4；信6；敏7；忍7；銀4；印4；軫1；遜5；閏5；允4；運1；孫5；雲20；寅3；尊9；温9；荀4；	奔5；本；賓3；唇；純；寸；敦2；頓；根4；跟；艮2；痕；狠；恨；巾；斤4；津3；晉；進；均；君2；郡；峻；懇；昆5；困；崙；論2；門4；悶4；民3；詵；真5；人3；辛；信；敏；忍2；銀；印；軫；遜；閏；允；運；孫3；雲7；寅；尊4；温5；荀；	51
	認1；舜2；隱1；蓁7；	身；神；仁；分2；吞；臀；村；坤；昏；損；文；詢2；瞬；准；春；薫；敦；圇；必；臻；因2；嗔2；鄰；欣；	28
山	班23；般10；幹17；板4；干5；免1；面14；秆1；亶4；旦2；殘2；汗4；奸1；慣9；間5；寒7；官23；管10；貫12；還3；患5；半3；斷1；扮5；絆8；元11；箭3；扁12；徧3；瞞21；傘6；雪3；拙1；專8；現3；見16；先13；完5；玩5；宣15；爛11；闌9；丹8；全3；喧3；選5；煎9；剪8；璉8；然14；丸3；連12；閑14；散8；單1；慢5；典8；簡6；澗8；亂8；蠻6；晚3；晏4；幔9；言4；肩5；笋4；端6；短5；眷16；椀10；愿8；塞17；頓4；涓25；眠6；邊2；結4；拴1；鑽6；產2；眼3；延12；卵2；綿12；顛5；演10；硯3；薛6；遭5；線11；償4；贊1；関19；展2；月6；轉6；練8；堅23；鐫4；捲9；決1；訕4；欒9；傳6；説4；酸2；戰14；煞2；殺4；遠4；娟7；	班3；般；幹；板3；干3；免；面3；秆；亶；旦2；殘；汗2；奸；慣3；間3；寒2；官；管3；貫3；還；患2；半；斷；扮2；絆2；元3；箭；扁；徧；瞞3；傘；雪；拙；專5；現2；見4；先3；完2；玩；宣5；爛3；闌2；丹；全；喧；還；煎2；剪；璉2；然2；丸；連5；閑4；散；單；慢5；典2；簡2；澗3；亂3；蠻2；晚；晏；幔；言；肩；笋2；端4；眷4；椀；愿（願）2；塞4；頓；涓2；眠；邊；結；拴；鑽；產；眼；延2；卵2；綿；顛；演；硯；薛2；遭2；線2；償；贊；関6；展；月2；轉2；練2；堅4；鐫；捲2；決；訕；欒3；傳；説；酸2；戰3；煞；殺；遠2；娟；	112
	版1；查10；店4；妹5；擅3；晛5；圓5；嚩2；懶4；	看；翰；山2；灣；還；捥；氈；檀2；川；圈；旋；困；	21

---

① 注：《中州音韵》反切下字取自张竹梅《中州音韵研究》第208页。

续表

韵摄	《词韵》反切下字	《中州音韵》反切下字[①]	数量
效	高34；杲4；告18；勞25；澇11；搔1；襖11；早3；包11；保2；灶2；掃8；刀15；老6；豪10；報6；毛22；島6；倒4；到5；標3；表6；俵2；嘲11；刁12；弔4；皎20；浩3；號4；交45；焦17；勦2；叫8；教20；醮7；聊22；了2；料12；卯21；貌7；苗14；渺8；妙6；饒9；遶1；騷10；梢12；邵2；紹1；消15；小4；效7；笑7；爻7；肴13；堯7；杳12；要5；昭3；遭7；噪7；燥2；招4；沼4；照2；罩1；爪1；巢2；冒3；	高6；杲3；告4；勞4；澇3；搔3；襖3；早2；包3；保2；灶2；掃2；刀2；老2；豪2；報2；毛2；島2；倒2；到2；標2；表2；俵2；嘲4；刁2；弔2；皎6；浩2；號2；交4；焦2；勦2；叫4；教2；醮2；聊3；了2；料4；卯6；貌2；苗3；渺2；妙2；饒4；遶2；騷2；梢2；邵2；紹2；消4；小3；效2；笑2；爻2；肴2；堯2；杳2；要2；昭2；遭2；噪2；燥2；招2；沼3；照3；罩2；爪2；巢2；冒2；	69
	懆2；竃4；	討；好；草；嫂；傲；鬧；抄2；飽；稍；朝；遙；耀2；剿；越；喬；悄；曉；超；燒；少；巧；	23
果	波7；何1；播1；哥23；軻1；箇1；个2；搓9；多18；剁3；戈9；果7；過3；和2；可2；羅19；邏5；磨7；梭12；鎖1；臥5；靴12；左5；佐2；座5；	波7；何6；播3；哥2；軻2；箇2；個2；搓多4；剁3；戈3；果4；過2；和2；可2；羅4；邏3；磨6；梭3；鎖4；臥2；靴4；左2；佐2；座；	25
		軻；珂；呵；阿；波4；坡2；頗；朶；拖；硪；他；妥；那；糯；磋；鍋；科；顆；禾；火；那；歌5；	22
假	巴3；寡5；把3；霸2；爹1；瓜20；華9；化2；加34；家5；雅16；賈14；架21；假3；價23；嗟5；姐5；借5；麻12；馬3；罵14；沙10；惹5；亞11；鮓7；詐6；也59；夜48；遮15；射7；蛇5；牙15；些2；者6；蔗7；爺3；耶17；瓦4；斜7；借5；	巴4；寡6；把3；霸2；爹2；瓜4；華2；化2；加9；家2；雅7；賈2；架4；假2；價5；嗟2；姐3；借2；麻5；馬3；罵5；沙3；惹2；亞2；鮓2；詐2；也10；夜7；遮7；射2；蛇3；牙2；些2；者2；蔗2；爺2；耶8；瓦2；斜2；借2；	40
	洒4；洼6；下1；駕3；	咱2；佳3；卦4；話2；誇2；篦；且；寫；賒；呆；挈；耍；查3；嫁2；	18
曾	崩28；稜13；登6；鄧3；僧10；燈1；楞9；升6；繩17；剩1；	崩3；稜4；登3；鄧2；僧2；燈；楞；升；繩；剩；	10
	曾2；黑3；忒2；	甑；增；層；稱；	7

---

① 注：《中州音韵》反切下字取自张竹梅《中州音韵研究》第208页。

续表

韵摄	《词韵》反切下字	《中州音韵》反切下字[①]	数量
梗	打13；兵11；丁25；生17；争6；孟1；猛3；明18；征7；命8；景6；名4；另5；正5；耕17；声9；經17；行6；京15；精7；敬6；英15；零26；情1；硬1；茗7；佞1；影14；性5；盈9；营3；盛1；星15；	打3；兵；丁；生4；争3；孟；猛；明4；征4；命3；景3；名2；另2；正2；耕；声；經4；行；京；精；敬；英2；零3；情；硬；茗；佞；影；性；盈；营；盛；	33
	横6；宏3；憬1；竟1；平2；燒1；庚2；梗2；	鳴；令；輕；卿；青；定；听；寧；靐；貞；晶2；	19
流	勾7；兜10；侯5；謳8；婁15；搆5；漏7；走7；苟3；候6；壽1；闗1；口3；九18；久1；鳩41；究8；柔12；瘦7；搜13；叟2；囚13；又11；有7；秋9；彪8；丢12；奏3；鄒6；由16；周1；州5；救7；矛1；友1；秀3；	勾4；兠2；侯2；謳2；婁3；搆2；漏2；走2；苟；候；壽；閗；口；久2；九4；鳩4；究；柔；搜4；叟2；瘦2；囚3；又3；有；秋；彪；丢；奏；鄒2；由5；周4；州；救2；矛2；友；秀；	36
	母7；尤3；宥2；呪5；鉤7；	偷；溝；搆；矣；后；厚；樓；嗽；收3；抽；留；溜；揪；羞；脩；休；肘；咒；手；婁2；	25
深	森11；参1；金22；锦4；禁4；侵8；荏1；深9；心5；吟13；针2；枕4；鳩1；	森3；参；金8；锦4；禁；侵4；荏；深4；心；吟4；针2；枕；鳩；	13
		滛；林；沉；壬；音；陰；	6
咸	擔7；合1；簪6；含12；濫12；感2；甘12；藍18；三6；苦6；膽3；尖5；占4；冉2；染1；纖11；探2；覽3；婪1；憾2；咸8；监24；檢18；兼23；廉7；銜4；减5；敛11；焰6；髯4；岩6；劍10；刼1；珊5；	擔2；合；簪4；含5；濫6；感2；甘5；藍5；三3；苦2；膽；尖2；占2；冉；染；纖3；探；覽；婪；憾；咸5；监9；檢；兼6；廉4；銜；减；敛3；焰5；髯4；岩2；劍4；刼；耽；	34
	敢5；鹽19；	攙；衫；塩5；潜；謙；歛；店；添；瞻2；貪；珊；堪；菴；	15

五 《词韵》综论

从《词韵》反切上下字我们可以看出以下几方面内容：

1. 《词韵》反切上字与反切下字都是常用字。
2. 《词韵》反切上字和反切下字在《辨音纂要》的韵字中基本都能找到。

---

① 注：《中州音韵》反切下字取自张竹梅《中州音韵研究》第208页。

3. 《词韵》反切上字与反切下字的等第基本相同。

据宁忌浮先生考证，《词韵》的反切和直音与王文璧《中州音韵》的反切直音相同，并且对韵字进行了初步对比。[①]

	公	子	空	穹	穷	颙	东
《词韵》	孤翁	孤翁	枯红	枯红	其容	尼容	多龙
《中州音韵》	孤翁	孤翁	枯红	枯红	其容	尼容	多龙

这 7 个韵字的反切完全相同。继而利用李无未教授文章引用的 89 条反切直音作统计，宁忌浮先生考证的结果，《词韵》就是《中州音韵》。

前人对《中州音韵》已经做过许多研究，如前辈学者赵荫棠先生、当代学者龙庄伟先生、许德宝先生。我们进一步来考察《词韵》与《中州音韵》的异同。前文已将《词韵》反切上下字与《中州音韵》的反切上下字进行对比，相同与相异的数据统计结果如下：

表6-11 《词韵》《中州音韵》反切上下字对比数据表

《词韵》与《中州音韵》	反切上字		反切下字	
	相同	不同	相同	不同
	254	308	673	277
占总数比例（%）	45.2	54.8	70.8	29.2

由表 6-11 可以看出，这两部韵书反切上字的相似率大大低于反切下字，反切上字不同的比例超过了 50%，足见这两部韵书是有一定差距的。

再次，《辨音纂要》的小韵按五音依次排列，韵字下无释义，但每个韵字后面都附有《广韵》和《词韵》音。宁先生认为，《广韵》《词韵》两书音切对举，这样的体例安排就是"辨音"的功能。既然如此，那么《词韵》与前面的《广韵》（我们称之为《辨音广韵》）就不可能是同一语音系统。张竹梅教授的《中州音韵》系统与《辨音纂要》的正读语音（《辨音广韵》）几乎完全一致，从这个角度也可以证明，《词韵》与《中州音韵》存在着一定的差距。

最后，从注音方式上，《词韵》与《中州音韵》也有所不同，两书都采用了反切法和叶音法注音，但《中州音韵》还有直音法。

[①] 宁忌浮：《汉语韵书史·明代卷》，上海人民出版社 2009 年版，第 99 页。

虽然《词韵》与《中州音韵》反切的数量及反切上字、反切下字的用字及注音方式存在差异，但是两书确实有很多实例完全一致，例如：

反切：

江阳：江，居羊切。//讲，居养切。//降，雞漾切。

支思：支，争时切。//紙，之始切。//至，之是切。

叶声：

蠓：叶蒙上声；雜囃：葉咱；做：叶租去声；醋厝措：叶粗去声；喝：叶呵上声；遏揭：叶阿上声……

以上音注在两书中完全一致，这样的例子很多，在此不一一罗列。

由此可见，《词韵》与《中州音韵》的关系非常紧密。对《词韵》进行研究的学者并不多，我们来看他们的观点。

崔剑昆认为，《词韵》以当时的实际语音为基础，反映了元代词人在填词用韵时的语音面貌，是一部元人填词用韵的韵书。它的成书时间在元末年至1476年间。但从所反映的实际语音面貌考证其成书下限至少应再提前到元代后期。并得出结论，《词韵》是散佚了的词用韵类韵书，为我们提供了元、明之际词人用韵的佐证。[①]

李无未先生有两篇文章探讨了《词韵》的性质及价值。1.《明抄本〈辨音纂要〉初探》；2.《〈词韵〉音系声调》。第一篇文章认为《词韵》音系所反映的是明代时音系统，与带有浓郁元代时音色彩的《中原音韵》基本一致，它是到目前为止我们所能见到的除《词林韵释》之外唯一一部明代的词（曲）韵韵书。第二篇文章认定《辨音纂要》所引《词韵》是一部非常重要的已经失传的韵书。

我们认为李无未先生提出的《词韵》是一部失传韵书的结论更为合理。而且我们认为，这部韵书与《中州音韵》有着极为密切的关切。从反切上字和反切下字的情况来看，《词韵》的数量远远超出《中州音韵》的数量。例如：

帮母：切上字"邦"，《词韵》117次，《中州音韵》26次；

滂母：切上字"滂"，《词韵》52次，《中州音韵》19次；

並母：切上字"旁"，《词韵》56次，《中州音韵》13次；

[①] 崔剑昆：《抄本〈辨音纂要〉所引〈词韵〉考》，硕士学位论文，吉林大学，2001年，第25页。

明母：切上字"忙"，《词韵》83次，《中州音韵》22次。
通摄：切下字"容"，《词韵》29次，《中州音韵》5次；
宕摄：切下字"傷"，《词韵》28次，《中州音韵》2次；
江摄：切下字"邦"，《词韵》24次，《中州音韵》4次；
遇摄：切下字"居"，《词韵》58次，《中州音韵》4次。

综上所述，我们认为《词韵》与《中州音韵》之间有着密切的联系，《中州音韵》有可能是《词韵》的改编缩略本。

《词韵》的文献学价值、语言学价值更为重要，目前这部失传已久的韵书还没有得到充分研究，这有待于我们进一步的研究和考证。

第四节 《辨音纂要》所引《中原雅音》

20世纪20年代以来，国内外学者如邵荣芬先生、宁继福先生、蒋希文先生、杨耐思先生、服部四郎先生、辻本春彦先生等人对《中原雅音》的研究不断深入，他们的研究大多采用明代章黼《韵学集成》与清代朱紫《同声千字文》中所见《中原雅音》材料，确定《中原雅音》的基本音系性质，承认"中原雅音"是一部韵书而非官话名称。服部四郎先生（1946）引用朝鲜韵书《四声通解》"凡例"第9条内容，证明《中原雅音》是一本书；辻本春彦先生（1957）发表《〈洪武正韵〉反切用字考》赞同服部四郎的观点，并在《韵学集成》中发现《中原雅音》的材料，证明了《中原雅音》的存在，并于1976年发表《〈韵学集成〉と〈中原雅音〉》专门论述。

李无未先生在研读《辨音纂要》时发现了《辨音纂要》所引的与《韵学集成》、《同声千字文》不同的《中原雅音》资料，将《中原雅音》的研究往前推进了一大步。李先生根据这些材料得出结论：《中原雅音》的体例不是按照传统韵书《广韵》、《集韵》分韵收字，《中原雅音》的韵部名称与《中原音韵》完全相同，韵分十九。①这一发现对《中原雅音》的研究具有

---

① 李无未：《〈辨音纂要〉所传〈中原雅音〉》，《中国语言学报》2003年第11期。

第六章 《辨音纂要》文献总论

重要贡献，为许久以来困扰音韵学界《中原雅音》的韵目问题划上了一个圆满的句号，对《中原雅音》的体例研究也有十分重要的意义。他还提出，保存与整理《中原雅音》资料的第一位学者是明代的章黼（1460），对《中原雅音》进行"传统式研究"的第一人是明代的吉甫（1624），第一个进行系统"现代式研究"的学者是辻本春彦先生（1976）。[①]

我们将《辨音纂要》中涉及的《中原雅音》材料进行地毯式搜集，共得到带"雅音"字样 2072 处，它们或以小字注释形式列于一些韵字的声母之上，或以小字双列注释于韵目之下。声母以元本二支韵为例，平声支"羣、疑、帮、滂1、滂2、並、明、敷、奉、微、照、穿、床、影、晓、喻"、上声纸"羣、疑、帮、滂1、滂2、敷、奉、微、床、影、晓"、去声寘"羣、疑、帮、滂1、滂2、並1、並2、明、敷、奉、微、照、穿1、床、审2、禅、影、晓、喻"上方以注释的形式小字三列注明："此母中原雅音属齐微"；韵目以元本一屋入声为例，小字双列注于韵目一屋入声下："此韵中原雅音并属鱼模"。这些带《中原雅音》标识的材料对于我们进一步研究《中原雅音》具有非常重要的意义，我们在后续研究中会继续关注《辨音纂要》所引《中原雅音》材料。

董冰华研究《中原雅音》与《中州音韵》关系时推断，《中原雅音》是《中州音韵》的底本。她已将《中原雅音》进行辑佚和复原，在此我们只把《辨音纂要》中体现"雅音"字样的材料勾辑出来，以供学者研究《雅音》使用。

悲，中原雅音属齐微；	逵，中原雅音属齐微；	槀，中原雅音皆属车遮；
陂，中原雅音属齐微；	夔，中原雅音属齐微；	嵲，中原雅音皆属车遮；
卑，中原雅音属齐微；	馗，中原雅音属齐微；	鮿，中原雅音皆属车遮；
椑，中原雅音属齐微；	鬼，中原雅音属齐微；	嚻，中原雅音皆属车遮；
碑，中原雅音属齐微；	巍，中原雅音属齐微；	嚙，中原雅音皆属车遮；
羆，中原雅音属齐微；	危，中原雅音属齐微；	捏，中原雅音皆属车遮；
彼，中原雅音属齐微；	桅，中原雅音属齐微；	埕，中原雅音皆属车遮；
佊，中原雅音属齐微；	堆，中原雅音属齐微；	鐵，中原雅音皆属车遮；
鄙，中原雅音属齐微；	鮑，中原雅音属齐微；	餮，中原雅音皆属车遮；

---

① 李无未：《〈中原雅音〉研究的起始时间问题》，《中国语文》2004 年第 3 期。

祕，中原雅音属齐微；	推，中原雅音属齐微；	奎，中原雅音皆屬車遮；
秘，中原雅音属齐微；	炮，中原雅音属齐微；	經，中原雅音皆屬車遮；
泌，中原雅音属齐微；	隤，中原雅音属齐微；	挃，中原雅音皆屬車遮；
賁，中原雅音属齐微；	頹，中原雅音属齐微；	眰，中原雅音皆屬車遮；
轡，中原雅音属齐微；	魋，中原雅音属齐微；	胅，中原雅音皆屬車遮；
詖，中原雅音属齐微；	杯，中原雅音属齐微；	跌，中原雅音皆屬車遮；
皮，中原雅音属齐微；	盃，中原雅音属齐微；	眣，中原雅音皆屬車遮；
疲，中原雅音属齐微；	坏，中原雅音属齐微；	耴，中原雅音皆屬車遮；
被，中原雅音属齐微；	丕，中原雅音属齐微；	軼，中原雅音皆屬車遮；
髲，中原雅音属齐微；	邳，中原雅音属齐微；	迭，中原雅音皆屬車遮；
鞴，中原雅音属齐微；	胚，中原雅音属齐微；	凸，中原雅音皆屬車遮；
備，中原雅音属齐微；	醅，中原雅音属齐微；	涅，中原雅音皆屬車遮；
俻，中原雅音属齐微；	裴，中原雅音属齐微；	苶，中原雅音皆屬車遮；
避，中原雅音属齐微；	徘，中原雅音属齐微；	鼈，中原雅音皆屬車遮；
薜，中原雅音属齐微；	陪，中原雅音属齐微；	鷩，中原雅音皆屬車遮；
敝，中原雅音属齐微；	培，中原雅音属齐微；	蟞，中原雅音皆屬車遮；
弊，中原雅音属齐微；	枚，中原雅音属齐微；	弩，中原雅音皆屬車遮；
斃，中原雅音属齐微；	玫，中原雅音属齐微；	憋，中原雅音皆屬車遮；
幣，中原雅音属齐微；	梅，中原雅音属齐微；	扒，中原雅音皆屬車遮；
鼻，中原雅音属齐微；	苺，中原雅音属齐微；	擎，中原雅音皆屬車遮；
濞，中原雅音属齐微；	脢，中原雅音属齐微；	撇，中原雅音皆屬車遮；
媲，中原雅音属齐微；	媒，中原雅音属齐微；	潎，中原雅音皆屬車遮；
陛，中原雅音属齐微；	煤，中原雅音属齐微；	嫳，中原雅音皆屬車遮；
铊，中原雅音属齐微；	眉，中原雅音属齐微；	鐅，中原雅音皆屬車遮；
庳，中原雅音属齐微；	湄，中原雅音属齐微；	瞥，中原雅音皆屬車遮；
誓，中原雅音属齐微；	楣，中原雅音属齐微；	絮，中原雅音皆屬車遮；
逝，中原雅音属齐微；	嵋，中原雅音属齐微；	别，中原雅音皆屬車遮；
筮，中原雅音属齐微；	郿，中原雅音属齐微；	憋，中原雅音皆屬車遮；
噬，中原雅音属齐微；	崔，中原雅音属齐微；	癟，中原雅音皆屬車遮；

摘，中原雅音属齐微；	催，中原雅音属齐微；	滅，中原雅音皆屬車遮；
螭，中原雅音属齐微；	縗，中原雅音属齐微；	懱，中原雅音皆屬車遮；
魑，中原雅音属齐微；	榱，中原雅音属齐微；	蠛，中原雅音皆屬車遮；
黐，中原雅音属齐微；	推，中原雅音属齐微；	蠛，中原雅音皆屬車遮；
縭，中原雅音属齐微；	雖，中原雅音属齐微；	蔑，中原雅音皆屬車遮；
締，中原雅音属齐微；	荽，中原雅音属齐微；	篾，中原雅音皆屬車遮；
郗，中原雅音属齐微；	綏，中原雅音属齐微；	節，中原雅音皆屬車遮；
痴，中原雅音属齐微；	睢，中原雅音属齐微；	癤，中原雅音皆屬車遮；
笞，中原雅音属齐微；	濉，中原雅音属齐微；	櫛，中原雅音皆屬車遮；
鸱，中原雅音属齐微；	隨，中原雅音属齐微；	岊，中原雅音皆屬車遮；
蚩，中原雅音属齐微；	隋，中原雅音属齐微；	切，中原雅音皆屬車遮；
妛，中原雅音属齐微；	佳，中原雅音属齐微；	沏，中原雅音皆屬車遮；
嗤，中原雅音属齐微；	騅，中原雅音属齐微；	竊，中原雅音皆屬車遮；
瞠，中原雅音属齐微；	錐，中原雅音属齐微；	截，中原雅音皆屬車遮；
眵，中原雅音属齐微；	雛，中原雅音属齐微；	撒，中原雅音皆屬車遮；
熾，中原雅音属齐微；	追，中原雅音属齐微；	蠽，中原雅音皆屬車遮；
幟，中原雅音属齐微；	吹，中原雅音属齐微；	屑，中原雅音皆屬車遮；
馳，中原雅音属齐微；	炊，中原雅音属齐微；	糏，中原雅音皆屬車遮；
池，中原雅音属齐微；	椎，中原雅音属齐微；	搣，中原雅音皆屬車遮；
匙，中原雅音属齐微；	陲，中原雅音属齐微；	薛，中原雅音皆屬車遮；
遲，中原雅音属齐微；	錘，中原雅音属齐微；	蹕，中原雅音皆屬車遮；
墀，中原雅音属齐微；	鬌，中原雅音属齐微；	紲，中原雅音皆屬車遮；
踟，中原雅音属齐微；	垂，中原雅音属齐微；	泄，中原雅音皆屬車遮；
持，中原雅音属齐微；	槌，中原雅音属齐微；	泄，中原雅音皆屬車遮；
篪，中原雅音属齐微；	鎚，中原雅音属齐微；	絏，中原雅音皆屬車遮；
蚳，中原雅音属齐微；	搥，中原雅音属齐微；	疶，中原雅音皆屬車遮；
雉，中原雅音属齐微；	衰，中原雅音属齐微；	蝶，中原雅音皆屬車遮；
痔，中原雅音属齐微；	誰，中原雅音属齐微；	褻，中原雅音皆屬車遮；
峙，中原雅音属齐微；	煨，中原雅音属齐微；	偰，中原雅音皆屬車遮；

治，中原雅音属齐微；	隁，中原雅音属齐微；	楔，中原雅音皆屬車遮；
虒，中原雅音属齐微；	偎，中原雅音属齐微；	卨，中原雅音皆屬車遮；
滯，中原雅音属齐微；	椳，中原雅音属齐微；	浙，中原雅音皆屬車遮；
稚，中原雅音属齐微；	萎，中原雅音属齐微；	蜇，中原雅音皆屬車遮；
穉，中原雅音属齐微；	痿，中原雅音属齐微；	哲，中原雅音皆屬車遮；
值，中原雅音属齐微；	蜲，中原雅音属齐微；	折，中原雅音皆屬車遮；
肥，中原雅音属齐微；	威，中原雅音属齐微；	徹，中原雅音皆屬車遮；
淝，中原雅音属齐微；	葳，中原雅音属齐微；	撤，中原雅音皆屬車遮；
腓，中原雅音属齐微；	灰，中原雅音属齐微；	掣，中原雅音皆屬車遮；
扉，中原雅音属齐微；	恢，中原雅音属齐微；	轍，中原雅音皆屬車遮；
翡，中原雅音属齐微；	麾，中原雅音属齐微；	澈，中原雅音皆屬車遮；
吠，中原雅音属齐微；	撝，中原雅音属齐微；	設，中原雅音皆屬車遮；
霏，中原雅音属齐微；	徽，中原雅音属齐微；	舌，中原雅音皆屬車遮；
扉，中原雅音属齐微；	暉，中原雅音属齐微；	揲，中原雅音皆屬車遮；
誹，中原雅音属齐微；	揮，中原雅音属齐微；	謁，中原雅音皆屬車遮；
騑，中原雅音属齐微；	輝，中原雅音属齐微；	暍，中原雅音皆屬車遮；
緋，中原雅音属齐微；	暈，中原雅音属齐微；	咽，中原雅音皆屬車遮；
誹，中原雅音属齐微；	煇，中原雅音属齐微；	饐，中原雅音皆屬車遮；
菲，中原雅音属齐微；	褘，中原雅音属齐微；	噎，中原雅音皆屬車遮；
蜚，中原雅音属齐微；	回，中原雅音属齐微；	歇，中原雅音皆屬車遮；
非，中原雅音属齐微；	茴，中原雅音属齐微；	蠍，中原雅音皆屬車遮；
妃，中原雅音属齐微；	佪，中原雅音属齐微；	纈，中原雅音皆屬車遮；
飛，中原雅音属齐微；	徊，中原雅音属齐微；	襭，中原雅音皆屬車遮；
斐，中原雅音属齐微；	洄，中原雅音属齐微；	頡，中原雅音皆屬車遮；
棐，中原雅音属齐微；	迴，中原雅音属齐微；	拽，中原雅音皆屬車遮；
美，中原雅音属齐微；	虺，中原雅音属齐微；	列，中原雅音皆屬車遮；
俳，中原雅音属齐微；	爲，中原雅音属齐微；	烈，中原雅音皆屬車遮；
篚，中原雅音属齐微；	帷，中原雅音属齐微；	洌，中原雅音皆屬車遮；
榧，中原雅音属齐微；	韋，中原雅音属齐微；	裂，中原雅音皆屬車遮；

第六章 《辨音纂要》文献总论

匪，中原雅音属齐微；	違，中原雅音属齐微；	揳，中原雅音皆屬車遮；
朏，中原雅音属齐微；	闈，中原雅音属齐微；	熱，中原雅音皆屬車遮；
费，中原雅音属齐微；	圍，中原雅音属齐微；	厥，中原雅音皆屬車遮；
沸，中原雅音属齐微；	幃，中原雅音属齐微；	蹶，中原雅音皆屬車遮；
茀，中原雅音属齐微；	雷，中原雅音属齐微；	蕨，中原雅音皆屬車遮；
誹，中原雅音属齐微；	纍，中原雅音属齐微；	瘚，中原雅音皆屬車遮；
苇，中原雅音属齐微；	畾，中原雅音属齐微；	玦，中原雅音皆屬車遮；
肺，中原雅音属齐微；	缧，中原雅音属齐微；	訣，中原雅音皆屬車遮；
廢，中原雅音属齐微；	樏，中原雅音属齐微；	抉，中原雅音皆屬車遮；
籛，中原雅音属齐微；	藁，中原雅音属齐微；	駃，中原雅音皆屬車遮；
簽，中原雅音属齐微；	羸，中原雅音属齐微；	赽，中原雅音皆屬車遮；
縻，中原雅音属齐微；	蕤，中原雅音属齐微；	觖，中原雅音皆屬車遮；
靡，中原雅音属齐微；	綾，中原雅音属齐微；	決，中原雅音皆屬車遮；
糜，中原雅音属齐微；	頰，中原雅音多属車遮；	鳩，中原雅音皆屬車遮；
糜，中原雅音属齐微；	鋏，中原雅音多属車遮；	譎，中原雅音皆屬車遮；
醿，中原雅音属齐微；	荚，中原雅音多属車遮；	鐍，中原雅音皆屬車遮；
靡，中原雅音属齐微；	筴，中原雅音多属車遮；	闕，中原雅音皆屬車遮；
蘼，中原雅音属齐微；	梜，中原雅音多属車遮；	阕，中原雅音皆屬車遮；
瞇，中原雅音属齐微；	蛺，中原雅音多属車遮；	缺，中原雅音皆屬車遮；
眯，中原雅音属齐微；	夾，中原雅音多属車遮；	掘，中原雅音皆屬車遮；
寐，中原雅音属齐微；	切，中原雅音多属車遮；	撅，中原雅音皆屬車遮；
紕，中原雅音属齐微；	箧，中原雅音多属車遮；	鐝，中原雅音皆屬車遮；
批，中原雅音属齐微；	愜，中原雅音多属車遮；	臂，中原雅音皆屬車遮；
砒，中原雅音属齐微；	医，中原雅音多属車遮；	楔，中原雅音皆屬車遮；
鈚，中原雅音属齐微；	怯，中原雅音多属車遮；	月，中原雅音皆屬車遮；
捭，中原雅音属齐微；	吸，中原雅音多属車遮；	刖，中原雅音皆屬車遮；
硾，中原雅音属齐微；	業，中原雅音多属車遮；	軏，中原雅音皆屬車遮；
剝，中原雅音属齐微；	鄴，中原雅音多属車遮；	鈨，中原雅音皆屬車遮；
訛，中原雅音属齐微；	跕，中原雅音多属車遮；	隃，中原雅音皆屬車遮；

427

孤抄本《辨音纂要》正读音系考

圮，中原雅音属齐微；	帖，中原雅音多属車遮；	劣，中原雅音皆屬車遮；
陂，中原雅音属齐微；	貼，中原雅音多属車遮；	絶，中原雅音皆屬車遮；
鈹，中原雅音属齐微；	怗，中原雅音多属車遮；	雪，中原雅音皆屬車遮；
披，中原雅音属齐微；	揲，中原雅音多属車遮；	覆，中原雅音皆屬車遮；
毬，中原雅音属齐微；	諜，中原雅音多属車遮；	趌，中原雅音皆屬車遮；
蓜，中原雅音属齐微；	堞，中原雅音多属車遮；	拙，中原雅音皆屬車遮；
痞，中原雅音属齐微；	蹀，中原雅音多属車遮；	黜，中原雅音皆屬車遮；
秕，中原雅音属齐微；	蝶，中原雅音多属車遮；	輟，中原雅音皆屬車遮；
譬，中原雅音属齐微；	喋，中原雅音多属車遮；	啜，中原雅音皆屬車遮；
屁，中原雅音属齐微；	碟，中原雅音多属車遮；	說，中原雅音皆屬車遮；
碕，中原雅音属齐微；	疊，中原雅音多属車遮；	蔑，中原雅音皆屬車遮；
騎，中原雅音属齐微；	氎，中原雅音多属車遮；	血，中原雅音皆屬車遮；
琦，中原雅音属齐微；	捻，中原雅音多属車遮；	穴，中原雅音皆屬車遮；
祈，中原雅音属齐微；	聶，中原雅音多属車遮；	越，中原雅音皆屬車遮；
祁，中原雅音属齐微；	躡，中原雅音多属車遮；	鉞，中原雅音皆屬車遮；
岐，中原雅音属齐微；	鑷，中原雅音多属車遮；	狘，中原雅音皆屬車遮；
其，中原雅音属齐微；	接，中原雅音多属車遮；	魆，中原雅音皆屬車遮；
期，中原雅音属齐微；	浹，中原雅音多属車遮；	樾，中原雅音皆屬車遮；
棋，中原雅音属齐微；	椄，中原雅音多属車遮；	曰，中原雅音皆屬車遮；
琪，中原雅音属齐微；	婕，中原雅音多属車遮；	蚎，中原雅音皆屬車遮；
麒，中原雅音属齐微；	睫，中原雅音多属車遮；	粤，中原雅音皆屬車遮；
淇，中原雅音属齐微；	妾，中原雅音多属車遮；	悅，中原雅音皆屬車遮；
騏，中原雅音属齐微；	唼，中原雅音多属車遮；	閱，中原雅音皆屬車遮；
祺，中原雅音属齐微；	捷，中原雅音多属車遮；	劣，中原雅音皆屬車遮；
基，中原雅音属齐微；	睫，中原雅音多属車遮；	垺，中原雅音皆屬車遮；
萁，中原雅音属齐微；	燮，中原雅音多属車遮；	蹲，中原雅音皆屬車遮；
畿，中原雅音属齐微；	躞，中原雅音多属車遮；	蕕，中原雅音皆屬車遮；
蘄，中原雅音属齐微；	屧，中原雅音多属車遮；	臬，中原雅音皆屬車遮；
頎，中原雅音属齐微；	鞢，中原雅音多属車遮；	焫，中原雅音皆屬車遮；

428

葵，中原雅音属齐微；	摺，中原雅音多属車遮；	各，中原雅音皆屬蕭豪；
旂，中原雅音属齐微；	褶，中原雅音多属車遮；	閣，中原雅音皆屬蕭豪；
芪，中原雅音属齐微；	牒，中原雅音多属車遮；	脚，中原雅音皆屬蕭豪；
鬐，中原雅音属齐微；	摄，中原雅音多属車遮；	覺，中原雅音皆屬蕭豪；
耆，中原雅音属齐微；	㴜，中原雅音多属車遮；	角，中原雅音皆屬蕭豪；
伎，中原雅音属齐微；	歙，中原雅音多属車遮；	桷，中原雅音皆屬蕭豪；
技，中原雅音属齐微；	涉，中原雅音多属車遮；	珏，中原雅音皆屬蕭豪；
妓，中原雅音属齐微；	脅，中原雅音多属車遮；	恪，中原雅音皆屬蕭豪；
忌，中原雅音属齐微；	熻，中原雅音多属車遮；	卻，中原雅音皆屬蕭豪；
偈，中原雅音属齐微；	嚕，中原雅音多属車遮；	郤，中原雅音皆屬蕭豪；
泊，中原雅音属齐微；	恊，中原雅音多属車遮；	却，中原雅音皆屬蕭豪；
奇，中原雅音属齐微；	叶，中原雅音多属車遮；	殼，中原雅音皆屬蕭豪；
跽，中原雅音属齐微；	俠，中原雅音多属車遮；	硞，中原雅音皆屬蕭豪；
芰，中原雅音属齐微；	挾，中原雅音多属車遮；	蕚，中原雅音皆屬蕭豪；
世，中原雅音属齐微；	葉，中原雅音多属車遮；	鶚，中原雅音皆屬蕭豪；
貰，中原雅音属齐微；	燁，中原雅音多属車遮；	鰐，中原雅音皆屬蕭豪；
勢，中原雅音属齐微；	曄，中原雅音多属車遮；	愕，中原雅音皆屬蕭豪；
微，中原雅音属齐微；	爗，中原雅音多属車遮；	鍔，中原雅音皆屬蕭豪；
溦，中原雅音属齐微；	饁，中原雅音多属車遮；	鄂，中原雅音皆屬蕭豪；
薇，中原雅音属齐微；	獵，中原雅音多属車遮；	諤，中原雅音皆屬蕭豪；
惟，中原雅音属齐微；	躐，中原雅音多属車遮；	鱷，中原雅音皆屬蕭豪；
濰，中原雅音属齐微；	鬣，中原雅音多属車遮；	粤，中原雅音皆屬蕭豪；
維，中原雅音属齐微；	籨，中原雅音多属車遮；	鱷，中原雅音皆屬蕭豪；
尾，中原雅音属齐微；	唊，中原雅音多属車遮；	虐，中原雅音皆屬蕭豪；
亹，中原雅音属齐微；	讘，中原雅音多属車遮；	瘧，中原雅音皆屬蕭豪；
未，中原雅音属齐微；	閤，中原雅音多属家麻；	獄，中原雅音皆屬蕭豪；
味，中原雅音属齐微；	鴿，中原雅音多属家麻；	岳，中原雅音皆屬蕭豪；
菋，中原雅音属齐微；	蛤，中原雅音多属家麻；	託，中原雅音皆屬蕭豪；
羲，中原雅音属齐微；	甲，中原雅音多属家麻；	托，中原雅音皆屬蕭豪；

曦，中原雅音属齐微；	胛，中原雅音多属家麻；	飥，中原雅音皆屬萧豪；
犧，中原雅音属齐微；	袷，中原雅音多属家麻；	簜，中原雅音皆屬萧豪；
嘻，中原雅音属齐微；	槚，中原雅音多属家麻；	橐，中原雅音皆屬萧豪；
禧，中原雅音属齐微；	磍，中原雅音多属家麻；	驝，中原雅音皆屬萧豪；
僖，中原雅音属齐微；	猰，中原雅音多属家麻；	拓，中原雅音皆屬萧豪；
熹，中原雅音属齐微；	厊，中原雅音多属家麻；	柝，中原雅音皆屬萧豪；
嬉，中原雅音属齐微；	瘂，中原雅音多属家麻；	鐸，中原雅音皆屬萧豪；
希，中原雅音属齐微；	盬，中原雅音多属家麻；	愽，中原雅音皆屬萧豪；
稀，中原雅音属齐微；	容，中原雅音多属家麻；	踄，中原雅音皆屬萧豪；
晞，中原雅音属齐微；	恰，中原雅音多属家麻；	諾，中原雅音皆屬萧豪；
俙，中原雅音属齐微；	掐，中原雅音多属家麻；	搭，中原雅音皆屬萧豪；
豨，中原雅音属齐微；	哈，中原雅音多属家麻；	搦，中原雅音皆屬萧豪；
唏，中原雅音属齐微；	答，中原雅音多属家麻；	愽，中原雅音皆屬萧豪；
欷，中原雅音属齐微；	褡，中原雅音多属家麻；	膊，中原雅音皆屬萧豪；
熙，中原雅音属齐微；	搭，中原雅音多属家麻；	搏，中原雅音皆屬萧豪；
爔，中原雅音属齐微；	塔，中原雅音多属家麻；	剥，中原雅音皆屬萧豪；
醯，中原雅音属齐微；	苔，中原雅音多属家麻；	駁，中原雅音皆屬萧豪；
喜，中原雅音属齐微；	皯，中原雅音多属家麻；	粕，中原雅音皆屬萧豪；
蟢，中原雅音属齐微；	砝，中原雅音多属家麻；	璞，中原雅音皆屬萧豪；
戲，中原雅音属齐微；	剔，中原雅音多属家麻；	朴，中原雅音皆屬萧豪；
憘，中原雅音属齐微；	嘝，中原雅音多属家麻；	扑，中原雅音皆屬萧豪；
餼，中原雅音属齐微；	牐，中原雅音多属家麻；	雹，中原雅音皆屬萧豪；
屭，中原雅音属齐微；	踏，中原雅音多属家麻；	亳，中原雅音皆屬萧豪；
倪，中原雅音属齐微；	榻，中原雅音多属家麻；	泊，中原雅音皆屬萧豪；
蜺，中原雅音属齐微；	遢，中原雅音多属家麻；	箔，中原雅音皆屬萧豪；
祝，中原雅音属齐微；	嗒，中原雅音多属家麻；	薄，中原雅音皆屬萧豪；
輗，中原雅音属齐微；	塌，中原雅音多属家麻；	莫，中原雅音皆屬萧豪；
鯢，中原雅音属齐微；	搨，中原雅音多属家麻；	摸，中原雅音皆屬萧豪；
霓，中原雅音属齐微；	塔，中原雅音多属家麻；	膜，中原雅音皆屬萧豪；

430

鲵,中原雅音属齐微;	沓,中原雅音多属家麻;	漠,中原雅音皆属萧豪;
卮,中原雅音属齐微;	楷,中原雅音多属家麻;	寞,中原雅音皆属萧豪;
儀,中原雅音属齐微;	踏,中原雅音多属家麻;	瘼,中原雅音皆属萧豪;
蟻,中原雅音属齐微;	闒,中原雅音多属家麻;	幕,中原雅音皆属萧豪;
疑,中原雅音属齐微;	篕,中原雅音多属家麻;	縛,中原雅音皆属萧豪;
嶷,中原雅音属齐微;	蹋,中原雅音多属家麻;	作,中原雅音皆属萧豪;
沂,中原雅音属齐微;	納,中原雅音多属家麻;	繫,中原雅音皆属萧豪;
顗,中原雅音属齐微;	袖,中原雅音多属家麻;	爵,中原雅音皆属萧豪;
螘,中原雅音属齐微;	擸,中原雅音多属家麻;	雀,中原雅音皆属萧豪;
蟻,中原雅音属齐微;	妠,中原雅音多属家麻;	錯,中原雅音皆属萧豪;
艤,中原雅音属齐微;	法,中原雅音多属家麻;	酢,中原雅音皆属萧豪;
擬,中原雅音属齐微;	乏,中原雅音多属家麻;	鹊,中原雅音皆属萧豪;
儗,中原雅音属齐微;	市,中原雅音多属家麻;	趞,中原雅音皆属萧豪;
錡,中原雅音属齐微;	迊,中原雅音多属家麻;	碏,中原雅音皆属萧豪;
詣,中原雅音属齐微;	呷,中原雅音多属家麻;	散,中原雅音皆属萧豪;
劓,中原雅音属齐微;	嚛,中原雅音多属家麻;	昨,中原雅音皆属萧豪;
毅,中原雅音属齐微;	囃,中原雅音多属家麻;	怍,中原雅音皆属萧豪;
睨,中原雅音属齐微;	雜,中原雅音多属家麻;	柞,中原雅音皆属萧豪;
誼,中原雅音属齐微;	跋,中原雅音多属家麻;	酢,中原雅音皆属萧豪;
藝,中原雅音属齐微;	靸,中原雅音多属家麻;	鑿,中原雅音皆属萧豪;
羿,中原雅音属齐微;	鈒,中原雅音多属家麻;	嚼,中原雅音皆属萧豪;
乂,中原雅音属齐微;	颯,中原雅音多属家麻;	索,中原雅音皆属萧豪;
刈,中原雅音属齐微;	偛,中原雅音多属家麻;	搽,中原雅音皆属萧豪;
伊,中原雅音属齐微;	蹅,中原雅音多属家麻;	繰,中原雅音皆属萧豪;
咿,中原雅音属齐微;	刹,中原雅音多属家麻;	漺,中原雅音皆属萧豪;
猗,中原雅音属齐微;	鍤,中原雅音多属家麻;	削,中原雅音皆属萧豪;
漪,中原雅音属齐微;	挿,中原雅音多属家麻;	捉,中原雅音皆属萧豪;
欹,中原雅音属齐微;	霅,中原雅音多属家麻;	卓,中原雅音皆属萧豪;
衣,中原雅音属齐微;	閘,中原雅音多属家麻;	倬,中原雅音皆属萧豪;

依，中原雅音属齐微；	煠，中原雅音多属家麻；	啄，中原雅音皆属萧豪；
醫，中原雅音属齐微；	猒，中原雅音多属家麻；	琢，中原雅音皆属萧豪；
鷖，中原雅音属齐微；	箑，中原雅音多属家麻；	豚，中原雅音皆属萧豪；
噫，中原雅音属齐微；	翣，中原雅音多属家麻；	涿，中原雅音皆属萧豪；
黟，中原雅音属齐微；	霎，中原雅音多属家麻；	斲，中原雅音皆属萧豪；
倚，中原雅音属齐微；	壓，中原雅音多属家麻；	灼，中原雅音皆属萧豪；
旖，中原雅音属齐微；	鴨，中原雅音多属家麻；	酌，中原雅音皆属萧豪；
椅，中原雅音属齐微；	押，中原雅音多属家麻；	妁，中原雅音皆属萧豪；
庡，中原雅音属齐微；	鵪，中原雅音多属家麻；	汋，中原雅音皆属萧豪；
庝，中原雅音属齐微；	壓，中原雅音多属家麻；	勺，中原雅音皆属萧豪；
偯，中原雅音属齐微；	欱，中原雅音多属家麻；	斫，中原雅音皆属萧豪；
意，中原雅音属齐微；	呷，中原雅音多属家麻；	碇，中原雅音皆属萧豪；
薏，中原雅音属齐微；	評，中原雅音多属家麻；	斀，中原雅音皆属萧豪；
懿，中原雅音属齐微；	合，中原雅音多属家麻；	绰，中原雅音皆属萧豪；
餲，中原雅音属齐微；	盒，中原雅音多属家麻；	婥，中原雅音皆属萧豪；
瞖，中原雅音属齐微；	盍，中原雅音多属家麻；	浞，中原雅音皆属萧豪；
瞖，中原雅音属齐微；	閤，中原雅音多属家麻；	濁，中原雅音皆属萧豪；
瘞，中原雅音属齐微；	嗑，中原雅音多属家麻；	鐲，中原雅音皆属萧豪；
縊，中原雅音属齐微；	洽，中原雅音多属家麻；	濯，中原雅音皆属萧豪；
夷，中原雅音属齐微；	狎，中原雅音多属家麻；	擢，中原雅音皆属萧豪；
姨，中原雅音属齐微；	柙，中原雅音多属家麻；	著，中原雅音皆属萧豪；
痍，中原雅音属齐微；	匣，中原雅音多属家麻；	朔，中原雅音皆属萧豪；
洟，中原雅音属齐微；	狹，中原雅音多属家麻；	槊，中原雅音皆属萧豪；
鴺，中原雅音属齐微；	峽，中原雅音多属家麻；	榮，中原雅音皆属萧豪；
恞，中原雅音属齐微；	蠟，中原雅音多属家麻；	矟，中原雅音皆属萧豪；
胰，中原雅音属齐微；	臘，中原雅音多属家麻；	鑠，中原雅音皆属萧豪；
移，中原雅音属齐微；	鑞，中原雅音多属家麻；	爍，中原雅音皆属萧豪；
侈，中原雅音属齐微；	擸，中原雅音多属家麻；	嫖，中原雅音皆属萧豪；
彞，中原雅音属齐微；	邋，中原雅音多属家麻；	芍，中原雅音皆属萧豪；

432

頤，中原雅音屬齊微；	拹，中原雅音多屬家麻；	惡，中原雅音皆屬蕭豪；
虵，中原雅音屬齊微；	拉，中原雅音多屬家麻；	浬，中原雅音皆屬蕭豪；
匜，中原雅音屬齊微；	格，中原雅音多屬齊微；	握，中原雅音皆屬蕭豪；
迤，中原雅音屬齊微；	骼，中原雅音多屬齊微；	偓，中原雅音皆屬蕭豪；
貽，中原雅音屬齊微；	䈼，中原雅音多屬齊微；	喔，中原雅音皆屬蕭豪；
眙，中原雅音屬齊微；	隔，中原雅音多屬齊微；	幄，中原雅音皆屬蕭豪；
詒，中原雅音屬齊微；	膈，中原雅音多屬齊微；	約，中原雅音皆屬蕭豪；
飴，中原雅音屬齊微；	槅，中原雅音多屬齊微；	堊，中原雅音皆屬蕭豪；
怡，中原雅音屬齊微；	革，中原雅音多屬齊微；	郝，中原雅音皆屬蕭豪；
遺，中原雅音屬齊微；	戟，中原雅音多屬齊微；	謔，中原雅音皆屬蕭豪；
圯，中原雅音屬齊微；	虢，中原雅音多屬齊微；	鶴，中原雅音皆屬蕭豪；
异，中原雅音屬齊微；	諲，中原雅音多屬齊微；	涸，中原雅音皆屬蕭豪；
異，中原雅音屬齊微；	恆，中原雅音多屬齊微；	貉，中原雅音皆屬蕭豪；
勩，中原雅音屬齊微；	殛，中原雅音多屬齊微；	學，中原雅音皆屬蕭豪；
裔，中原雅音屬齊微；	亟，中原雅音多屬齊微；	垩，中原雅音皆屬蕭豪；
議，中原雅音屬齊微；	激，中原雅音多屬齊微；	鷟，中原雅音皆屬蕭豪；
貤，中原雅音屬齊微；	棘，中原雅音多屬齊微；	藥，中原雅音皆屬蕭豪；
曳，中原雅音屬齊微；	擊，中原雅音多屬齊微；	鑰，中原雅音皆屬蕭豪；
枻，中原雅音屬齊微；	墼，中原雅音多屬齊微；	渝，中原雅音皆屬蕭豪；
知，中原雅音屬齊微；	客，中原雅音多屬齊微；	躍，中原雅音皆屬蕭豪；
蜘，中原雅音屬齊微；	搭，中原雅音多屬齊微；	瘧，中原雅音皆屬蕭豪；
智，中原雅音屬齊微；	刻，中原雅音多屬齊微；	洛，中原雅音皆屬蕭豪；
置，中原雅音屬齊微；	克，中原雅音多屬齊微；	落，中原雅音皆屬蕭豪；
致，中原雅音屬齊微；	尅，中原雅音多屬齊微；	酪，中原雅音皆屬蕭豪；
緻，中原雅音屬齊微；	隙，中原雅音多屬齊微；	絡，中原雅音皆屬蕭豪；
制，中原雅音屬齊微；	綌，中原雅音多屬齊微；	烙，中原雅音皆屬蕭豪；
製，中原雅音屬齊微；	郤，中原雅音多屬齊微；	珞，中原雅音皆屬蕭豪；
猘，中原雅音屬齊微；	郄，中原雅音多屬齊微；	駱，中原雅音皆屬蕭豪；
稈，中原雅音屬產韵内；	喫，中原雅音多屬齊微；	犖，中原雅音皆屬蕭豪；

孤抄本《辨音纂要》正读音系考

赵，中原雅音屬産韵内；	劇，中原雅音多属齊微；	樂，中原雅音皆屬蕭豪；
簎，中原雅音屬産韵内；	屐，中原雅音多属齊微；	略，中原雅音皆屬蕭豪；
赶，中原雅音屬産韵内；	極，中原雅音多属齊微；	掠，中原雅音皆屬蕭豪；
矸，中原雅音屬産韵内；	額，中原雅音多属齊微；	若，中原雅音皆屬蕭豪；
釬，中原雅音屬産韵内；	峇，中原雅音多属齊微；	箬，中原雅音皆屬蕭豪；
侃，中原雅音屬産韵内；	輻，中原雅音多属齊微；	弱，中原雅音皆屬蕭豪；
衎，中原雅音屬産韵内；	逆，中原雅音多属齊微；	蒻，中原雅音皆屬蕭豪；
罕，中原雅音屬産韵内；	唙，中原雅音多属齊微；	郭，中原雅音皆屬蕭豪；
篙，中原雅音屬蕭篠嘯内；	鶋，中原雅音多属齊微；	椰，中原雅音皆屬蕭豪；
羔，中原雅音屬蕭篠嘯内；	德，中原雅音多属齊微；	廓，中原雅音皆屬蕭豪；
餻，中原雅音屬蕭篠嘯内；	得，中原雅音多属齊微；	潟，中原雅音皆屬蕭豪；
糕，中原雅音屬蕭篠嘯内；	的，中原雅音多属齊微；	鞟，中原雅音皆屬蕭豪；
皋，中原雅音屬蕭篠嘯内；	靮，中原雅音多属齊微；	擴，中原雅音皆屬蕭豪；
槔，中原雅音屬蕭篠嘯内；	扚，中原雅音多属齊微；	臛，中原雅音皆屬蕭豪；
橐，中原雅音屬蕭篠嘯内；	滴，中原雅音多属齊微；	貜，中原雅音皆屬蕭豪；
鼛，中原雅音屬蕭篠嘯内；	嫡，中原雅音多属齊微；	臄，中原雅音皆屬蕭豪；
交，中原雅音屬蕭篠嘯内；	鏑，中原雅音多属齊微；	蠖，中原雅音皆屬蕭豪；
蛟，中原雅音屬蕭篠嘯内；	蹢，中原雅音多属齊微；	霍，中原雅音皆屬蕭豪；
鮫，中原雅音屬蕭篠嘯内；	啇，中原雅音多属齊微；	藿，中原雅音皆屬蕭豪；
郊，中原雅音屬蕭篠嘯内；	忒，中原雅音多属齊微；	癨，中原雅音皆屬蕭豪；
茭，中原雅音屬蕭篠嘯内；	揚，中原雅音多属齊微；	矐，中原雅音皆屬蕭豪；
芁，中原雅音屬蕭篠嘯内；	慝，中原雅音多属齊微；	穫，中原雅音皆屬蕭豪；
膠，中原雅音屬蕭篠嘯内；	剔，中原雅音多属齊微；	鑊，中原雅音皆屬蕭豪；
嘐，中原雅音屬蕭篠嘯内；	惕，中原雅音多属齊微；	籰，中原雅音皆屬蕭豪；
尻，中原雅音屬蕭篠嘯内；	踢，中原雅音多属齊微；	瑰，中原雅音属齊微；
髚，中原雅音屬蕭篠嘯内；	趯，中原雅音多属齊微；	高，中原雅音屬蕭篠嘯内；
敲，中原雅音屬蕭篠嘯内；	倜，中原雅音多属齊微；	膏，中原雅音屬蕭篠嘯内；
磽，中原雅音屬蕭篠嘯内；	逖，中原雅音多属齊微；	骨，中原雅音皆屬魚模；
墝，中原雅音屬蕭篠嘯内；	特，中原雅音多属齊微；	榾，中原雅音皆屬魚模；

434

第六章 《辨音纂要》文献总论

跤，中原雅音屬蕭篠嘯內；	狄，中原雅音多屬齊微；	獝，中原雅音皆屬魚模；
敖，中原雅音屬蕭篠嘯內；	馽，中原雅音多屬齊微；	窟，中原雅音皆屬魚模；
警，中原雅音屬蕭篠嘯內；	荻，中原雅音多屬齊微；	勜，中原雅音皆屬魚模；
犛，中原雅音屬蕭篠嘯內；	敵，中原雅音多屬齊微；	滑，中原雅音皆屬魚模；
鷔，中原雅音屬蕭篠嘯內；	迪，中原雅音多屬齊微；	倔，中原雅音皆屬魚模；
頪，中原雅音屬蕭篠嘯內；	笛，中原雅音多屬齊微；	㶿，中原雅音皆屬魚模；
鼇，中原雅音屬蕭篠嘯內；	翟，中原雅音多屬齊微；	兀，中原雅音皆屬魚模；
聱，中原雅音屬蕭篠嘯內；	糴，中原雅音多屬齊微；	扤，中原雅音皆屬魚模；
獒，中原雅音屬蕭篠嘯內；	滌，中原雅音多屬齊微；	矹，中原雅音皆屬魚模；
鰲，中原雅音屬蕭篠嘯內；	覿，中原雅音多屬齊微；	肌，中原雅音皆屬魚模；
謷，中原雅音屬蕭篠嘯內；	匿，中原雅音多屬齊微；	扤，中原雅音皆屬魚模；
嗸，中原雅音屬蕭篠嘯內；	溺，中原雅音多屬齊微；	㖪，中原雅音皆屬魚模；
嗷，中原雅音屬蕭篠嘯內；	比，中原雅音多屬齊微；	柮，中原雅音皆屬魚模；
驁，中原雅音屬蕭篠嘯內；	伯，中原雅音多屬齊微；	突，中原雅音皆屬魚模；
遨，中原雅音屬蕭篠嘯內；	百，中原雅音多屬齊微；	埃，中原雅音皆屬魚模；
摰，中原雅音屬蕭篠嘯內；	栢，中原雅音多屬齊微；	訥，中原雅音皆屬魚模；
厫，中原雅音屬蕭篠嘯內；	迫，中原雅音多屬齊微；	肭，中原雅音皆屬魚模；
璈，中原雅音屬蕭篠嘯內；	檗，中原雅音多屬齊微；	不，中原雅音皆屬魚模；
熬，中原雅音屬蕭篠嘯內；	檗，中原雅音多屬齊微；	孛，中原雅音皆屬魚模；
熬，中原雅音屬蕭篠嘯內；	壁，中原雅音多屬齊微；	敄，中原雅音皆屬魚模；
翶，中原雅音屬蕭篠嘯內；	璧，中原雅音多屬齊微；	勃，中原雅音皆屬魚模；
翺，中原雅音屬蕭篠嘯內；	躄，中原雅音多屬齊微；	渤，中原雅音皆屬魚模；
刀，中原雅音屬蕭篠嘯內；	蹕，中原雅音多屬齊微；	鵓，中原雅音皆屬魚模；
舠，中原雅音屬蕭篠嘯內；	逼，中原雅音多屬齊微；	誖，中原雅音皆屬魚模；
魛，中原雅音屬蕭篠嘯內；	幅，中原雅音多屬齊微；	悖，中原雅音皆屬魚模；
切，中原雅音屬蕭篠嘯內；	碧，中原雅音多屬齊微；	没，中原雅音皆屬魚模；
饕，中原雅音屬蕭篠嘯內；	拍，中原雅音多屬齊微；	殁，中原雅音皆屬魚模；
條，中原雅音屬蕭篠嘯內；	珀，中原雅音多屬齊微；	拂，中原雅音皆屬魚模；
韜，中原雅音屬蕭篠嘯內；	魄，中原雅音多屬齊微；	彿，中原雅音皆屬魚模；

435

謟,中原雅音屬蕭篠嘯內;	僻,中原雅音多屬齊微;	弗,中原雅音皆屬魚模;
韜,中原雅音屬蕭篠嘯內;	癖,中原雅音多屬齊微;	髴,中原雅音皆屬魚模;
滔,中原雅音屬蕭篠嘯內;	劈,中原雅音多屬齊微;	紼,中原雅音皆屬魚模;
饕,中原雅音屬蕭篠嘯內;	辟,中原雅音多屬齊微;	袚,中原雅音皆屬魚模;
洮,中原雅音屬蕭篠嘯內;	葡,中原雅音多屬齊微;	馘,中原雅音皆屬魚模;
叨,中原雅音屬蕭篠嘯內;	樊,中原雅音多屬齊微;	佛,中原雅音皆屬魚模;
陶,中原雅音屬蕭篠嘯內;	白,中原雅音多屬齊微;	勿,中原雅音皆屬魚模;
淘,中原雅音屬蕭篠嘯內;	帛,中原雅音多屬齊微;	物,中原雅音皆屬魚模;
醄,中原雅音屬蕭篠嘯內;	舶,中原雅音多屬齊微;	卒,中原雅音皆屬魚模;
絢,中原雅音屬蕭篠嘯內;	鮊,中原雅音多屬齊微;	猝,中原雅音皆屬魚模;
啕,中原雅音屬蕭篠嘯內;	甓,中原雅音多屬齊微;	捽,中原雅音皆屬魚模;
萄,中原雅音屬蕭篠嘯內;	闢,中原雅音多屬齊微;	窣,中原雅音皆屬魚模;
掏,中原雅音屬蕭篠嘯內;	蹕,中原雅音多屬齊微;	崒,中原雅音皆屬魚模;
煮,中原雅音屬蕭篠嘯內;	愎,中原雅音多屬齊微;	恤,中原雅音皆屬魚模;
檮,中原雅音屬蕭篠嘯內;	墨,中原雅音多屬齊微;	戌,中原雅音皆屬魚模;
濤,中原雅音屬蕭篠嘯內;	默,中原雅音多屬齊微;	出,中原雅音皆屬魚模;
桃,中原雅音屬蕭篠嘯內;	陌,中原雅音多屬齊微;	黜,中原雅音皆屬魚模;
咷,中原雅音屬蕭篠嘯內;	貊,中原雅音多屬齊微;	怵,中原雅音皆屬魚模;
逃,中原雅音屬蕭篠嘯內;	駋,中原雅音多屬齊微;	术,中原雅音皆屬魚模;
毯,中原雅音屬蕭篠嘯內;	驀,中原雅音多屬齊微;	率,中原雅音皆屬魚模;
匏,中原雅音屬蕭篠嘯內;	麥,中原雅音多屬齊微;	蟀,中原雅音皆屬魚模;
狍,中原雅音屬蕭篠嘯內;	脈,中原雅音多屬齊微;	倅,中原雅音皆屬魚模;
嶩,中原雅音屬蕭篠嘯內;	覓,中原雅音多屬齊微;	摔,中原雅音皆屬魚模;
獶,中原雅音屬蕭篠嘯內;	汨,中原雅音多屬齊微;	術,中原雅音皆屬魚模;
鐃,中原雅音屬蕭篠嘯內;	則,中原雅音多屬齊微;	秫,中原雅音皆屬魚模;
撓,中原雅音屬蕭篠嘯內;	積,中原雅音多屬齊微;	述,中原雅音皆屬魚模;
譊,中原雅音屬蕭篠嘯內;	磧,中原雅音多屬齊微;	鬱,中原雅音皆屬魚模;
呶,中原雅音屬蕭篠嘯內;	績,中原雅音多屬齊微;	鷸,中原雅音皆屬魚模;
㺂,中原雅音屬蕭篠嘯內;	蹟,中原雅音多屬齊微;	蔚,中原雅音皆屬魚模;

436

汹，中原雅音屬蕭篠嘯内；	禝，中原雅音多属齐微；	爇，中原雅音皆屬魚模；
裒，中原雅音屬蕭篠嘯内；	勣，中原雅音多属齐微；	忽，中原雅音皆屬魚模；
包，中原雅音屬蕭篠嘯内；	迹，中原雅音多属齐微；	惚，中原雅音皆屬魚模；
苞，中原雅音屬蕭篠嘯内；	跡，中原雅音多属齐微；	笏，中原雅音皆屬魚模；
胞，中原雅音屬蕭篠嘯内；	稷，中原雅音多属齐微；	越，中原雅音皆屬魚模；
枹，中原雅音屬蕭篠嘯内；	脊，中原雅音多属齐微；	鸛，中原雅音皆屬魚模；
脬，中原雅音屬蕭篠嘯内；	瘠，中原雅音多属齐微；	聿，中原雅音皆屬魚模；
泡，中原雅音屬蕭篠嘯内；	鶺，中原雅音多属齐微；	遹，中原雅音皆屬魚模；
抛，中原雅音屬蕭篠嘯内；	鯽，中原雅音多属齐微；	鷸，中原雅音皆屬魚模；
庖，中原雅音屬蕭篠嘯内；	踖，中原雅音多属齐微；	蟜，中原雅音皆屬魚模；
咆，中原雅音屬蕭篠嘯内；	刺，中原雅音多属齐微；	律，中原雅音皆屬魚模；
匏，中原雅音屬蕭篠嘯内；	赾，中原雅音多属齐微；	捀，中原雅音皆屬魚模ःxxx；
跑，中原雅音屬蕭篠嘯内；	戚，中原雅音多属齐微；	綷，中原雅音皆屬魚模；
鞄，中原雅音屬蕭篠嘯内；	慽，中原雅音多属齐微；	夏，中原雅音屬家麻；
袍，中原雅音屬蕭篠嘯内；	鏚，中原雅音多属齐微；	扚，中原雅音屬家麻；
鉋，中原雅音屬蕭篠嘯内；	賊，中原雅音多属齐微；	妲，中原雅音屬家麻；
毛，中原雅音屬蕭篠嘯内；	蟹，中原雅音多属齐微；	靶，中原雅音屬家麻；
芼，中原雅音屬蕭篠嘯内；	寂，中原雅音多属齐微；	笪，中原雅音屬家麻；
庬，中原雅音屬蕭篠嘯内；	籍，中原雅音多属齐微；	闥，中原雅音屬家麻；
髦，中原雅音屬蕭篠嘯内；	藉，中原雅音多属齐微；	撻，中原雅音屬家麻；
酕，中原雅音屬蕭篠嘯内；	昔，中原雅音多属齐微；	澾，中原雅音屬家麻；
茅，中原雅音屬蕭篠嘯内；	惜，中原雅音多属齐微；	蹺，中原雅音屬家麻；
蝥，中原雅音屬蕭篠嘯内；	息，中原雅音多属齐微；	獺，中原雅音屬家麻；
猫，中原雅音屬蕭篠嘯内；	熄，中原雅音多属齐微；	嚵，中原雅音屬家麻；
遭，中原雅音屬蕭篠嘯内；	晳，中原雅音多属齐微；	達，中原雅音屬家麻；
糟，中原雅音屬蕭篠嘯内；	淅，中原雅音多属齐微；	捺，中原雅音屬家麻；
操，中原雅音屬蕭篠嘯内；	蜥，中原雅音多属齐微；	捹，中原雅音屬家麻；
曹，中原雅音屬蕭篠嘯内；	析，中原雅音多属齐微；	撡，中原雅音屬家麻；
槽，中原雅音屬蕭篠嘯内；	錫，中原雅音多属齐微；	磋，中原雅音屬家麻；

艚，中原雅音屬蕭篠嘯內；	烏，中原雅音多屬齊微；	薩，中原雅音屬家麻；
嘈，中原雅音屬蕭篠嘯內；	席，中原雅音多屬齊微；	撒，中原雅音屬家麻；
螬，中原雅音屬蕭篠嘯內；	蓆，中原雅音多屬齊微；	㪔，中原雅音屬家麻；
漕，中原雅音屬蕭篠嘯內；	夕，中原雅音多屬齊微；	扎，中原雅音屬家麻；
騷，中原雅音屬蕭篠嘯內；	汐，中原雅音多屬齊微；	札，中原雅音屬家麻；
慅，中原雅音屬蕭篠嘯內；	矽，中原雅音多屬齊微；	甴，中原雅音屬家麻；
颾，中原雅音屬蕭篠嘯內；	責，中原雅音多屬齊微；	察，中原雅音屬家麻；
搔，中原雅音屬蕭篠嘯內；	嘖，中原雅音多屬齊微；	蠒，中原雅音屬家麻；
臊，中原雅音屬蕭篠嘯內；	幘，中原雅音多屬齊微；	剎，中原雅音屬家麻；
繅，中原雅音屬蕭篠嘯內；	簀，中原雅音多屬齊微；	刹，中原雅音屬家麻；
繰，中原雅音屬蕭篠嘯內；	側，中原雅音多屬齊微；	鎩，中原雅音屬家麻；
嘲，中原雅音屬蕭篠嘯內；	仄，中原雅音多屬齊微；	殺，中原雅音屬家麻；
潮，中原雅音屬蕭篠嘯內；	昃，中原雅音多屬齊微；	煞，中原雅音屬家麻；
啁，中原雅音屬蕭篠嘯內；	謫，中原雅音多屬齊微；	軋，中原雅音屬家麻；
抓，中原雅音屬蕭篠嘯內；	摘，中原雅音多屬齊微；	鱼，中原雅音屬家麻；
撠，中原雅音屬蕭篠嘯內；	窄，中原雅音多屬齊微；	扎，中原雅音屬家麻；
鼼，中原雅音屬蕭篠嘯內；	舴，中原雅音多屬齊微；	瞎，中原雅音屬家麻；
鵰，中原雅音屬蕭篠嘯內；	蚱，中原雅音多屬齊微；	轄，中原雅音屬家麻；
謙，中原雅音屬蕭篠嘯內；	迮，中原雅音多屬齊微；	鎋，中原雅音屬家麻；
抄，中原雅音屬蕭篠嘯內；	隻，中原雅音多屬齊微；	黠，中原雅音屬家麻；
巢，中原雅音屬蕭篠嘯內；	跖，中原雅音多屬齊微；	辣，中原雅音屬家麻；
漅，中原雅音屬蕭篠嘯內；	陟，中原雅音多屬齊微；	刺，中原雅音屬家麻；
轈，中原雅音屬蕭篠嘯內；	職，中原雅音多屬齊微；	喇，中原雅音屬家麻；
梢，中原雅音屬蕭篠嘯內；	織，中原雅音多屬齊微；	瓓，中原雅音屬家麻；
捎，中原雅音屬蕭篠嘯內；	炙，中原雅音多屬齊微；	刮，中原雅音屬家麻；
弰，中原雅音屬蕭篠嘯內；	躓，中原雅音多屬齊微；	八，中原雅音屬家麻；
旓，中原雅音屬蕭篠嘯內；	摭，中原雅音多屬齊微；	捌，中原雅音屬家麻；
颮，中原雅音屬蕭篠嘯內；	拆，中原雅音多屬齊微；	拔，中原雅音屬家麻；
鬻，中原雅音屬蕭篠嘯內；	庣，中原雅音多屬齊微；	弝，中原雅音屬家麻；

筲，中原雅音屬蕭篠嘯內；	策，中原雅音多屬齊微；	帓，中原雅音屬家麻；
熛，中原雅音屬蕭篠嘯內；	測，中原雅音多屬齊微；	偺，中原雅音屬家麻；
鑣，中原雅音屬蕭篠嘯內；	惻，中原雅音多屬齊微；	撒，中原雅音屬家麻；
麃，中原雅音屬蕭篠嘯內；	册，中原雅音多屬齊微；	臘，中原雅音屬家麻；
坳，中原雅音屬蕭篠嘯內；	栅，中原雅音多屬齊微；	髮，中原雅音屬家麻；
凹，中原雅音屬蕭篠嘯內；	尺，中原雅音多屬齊微；	發，中原雅音屬家麻；
蒿，中原雅音屬蕭篠嘯內；	赤，中原雅音多屬齊微；	伐，中原雅音屬家麻；
薅，中原雅音屬蕭篠嘯內；	斥，中原雅音多屬齊微；	垡，中原雅音屬家麻；
嗥，中原雅音屬蕭篠嘯內；	瀿，中原雅音多屬齊微；	閥，中原雅音屬家麻；
詨，中原雅音屬蕭篠嘯內；	勑，中原雅音多屬齊微；	筏，中原雅音屬家麻；
烋，中原雅音屬蕭篠嘯內；	宅，中原雅音多屬齊微；	坺，中原雅音屬家麻；
嗃，中原雅音屬蕭篠嘯內；	擇，中原雅音多屬齊微；	罰，中原雅音屬家麻；
虓，中原雅音屬蕭篠嘯內；	釋，中原雅音多屬齊微；	韈，中原雅音屬家麻；
豪，中原雅音屬蕭篠嘯內；	襗，中原雅音多屬齊微；	襪，中原雅音屬家麻；
濠，中原雅音屬蕭篠嘯內；	澤，中原雅音多屬齊微；	刷，中原雅音屬家麻；
壕，中原雅音屬蕭篠嘯內；	擲，中原雅音多屬齊微；	乞，中原雅音屬家麻；
譹，中原雅音屬蕭篠嘯內；	躑，中原雅音多屬齊微；	猾，中原雅音屬家麻；
毫，中原雅音屬蕭篠嘯內；	直，中原雅音多屬齊微；	趙，中原雅音屬家麻；
嗥，中原雅音屬蕭篠嘯內；	色，中原雅音多屬齊微；	滑，中原雅音屬家麻；
爻，中原雅音屬蕭篠嘯內；	摸，中原雅音多屬齊微；	敵，中原雅音屬家麻；
殽，中原雅音屬蕭篠嘯內；	揀，中原雅音多屬齊微；	葛，中原雅音皆屬歌戈；
肴，中原雅音屬蕭篠嘯內；	辣，中原雅音多屬齊微；	割，中原雅音皆屬歌戈；
淆，中原雅音屬蕭篠嘯內；	痲，中原雅音多屬齊微；	渴，中原雅音皆屬歌戈；
崤，中原雅音屬蕭篠嘯內；	嗇，中原雅音多屬齊微；	瘍，中原雅音皆屬歌戈；
餚，中原雅音屬蕭篠嘯內；	穡，中原雅音多屬齊微；	遏，中原雅音皆屬歌戈；
崂，中原雅音屬蕭篠嘯內；	濇，中原雅音多屬齊微；	病，中原雅音皆屬歌戈；
澇，中原雅音屬蕭篠嘯內；	釋，中原雅音多屬齊微；	愒，中原雅音皆屬歌戈；
撈，中原雅音屬蕭篠嘯內；	式，中原雅音多屬齊微；	喝，中原雅音皆屬歌戈；
牢，中原雅音屬蕭篠嘯內；	弑，中原雅音多屬齊微；	曷，中原雅音皆屬歌戈；

醪，中原雅音屬蕭篠嘯內；	拭，中原雅音多屬齊微；	褐，中原雅音皆屬歌戈；
嶽，中原雅音屬蕭篠嘯內；	飾，中原雅音多屬齊微；	鞨，中原雅音皆屬歌戈；
杲，中原雅音屬蕭篠嘯內；	襫，中原雅音多屬齊微；	括，中原雅音皆屬歌戈；
槀，中原雅音屬蕭篠嘯內；	奭，中原雅音多屬齊微；	聒，中原雅音皆屬歌戈；
藁，中原雅音屬蕭篠嘯內；	識，中原雅音多屬齊微；	栝，中原雅音皆屬歌戈；
縞，中原雅音屬蕭篠嘯內；	適，中原雅音多屬齊微；	适，中原雅音皆屬歌戈；
皓，中原雅音屬蕭篠嘯內；	螫，中原雅音多屬齊微；	闊，中原雅音皆屬歌戈；
槁，中原雅音屬蕭篠嘯內；	殖，中原雅音多屬齊微；	掇，中原雅音皆屬歌戈；
攪，中原雅音屬蕭篠嘯內；	植，中原雅音多屬齊微；	裰，中原雅音皆屬歌戈；
狡，中原雅音屬蕭篠嘯內；	食，中原雅音多屬齊微；	脫，中原雅音皆屬歌戈；
姣，中原雅音屬蕭篠嘯內；	蝕，中原雅音多屬齊微；	梲，中原雅音皆屬歌戈；
絞，中原雅音屬蕭篠嘯內；	石，中原雅音多屬齊微；	挩，中原雅音皆屬歌戈；
筊，中原雅音屬蕭篠嘯內；	鉐，中原雅音多屬齊微；	奪，中原雅音皆屬歌戈；
考，中原雅音屬蕭篠嘯內；	碩，中原雅音多屬齊微；	撥，中原雅音皆屬歌戈；
拷，中原雅音屬蕭篠嘯內；	厄，中原雅音多屬齊微；	鉢，中原雅音皆屬歌戈；
栲，中原雅音屬蕭篠嘯內；	阨，中原雅音多屬齊微；	茇，中原雅音皆屬歌戈；
攷，中原雅音屬蕭篠嘯內；	益，中原雅音多屬齊微；	潑，中原雅音皆屬歌戈；
燺，中原雅音屬蕭篠嘯內；	憶，中原雅音多屬齊微；	醱，中原雅音皆屬歌戈；
巧，中原雅音屬蕭篠嘯內；	億，中原雅音多屬齊微；	鏺，中原雅音皆屬歌戈；
皎，中原雅音屬蕭篠嘯內；	臆，中原雅音多屬齊微；	柿，中原雅音皆屬歌戈；
咬，中原雅音屬蕭篠嘯內；	抑，中原雅音多屬齊微；	跋，中原雅音皆屬歌戈；
倒，中原雅音屬蕭篠嘯內；	黑，中原雅音多屬齊微；	鈸，中原雅音皆屬歌戈；
禱，中原雅音屬蕭篠嘯內；	赫，中原雅音多屬齊微；	魃，中原雅音皆屬歌戈；
擣，中原雅音屬蕭篠嘯內；	虩，中原雅音多屬齊微；	鈸，中原雅音皆屬歌戈；
搗，中原雅音屬蕭篠嘯內；	閴，中原雅音多屬齊微；	末，中原雅音皆屬歌戈；
島，中原雅音屬蕭篠嘯內；	欶，中原雅音多屬齊微；	抹，中原雅音皆屬歌戈；
討，中原雅音屬蕭篠嘯內；	悚，中原雅音多屬齊微；	襪，中原雅音皆屬歌戈；
套，中原雅音屬蕭篠嘯內；	勀，中原雅音多屬齊微；	沫，中原雅音皆屬歌戈；
稻，中原雅音屬蕭篠嘯內；	核，中原雅音多屬齊微；	秣，中原雅音皆屬歌戈；

腦，中原雅音屬蕭篠嘯內；	羉，中原雅音多屬齊微；	鞦，中原雅音皆屬歌戈；
惱，中原雅音屬蕭篠嘯內；	翾，中原雅音多屬齊微；	眒，中原雅音皆屬歌戈；
瑙，中原雅音屬蕭篠嘯內；	檄，中原雅音多屬齊微；	縵，中原雅音皆屬歌戈；
㛴，中原雅音屬蕭篠嘯內；	覡，中原雅音多屬齊微；	攂，中原雅音皆屬歌戈；
寶，中原雅音屬蕭篠嘯內；	繹，中原雅音多屬齊微；	撮，中原雅音皆屬歌戈；
保，中原雅音屬蕭篠嘯內；	譯，中原雅音多屬齊微；	斡，中原雅音皆屬歌戈；
葆，中原雅音屬蕭篠嘯內；	驛，中原雅音多屬齊微；	刮，中原雅音皆屬歌戈；
堡，中原雅音屬蕭篠嘯內；	懌，中原雅音多屬齊微；	捔，中原雅音皆屬歌戈；
褓，中原雅音屬蕭篠嘯內；	斁，中原雅音多屬齊微；	豁，中原雅音皆屬歌戈；
鴇，中原雅音屬蕭篠嘯內；	腋，中原雅音多屬齊微；	活，中原雅音皆屬歌戈；
飽，中原雅音屬蕭篠嘯內；	液，中原雅音多屬齊微；	捋，中原雅音皆屬歌戈；
鮑，中原雅音屬蕭篠嘯內；	掖，中原雅音多屬齊微；	剟，中原雅音皆屬歌戈；
卯，中原雅音屬蕭篠嘯內；	亦，中原雅音多屬齊微；	穀，中原雅音并屬魚模；
昂，中原雅音屬蕭篠嘯內；	奕，中原雅音多屬齊微；	榖，中原雅音并屬魚模；
茆，中原雅音屬蕭篠嘯內；	弈，中原雅音多屬齊微；	谷，中原雅音并屬魚模；
泖，中原雅音屬蕭篠嘯內；	弋，中原雅音多屬齊微；	肉，中原雅音并屬魚模；
早，中原雅音屬蕭篠嘯內；	翼，中原雅音多屬齊微；	梏，中原雅音并屬魚模；
澡，中原雅音屬蕭篠嘯內；	翊，中原雅音多屬齊微；	陷，中原雅音并屬魚模；
藻，中原雅音屬蕭篠嘯內；	翌，中原雅音多屬齊微；	匊，中原雅音并屬魚模；
璪，中原雅音屬蕭篠嘯內；	易，中原雅音多屬齊微；	菊，中原雅音并屬魚模；
棗，中原雅音屬蕭篠嘯內；	埸，中原雅音多屬齊微；	掬，中原雅音并屬魚模；
蚤，中原雅音屬蕭篠嘯內ःः	勒，中原雅音多屬齊微；	鋦，中原雅音并屬魚模；
蚤，中原雅音屬蕭篠嘯內；	鰳，中原雅音多屬齊微；	輂，中原雅音并屬魚模；
草，中原雅音屬蕭篠嘯內；	扐，中原雅音多屬齊微；	踘，中原雅音并屬魚模；
皂，中原雅音屬蕭篠嘯內；	肋，中原雅音多屬齊微；	鵴，中原雅音并屬魚模；
掃，中原雅音屬蕭篠嘯內；	泐，中原雅音多屬齊微；	鞠，中原雅音并屬魚模；
埽，中原雅音屬蕭篠嘯內；	歷，中原雅音多屬齊微；	鞫，中原雅音并屬魚模；
嫂，中原雅音屬蕭篠嘯內；	靂，中原雅音多屬齊微；	鞠，中原雅音并屬魚模；
爪，中原雅音屬蕭篠嘯內；	瀝，中原雅音多屬齊微；	臼，中原雅音并屬魚模；

狐，中原雅音屬蕭篠嘯內；	壓，中原雅音多屬齊微；	酷，中原雅音并屬魚模；
笊，中原雅音屬蕭篠嘯內；	櫪，中原雅音多屬齊微；	哭，中原雅音并屬魚模；
煼，中原雅音屬蕭篠嘯內；	瀝，中原雅音多屬齊微；	嚳，中原雅音并屬魚模；
炒，中原雅音屬蕭篠嘯內；	曆，中原雅音多屬齊微；	麴，中原雅音并屬魚模；
稍，中原雅音屬蕭篠嘯內；	力，中原雅音多屬齊微；	蛐，中原雅音并屬魚模；
襖，中原雅音屬蕭篠嘯內；	剈，中原雅音多屬齊微；	曲，中原雅音并屬魚模；
懊，中原雅音屬蕭篠嘯內；	礫，中原雅音多屬齊微；	局，中原雅音并屬魚模；
媼，中原雅音屬蕭篠嘯內；	礫，中原雅音多屬齊微；	偈，中原雅音并屬魚模；
好，中原雅音屬蕭篠嘯內；	櫟，中原雅音多屬齊微；	跼，中原雅音并屬魚模；
皓，中原雅音屬蕭篠嘯內；	國，中原雅音多屬齊微；	騙，中原雅音并屬魚模；
浩，中原雅音屬蕭篠嘯內；	幗，中原雅音多屬齊微；	玉，中原雅音并屬魚模；
昊，中原雅音屬蕭篠嘯內；	摑，中原雅音多屬齊微；	獄，中原雅音并屬魚模；
皞，中原雅音屬蕭篠嘯內；	嘓，中原雅音多屬齊微；	篤，中原雅音并屬魚模；
顥，中原雅音屬蕭篠嘯內；	碱，中原雅音多屬齊微；	督，中原雅音并屬魚模；
灝，中原雅音屬蕭篠嘯內；	鹹，中原雅音多屬齊微；	启，中原雅音并屬魚模；
鎬，中原雅音屬蕭篠嘯內；	虢，中原雅音多屬齊微；	禿，中原雅音并屬魚模；
鄗，中原雅音屬蕭篠嘯內；	劃，中原雅音多屬齊微；	誘，中原雅音并屬魚模；
老，中原雅音屬蕭篠嘯內；	刿，中原雅音多屬齊微；	牘，中原雅音并屬魚模；
栳，中原雅音屬蕭篠嘯內ःा	捄，中原雅音多屬齊微；	犢，中原雅音并屬魚模；
蓼，中原雅音屬蕭篠嘯內；	懂，中原雅音多屬齊微；	匵，中原雅音并屬魚模；
橑，中原雅音屬蕭篠嘯內；	畫，中原雅音多屬齊微；	瀆，中原雅音并屬魚模；
潦，中原雅音屬蕭篠嘯內；	劃，中原雅音多屬齊微；	讀，中原雅音并屬魚模；
獠，中原雅音屬蕭篠嘯內；	獲，中原雅音多屬齊微；	櫝，中原雅音并屬魚模；
詰，中原雅音屬蕭篠嘯內；	或，中原雅音多屬齊微；	獨，中原雅音并屬魚模；
郜，中原雅音屬蕭篠嘯內；	惑，中原雅音多屬齊微；	髑，中原雅音并屬魚模；
告，中原雅音屬蕭篠嘯內；	掝，中原雅音多屬齊微；	毒，中原雅音并屬魚模；
教，中原雅音屬蕭篠嘯內；	域，中原雅音多屬齊微；	纛，中原雅音并屬魚模；
酵，中原雅音屬蕭篠嘯內；	閾，中原雅音多屬齊微；	卜，中原雅音并屬魚模；
窖，中原雅音屬蕭篠嘯內；	役，中原雅音多屬齊微；	濮，中原雅音并屬魚模；

442

較，中原雅音屬蕭篠嘯內；	疫，中原雅音多屬齊微；	撲，中原雅音并屬魚模；
校，中原雅音屬蕭篠嘯內；	吉，中原雅音皆屬齊微；	醭，中原雅音并屬魚模；
鉸，中原雅音屬蕭篠嘯內；	吃，中原雅音皆屬齊微；	僕，中原雅音并屬魚模；
犒，中原雅音屬蕭篠嘯內；	訖，中原雅音皆屬齊微；	蹼，中原雅音并屬魚模；
鎬，中原雅音屬蕭篠嘯內；	乞，中原雅音皆屬齊微；	樸，中原雅音并屬魚模；
靠，中原雅音屬蕭篠嘯內；	詰，中原雅音皆屬齊微；	瀑，中原雅音并屬魚模；
嘵，中原雅音屬蕭篠嘯內；	姞，中原雅音皆屬齊微；	曝，中原雅音并屬魚模；
傲，中原雅音屬蕭篠嘯內；	佶，中原雅音皆屬齊微；	木，中原雅音并屬魚模；
鏊，中原雅音屬蕭篠嘯內；	必，中原雅音皆屬齊微；	沐，中原雅音并屬魚模；
奡，中原雅音屬蕭篠嘯內；	箄，中原雅音皆屬齊微；	目，中原雅音并屬魚模；
到，中原雅音屬蕭篠嘯內；	畢，中原雅音皆屬齊微；	睦，中原雅音并屬魚模；
道，中原雅音屬蕭篠嘯內；	篳，中原雅音皆屬齊微；	牧，中原雅音并屬魚模；
導，中原雅音屬蕭篠嘯內；	躄，中原雅音皆屬齊微；	鶩，中原雅音并屬魚模；
盜，中原雅音屬蕭篠嘯內；	觱，中原雅音皆屬齊微；	穆，中原雅音并屬魚模；
悼，中原雅音屬蕭篠嘯內；	嬶，中原雅音皆屬齊微；	福，中原雅音并屬魚模；
蹈，中原雅音屬蕭篠嘯內；	匹，中原雅音皆屬齊微；	蝠，中原雅音并屬魚模；
翿，中原雅音屬蕭篠嘯內；	疋，中原雅音皆屬齊微；	幅，中原雅音并屬魚模；
幬，中原雅音屬蕭篠嘯內；	弼，中原雅音皆屬齊微；	輻，中原雅音并屬魚模；
鬧，中原雅音屬蕭篠嘯內；	密，中原雅音皆屬齊微；	腹，中原雅音并屬魚模；
淖，中原雅音屬蕭篠嘯內；	宓，中原雅音皆屬齊微；	伏，中原雅音并屬魚模；
報，中原雅音屬蕭篠嘯內；	蜜，中原雅音皆屬齊微；	茯，中原雅音并屬魚模；
豹，中原雅音屬蕭篠嘯內；	謐，中原雅音皆屬齊微；	紱，中原雅音并屬魚模；
爆，中原雅音屬蕭篠嘯內；	即，中原雅音皆屬齊微；	袱，中原雅音并屬魚模；
曝，中原雅音屬蕭篠嘯內；	唧，中原雅音皆屬齊微；	服，中原雅音并屬魚模；
砲，中原雅音屬蕭篠嘯內；	沏，中原雅音皆屬齊微；	鵩，中原雅音并屬魚模；
炮，中原雅音屬蕭篠嘯內；	七，中原雅音皆屬齊微；	復，中原雅音并屬魚模；
皰，中原雅音屬蕭篠嘯內；	漆，中原雅音皆屬齊微；	馥，中原雅音并屬魚模；
礮，中原雅音屬蕭篠嘯內；	疾，中原雅音皆屬齊微；	匐，中原雅音并屬魚模；
暴，中原雅音屬蕭篠嘯內；	誖，中原雅音皆屬齊微；	虌，中原雅音并屬魚模；

抱, 中原雅音屬蕭篠嘯內;	嫉, 中原雅音皆屬齊微;	嗾, 中原雅音并屬魚模;
冒, 中原雅音屬蕭篠嘯內;	蒺, 中原雅音皆屬齊微;	足, 中原雅音并屬魚模;
媢, 中原雅音屬蕭篠嘯內;	悉, 中原雅音皆屬齊微;	蔟, 中原雅音并屬魚模;
帽, 中原雅音屬蕭篠嘯內;	蟋, 中原雅音皆屬齊微;	簇, 中原雅音并屬魚模;
耄, 中原雅音屬蕭篠嘯內;	膝, 中原雅音皆屬齊微;	鏃, 中原雅音并屬魚模;
眊, 中原雅音屬蕭篠嘯內;	櫛, 中原雅音皆屬齊微;	促, 中原雅音并屬魚模;
貌, 中原雅音屬蕭篠嘯內;	質, 中原雅音皆屬齊微;	蹙, 中原雅音并屬魚模;
竃, 中原雅音屬蕭篠嘯內;	只, 中原雅音皆屬齊微;	族, 中原雅音并屬魚模;
躁, 中原雅音屬蕭篠嘯內;	騭, 中原雅音皆屬齊微;	速, 中原雅音并屬魚模;
懆, 中原雅音屬蕭篠嘯內;	厔, 中原雅音皆屬齊微;	觫, 中原雅音并屬魚模;
糙, 中原雅音屬蕭篠嘯內;	室, 中原雅音皆屬齊微;	戮, 中原雅音并屬魚模;
慥, 中原雅音屬蕭篠嘯內;	桎, 中原雅音皆屬齊微;	觫, 中原雅音并屬魚模;
造, 中原雅音屬蕭篠嘯內;	蛭, 中原雅音皆屬齊微;	簌, 中原雅音并屬魚模;
噪, 中原雅音屬蕭篠嘯內;	侄, 中原雅音皆屬齊微;	肅, 中原雅音并屬魚模;
譟, 中原雅音屬蕭篠嘯內;	叱, 中原雅音皆屬齊微;	捕, 中原雅音并屬魚模;
燥, 中原雅音屬蕭篠嘯內;	咥, 中原雅音皆屬齊微;	驌, 中原雅音并屬魚模;
瘙, 中原雅音屬蕭篠嘯內;	秩, 中原雅音皆屬齊微;	蠋, 中原雅音并屬魚模;
罩, 中原雅音屬蕭篠嘯內;	帙, 中原雅音皆屬齊微;	飀, 中原雅音并屬魚模;
瞿, 中原雅音屬蕭篠嘯內;	鉄, 中原雅音皆屬齊微;	谡, 中原雅音并屬魚模;
釗, 中原雅音屬蕭篠嘯內;	姪, 中原雅音皆屬齊微;	夙, 中原雅音并屬魚模;
箪, 中原雅音屬蕭篠嘯內;	瑟, 中原雅音皆屬齊微;	僳, 中原雅音并屬魚模;
鵃, 中原雅音屬蕭篠嘯內;	虱, 中原雅音皆屬齊微;	粟, 中原雅音并屬魚模;
鈔, 中原雅音屬蕭篠嘯內;	蝨, 中原雅音皆屬齊微;	觫, 中原雅音并屬魚模;
炒, 中原雅音屬蕭篠嘯內;	失, 中原雅音皆屬齊微;	續, 中原雅音并屬魚模;
棹, 中原雅音屬蕭篠嘯內;	室, 中原雅音皆屬齊微;	俗, 中原雅音并屬魚模;
娟, 中原雅音屬蕭篠嘯內;	實, 中原雅音皆屬齊微;	竹, 中原雅音并屬魚模;
奧, 中原雅音屬蕭篠嘯內;	一, 中原雅音皆屬齊微;	竺, 中原雅音并屬魚模;
墺, 中原雅音屬蕭篠嘯內;	乙, 中原雅音皆屬齊微;	筑, 中原雅音并屬魚模;
澳, 中原雅音屬蕭篠嘯內;	壹, 中原雅音皆屬齊微;	築, 中原雅音并屬魚模;

第六章 《辨音纂要》文献总论

燠，中原雅音屬蕭篠嘯內；	肸，中原雅音皆属齐微；	嘱，中原雅音并属鱼模；
靿，中原雅音屬蕭篠嘯內；	汔，中原雅音皆属齐微；	燭，中原雅音并属鱼模；
拗，中原雅音屬蕭篠嘯內；	欯，中原雅音皆属齐微；	蠋，中原雅音并属鱼模；
抝，中原雅音屬蕭篠嘯內；	齕，中原雅音皆属齐微；	祝，中原雅音并属鱼模；
耗，中原雅音屬蕭篠嘯內；	紇，中原雅音皆属齐微；	粥，中原雅音并属鱼模；
孝，中原雅音屬蕭篠嘯內；	逸，中原雅音皆属齐微；	翔，中原雅音并属鱼模；
號，中原雅音屬蕭篠嘯內；	溢，中原雅音皆属齐微；	畜，中原雅音并属鱼模；
效，中原雅音屬蕭篠嘯內；	鎰，中原雅音皆属齐微；	觸，中原雅音并属鱼模；
傚，中原雅音屬蕭篠嘯內；	佾，中原雅音皆属齐微；	矗，中原雅音并属鱼模；
効，中原雅音屬蕭篠嘯內；	泆，中原雅音皆属齐微；	逐，中原雅音并属鱼模；
恔，中原雅音屬蕭篠嘯內；	軼，中原雅音皆属齐微；	軸，中原雅音并属鱼模；
敎，中原雅音屬蕭篠嘯內；	栗，中原雅音皆属齐微；	妯，中原雅音并属鱼模；
嫪，中原雅音屬蕭篠嘯內；	慄，中原雅音皆属齐微；	舳，中原雅音并属鱼模；
傍，中原雅音屬蕭篠嘯內；	篥，中原雅音皆属齐微；	躅，中原雅音并属鱼模；
牓，中原雅音屬蕭篠嘯內；	日，中原雅音皆属齐微；	縮，中原雅音并属鱼模；
榦，中原雅音屬諫韵内；	馹，中原雅音皆属齐微；	蹜，中原雅音并属鱼模；
幹，中原雅音屬諫韵内；	急，中原雅音皆属齐微；	叔，中原雅音并属鱼模；
骭，中原雅音屬諫韵内；	級，中原雅音皆属齐微；	菽，中原雅音并属鱼模；
旰，中原雅音屬諫韵内；	伋，中原雅音皆属齐微；	淑，中原雅音并属鱼模；
玕，中原雅音屬諫韵内；	芨，中原雅音皆属齐微；	俶，中原雅音并属鱼模；
岸，中原雅音屬諫韵内；	汲，中原雅音皆属齐微；	倏，中原雅音并属鱼模；
犴，中原雅音屬諫韵内；	給，中原雅音皆属齐微；	束，中原雅音并属鱼模；
按，中原雅音屬諫韵内；	泣，中原雅音皆属齐微；	孰，中原雅音并属鱼模；
案，中原雅音屬諫韵内；	笈，中原雅音皆属齐微；	熟，中原雅音并属鱼模；
漢，中原雅音屬諫韵内；	及，中原雅音皆属齐微；	塾，中原雅音并属鱼模；
暵，中原雅音屬諫韵内；	稝，中原雅音皆属齐微；	蜀，中原雅音并属鱼模；
熯，中原雅音屬諫韵内；	繰，中原雅音皆属齐微；	屬，中原雅音并属鱼模；
翰，中原雅音屬諫韵内；	緝，中原雅音皆属齐微；	贖，中原雅音并属鱼模；
瀚，中原雅音屬諫韵内；	葺，中原雅音皆属齐微；	屋，中原雅音并属鱼模；

445

孤抄本《辨音纂要》正读音系考

銲，中原雅音屬諫韵内；	集，中原雅音皆属齊微；	沃，中原雅音并属鱼模；
捍，中原雅音屬諫韵内；	習，中原雅音皆属齊微；	郁，中原雅音并属鱼模；
悍，中原雅音屬諫韵内；	襲，中原雅音皆属齊微；	燠，中原雅音并属鱼模；
旱，中原雅音屬諫韵内；	隰，中原雅音皆属齊微；	蓄，中原雅音并属鱼模；
閈，中原雅音屬諫韵内；	執，中原雅音皆属齊微；	旭，中原雅音并属鱼模；
豻，中原雅音屬諫韵内；	汁，中原雅音皆属齊微；	勗，中原雅音并属鱼模；
汗，中原雅音屬諫韵内；	蟄，中原雅音皆属齊微；	頊，中原雅音并属鱼模；
扞，中原雅音屬諫韵内；	澀，中原雅音皆属齊微；	洫，中原雅音并属鱼模；
干，中原雅音屬删韵内；	濕，中原雅音皆属齊微；	斛，中原雅音并属鱼模；
杆，中原雅音屬删韵内；	湮，中原雅音皆属齊微；	槲，中原雅音并属鱼模；
肝，中原雅音屬删韵内；	十，中原雅音皆属齊微；	縠，中原雅音并属鱼模；
玕，中原雅音屬删韵内；	什，中原雅音皆属齊微；	鵠，中原雅音并属鱼模；
竿，中原雅音屬删韵内；	拾，中原雅音皆属齊微；	育，中原雅音并属鱼模；
看，中原雅音屬删韵内；	揖，中原雅音皆属齊微；	楢，中原雅音并属鱼模；
軒，中原雅音屬删韵内；	邑，中原雅音皆属齊微；	鬻，中原雅音并属鱼模；
刊，中原雅音屬删韵内；	浥，中原雅音皆属齊微；	毓，中原雅音并属鱼模；
安，中原雅音屬删韵内；	悒，中原雅音皆属齊微；	昱，中原雅音并属鱼模；
鞍，中原雅音屬删韵内；	挹，中原雅音皆属齊微；	煜，中原雅音并属鱼模；
鼾，中原雅音屬删韵内；	吸，中原雅音皆属齊微；	欲，中原雅音并属鱼模；
寒，中原雅音屬删韵内；	翕，中原雅音皆属齊微；	慾，中原雅音并属鱼模；
韓，中原雅音屬删韵内；	立，中原雅音皆属齊微；	浴，中原雅音并属鱼模；
邯，中原雅音屬删韵内；	笠，中原雅音皆属齊微；	峪，中原雅音并属鱼模；
規，中原雅音属齐微；	粒，中原雅音皆属齊微；	鵒，中原雅音并属鱼模；
歸，中原雅音属齐微；	入，中原雅音皆属齊微；	禄，中原雅音并属鱼模；
嬀，中原雅音属齐微；	結，中原雅音皆屬車遮；	琭，中原雅音并属鱼模；
圭，中原雅音属齐微；	桔，中原雅音皆屬車遮；	録，中原雅音并属鱼模；
珪，中原雅音属齐微；	潔，中原雅音皆屬車遮；	绿，中原雅音并属鱼模；
邽，中原雅音属齐微；	孑，中原雅音皆屬車遮；	籙，中原雅音并属鱼模；
闺，中原雅音属齐微；	羯，中原雅音皆屬車遮；	醁，中原雅音并属鱼模；

446

龜，中原雅音属齐微；	揭，中原雅音皆屬車遮；	碌，中原雅音并属鱼模；
恢，中原雅音属齐微；	遏，中原雅音皆屬車遮；	騄，中原雅音并属鱼模；
盔，中原雅音属齐微；	訐，中原雅音皆屬車遮；	淥，中原雅音并属鱼模；
詼，中原雅音属齐微；	挈，中原雅音皆屬車遮；	菉，中原雅音并属鱼模；
魁，中原雅音属齐微；	頡，中原雅音皆屬車遮；	鹿，中原雅音并属鱼模；
悝，中原雅音属齐微；	傑，中原雅音皆屬車遮；	漉，中原雅音并属鱼模；
頯，中原雅音属齐微；	揲，中原雅音皆屬車遮；	麓，中原雅音并属鱼模；
窺，中原雅音属齐微；	竭，中原雅音皆屬車遮；	轆，中原雅音并属鱼模；
虧，中原雅音属齐微；	碣，中原雅音皆屬車遮；	鏃，中原雅音并属鱼模；
奎，中原雅音属齐微；	杰，中原雅音皆屬車遮；	角，中原雅音并属鱼模；
封，中原雅音属齐微；	孽，中原雅音皆屬車遮；	陸，中原雅音并属鱼模；
褥，中原雅音属鱼模；	蘗，中原雅音皆屬車遮；	六，中原雅音并属鱼模；
辱，中原雅音并属鱼模；	糱，中原雅音皆屬車遮；	
縟，中原雅音属齐微；	校，中原雅音并属鱼模；	

447

第七章　余论

　　《辨音纂要》是一部多重音系叠加性质的韵书，我们以《辨音纂要》正读音系研究为主线，文献探讨为副线，第一次全面系统对《辨音纂要》全书进行梳理。

　　从作者所提出的声母、韵目等综合情况来看，《辨音纂要》和《洪武正韵》一样，但是我们深入到文献内部，发现其音系与《洪武正韵》仍有差距。经研究发现，其具有保留全浊声母、全清音与次清音相混、轻重唇相混、精庄不分、禅日相混；江宕两摄合一、曾梗两摄合一、止蟹摄分化重组；平声不分阴阳，平声与上去声相混、入声三尾井然，浊上开始变为去声等特点。我们认为，《辨音纂要》正读所表现的音系与《洪武正韵》相似性极大，应该是有一定亲缘关系的。但是，《洪武正韵》相对更为保守，而《辨音纂要》正读有部分语音已经受到北方音影响，如知章庄合流。我们又将《辨音纂要》正读与现代吴语音相比，发现在语音发展上有很大的承继性，也有差异。经全面综合考察，我们认为，《洪武正韵》有编撰者的意识在里边，人为改编意识比较强，而《辨音纂要》正读表现的是明代当时吴语区读书音，是当时吴语读书音的真实反映。

　　《辨音纂要》编纂者不详，只在卷首署名"茂苑逸民吉甫录"，由于没有太直接的证据，我们对作者是谁还不敢妄下断言。但是我们可以肯定，《辨音纂要》的作者一定是长期生活在吴语区，《辨音纂要》正读音系所反映的是吴语区的读书音，音系性质是比较保守的，与今天的吴语有一定的承继

第七章 余论

关系。

《辨音纂要》里面暗含了几部韵书,经研究发现,《辨音纂要》在音韵学及文献学方面具有非常重要的价值:

1. 语言学价值

通过对《辨音纂要》正读音系进行细致考察,我们认为,《辨音纂要》是一部典型的多重音系叠加性质的韵书。表面上看,它与《洪武正韵》框架一致,三十声母、七十六韵部(含十个入声韵部)、平上去入四声格局,而在韵书的实际安排中,作者并没有像他在《序》中所说的去安排韵字。声母方面,作者安排了三十二声母,而通过实际正读音系的考察我们得出二十九声母;韵母方面,表面是七十六韵,实际正读语音中有一定的合并,我们得出二十四韵部;声调方面基本保持一致,平上去入没有太大的变化,平声与上去声相混体现出了方音现象。作者序中的《重复交互音》及《辨音纂要目录》表现出的是与《洪武正韵》相一致的音系特点,在实际语音操作过程中,却偷偷的做了改变。声母安排了三十二个,而这三十二声母的深层音系却是二十九声母、二十四韵部、平上去入四声格局,声、韵、调皆与反映吴语特点的韵书具有相似性,诸多语音现象在现代吴方言中也能找到相应的证据,只是作者的音系表现得更为保守一些。

2. 文献学价值

通过研究考察我们发现,《辨音纂要》不仅对语音史意义重大,对文献学也有非常重要的贡献。首先,《辨音纂要》未见其他版本流传于世,目前能见到的只有这一种版本,可以认定为孤抄本韵书,因此《辨音纂要》的版本价值非同寻常。其次,《辨音纂要》在保存音韵文献方面颇具功劳,其所引《广韵》非今人所认识的《广韵》;所引《词韵》是一部失传已久的韵书,且与《中州音韵》有关极为密切的关系;所引《中原雅音》保存了重要资料,将《中原雅音》的研究向前推进了一大步。存在于《辨音纂要》中的这些材料是汉语语音史、汉语音韵学以及文献学研究的宝贵资源。

《辨音纂要》无注释,全书除包含大量的反切和叶音等音注材料外,还涉及了大量辨析字形材料以及俗体字、异体字材料,这里我们仅举几例。诸如:

笑:与笑字不同笑苏弔切属啸韵。

券:下从刀与券字不同。

已：俗即谓自己之己，非已上缺者，又本韵详子切，即辰巳之巳也，俗书无勾剔者为已误，又寘韵以智切。

已：上缺爲幾不缺爲以。

圯：与圮字不同圮普米切属纸韵。

可见，《辨音纂要》是有待开垦的肥沃资源，其语音学、文献学价值还有待于我们进一步挖掘。

《辨音纂要》的音系叠加性质让我们在研究中有所发现，但遗憾的是，因本人能力有限，诸多问题还未得到解决，主要有以下几方面：

1. 《辨音纂要》所引《广韵》来源问题

我们可以确定《辨音纂要》所引《广韵》并非宋本《广韵》，但是由于版本及研究时间所限，我们没有将《辨音广韵》与《重编广韵》一一进行对比，还不能确定《辨音广韵》就是《重编广韵》，在以后的研究中我们会继续关注。

2. 《辨音纂要》所引《词韵》是哪部韵书？

《词韵》是一部失传已久的韵书？《中州音韵》是《词韵》的改编缩略本？不管结论如何，我们可以确定《词韵》与《中州音韵》的关系极为密切，在后续研究中我们将继续关注。

3. 《辨音纂要》的又音及"本韵"问题

《辨音纂要》各韵字音注以所引《广韵》音为正读音，又列出各韵字的又音，其中包含部分"本韵"音。经考查，"本韵"音在《辨音纂要》全书中共出现 717 次，涉及韵字 751 个，占全部韵字的 9.5%。何为"本韵"？在《辨音纂要》序中尚未提及，作者是在什么情况下才会在又音当中列出"本韵"音？"本韵"音系会是作者的乡音音系吗？这也是我们后续研究的重点。

4. 《辨音纂要》所引《中原雅音》的音系特点

《辨音纂要》所引《中原雅音》，我们只做了文献工作，其音系特点是我们尚未解决的问题，我们将在后续研究中陆续深入开展。

由于研究能力所限，对于《辨音纂要》这部韵书，我们的研究还只是冰山一角，希望随着时间的推移，在日后的研究中能解决这些悬而未决的问题，力图为汉语音韵学及近代汉语语音史的研究提供资料和佐证。

参考文献

一 古籍文献

（宋）陈彭年等：《宋本广韵》，中国书店1982年版。

（宋）陈彭年等：《宋本广韵·永禄本韵镜》，江苏教育出版社2005年版。

（宋）丁度等：《集韵》，中华书局1989年版。

（元）周德清：《中原音韵》，《中国古典戏曲论著集成》本，中国戏剧出版社1959年版。

（元）周德清：《中原音韵》（附《中州乐府音韵类编》），中华书局1978年版。

（明）吉甫：《辨音纂要》，东北师范大学图书馆古籍部善本书，编号：533/017。

（明）乐韶凤、宋濂：《洪武正韵》，文渊阁四库全书本。

（明）章黼：《重订併音连声韵学集成》，万历三十四年明德书院重刻本。

（明）陶承学、毛曾辑：《并音连声字学集要》，《续修四库全书》影印本。

（明）胡文焕：《文会堂诗韵》，《格致丛书》本。

（清）戈载：《词林正韵》，上海古籍出版社1981年版。

（清）仲恒：《词韵》，中国书店1984年版。

（清）张玉书、陈廷敬等：《康熙字典》，中华书局1958年版。

（唐）陆德明：《经典释文》，黄焯汇校本，中华书局2006年版。

周骏富：《明代传记丛刊》，明文书局1991年版。

二　著作类文献

北京大学中国语言文学系语言学教研室编：《汉语方音字汇》（第二版），文字改革出版社 1989 年版。
曹志耘：《南部吴语语音研究》，商务印书馆 2002 年版。
陈立中：《湘语与吴语音韵比较研究》，中国社会科学出版社 2004 年版。
段玉裁：《说文解字注》，上海古籍出版社 1981 年版。
丁锋：《〈同文备考〉音系》，中国书店 2001 年版。
丁声树、李荣：《古今字音对照手册》，中华书局 1981 年版。
丁邦新：《一百年前的苏州话》，上海教育出版社 2003 年版。
董冰华：《〈中原雅音〉与〈中州音韵〉考论》，厦门大学出版社 2017 年版。
范新幹：《东晋刘昌宗音研究》，崇文书局 2002 年版。
冯蒸：《冯蒸音韵论集》，学苑出版社 2006 年版。
方孝岳编：《广韵韵图》，中华书局 2005 年版。
顾黔：《通泰方言音韵研究》，南京大学出版社 2001 年版。
耿振生：《明清等韵学通论》，语文出版社 1992 年版。
耿振生：《近代官话语音研究》，语文出版社 2007 年版。
李新魁：《李新魁音韵学论集》，汕头大学出版社 1997 年版。
黄典诚：《汉语语音史》，安徽教育出版社 1993 年版。
侯精一：《现代汉语方言概论》，上海教育出版社 2002 年版。
汉语大字典编辑委员会编：《汉语大字典》（缩印本），湖北辞书出版社、四川辞书出版社 1992 年版。
中国汉语大词典编辑委员会、汉语大词典编纂处编：《汉语大词典》，汉语大词典出版社 1994 年版。
四川大学汉语史研究所：《汉语史研究集刊》第二辑，巴蜀书社 2000 年版。
金基石：《朝鲜韵书与明清音系》，黑龙江朝鲜民族出版社 2003 年版。
金景芳、吕绍纲：《周易全解》，上海古籍出版社 2005 年版。
蒋绍愚：《近代汉语研究概要》，北京大学出版社 2005 年版。
蒋冰冰：《吴语宣州片方言音韵研究》，华东师范大学出版社 2003 年版。

蒋希文：《徐邈音切研究》，贵州教育出版社 1999 年版。

罗常培、周祖谟：《汉魏晋南北朝韵部演变研究》，中华书局 2007 年版。

罗常培：《罗常培语言学论文集》，商务印书馆 2004 年版。

[美]罗杰瑞：《汉语概说》，张惠英译，语文出版社 1995 年版。

李新魁：《汉语等韵学》，中华书局 1983 年版。

李新魁：《中原音韵音系研究》，中州书画社 1983 年版。

李新魁、麦耘：《韵学古籍述要》，陕西人民出版社 1993 年版。

李新魁：《李新魁自选集》，大象出版社 1993 年版。

李新魁：《李新魁语言学论集》，中华书局 1994 年版。

李如龙：《方言与音韵论集》，香港中文大学中国文化研究所吴多泰中国语文研究中心 1996 年版。

李无未：《音韵文献与音韵学史——李无未文存》，吉林文史出版社 2005 年版。

李无未：《汉语音韵学通论》，高等教育出版社 2006 年版。

李无未：《日本汉语音韵学史》，商务印书馆 2011 年版。

李无未：《台湾汉语音韵学史》，中华书局 2017 年版。

李无未、李红：《宋元吉安方音研究》，中华书局 2008 年版。

李红：《朱熹〈仪礼经传通解〉语音研究》，厦门大学出版社 2011 年版。

李子君：《宋代韵书史研究：〈礼部韵略〉系韵书源流考》，北京社会科学文献出版社 2016 年版。

李致忠：《古书版本学概论》，北京图书馆出版社 1990 年版。

李致忠：《古书版本鉴定》，文物出版社 1997 年版。

林亦：《百年来的东南方音史研究》，南京大学出版社 2004 年版。

林平和：《明代等韵学之研究》，博士学位论文，台湾政治大学，1975 年。

鲁国尧：《鲁国尧语言学论文集》，江苏教育出版社 2003 年版。

刘晓南：《宋代闽音考》，岳麓书社 1999 年版。

刘民钢：《上海话语音简史》，学林出版社 2004 年版。

李珍华、周长楫：《汉字古今音表》，中华书局 1999 年版。

龙榆生：《词曲概论》，上海古籍出版社 1980 年版。

宁忌浮：《中原音韵表稿》，吉林文史出版社 1985 年版。

宁忌浮：《洪武正韵研究》，上海辞书出版社 2003 年版。

宁忌浮：《汉语韵书史·明代卷》，上海人民出版社2009年版。

宁忌浮：《古今韵书举要及相关韵书》，中华书局1997年版。

宁忌浮：《宁忌浮文集》，吉林人民出版社2010年版。

[日]平山久雄：《平山久雄语言学论文集》，商务印书馆2005年版。

孙宜志：《安徽江淮官话语音研究》，黄山书社2006年版。

沈知白：《中国音乐史纲要》，上海文艺出版社1982年版。

中华民国声韵学学会辅仁大学中国文学系所主编：《声韵论丛》第十辑，台湾学生书局2001年版。

中华民国声韵学学会辅仁大学中国文学系所主编：《声韵论丛》第十二辑，台湾学生书局2002年版。

李荣主编：《苏州方言词典（现代汉语方言大词典·分卷）》，江苏教育出版社1998年版。

邵荣芬：《〈中原雅音〉研究》，山东人民出版社1981年版。

邵荣芬：《〈切韵〉研究》，中华书局2008年版。

唐作藩：《音韵学教程》，北京大学出版社1987年版。

汪平：《苏州方言语音研究》，华中理工大学出版社1996年版。

《吴语研究》，第二届国际吴方言学术研讨会论文集，上海教育出版社2003年版。

王洪君：《历史语言学方法论与汉语方言音韵史个案研究》，商务印书馆2014年版。

王力：《汉语语音史》，中国社会科学出版社1985年版。

王力：《汉语史稿》，中华书局1980年版。

王力：《汉语音韵学》，中华书局1956年版。

王进安：《〈韵学集成〉研究》，上海三联书店2009年版。

王进安：《〈韵学集成〉与宋金元明有关韵书的关系研究》，中国社会科学出版社2015年版。

万献初：《〈经典释文〉音切类目研究》，商务印书馆2004年版。

辛世彪：《东南方言声调比较研究》，上海教育出版社2004年版。

谢留文：《客家方言语音研究》，中国社会科学出版社2003年版。

《语言学论丛》第三十四辑，商务印书馆2006年版。

杨耐思：《中原音韵音系》，中国社会科学出版社1985年版。
杨耐思：《近代汉语音论》，商务印书馆1997年版。
颜逸明：《吴语概说》，华东师范大学出版社1994年版。
袁家骅：《汉语方言概要》，语文出版社2001年版。
余廼永：《新校互注宋本广韵》，上海辞书出版社2002年版。
叶宝奎：《明清官话音系》，厦门大学出版社2001年版。
应裕康：《清代等韵图之研究》，台北弘道文化事业有限公司1972年版。
游汝杰：《游汝杰自选集》，广西师范大学出版社1999年版。
游汝杰：《地方戏曲音韵研究》，商务印书馆2006年版。
赵元任：《现代吴语研究》，科学出版社1956年版。
赵荫棠：《中原音韵研究》，商务印书馆1956年版。
赵荫棠：《等韵源流》，商务印书馆1957年版。
赵诚：《中国古代韵书》，中华书局1979年版。
周祖谟：《广韵校本》，中华书局1988年版。
周祖谟：《问学集》，中华书局1966年版。
周祖谟：《文字音韵训诂论集》，北京大学出版社2000年版。
张世禄：《中国音韵学史》，商务印书馆1938年版。
张竹梅：《〈中州音韵〉研究》，中华书局2007年版。
张玉来：《韵略易通研究》，天津古籍出版社1999年版。
张玉来、耿军：《中原音韵校本》，中华书局2013年版。
张民权：《音韵训诂与文献研究》，北京广播学院出版社2004年版。
詹伯慧：《现代汉语方言》，湖北教育出版社1985年版。

三 论文类文献

崔枢华：《〈重编广韵〉考》，《古汉语研究》1997年第2期。
崔剑昆：《抄本〈辨音纂要〉所收〈词韵〉考》，硕士学位论文，吉林大学，2001年。
陈燕：《"爹"字二音考》，《辞书研究》2003年第3期。
冯蒸：《汉语音韵学应记诵基础内容总览》，《汉字文化》2001年第2期。

冯蒸：《〈尔雅音图〉音注所反映宋代浊音清化》，《语文研究》1991年第2期。
冯蒸：《〈尔雅音图〉音注所反映的宋初非敷奉三母合流》，《云梦学刊》1994年第4期。
冯蒸：《中古果假二摄合流性质考略》，《古汉语研究》1989年第4期。
耿振生：《论近代书面语音系研究方法》，《古汉语研究》1993年第4期。
耿振生：《〈中原音韵〉的原始著作权和它的基础方言问题》，载《语言学论丛》第31辑，商务印书馆2005年版。
高龙奎：《〈洪武正韵〉及相关韵书研究》，博士学位论文，苏州大学，2007年。
高龙奎：《〈韵学集成〉音系初探》，硕士学位论文，山东师范大学，2001年。
何九盈：《〈中原雅音〉的年代》，《中国语文》1986年第3期。
黄典诚：《闽语的特征》，《方言》1984年第3期。
韩祎：《何萱〈韵史〉音韵研究》，博士学位论文，首都师范大学，2011年。
［日］辻本春彦：《〈韵学集成〉と〈中原雅音〉》，《中国哲学史的展望和探索》，创文社，1976年。
蒋希文：《〈中原雅音〉记略》，《中国语文》1978年第4期。
蒋希文：《从现代言论中古知、庄、章三组声母在〈中原音韵〉里的读音》，载《汉语音韵方言论文集》，贵州人民出版社2005年版。
将邑剑平、平山久雄：《〈宾退录〉射字法的音韵分析》，《中国语文》1999年第4期。
金基石：《朝鲜对音文献浅论》，《民族语文》1999年第5期。
龙晦：《〈韵学集成〉与中原雅音》，《中国语文》1979年第2期。
李如龙：《中古全浊声母闽方言今读的分析》，《语言研究》1985年第1期。
李无未、崔剑昆：《明抄本〈辨音纂要〉初探》，《文献》2003年第1期。
李无未：《〈辨音纂要〉所传〈中原雅音〉》，载《中国语言学报》第11期，商务印书馆2003年版。
李无未、洪飏：《〈中原雅音〉的体例问题》，载《中国音韵学会编·音韵论丛》（第七届汉语音韵学国际学术研讨会论文集），齐鲁书社2004年版。
李无未：《〈中原雅音〉研究的起始时间问题》，《中国语文》2004年第3期。
李无未：《〈词韵〉音系声调》，载《音史新论：庆祝邵荣芬先生八十寿辰学术论文集》，学苑出版社2005年版。

李行杰:《知庄章流变考论》,《青岛师专学报》1994年第2期。

李子君:《〈音韵集成〉对〈韵略汇通〉的影响》,《中国语文》2003年第3期。

李红:《从朝鲜对音文献看〈洪武正韵〉语音基础》,《长春师范学院学报》2006年第3期。

路建彩:《〈元声韵学大成〉与明代吴语》,硕士学位论文,山东师范大学,2000年。

李雪:《〈洪武正韵〉韵类考》,硕士学位论文,华中科技大学,2005年。

刘文锦:《洪武正韵声类考》,载《中央研究院历史语言研究所集刊》第3本第2分,中央研究院1931年版。

刘云凯:《历史上的禅日合流与奉微合流两项非官话音变小考》,《汉字文化》1989年第3期。

刘晓南:《朱熹诗经楚辞叶音中的闽音声母》,《方言》2002年第4期。

马丹:《〈诗集传〉八卷本音系研究》,硕士学位论文,河北师范大学,2009年。

马君花:《〈资治通鉴音注〉音系研究》,博士学位论文,首都师范大学,2008年。

马德强:《重韵研究》,博士学位论文,复旦大学,2008年。

宁忌浮:《〈中原雅音〉考辨》,《吉林大学社会科学学报》1980年第2期。

宁忌浮:《〈洪武正韵〉支微齐灰分并考》,《古汉语研究》1983年第3期。

平田昌司:《胡蓝党案、靖难之变与〈洪武正韵〉》,载《南大语言学》第二编,商务印书馆2005年版。

盘晓愚:《〈经典释文〉中刘昌宗反切声类考》,《贵州大学学报》1999年第2期。

钱玄同:《评赵荫棠〈中原音韵研究〉》,载《国语周刊》第52期,国语统一筹备委员会1932年版。

钱乃荣:《吴语声调系统的类型及其变迁》,《语言研究》1988年第2期。

童琴:《〈中原音韵〉与〈洪武正韵〉比较研究》,博士学位论文,华中科技大学,2009年。

王洪君:《层次与断阶——叠置式音变与扩散式音变的交叉与区别》,《中国语文》2010年第4期。

王宝红:《〈洪武正韵〉研究》,硕士学位论文,陕西师范大学,2001年。

王进安、李绍群：《宋元明清韵书编纂中"助纽"的传承与演变》，《福建师范大学学报》（哲学社会科学版）2008年第5期。

徐通锵、王洪君：《说"变异"——山西祁县方言音系的特点及其对音变理论研究的启示》，《语言研究》1986年第1期。

徐越：《吴语语音研究综述》，《杭州师范学院学报》（社会科学版）2003年第6期。

许煜青：《〈併音连声字学集要〉音系研究》，硕士学位论文，国立中山大学，2006年。

许德宝：《〈中州音韵〉的作者、年代以及同〈中原雅音〉的关系》，《中国语文》1989年第4期。

寻仲臣：《论中古船禅二母的分合演变》，《古汉语研究》1994年第2期。

杨耐思：《元代汉语的浊声母》，《中国语言学报》1988年第3期。

杨耐思：《〈韵学集成〉所传〈中原雅音〉》，《中国语文》1978年第4期。

杨耐思：《〈中原音韵〉音》，载《近代汉语音论》，商务印书馆1997年版。

［日］岩田宪幸：《〈同声千字文〉所传〈中原雅音〉记略》，载《声韵论丛》第6辑，台湾学生书局1997年版。

叶宝奎：《〈洪武正韵〉与明初官话音系》，《厦门大学学报》（哲学社会科学版）1994年第1期。

袁森林：《许瀚三十四字母说》，《语言研究》2007年第2期。

曾晓渝：《〈中原雅音〉就是〈中州音韵〉质疑》，《中国语文》1991年第1期。

竺家宁：《九经直音的浊音清化》，载《近代音论集》，台湾学生书局1994年版。

张玉来：《〈中原音韵〉所依据的音系基础问题》，《语言研究》2012年第3期。

张玉来：《论〈中原音韵〉萧豪/歌戈韵入声字又读的音变性质》，《语文研究》2016年第2期。

张玉来：《〈中原音韵〉东钟/庚青韵间的方音性又读》，《方言》2017年第4期。

张振兴：《闽语及其周边方言》，《方言》2000年第1期。

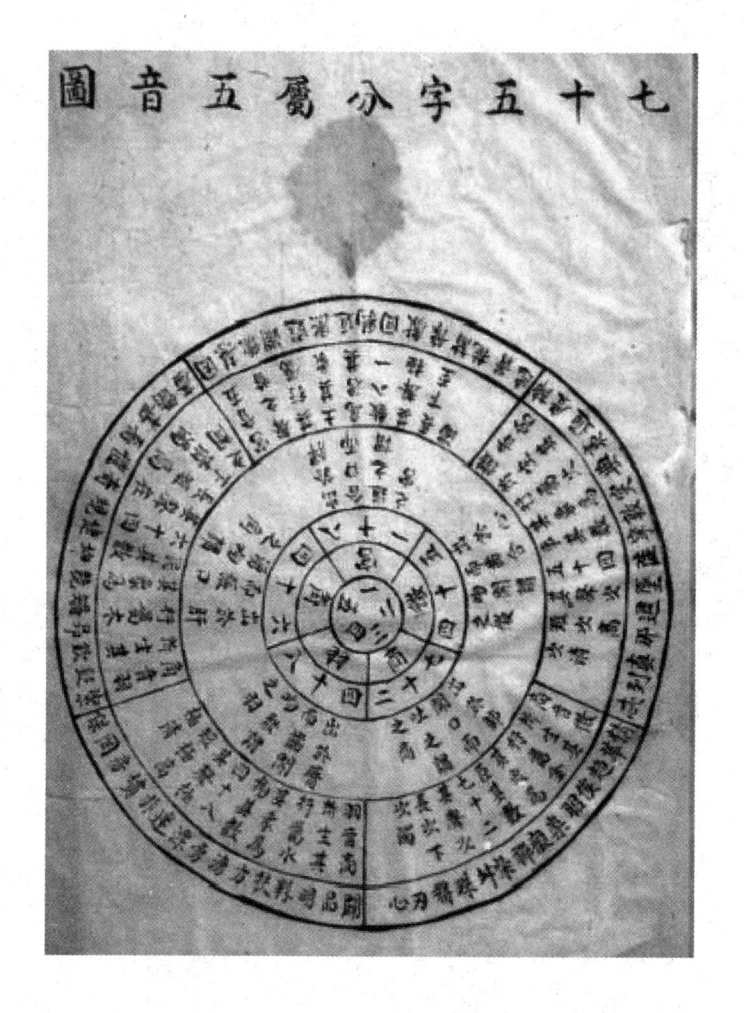

附录1 《辨音纂要》书影

辨音纂要目錄 上卷

第一卷　東董送屋 四聲　　第二卷　支紙寘 三聲
第三卷　齊薺霽 三聲　　　第四卷　魚語御 三聲
第五卷　模姥暮 三聲　　　第六卷　灰賄隊 三聲
第七卷　皆解泰 三聲　　　第八卷　真軫震寘 四聲
第九卷　寒旱翰曷 四聲　　第十卷　山產諫轄 四聲

辨音篹要卷上

二支 平聲

犀 奇 廣韻渠宜切又紙韻隱綺切又齊韻
堅溪切寧葉切又霽韻古器
切詞韻擎移切 琦 詞韻廣韻渠移切
縣葉切詞韻擎移切經移切
切詞韻擎移切 騎 詞韻廣韻渠宜切又寘韻奇寄切又江
切詞韻擎移切 碕 切又齊韻
切詞韻擎移切 祈祁岐 詞韻廣韻渠移切又微韻渠希切 其
詞韻渠之切詞韻擎移切 期 渠之切詞韻擎移切
琪麒淇騏

疑 倪 廣韻五稽切又齊韻
五稽切詞韻研其切 其 廣韻渠之切
詞韻研其切 祺 廣韻渠之切
詞韻擎移切 頎 廣韻渠希切
詞韻研其切 者 廣韻語基
切詞韻研其切 蕲 廣韻渠希切
詞韻研其切 旂旗芪薯 詞韻廣韻渠希切
盈鷈切 覩 廣韻研奚切盈鷈切又麻韻牛加切又紙韻盈鷈切
切詞韻盈鷈切 蜺 吳詩切又紙韻盈鷈切
切詞韻研其切 輗 廣韻研奚切
倪制切詞韻盈鷈切

附录2 《辨音纂要》序

茂苑逸民吉甫錄

　　天以一元之氣生人，人之聲，即天之聲，聲由心生，心以物動，故形於聲。五聲之出於中也有漸，聲始出於喉，從丹田起，直上出為宮，再出到齶，聲平出為角，又再從舌斜降出為徵，又再出到齒為商，又降出到脣為羽，喉齶舌齒脣，乃人元氣也，出隨所到之處，而得宮商角徵羽之聲。喉聲最濁，齶音次濁，齒音半清半濁，舌音次清，脣音極清。凡自下遠達者濁，脣舌近出者清，莫非聲氣之自然，不假安排，若歌聲，長者重濁而舒遲，短者輕清漂疾也。宮商角徵羽者，五聲之名，生出先後之序也，君臣民物事者，五聲之實，貴賤清濁之次也，而律呂作樂之源，皆出（脫文，補字）於此。人身自有陰陽之律，可以節五音之上下，天地之氣，出於土囊之口，鼓動而五聲出焉，人之氣，出於肺口，鼓動而五聲出焉，人聲与天地之聲合，而律呂出焉。

　　朱文公曰：音律只是氣，人聲亦是氣，故相關。又曰：樂聲是土木火金水，蓋天以陰陽五行化生萬物，人之氣，天之氣也。天以元氣分為五行，曰土木火金水也。數曰五八九七六也。人以元氣出為五聲，曰宮商角徵羽也。象曰：君臣民事物也。土，五也，土為水火之所寄，金木之所資；宮，君也，宮之商角之平濁，徵羽之清揚，故數以五為天之中，聲以宮為音之長。然形有斂舒，數有多寡，聲有清濁，象有貴賤，分有萬殊，皆原於一氣，始於一，具於三，究於九，而中於五，總五八九七六，為數三十五，以十乘之，三百有五十，五為天中正陽，氣升而出為宮聲焉。宮，土五也，以五因五，二十五而倍為五十，則五升八而為商；商，金聲也，八者，三五之合也，以五因合，而倍之，為八十焉，由八升九而為角；角，木聲也，九者，四五之合也，以五因合，而倍之，為九十焉，陽氣自下而升，在時則自子而至巳，在卦則自復而至乾也，陽極而陰，陰降二為七，為徵；徵者，火聲也，七者，二五之合也，以五因合，而倍之，為七十焉，又降一為六，為羽；羽者，水聲也，六者，一五之合也，以五因合，而倍之，其數為六十，陽氣自上而降，在時則自午而至亥，在卦則自垢（脫文，后補字）而至坤也，樂生於人心，原於天道，日有十二辰，各有五行，而究於六十日，樂有十二律，由於五音，而究於六十調，理氣相涵，聲數相合，音律一道，周流不息，与河圖洛书卦候節氣，一一脗合。聲只五音，律有十二，應十二時也，不出五音之流行，故律雖十二，而每調只用七音，五音之外，加流宮流徵，又曰少宮少徵，其實一也。如黃鍾為宮，黃鍾生太簇為商，太簇生姑洗為角，皆隔一律，如此生去，皆是陽宮，孤陽不生，獨陰不成，故隔二生林鍾為徵，隔二生南呂為羽，既隔二律，聲遠不和，故設蕤賓為變徵，應鍾為變宮，是為七均，而成一調，凡旋相為宮，其相生之序皆如此，所謂律和聲也。

后　记

　　翻看一本学术专著，"后记"往往是最能体现出作者的学术及生活经历的。我出生于辽宁省，3岁时因母亲随军便来到了吉林省，生活地点随着父亲的工作变动在不断变化。父亲由于家境贫寒，童年放牧时祖父教他识字，练加减法，上小学时除了汉语拼音其他都熟悉，故亦农亦学之间读完了小学和初中课程。由于家庭及社会大环境影响，从童年放牧始，至投笔从戎时，父亲逐渐养成了忍耐奉献的品格。参军后经过补考而获得高中文凭，又参加全国高等教育自学考试而取得大专毕业证书。在部队的工作中，父亲吃苦耐劳，严于律己，一丝不苟，坚韧不拔，一步一个脚印，多次因立军功而受到嘉奖，其所属支队先后受到吉林省委省政府、武警总部、解放军总政治部、国家民政部的表彰。尽管父亲平时不苟言笑，但在退休多年后，仍然深受官兵们的敬重和爱戴。退休后，父亲花费十余年时间在老家早期宗谱的基础上重新编写了《邸氏宗谱》，我也参与了编撰工作，对宗谱及家族历史略有了解。父亲在记忆力没出现问题的时候还撰写了回忆录，取名《履迹回眸》，那里有父亲生活的真实写照，他是我学习的楷模。父亲一心都扑在了工作上，家庭的重担及养育教育孩子的任务就都留给了母亲，母亲拥有中国妇女优秀的传统美德，勤劳、善良、聪慧、心灵手巧。她工作认真负责，为了让父亲安心部队工作，她任劳任怨地包揽了家里大大小小所有的事务，甘愿做父亲的贤内助。

　　我的家教很严格，父亲似乎是以军人的标准来要求我，即使现在每次我回家，如果说话有失，他都会义正辞严地批评我。父亲经常教育我：做事要认真；要先做人，后做事；少说话，多做事；凡事预则立，不预则废；吃苦是福、吃亏亦是福等等。这些话一直萦绕在耳边，当我遇到困难的时候，就像父亲一样迎难而上；当我取得小成绩的时候，他总告诫我要"夹着尾巴做人"。父亲的话语我一直牢记在心，我深知，天上不会掉馅饼，努力奋斗才能梦想成真。

父亲和母亲没有机会读更多的书，但心中一直有求学的愿望。我上学早，成熟晚，同班同学都比我大两三岁，后来经常听人说"别人家的孩子"多么的优秀，我也想证实一下自己的能力。我的童年是在镇赉县下面的小地方"四方坨子"度过的，小学的前半段是亦玩亦学，因为学校基本就是半天课。后来转学到了白城市，从初中开始，我在班级和学校的名次就一直名列前茅，也就越来越喜欢读书。在幼师读书的时候，学习成绩和各项技能也是遥遥领先。幼师毕业前我和父亲母亲进行了一次长谈，表明了想放弃当时那份已经找好的省政府机关幼儿园的好工作而继续读书的愿望，他们特别支持我。通过幼师三年不懈的努力，我最终获得了保送读大学的机会，可以继续读书了。

由于我是幼师保送读的大学，底子本就弱于其他同学，但我的古代汉语老师于智荣先生对我偏爱有加，课堂上的提问及课外的资料查阅，使得我对古代汉语和古代文献产生了由衷的喜爱。大学期间经常帮助于老师做一些资料查询的基础工作，还与老师合作发表了学术论文，当时懵懵懂懂，却不知这对我的求学之路奠定了良好的基础。1999年大学毕业后留校，虽然从事的是行政工作，但心中一直留存向学之心。在繁重的行政工作压力下，一直坚持着自己的梦想，坚持问学之路。由于当时学校的合格评估工作异常繁忙，使得我的考研之路异常艰辛。一日偶遇我的文字训诂老师邹德文先生，他正提着行李要去吉林大学专心问学，得知我的情况便建议我考一下他正问学的吉林大学试试，那是第一次听到"李无未"先生的名字。功夫不负有心人，2002年我成功考取了吉林大学古籍研究所历史文献学专业攻读硕士学位，也是在硕士入学面试的时候，经询问其他同学，我第一次见到了李先生的"庐山真面目"：他年纪轻轻，头部特征最为鲜明，中央光光，地方正常，戴着眼镜，白皙面庞，一袭风衣，身材修长，颇具学者的气质与锋芒。李师勤于治学，严谨求实，严肃中不乏幽默。有一次在老师家拍毕业照，同学们都好奇老师以前的发型，老师就把照片翻出来给我们看，原来彼时的他还是一个头发特别浓密的帅小伙儿呢！为此，老师还把这张照片做为微信的头像，以此纪念逝去的韶光。

老师曾几度到海外访学，诸如日本、韩国、越南、泰国、法国、美国以及我国台湾地区等大学，获得了大量国人鲜见的第一手资料，开阔了学术视野，拓展了研究领域。他笔耕不辍，厚积薄发，近年来陆续出版了《日本汉语音韵学史》《汉语史研究理论范畴纲要》《东亚视阈汉语史论》《日本近现代汉语语法学史》《日本明治北京官话课本语音研究》《台湾汉语音韵学史》等专著，加之主编的一系列著作，形成了"东亚汉语史书系"。老师之学问，瞻之于前，仰望在后。

回望过往，师恩难忘。感谢我的授业恩师李无未先生，从背诵36字母到206韵，从对照五个不同版本的百回长篇白话世情小说《醒世姻缘传》来提取语音资料，到探究明代孤抄本韵书的语音系统，正是无未恩师，引领我迈入了学术殿堂，遇到困难的时候为我指点迷津，使我与音韵学结下了深厚的渊源。

《辨音纂要》是明代的孤抄本韵书，这部韵书的编纂非常巧妙，是一部等韵化的韵书，其本身内在的结构及音系叠置情况也体现了作者的语音观念，非常值得深入研究。李师已经对其版本、体例及《中原雅音》韵目资料、《词韵》等进行研究，但尚需进一步探究。因为有了硕士阶段的研究基础，在博士阶段，老师有意让我继续研究这部珍贵的韵书。愚笨的我非常害怕辜负老师的信任，担心无法揭示这部韵书的真面貌，忐忑不安。由于行政工作繁忙，加之自己严重的拖延症，导致研究进展缓慢，心中愧疚不已。

《辨音纂要》全书无释义，但音注却层次繁多，此稿研究的是《辨音纂要》的"正读"音系，后续还有《辨音纂要》的"本韵"音系，"又音"音系，"《词韵》"音系等等。随着研究的深入，我逐渐体会到了老师对这个材料的期许，也想一探作者当初巧妙布局的心境。

感谢博士论文答辩时张世超、曹书杰、徐正考、吕明臣、柳英绿、李守奎、刘富华、王光全、李子君等诸位教授提出的论文修改意见，还有论

后 记

文评议时冯蒸、叶宝奎、万献初等諸位教授给予的论文修改建议，感谢这些为我付出心力的著名专家与学者。特别感谢曹书杰教授对论文的高度评价，蒙曹师厚爱，进博士后流动站研究，学术之路又获得延展。曹师博学深邃，治学严谨，每每遇到工作和生活中的难题总是求教于师，曹师也是我生活哲学的引领者。

书稿即将付梓，衷心感谢老师们多年来的苦心培养，感谢家人陪我渡过艰难岁月，还要感谢我的师姐李红给予我学术上的无私帮助。另外，特别感谢东北师范大学图书馆刘奉文先生，长春师范大学图书馆韩钢先生，在古籍学术资料方面给予我的大力支持。

最后，本书能够得以出版，得力于长春师范大学对学术研究工作的鼎力相助，也离不开中国社会科学出版社的大力支持，感谢责任编辑陈肖静老师为本书付出的辛勤劳动！

受学力精力所限，"正读"研究虽已完成，然而，论证还有可商榷之处，惟有期待着日后弥补缺憾，怀揣惴惴不安之心，恳请专家们批评指正！

邱宏香
2018 年 11 月于长春